A CONSTRUÇÃO
DO PENSAMENTO
E DA LINGUAGEM

L. S. Vigotski

A CONSTRUÇÃO DO PENSAMENTO E DA LINGUAGEM

(Texto integral, traduzido do russo Pensamento e linguagem)

Tradução: PAULO BEZERRA – Professor Livre-Docente em Literatura Russa pela USP

Esta obra foi publicada originalmente em russo com o título
MICHLIÊNIE I RIETCH.
Copyright © Vigotskiy L. S., Moscow.
Copyright © 2001, Editora WMF Martins Fontes Ltda.,
São Paulo, para a presente edição.

1ª edição *2001*
2ª edição *2009*
6ª tiragem *2024*

Tradução
PAULO BEZERRA

Revisões
Teresa Cecília de Oliveira Ramos
Ana Luiza França
Produção gráfica
Geraldo Alves
Paginação
Studio 3 Desenvolvimento Editorial
Capa
Marcos Lisboa

Dados Internacionais de Catalogação na Publicação (CIP)
(Câmara Brasileira do Livro, SP, Brasil)

Vigotsky, Lev Semenovich, 1869-1934.
A construção do pensamento e da linguagem / Lev Semenovich Vigotsky ; tradução Paulo Bezerra. – 2ª ed. – São Paulo : Editora WMF Martins Fontes, 2009. (Textos de psicologia)

Título original: Michliênie I Rietch.
"(Texto integral, traduzido do russo Pensamento e Linguagem)"
ISBN 978-85-7827-077-3

1. Linguagem 2. Pensamento 3. Psicologia infantil I. Título.

09-00897	CDD-155.413

Índices para catálogo sistemático:
1. Pensamento e linguagem : Construção :
   Psicologia infantil   155.413
2. Linguagem e pensamento : Construção :
   Psicologia infantil   155.413

Todos os direitos desta edição reservados à
Editora WMF Martins Fontes Ltda.
Rua Prof. Laerte Ramos de Carvalho, 133 01325.030 São Paulo SP Brasil
Tel. (11) 3293.8150 e-mail: info@wmfmartinsfontes.com.br
http://www.wmfmartinsfontes.com.br

Índice

Prólogo do tradutor   *VII*
Prefácio do autor   *XV*

1. O problema e o método de investigação   *1*
2. A linguagem e o pensamento da criança na teoria de Piaget   *19*
3. O desenvolvimento da linguagem na teoria de Stern   *97*
4. As raízes genéticas do pensamento e da linguagem   *111*
5. Estudo experimental do desenvolvimento dos conceitos   *151*
6. Estudo do desenvolvimento dos conceitos científicos na infância   *241*
7. Pensamento e palavra   *395*

Bibliografia   *487*
Relação das obras do professor L. S. Vigotski   *491*

Prólogo do tradutor

Esta edição de *A construção do pensamento e da linguagem* oferece ao público brasileiro a oportunidade de conhecer na íntegra este livro em que Vigotski estuda questões fundamentais do pensamento infantil, formula concepções inteiramente novas para a época em que o escreveu, articula seu pensamento em um bem urdido aparato conceitual e sedimenta o processo infantil de aquisição da linguagem e do conhecimento com um sistema de categorias bem definidas, subordinando todo o seu trabalho a uma clara orientação epistemológica. E é com essa visão epistemológica que Vigotski discute as teorias de Piaget e Stern em tom elevado e respeitoso, mas sem perder a perspectiva crítica.

A edição anterior, *Pensamento e linguagem*, lançada pela Martins Fontes e já em 5.ª reimpressão, foi traduzida a partir de uma tradução para o inglês resumida e realizada por E. Hanfmann e G.Vakar.

Há muitas repetições na edição original russa. Coisa natural, pois vários dos textos foram escritos ou ditados por Vigotski já em fase terminal da tuberculose que lhe ceifou a vida aos 38 anos. Por outro lado, algumas (não todas!) das repetições devem-se ao próprio estilo polêmico de Vigotski, à forma às vezes sinuosa da sua reflexão, a uma espécie de ansiosa necessidade de demonstrar postulados teóricos com base em matéria empírica, o que torna algumas afirmações vigotskianas fortemente categóricas. Contudo, ao constatar-se a repetição é necessário que se tenha em vista o contexto em que ela ocorre, pois só assim é possível verificar se o autor cometeu algum lapso ou vício de raciocínio ou a está usando para reforçar algum tipo de reflexão. O segundo caso é o mais comum em Vigotski, e por esta razão mantive o texto na íntegra na certeza de que o próprio leitor resolverá a seu modo a questão.

Toda tradução é um desafio de ordem vária, e esta não fugiu à regra. Exigiu da minha parte um cuidado especial com o inacabamento estilístico de alguns parágrafos (no primeiro capítulo havia um parágrafo de sete páginas!), mas exigiu principalmente uma tomada de posição em face do aparato conceitual empregado pelo autor em função da fluidez de algumas palavras da língua russa, que são conceitos-chave neste livro. Refiro-me especificamente às palavras russas *obutchênie* e *riétch*. Em uma primeira instância, a palavra *obutchênie* deriva do verbo *obutchít'*, verbo transitivo direto que significa ensinar, ilustrar, adestrar, transmitir algum conhecimento ou habilidade a alguém, disciplinar. Em outra instância, *obutchênie* deriva do verbo *obutchítsya*, transitivo indireto que significa ser ensinado, aprender, assimilar conhecimentos, estudar alguma coisa. Partindo da elasticidade semântica dessa palavra e do fato de que Vigotski (que emprega a mesma palavra *obutchênie* para ensino e aprendizagem) cria toda uma teoria da educação, mas o faz menos como pedagogo e mais como psicólogo, traduzimos *obutchênie* quase sempre por *aprendizagem* e só raramente por *ensino*, porque o autor trata muito mais dos processos cognitivos, da aquisição de conteúdos e sistematização dos conhecimentos. Além das considerações aqui levantadas, fui levado a essa atitude por uma séria divergência que venho observando entre os estudiosos brasileiros de Vigotski no que tange à aplicação do seu sistema de conceitos e categorias. Cito como exemplo dois excelentes livros sobre Vigotski: *O pensamento de Vygotsky e Bakhtin no Brasil*, de Maria Teresa de Assunção Freitas, Papirus Editora, Campinas, 1994, e *Vigotski. Uma perspectiva histórico-cultural da educação*, de Teresa Cristina Rego, Editora Vozes, Petrópolis, 1995. Não se trata da qualidade desses dois trabalhos, que são importantes contribuições para o estudo do pensamento de Vigotski e para a melhoria dos processos pedagógicos entre nós, mas da ausência de um emprego uniforme de conceitos como *ensino* e *aprendizagem*, resultando daí que as duas pesquisadoras afirmam a mesma coisa para esses dois conceitos. É verdade que não existe uma muralha chinesa entre ensino e aprendizagem, que freqüentemente se confundem, mas seria salutar que se desse maior coesão conceitual ao pensamento de Vigotski para torná-lo mais palatável aos nossos colegas e alunos.

A palavra *riétch* em russo significa fala, discurso, linguagem, conversa, capacidade de falar. O termo piagetiano "linguagem egocêntrica" está traduzido para o russo como *egotsentrítcheskaya riétch*, e é assim que Vigotski a emprega. Entretanto, ao aprofundar a discussão com Piaget e comparar a linguagem egocêntrica com os resultados das suas próprias experiências, Vigotski vai percebendo e pontuando as mudanças que se operam lentamente na própria linguagem egocêntrica, de onde surgem novas peculiaridades, como a tendência para a predicatividade do discurso, para a redução do seu aspecto fásico, para a prevalência do sentido sobre o significado da palavra, para a aglutinação das unidades semânticas. Tudo isso junto vem mostrar que a diferenciação das linguagens egocêntrica e social acaba gerando uma nova modalidade de linguagem que Vigotski chama de *vnútriênnaya riétch*, isto é, discurso interior, mas que eu mantive como linguagem interior por uma questão de coerência terminológica, uma vez que a linguagem egocêntrica (*egotsentrítcheskaya riétch*) de Piaget também é *riétch* e foi de sua evolução que Vigotski chegou à formulação da linguagem ou discurso interior. Vigotski estabelece dois processos de funcionamento dessa linguagem-discurso: a exterior é um processo de transformação do pensamento em palavras, é uma materialização e uma objetivação do pensamento; a linguagem (discurso) interior, ao contrário, é um processo que se realiza como que de fora para dentro, um processo de evaporação da linguagem (discurso) no pensamento. Contudo, a linguagem (discurso) não desaparece em sua forma interior. A consciência não evapora de todo nem se dissolve no espírito puro. Não obstante, a linguagem (discurso) interior é uma linguagem (discurso), isto é, um pensamento vinculado à palavra. E, se o pensamento se materializa na palavra na linguagem (discurso) exterior, a palavra morre na linguagem (discurso) interior, gerando o pensamento. A linguagem (discurso) interior é um momento dinâmico, instável e fluido, que se insinua rapidamente entre os pólos extremos melhor enformados do pensamento verbal: entre a palavra e o pensamento.

Trata-se de uma modalidade de discurso inteiramente nova descoberta por Vigotski a partir da análise da *linguagem* egocêntrica da criança em Piaget, razão por que mantive o termo *linguagem* em vez de discurso.

Outro conceito criado por Vigotski diz respeito ao processo de aprendizagem e chegou ao Brasil como *zona de desenvolvimento proximal*. É um conceito que já se encontra em *Psicologia pedagógica* (no prelo pela Martins Fontes) e merece um esclarecimento à parte. Trata-se de um estágio do processo de aprendizagem em que o aluno consegue fazer sozinho ou com a colaboração de colegas mais adiantados o que antes fazia com o auxílio do professor, isto é, dispensa a mediação do professor. Na ótica de Vigotski, esse "fazer em colaboração" não anula mas destaca a participação criadora da criança e serve para medir o seu nível de desenvolvimento intelectual, sua capacidade de discernimento, de tomar a iniciativa, de começar a fazer sozinha o que antes só fazia acompanhada, sendo, ainda, um valiosíssimo critério de verificação da eficácia do processo de ensino-aprendizagem. Resumindo, é um estágio em que a criança traduz no seu desempenho imediato os novos conteú-

Prólogo do tradutor

dos e as novas habilidades adquiridas no processo de ensino-aprendizagem, em que ela revela que pode fazer hoje o que ontem não conseguia fazer. É isto que Vigotski define como *zona de desenvolvimento imediato*, que no Brasil apareceu como zona de desenvolvimento *proximal* (!). Por que *imediato* e não esse esquisito *proximal*? Por dois motivos. Primeiro: o adjetivo que Vigotski acopla ao substantivo desenvolvimento (*razvítie*, substantivo neutro) é *blijáichee*, adjetivo neutro do grau superlativo sintético absoluto, derivado do adjetivo positivo *blízkii*, que significa próximo. Logo, *blijáichee* significa o mais próximo, "proximíssimo", imediato. Segundo: a própria noção implícita no conceito vigotskiano é a de que, no desempenho do aluno que resolve problemas sem a mediação do professor, pode-se aferir incontinenti o nível do seu desenvolvimento mental *imediato*, fator de mensuração da dinâmica do seu desenvolvimento intelectual e do aproveitamento da aprendizagem. Daí o termo *zona de desenvolvimento imediato*.

A construção do pensamento e da linguagem é um livro que traz novidades nos campos da pedagogia, da psicologia, da lingüística e da teoria do conhecimento ou epistemologia, além de ser um exemplo do rigor com que seu autor sempre trabalhou a questão do método. Reflete o universo multidisciplinar das preocupações de Vigotski, revelando um pensador profundamente afinado com o que a sua época produziu de mais avançado. O prefácio de V. Kolbanovski é uma boa ilustração das preocupações vigotskianas no campo do pensamento e da linguagem, principalmente quando o prefaciador expõe os antecedentes filosófico-ideológicos das teses vigotskianas e toma o partido de Vigotski na célebre polêmica que este manteve com Piaget. Entretanto, as críticas que Kolbanovski faz a Vigotski, independentemente de serem corretas ou não, mostram o clima sectário que já vinha sendo criado em torno da produção intelectual e científica no início dos anos 30, às vésperas da morte de Vigotski, e dão uma idéia daquilo que esse pensador iria enfrentar se tivesse sobrevivido a mais alguns anos daquela década. Até nesse aspecto o prefácio de Kolbanovski é muito ilustrativo. O que se verifica de mais patente na vasta abordagem vigotskiana do tema pensamento e linguagem é o sentido multidisciplinar de toda a reflexão teórica e de toda a prática de Vigotski como pesquisador.

A análise multidisciplinar do tema pensamento e linguagem condiz com a concepção de Vigotski sobre o caráter mediato da atividade psíquica e a origem dos processos psíquicos interiores na atividade inicialmente externa e interpsíquica. Portanto, trata-se de uma atividade de fundo social na qual o homem se forma e interage com seus semelhantes e seu mundo numa relação intercomplementar de troca. A relação entre o homem e o mundo passa pela mediação do discurso, pela formação de idéias e pensamentos através dos quais o homem apreende o mundo e atua sobre ele, recebe a palavra do mundo sobre si mesmo e sobre ele-homem, e funda a sua própria palavra sobre esse mundo. Aqui Vigotski dá um salto qualitativo de especial significação científica, que iria encontrar eco amplo e profundo nas ciências sociais do século XX, particularmente na lingüística e na teoria da comunicação. Ao procurar superar a concepção idealista de consciência e o enfoque biológico mecanicista do comportamento, ele lança a teoria histórico-cultural segundo a qual o *signo*, enquanto meio externo, à semelhança de um instrumento de trabalho, medeia a relação do homem com o objeto e com outro homem. Por intermédio dos signos, que Vigotski vê como uma espécie de "órgãos sociais", o indivíduo assimila o seu comportamento, inicialmente o exterior e depois o interior, assimilando as funções psíquicas superiores. Neste caso, signo e sentido têm a mesma força significativa, são componentes inalienáveis da relação do homem com o mundo via discurso. A ênfase no signo como elemento fundamental de construção da relação do homem com o mundo é muito recorrente em toda a teorização vigotskiana.

O elo central do enfoque vigotskiano do processo de aprendizagem é a formação de conceitos pela criança. Neste sentido, ele faz uma análise comparada do sistema de conceitos no processo de aprendizagem pré-escolar e escolar, e toma como fundamento da sua comparação dois esquemas conceituais: o que já existe no sistema de aprendizagem da criança antes do ingresso na escola, que ele denomina *conceitos espontâneos*, e o outro que a ele se junta, com ele interage e acaba por enriquecê-lo e modificá-lo como resultado da aprendizagem, que ele denomina *conceitos científicos*. A etapa de fixação das mudanças dos conceitos é seguida de uma etapa de explicação deles, isto é, da busca dos meios que determinam a mudança do sistema conceitual. E é nessa base que Vigotski vê a construção do processo de criação propriamente dito, que ele passa a explicar por categorias. Daí a razão para dividir esses conceitos em duas categorias, correspondentes a dois diferentes estágios. Nos estágios inferiores, onde ele localiza os conceitos espontâneos, o sistema de conceitos dispõe de meios de descrição simples da realidade empírica. Nos estágios superiores, onde se localizam os conceitos científicos, formam-se conceitos mais amplos pelo conteúdo, não mais relacionados a exemplares particulares de uma classe de fenômenos e sim a *toda uma classe* de fenômenos. Já não se limitam a descrever mas explicam os fenômenos. Trata-se de um passo fundamental no processo de aprendizagem infantil, no qual a criança evolui do conceito espontâneo para o científico, troca o simples registro do fenômeno pela associação a grupos de fenômenos e atinge o ponto fundamental da generalização, isto é, do conceito propriamente dito, pois, como entende Vigotski, todo conceito é uma generalização e, em termos científicos, só quando é capaz de generalizar a criança toma consciência do conceito e pode generalizar o "antes e o agora". A generalização é um dos mais importantes meios de conhecimento científico, um procedimento de transição a um nível mais elevado de abstração, que revela os atributos comuns aos fenômenos. Como diz o próprio Vigotski, "o desenvolvimento do conceito espontâneo da criança deve atingir um determinado nível para que a criança possa apreender o conceito científico e tomar consciência dele. Em seus conceitos espontâneos, a criança deve atingir aquele limiar além do qual se torna possível a tomada de consciência".

Vigotski vê todo o processo de aprendizagem e formação de conceitos como um sistema, que ele considera ponto central em toda a história do desenvolvimento dos conceitos e no qual os conceitos espontâneos e os científicos estão interligados por complexos vínculos internos. É isto que dá sistematicidade ao processo de aprendizagem e permite perceber as suas diferentes etapas como integrantes de um processo uno. É isto que dá à visão psicopedagógica de Vigotski um notório colorido filosófico, um forte teor epistemológico.

Vigotski revela profunda sintonia com Mikhail Bakhtin em vários aspectos da interpretação da relação entre o significado e o sentido da palavra. Como se sabe, Bakhtin preferia o sentido ao significado, vendo naquele um campo bem mais vasto de vida e manifestação da palavra. Para Vigotski, entre o sentido e a palavra há muito mais relações de independência que entre o significado e a palavra. As palavras podem dissociar-se do sentido nelas expresso, podem mudar de sentido, assim como os sentidos mudam as palavras. O sentido tanto pode estar separado da palavra que o exprime quanto pode ser facilmente fixado em outra palavra. O sentido se separa da palavra e se conserva. Ao perceber que o significado das palavras muda, que o sentido é móvel, mais amplo e mais rico que o significado, e que todo o comportamento humano é mediado por signos, Vigotski ombreou com Bakhtin e antecipou algumas das descobertas mais importantes da lingüística moderna.

A construção do pensamento e da linguagem, agora em edição integral, oferece ao público brasileiro a oportunidade de conhecer o pensamento de um homem que conseguiu antecipar questões fundamentais sobre as quais as ciências sociais e humanas só iriam debruçar-se algumas décadas mais tarde.

PAULO BEZERRA

Prefácio do autor

Este livro é o estudo psicológico de uma das questões mais complexas e confusas da psicologia experimental: o problema do pensamento e da linguagem. Até onde se sabe, nenhum estudioso desenvolveu pesquisa experimental sistemática dessa questão. O problema que se nos apresenta, ao menos em uma abordagem primária, não poderia ser resolvido senão através de estudos particulares experimentais de alguns dos seus aspectos, como, por exemplo, o estudo dos conceitos que se formam por via experimental, o estudo da linguagem escrita e sua relação com o pensamento, o estudo da linguagem interior, etc.

Além de estudos experimentais, teríamos necessariamente de recorrer ao estudo teórico e crítico. Por um lado, caberia analisar teoricamente e generalizar um grande volume de material fatual acumulado pela psicologia, comparar e fundir dados da filogênese e da ontogênese, traçar os pontos de partida para a solução desse problema e desenvolver as premissas basilares para chegar, por via autônoma, aos fatos científicos sob a forma de uma teoria geral das raízes genéticas do pensamento e da linguagem. Por outro lado, era necessário analisar criticamente as próprias idéias-força das modernas teorias do pensamento e da linguagem para rejeitá-las, esclarecer para nós mesmos as vias das nossas próprias investigações, formular hipóteses de trabalho prévias e contrapor, desde o início, o caminho teórico da nossa investigação ao caminho que levou à construção das teorias que hoje dominam na ciência mas são inconsistentes e por isso precisam ser revistas e superadas.

No processo da investigação tivemos de recorrer mais duas vezes à análise teórica. O estudo do pensamento e da linguagem abrange inevitavelmente toda uma série de campos mistos e contíguos do conhecimento científico. A comparação dos dados da psicologia da linguagem e da lingüística, do estudo experimental dos conceitos e da teoria psicológica da educação foi inevitável nesse processo. Pareceu-nos que todas essas questões que se nos apresentavam podiam ser melhor resolvidas se colocadas em termos puramente teóricos, sem análise do material fatual acumulado de forma autônoma. Seguindo essa regra, inserimos no contexto do estudo do desenvolvimento dos conceitos científicos a hipótese operacional da aprendizagem e do desenvolvimento, que elaboramos com base em outro material. Finalmente, a generalização teórica, a fusão de todos os dados experimentais em um todo foi o último ponto de aplicação da análise teórica à nossa investigação.

Assim, nossa investigação tornou-se complexa e multifacetada pela composição e estrutura, mas ao mesmo tempo cada questão particular que se colocou perante segmentos isolados do nosso trabalho esteve de tal forma sujeita ao objetivo comum, tão vinculada ao segmento anterior e ao posterior que todo o trabalho – ousamos esperar isso – acabou sendo, no fundo, uma investigação indivisa, ainda que decomposta em partes, destinada inteiramente a resolver a questão central e fundamental da análise genética das relações entre o pensamento e a palavra.

Em consonância com essa tarefa basilar definiu-se o programa da nossa pesquisa e deste livro. Partimos da colocação do problema e da busca dos métodos de investigação.

Posteriormente, procuramos analisar, na parte crítica, as teorias do desenvolvimento da linguagem e do pensamento mais elaboradas e mais fortes, como as teorias de Piaget e Stern, com a finalidade de contrapor, desde o início, o nosso enfoque do problema e o nosso método de investigação ao seu enfoque tradicional e ao método tradicional e, assim, traçar o que especificamente nos caberia pesquisar durante o nosso trabalho e o fim a que pretendíamos chegar. Depois, as nossas duas investigações experimentais do desenvolvimento dos conceitos e das formas básicas de pensamento discursivo deveriam ser antecedidas de uma investigação teórica, que elucidasse as raízes genéticas do pensamento e da linguagem e indicasse o ponto de partida do nosso estudo independente da gênese do pensamento discursivo. A parte central do livro é constituída por dois estudos experimentais, um dos quais visa a elucidar o caminho principal do desenvolvimento dos significados das palavras na idade infantil, cabendo ao outro o estudo comparado do desenvolvimento dos conceitos científicos e dos espontâneos na criança. Concluindo o capítulo, procuramos sintetizar os dados de toda a investigação e apresentar em uma forma conexa e integralizante todo o processo de pensamento discursivo no aspecto em que ele se apresenta à luz desses dados.

Como ocorre com qualquer investigação que vise a apresentar alguma novidade na solução do problema aqui estudado, no nosso trabalho também surge naturalmente a questão de saber o que ele traz de novo e, conseqüentemente, de discutível, o que necessita de uma análise minuciosa e de posterior verificação. Em poucas palavras podemos enumerar o que o nosso trabalho traz de novo para o estudo do pensamento e da linguagem. Omitindo o nosso posicionamento até certo ponto novo da questão e o método igualmente novo de investigação, podemos resumir a novidade da nossa pesquisa aos seguintes pontos: 1) estabelecimento experimental do fato de que os significados das palavras se desenvolvem na idade infantil, e definição dos estágios básicos de desenvolvimento desses significados; 2) descoberta da via original de desenvolvimento dos conceitos científicos na criança em comparação com os seus conceitos espontâneos e elucidação das leis básicas desse desenvolvimento; 3) descoberta da natureza psicológica da escrita como função autônoma da linguagem e da sua relação com o pensamento; 4) descoberta experimental da natureza psicológica da linguagem interior e da sua relação com o pensamento.

Ao enumerarmos os novos dados da nossa pesquisa, tivemos em vista, antes de mais nada, aquilo que ela pode oferecer como contribuição para uma teoria geral do pensamento e da linguagem em termos de novos fatos psicológicos estabelecidos por via experimental e, depois, as hipóteses de trabalho e as generalizações teóricas que necessariamente teriam de surgir no processo de interpretação, assimilação e explicação desses fatos. Não é lícito ao autor nem é sua obrigação, naturalmente, avaliar o significado e a veracidade de tais fatos e teorias. Isto é assunto para críticos e leitores deste livro.

Este livro é o resultado de quase um decênio de trabalho constante do autor e seus colaboradores no estudo do pensamento e da linguagem. Quando este trabalho estava começando, ainda não tínhamos clareza não só dos seus resultados finais mas também de muitas questões que foram surgindo no curso da pesquisa. Por isso, nesse processo tivemos constantemente de reexaminar teses anteriormente apresentadas, abrir mão de muita coisa que se mostrou incorreta, reformular e aprofundar questões, reelaborando-as e reescrevendo-as inteiramente. A linha básica da nossa investigação desenvolveu-se sempre e invariavelmente em um sentido central estabelecido desde o início, e neste livro procuramos desenvolver *explicité** muito do que havia *implicité*** nos nossos trabalhos anteriores, assim como excluímos deste trabalho muitas questões que antes nos pareciam corretas e verificamos serem falsas.

Algumas partes deste livro (Capítulo V) nós já havíamos utilizado e publicado como manuscritos em um curso por cor-

....

* Desta forma, no original russo. (N. do T.)
** Desta forma, no original russo. (N. do T.)

respondência. Outros capítulos (II e IV) foram publicados como relatórios ou prefácios a livros de autores de quem este autor fez a crítica. Os demais capítulos estão sendo publicados pela primeira vez.

Temos plena consciência da inevitável imperfeição do primeiro passo que tentamos dar com este trabalho dentro de uma nova corrente. Mas achamos que ele se justifica porque nos faz avançar no estudo do pensamento e da linguagem – se levarmos em conta o estado em que essa questão se encontrava na psicologia quando iniciamos o nosso trabalho – e revela que o tema pensamento e linguagem é questão fulcral de toda a psicologia do homem e leva diretamente o pesquisador a uma nova teoria psicológica da consciência. Aliás, abordamos essa questão em apenas algumas palavras conclusivas do nosso trabalho, suspendendo a pesquisa em pleno limiar.

1. O problema e o método de investigação

O tema do pensamento e da linguagem situa-se entre aquelas questões de psicologia em que aparece em primeiro plano a relação entre as diversas funções psicológicas, entre as diferentes modalidades de atividade da consciência. O ponto central de todo esse problema é, evidentemente, a relação entre o pensamento e a palavra. Todas as outras questões conexas são como que secundárias e logicamente subordinadas a essa questão central e primeira, sem cuja solução não se podem sequer colocar corretamente as questões subseqüentes e mais particulares. Entretanto, por mais estranho que pareça, a psicologia moderna não tomou conhecimento do problema das relações interfuncionais, razão pela qual ele é novo para ela. Tão antiga quanto a própria psicologia, a questão do pensamento e da linguagem foi menos trabalhada e continua mais obscura precisamente na relação entre o pensamento e a palavra. A análise atomística e funcional, que dominou na psicologia científica durante todo o último decênio, redundou no seguinte: funções psicológicas particulares foram objeto de análise isolada; o método de conhecimento psicológico foi elaborado e aperfeiçoado para o estudo desses processos isolados e particularizados; ao mesmo tempo, a relação interfuncional e sua organização numa estrutura integral da consciência permaneceu sempre fora do campo da atenção dos pesquisadores.

Para a psicologia moderna, não é nenhuma novidade que a consciência é um todo único e que funções particulares estão inter-relacionadas em sua atividade. Mas a unidade da consciência e os vínculos entre certas funções foram antes postulados pela psicologia que tornados objeto de pesquisa. Ademais, ao postular essa unidade funcional da consciência, a psicologia partia, em todas as suas investigações, do postulado falso, não formulado e tacitamente aceito por todos, que reconhecia a imutabilidade e a permanência das relações interfuncionais e imaginava a percepção ligada sempre de uma mesma forma à atenção, assim como a memória estava vinculada à percepção e o pensamento à memória. Daí a conclusão natural de que as relações interfuncionais são uma coisa que pode ser colocada entre parênteses como multiplicidade genérica e ser desprezada nas operações investigatórias com as funções particulares isoladas entre parênteses.

Por tudo isso, o problema das relações é a parte menos trabalhada pela psicologia, fato que só poderia ter os reflexos mais negativos na questão do pensamento e da linguagem. Se examinarmos atentamente a história do estudo dessa questão, veremos facilmente que esse ponto central de toda a relação do pensamento com a linguagem sempre fugiu à atenção do pesquisador, e que o centro de gravidade de toda essa questão sempre se confundiu e se deslocou para algum outro ponto e fundiu-se com alguma outra questão.

Se tentarmos historiar em termos breves os resultados dos trabalhos desenvolvidos com o tema pensamento e linguagem na psicologia científica, poderemos dizer que, dos períodos mais antigos até os nossos dias, a solução desse problema, proposta por diferentes estudiosos, sempre oscilou entre dois extremos: entre a plena identificação e a plena fusão do pensamento com a palavra, e entre a sua plena separação e dissociação igualmente metafísica e absoluta. Expressando um desses extremos em forma pura ou unificando-os em suas formulações e, assim, ocupando uma espécie de posição intermediária entre eles mas

O problema e o método de investigação

sempre se movimentando em torno do eixo situado entre esses dois pólos, as diversas teorias do pensamento e da linguagem sempre giraram em torno do mesmo círculo vicioso, de onde não conseguiram sair até hoje.

Desde a Antiguidade, a identificação do pensamento com a linguagem, tanto na lingüística psicológica – segundo a qual pensamento é "linguagem menos som"– quanto nos atuais psicólogos e reflexólogos americanos – para quem o pensamento é um "reflexo inibido não revelado em sua parte motora" –, conheceu uma linha única de desenvolvimento de uma mesma idéia, que identifica o pensamento com a linguagem. É natural que todas as doutrinas que confluem nessa linha, pela própria essência das suas concepções da natureza do pensamento e da linguagem, tenham esbarrado na impossibilidade não só de resolver mas até mesmo de levantar a questão. Se o pensamento e a linguagem coincidem, são a mesma coisa, não pode surgir nenhuma relação entre eles nem a questão pode constituir-se em objeto de estudo, uma vez que é impossível imaginar que a relação do objeto consigo mesmo possa ser objeto de investigação.

Quem funde pensamento com linguagem fecha para si mesmo o caminho para abordar a relação entre eles e antecipa a impossibilidade de resolver a questão. Contorna a questão em vez de resolvê-la. À primeira vista, pode parecer que a teoria que mais se aproxima do campo oposto e desenvolve a idéia de que pensamento e linguagem são independentes entre si esteja em situação mais favorável no tocante às questões aqui debatidas. Quem considera a linguagem uma expressão externa do pensamento, a sua veste, quem, como os representantes da Escola de Würzburg, tenta libertar o pensamento de tudo o que ele tem de sensorial, inclusive da palavra, e conceber a relação entre pensamento e palavra como um vínculo puramente externo, tenta, de fato, resolver a seu modo o problema da relação entre pensamento e palavra. Essa solução, que parte das mais diversas correntes psicológicas, sempre se vê impossibilitada não só de resolver mas até mesmo de levantar a questão e, se não a contorna, acaba cortando o nó em vez de desatá-lo. Ao decompor o pensamento discursivo nos elementos que o constituem e que são heterogêneos – o pensamento e a palavra –, esses estudiosos, depois que estudam as propriedades puras do pensamento como tal, independentemente da linguagem, e a linguagem como tal, independentemente do pensamento, interpretam a relação entre eles como uma dependência mecânica puramente externa entre dois processos diferentes. Poderíamos mencionar como exemplo as tentativas de autores modernos, que procuram decompor o pensamento discursivo nos seus constituintes com a finalidade de estudar a relação e a interação entre esses dois processos.

O resultado desse tipo de estudo é a conclusão de que os processos que movimentam a linguagem desempenham um grande papel, que assegura um melhor fluxo do pensamento. Eles ajudariam os processos de interpretação pelo fato de que, sendo difícil e complexo o material verbal, a linguagem interior realiza um trabalho que contribui para uma melhor fixação e unificação da matéria apreendida. Esses mesmos processos sobressaem em seu fluxo como forma de atividade dinâmica quando a eles se incorpora a linguagem interior, que ajuda a sondar, abranger e destacar o importante do secundário no movimento do pensamento, e a linguagem interior acaba desempenhando o papel de fator que assegura a passagem do pensamento para a forma verbalizada em voz alta.

Citamos o exemplo acima apenas para mostrar que, depois que o estudioso decompõe nos seus constituintes o pensamento discursivo como formação psicológica indivisa, não lhe resta senão estabelecer entre esses processos elementares uma interação puramente externa, como se tratasse de duas formas heterogêneas de atividades interiormente desconexas. Essa situação mais favorável, em que se encontram os representantes da segunda corrente, consiste em que eles podem discutir a relação entre pensamento e linguagem. Nisto eles levam vantagem, mas estão em desvantagem porque a sua abordagem do problema é antecipadamente incorreta e exclui qualquer possibilidade de solução correta da questão, pois o método que aplicam na decomposição desse todo em elementos isolados inviabiliza o estudo das relações internas entre pensamento e palavra.

Assim, a questão se baseia no método de pesquisa, e achamos que, quando alguém se propõe estudar as relações entre pensamento e linguagem, deve necessariamente ter claro que métodos vai aplicar e se eles levarão a uma boa solução do problema. Achamos que se devem distinguir duas espécies de análise aplicadas em psicologia. O estudo de quaisquer formações psicológicas pressupõe necessariamente uma análise. Mas esta pode assumir duas formas basicamente distintas, uma das quais, a nosso ver, responde por todos os fracassos sofridos pelos pesquisadores ao tentarem resolver essa questão multissecular, cabendo à outra ser o único ponto inicial e verdadeiro de onde se pode dar ao menos o primeiro passo no sentido da sua solução.

O primeiro método de análise psicológica poderia ser denominado decomposição das totalidades psicológicas complexas em elementos. Ele poderia ser comparado à análise química da água, que a decompõe em hidrogênio e oxigênio. Um traço essencial dessa análise é propiciar a obtenção de produtos heterogêneos ao todo analisado, que não contêm as propriedades inerentes ao todo como tal e possuem uma variedade de propriedades que nunca poderiam ser encontradas nesse todo. Ao pesquisador que procurasse resolver a questão do pensamento e da linguagem decompondo-a em linguagem e pensamento sucederia o mesmo que a qualquer outra pessoa que, ao tentar explicar cientificamente quaisquer propriedades da água – por exemplo, por que a água apaga o fogo ou se aplica à água a lei de Arquimedes –, acabasse dissolvendo a água em hidrogênio e oxigênio como meio de explicação dessas propriedades. Ele veria, surpreso, que o hidrogênio é autocombustível e o oxigênio conserva a combustão, e nunca conseguiria explicar as propriedades do todo partindo das propriedades desses elementos.

No processo de análise eles evaporariam e se tornariam voláteis, e ao pesquisador não restaria senão procurar uma interação mecânica externa entre os elementos para, através dela, reconstruir por via puramente especulativa aquelas propriedades que desapareceram no processo de análise mas que são suscetíveis de explicação.

No fundo, a análise que nos leva a produtos que perderam as propriedades inerentes ao todo nem chega a ser propriamente análise do ponto de vista do problema a cuja solução ela se aplica. Estamos autorizados a considerá-la antes um método de conhecimento, método inverso em relação à análise e, em certo sentido, oposto a ela. Porque a fórmula química da água, que se lhe aplica igualmente a todas as propriedades, refere-se, de igual maneira, a todas as suas modalidades, tanto ao grande oceano quanto a um pingo de chuva. Por isso a decomposição da água em elementos não pode ser a via capaz de nos levar à explicação das suas propriedades concretas. É, antes, um caminho para se chegar ao geral do que uma análise, ou seja, um desmembramento na verdadeira acepção da palavra. De igual maneira, a análise dessa modalidade, se aplicada a formações psicológicas integrais, também não é análise capaz de nos elucidar toda a diversidade concreta, toda a especificidade daquelas relações entre palavra e pensamento que encontramos nas observações cotidianas quando acompanhamos o desenvolvimento do pensamento discursivo na fase infantil, o funcionamento desse pensamento nas suas formas mais variadas. No fundo, essa análise, em psicologia, também se transforma em seu contrário, e em vez de nos permitir explicar as propriedades concretas e específicas do todo em estudo projeta esse todo a uma diretriz mais geral, capaz de nos explicar apenas o que concerne a toda linguagem e ao pensamento em sua universalidade abstrata, sem nos propiciar apreender as leis concretas que nos interessam. Além do mais, esse tipo de análise, aplicada de modo planejado pela psicologia, redunda em profundos equívocos ao ignorar o momento de unidade e integridade do

O problema e o método de investigação

processo em estudo e ao substituir as relações internas de unidade pelas relações mecânicas externas de dois processos heterogêneos e estranhos entre si. Em parte alguma os resultados dessa análise manifestaram-se com tanta evidência quanto no campo dos estudos do pensamento e da linguagem.

A própria palavra, que representa uma unidade viva de som e significado e que, como célula viva, contém na forma mais simples todas as propriedades básicas do conjunto do pensamento discursivo, foi fracionada por essa análise em duas partes, entre as quais os estudiosos tentaram estabelecer, posteriormente, um vínculo mecânico associativo externo. Na palavra, o som e o significado não têm nenhuma relação entre si.

Segundo um dos lingüistas mais importantes da atualidade, esses dois elementos, unificados no signo, levam vidas totalmente separadas. Por isso não surpreende que semelhante concepção só possa ter acarretado os resultados mais melancólicos para o estudo dos aspectos fonético e semântico da língua. Separado da idéia, o som perderia todas as propriedades específicas que o tornaram som apenas da fala humana e o destacaram de todo o reino restante de sons existentes na natureza. Por isso, nesse som desprovido de sentido passaram a ecoar apenas as suas propriedades físicas e psicológicas, ou seja, aquilo que não lhe é específico e é comum a todos os demais sons existentes na natureza; conseqüentemente, o estudo não podia explicar por que o som, sendo dotado dessas e daquelas propriedades psicológicas, é som da fala humana e o que o faz ser esse som. De igual maneira o significado, isolado do aspecto sonoro da palavra, transformar-se-ia em mera representação, em puro ato de pensamento, que passaria a ser estudado separadamente como conceito que se desenvolve e vive independentemente do seu veículo material. A esterilidade da semântica e da fonética clássicas está consideravelmente condicionada a esse divórcio entre o som e o significado, a essa desintegração da palavra em elementos isolados. Do mesmo modo, a psicologia estudava o desenvolvimento da linguagem infantil do ponto de vista da sua decomposição em desenvolvimento dos seus aspectos fonético e semântico. Estudada nos mínimos detalhes, a história da fonética da criança mostrou que não tinha a menor condição de resolver sequer na forma mais elementar o problema da explicação dos fenômenos pertinentes à questão. Por outro lado, o estudo do significado da palavra da criança levou os estudiosos a uma história autônoma do pensamento infantil, na qual não havia nenhuma ligação com a história da fonética da linguagem infantil. Achamos que um momento decisivo em toda a teoria do pensamento e da linguagem foi a substituição dessa análise por outro tipo de análise. Esta pode ser qualificada como análise que decompõe em unidades a totalidade complexa. Subentendemos por unidade um produto da análise que, diferente dos elementos, possui todas as propriedades que são inerentes ao todo e, concomitantemente, são partes vivas e indecomponíveis dessa unidade. A chave para explicar certas propriedades da água não é a sua fórmula química mas o estudo das moléculas e do movimento molecular. De igual maneira, a célula viva, que conserva todas as propriedades fundamentais da vida, próprias do organismo vivo, é a verdadeira unidade da análise biológica. A psicologia que deseje estudar as unidades complexas precisa entender isso. Deve substituir o método de decomposição em elementos pelo método de análise que desmembra em unidades. Deve encontrar essas propriedades que não se decompõem e se conservam, são inerentes a uma dada totalidade enquanto unidade, e descobrir aquelas unidades em que essas propriedades estão representadas num aspecto contrário para, através dessa análise, tentar resolver as questões que se lhe apresentam.

Que unidade é essa que não se deixa decompor e contém propriedades inerentes ao pensamento verbalizado como uma totalidade? Achamos que essa unidade pode ser encontrada no aspecto interno da palavra: *no seu significado*. Até hoje, quase não se fizeram estudos especiais desse aspecto interno da palavra. O significado da palavra dissolveu-se tanto no mar de todas as demais concepções da nossa consciência ou de todos os demais atos do nosso pensamento quanto o som, dissociado do significado, dissolveu-se no mar de todos os outros sons existentes na natureza. Se em relação ao som da fala humana a psicologia moderna não consegue dizer nada que seja específico dessa questão como tal, o mesmo ocorre com o estudo do significado das palavras, em cujo campo essa psicologia não acrescenta nada ao que caracteriza esse significado e todas as demais representações e idéias da nossa consciência.

Essa mesma situação reinava na psicologia associativa. Sempre víamos na palavra apenas o seu aspecto externo voltado para nós. O outro aspecto interno – o significado –, como a outra face da Lua, continua até hoje sem ser estudado e desconhecido. Entretanto, é precisamente nesse outro aspecto que se encerra a possibilidade de solução das questões que nos interessam e dizem respeito à relação entre pensamento e linguagem, porque é justamente no significado que está o nó daquilo que chamamos de pensamento verbalizado. O esclarecimento desta questão requer um breve exame da interpretação teórica da natureza psicológica do significado da palavra. Durante a nossa análise, iremos mostrar que nem a psicologia associativa nem a estrutural dão resposta minimamente satisfatória à questão da natureza do significado da palavra.

Entretanto, o estudo experimental, que expomos abaixo, enquanto análise teórica mostra que o essencial e determinante da natureza interna do significado da palavra não está onde se costuma procurar. A palavra nunca se refere a um objeto isolado mas a todo um grupo ou classe de objetos. Por essa razão, cada palavra é uma generalização latente, toda palavra já generaliza e, em termos psicológicos, é antes de tudo uma generalização. Mas a generalização, como é fácil perceber, é um excepcional ato verbal do pensamento, ato esse que reflete a realidade de modo inteiramente diverso daquele como esta é refletida nas sensações e percepções imediatas. Quando se diz que o salto dialético não é só uma passagem da matéria não-pensante para a sensação mas também uma passagem da sensação para o pensamento, se está querendo dizer que o pensamento reflete a realidade na consciência de modo qualitativamente diverso do que o faz a sensação imediata. Pelo visto, existem todos os fundamentos para se admitir que essa diferença qualitativa da unidade é, no essencial, um reflexo generalizado da realidade. Daí podermos concluir que o significado da palavra, que acabamos de tentar elucidar do ponto de vista psicológico, tem na sua generalização um ato de pensamento na verdadeira acepção do termo. Ao mesmo tempo, porém, o significado é parte inalienável da palavra como tal, pertence ao reino da linguagem tanto quanto ao reino do pensamento. Sem significado a palavra não é palavra mas som vazio. Privada do significado, ela já não pertence ao reino da linguagem.

Por isso o significado pode ser visto igualmente como fenômeno da linguagem por sua natureza e como fenômeno do campo do pensamento. Não podemos falar de significado da palavra tomado separadamente. O que ele significa? Linguagem ou pensamento? Ele é ao mesmo tempo linguagem e pensamento porque é uma unidade do pensamento verbalizado. Sendo assim, fica evidente que o método de investigação do problema não pode ser outro senão o método da análise semântica, da análise do sentido da linguagem, do significado da palavra. Nessa via é lícito esperar resposta direta à questão que nos interessa – a da relação entre pensamento e linguagem, porque essa relação mesma faz parte da unidade por nós escolhida, e quando estudamos a evolução, o funcionamento, a estrutura e o movimento dessa unidade, podemos apreender muito do que nos pode esclarecer a questão do pensamento e da linguagem, da natureza do pensamento verbalizado.

Os métodos que tencionamos aplicar ao estudo das relações entre pensamento e linguagem têm a vantagem de permitir que todos os méritos próprios da análise possam ser combinados com a possibilidade de estudo sintético das propriedades inerentes a uma unidade propriamente complexa. Disto podemos nos convencer facilmente tomando como exemplo mais um aspecto do problema em discussão, que também sempre permaneceu na sombra. A função da linguagem é a comunicativa. A linguagem é, antes de tudo, um meio de comunicação social, de enunciação e compreensão. Também na análise, que se decompunha em elementos, essa função da linguagem se dissociava da sua função intelectual, e se atribuíam ambas as funções à linguagem como se fossem paralelas e independentes uma da outra. A linguagem como que coadunava as funções da comunicação e do pensamento, mas essas duas funções estão de tal forma interligadas que a sua presença na linguagem condicionava a maneira como transcorria a sua evolução e como as duas se unificavam estruturalmente. Tudo isso continua sem ser estudado até hoje. Por outro lado, o significado da palavra é uma unidade dessas duas funções da linguagem tanto quanto o é do pensamento. É um axioma da psicologia científica a impossibilidade da comunicação imediata entre as almas. Sabe-se ainda que a comunicação não mediatizada pela linguagem ou por outro sistema de signos ou de meios de comunicação, como se verifica no reino animal, viabiliza apenas a comunicação do tipo mais primitivo e nas dimensões mais limitadas. No fundo, essa comunicação através de movimentos expressivos não merece sequer ser chamada de comunicação, devendo antes ser denominada *contágio*. Um ganso experiente, ao perceber o perigo e levantar com uma grasnada todo o bando, não só lhe comunica o que viu quanto o contagia com o seu susto. A comunicação, estabelecida com base em compreensão racional e na intenção de transmitir idéias e vivências, exige necessariamente um sistema de meios cujo protótipo foi, é e continuará sendo a linguagem humana, que surgiu da necessidade de comunicação no processo de trabalho.

Até bem recentemente, porém, a questão era apresentada a partir da ótica de uma concepção que dominava em psicologia de forma sumamente simplificada. Supunha-se que o meio de comunicação eram o signo, a palavra, o som. E esse equívoco decorria apenas da análise decomposta em elementos, que se aplicava à solução de todo o problema da linguagem. A palavra na comunicação é, principalmente, apenas o aspecto externo da linguagem, e supunha-se que o som pudesse associar-se por si só a qualquer vivência, a qualquer conteúdo da vida psíquica e, em função disto, transmitir ou comunicar essa vivência ou esse conteúdo a outra pessoa. Entretanto, um estudo mais sutil da comunicação, dos processos de sua compreensão e do seu desenvolvimento na idade infantil levou os estudiosos a uma conclusão bem diferente. Verificou-se que a comunicação sem signos é tão impossível quanto sem significado. Para se comunicar alguma vivência ou algum conteúdo da consciência a outra pessoa não há outro caminho a não ser a inserção desse conteúdo numa determinada classe, em um grupo de fenômenos, e isto, como sabemos, requer necessariamente generalização. Verifica-se, desse modo, que a comunicação pressupõe necessariamente generalização e desenvolvimento do significado da palavra, ou seja, a generalização se torna possível se há desenvolvimento da comunicação.

Assim, as formas superiores de comunicação psicológica, inerentes ao homem, só são possíveis porque, no pensamento, o homem reflete a realidade de modo generalizado. No campo da consciência instintiva, onde dominam a percepção e o afeto, só é possível o contágio e não a compreensão e a comunicação na acepção propriamente dita do termo. Edward Sapir elucidou brilhantemente essa questão em seus trabalhos sobre psicologia da linguagem:

> A linguagem elementar deve estar relacionada a todo um grupo, a uma determinada classe da nossa experiência. O mundo da experiência deve ser sumamente simplificado e generalizado para que seja possível simbolizá-lo. Só assim se torna possível a comunicação, uma vez que a experiência indivisa vive numa consciência indivisa e, em termos rigorosos, é incomunicável. Para tornar-se comunicável ela deve ser inserida numa

determinada classe que, por acordo tácito, a sociedade considera como unidade.

Por isso Sapir considera o significado da palavra como símbolo do conceito e não da percepção indivisa.

De fato, qualquer exemplo nos convence da relação entre comunicação e generalização dessas duas funções básicas da linguagem. Quero comunicar a alguém que estou com frio. Posso lhe dar a entender isto através de vários movimentos expressivos, mas a verdadeira compreensão e a comunicação só irão ocorrer quando eu conseguir generalizar e nomear o que estou vivenciando, ou seja, quando eu conseguir situar a sensação de frio por mim experimentada em uma determinada classe de estados conhecidos pelo meu interlocutor. É por isso que um objeto inteiro é incomunicável para crianças que ainda não dominam certa generalização. Aqui não se trata de insuficiência das respectivas palavras e sons mas dos respectivos conceitos e generalizações, sem os quais a compreensão se torna impossível. Como diz Tolstói, o que quase sempre é incompreensível não é a própria palavra mas o conceito que ela exprime. A palavra está quase sempre pronta quando está pronto o conceito. Por isto há todos os fundamentos para considerar o significado da palavra não só como unidade do pensamento e da linguagem mas também como unidade da generalização e da comunicação, da comunicação e do pensamento.

É totalmente impossível calcular a importância fundamental dessa abordagem da questão para todos os problemas genéticos do pensamento e da linguagem. Essa importância se deve, antes de tudo, a que só a admissão de tal abordagem viabiliza, pela primeira vez, a análise genético-causal do pensamento e da linguagem. Só começamos a entender a relação efetiva entre o desenvolvimento do pensamento da criança e o desenvolvimento social da criança quando aprendemos a ver a unidade entre comunicação e generalização. As relações entre pensamento e palavra e generalização e comunicação devem ser a questão central a cuja solução dedicamos as nossas pesquisas. Entretanto, para ampliar as perspectivas da nossa investigação, gostaríamos de referir mais alguns momentos na questão do pensamento e da linguagem que, infelizmente, não puderam ser objeto de estudo direto e imediato neste livro mas que, naturalmente, revelam-se com ele e lhe dão a devida importância. Gostaríamos de colocar em primeiro lugar uma questão que deixamos de lado em quase toda a pesquisa, mas que se impõe por si mesma quando o assunto é toda a teoria do pensamento e da linguagem: a relação do aspecto sonoro da palavra com seu significado.

Achamos que o avanço nessa questão, que observamos na lingüística, está diretamente ligado ao problema da mudança dos métodos de análise na psicologia da linguagem. Por isso vamos examinar brevemente essa questão, uma vez que ela nos permitirá, por um lado, esclarecer os melhores métodos de análise que defendemos e, por outro, revelar uma das perspectivas mais importantes para a investigação subseqüente. Já observamos que a lingüística tradicional considerava o aspecto sonoro da fala como elemento totalmente autônomo, independente do aspecto semântico. A fusão desses dois elementos redundaria posteriormente na formação da linguagem falada. Em função disto, ela considerava o som isolado como unidade do aspecto sonoro da fala, mas esse som, dissociado do pensamento, perde com essa operação tudo o que faz dele um som da fala humana e o inclui nas séries de todos os outros sons. Por essa razão, a fonética tradicional se concentrava predominantemente na acústica e na fisiologia e nunca na psicologia da linguagem, razão pela qual essa psicologia revelava total impotência para resolver esse aspecto da questão. O que é primeira essência para os sons da fala humana, o que distingue esses sons de todos os demais sons da natureza? Como indica corretamente uma corrente da fonologia atual, que encontrou a mais viva repercussão na psicologia, o traço mais importante do som da fala humana é o fato de que esse som, que desempenha uma função determinada de som, está relacionado a um significado mas como tal é um som desprovido de significado e uma unidade efetiva que interliga os aspectos da fala. Assim, a unidade da fala vem a ser, no som, uma nova concepção não de um som isolado mas de um fonema, isto é, uma unidade fonológica indecomponível, que conserva todas as propriedades básicas de todo o aspecto sonoro da fala com função de significação. Tão logo o som deixa de ter significação e se destaca do aspecto sonoro da fala, perde imediatamente todas as propriedades inerentes à fala humana. Por isso, tanto em termos lingüísticos quanto psicológicos só pode ser fértil o estudo do aspecto fônico da fala que aplique o método de sua decomposição em unidades preservadoras das propriedades inerentes à fala enquanto propriedades dos seus aspectos fônico e semântico.

Não nos deteremos nas conquistas concretas, obtidas pela lingüística e pela psicologia com a aplicação desse método. Diremos apenas que, aos nossos olhos, essas conquistas são a melhor prova da fecundidade desse método que, pela própria natureza, é idêntico ao método aplicado em uma verdadeira pesquisa e que nós contrapomos à análise que decompõe o seu objeto em elementos. A fecundidade desse método pode ser experimentada e mostrada, ainda, em uma série de questões, direta ou indiretamente vinculadas ao problema do pensamento e da linguagem como integrantes ou contíguas a esse problema. Mencionamos apenas na forma mais sumária o círculo geral dessas questões, uma vez que, reiteremos, ela nos permite descobrir as perspectivas que se abrem perante a nossa pesquisa e elucidar a sua importância no contexto de toda a questão. Trata-se das complexas relações entre linguagem e pensamento, da consciência dos seus aspectos em conjunto e em partes.

Se para a velha psicologia toda a questão das relações interfuncionais era um campo inteiramente inacessível à pesquisa, hoje ele está aberto aos pesquisadores que desejem aplicar o método da unidade e substituir por ele o método dos elementos. Quando falamos da relação do pensamento e da linguagem com os outros aspectos da vida da consciência, a primeira questão a surgir é a relação entre o intelecto e o afeto. Como se sabe, a separação entre a parte intelectual da nossa consciência e a sua parte afetiva e volitiva é um dos defeitos radicais de toda a psicologia tradicional. Neste caso, o pensamento se transforma inevitavelmente em uma corrente autônoma de pensamentos que pensam a si mesmos, dissocia-se de toda a plenitude da vida dinâmica, das motivações vivas, dos interesses, dos envolvimentos do homem pensante e, assim, se torna ou um epifenômeno totalmente inútil, que nada pode modificar na vida e no comportamento do homem, ou uma força antiga original e autônoma que, ao interferir na vida da consciência e na vida do indivíduo, acaba por influenciá-las de modo incompreensível. Quem separou desde o início o pensamento do afeto fechou definitivamente para si mesmo o caminho para a explicação das causas do próprio pensamento, porque a análise determinista do pensamento pressupõe necessariamente a revelação dos motivos, necessidades, interesses, motivações e tendências motrizes do pensamento, que lhe orientam o movimento nesse ou naquele aspecto. De igual maneira, quem separou o pensamento do afeto inviabilizou de antemão o estudo da influência reflexa do pensamento sobre a parte afetiva e volitiva da vida psíquica, uma vez que o exame determinista da vida do psiquismo exclui, como atribuição do pensamento, a força mágica de determinar o comportamento do homem através do seu próprio sistema, assim como a transformação do pensamento em apêndice dispensável do comportamento, em sua sombra impotente e inútil. A análise que decompõe a totalidade complexa em unidades reencaminha a solução desse problema vitalmente importante para todas as teorias aqui examinadas. Ela mostra que existe um sistema semântico dinâmico que representa a unidade dos processos afetivos e intelectuais, que em toda idéia existe, em forma elaborada, uma relação afetiva do homem com a realidade representada nessa idéia. Ela permite revelar o movimento direto que vai da necessidade e das motivações do homem a um determinado sentido do seu pensamento, e o movimento inverso da dinâmica do pensamento à dinâmica do comportamento e à atividade concreta do indivíduo. O método que aplicamos permite não só revelar a unidade interna do pensamento e da linguagem como ainda estudar, de modo frutífero, a relação do pensamento verbalizado com toda a vida da consciência em sua totalidade e com as suas funções particulares.

Para concluir este primeiro capítulo, resta-nos apenas traçar, nas linhas mais breves, o programa da nossa pesquisa. Nosso trabalho é uma investigação psicológica de um problema sumamente complexo, que deveria ser constituído necessariamente de várias pesquisas particulares de natureza teórica e crítico-experimental. Tomamos como ponto de partida o estudo crítico da teoria do pensamento e da linguagem, que marca o apogeu do pensamento psicológico nessa questão e é, ao mesmo tempo, diametralmente oposto ao caminho que escolhemos para analisar teoricamente o assunto. Esse primeiro estudo deve nos levar à abordagem de todos os problemas concretos da moderna psicologia do pensamento e da linguagem e colocá-los no contexto do conhecimento psicológico vivo de nossos dias. Para a psicologia atual, estudar uma questão como pensamento e linguagem significa, ao mesmo tempo, desenvolver uma luta ideológica com as concepções teóricas opostas.

A segunda parte da nossa investigação visa a uma análise teórica dos dados principais sobre o desenvolvimento do pensamento e da linguagem nos planos filogenético e ontogenético. Devemos traçar um ponto de partida para a questão, porque a concepção equivocada das raízes genéticas do pensamento e da linguagem é a causa mais freqüente dos erros teóricos nesse campo. O centro da nossa investigação é o estudo experimental do desenvolvimento dos conceitos na infância, que se divide em duas partes: na primeira examinamos o desenvolvimento dos conceitos artificiais formados por via experimental, na segunda procuramos estudar o desenvolvimento dos conceitos reais da criança. Por último, na parte conclusiva, procuramos analisar, com base em investigações teóricas e experimentais, a estrutura e o funcionamento de todo o processo do pensamento verbalizado. O momento unificador de todos esses estudos particulares é a idéia de desenvolvimento, que procuramos aplicar, em primeiro lugar, à análise e ao estudo da palavra como unidade da linguagem e do pensamento.

2. A linguagem e o pensamento da criança na teoria de Piaget
Estudo crítico

I

Os estudos de Piaget constituíram toda uma época no desenvolvimento da teoria da linguagem e do pensamento da criança, da sua lógica e sua visão de mundo, e ficaram marcados por sua importância histórica.

Com o auxílio do método clínico de estudo da linguagem e do pensamento da criança, que elaborou e introduziu na ciência, Piaget foi o primeiro a estudar sistematicamente, com uma ousadia incomum, profundidade e amplitude de abrangência, as peculiaridades da lógica infantil em um corte inteiramente novo. Ao concluir o segundo volume das suas obras, ele mesmo observa com precisão, clareza e uma comparação simples, o significado da reviravolta que produziu no estudo de questões antigas:

> Achamos que chegará o dia em que o pensamento da criança, em relação ao pensamento de um adulto civilizado normal, será colocado no mesmo plano em que se encontra o "pensamento primitivo" caracterizado por Levy-Bruhl, ou o pensamento simbólico autístico, descrito por Freud e seus discípulos, ou a "consciência mórbida", se é que um belo dia esse conceito, in-

troduzido por Blondel, não vai fundir-se com o anterior (1, p. 408)*.

De fato, o aparecimento dos primeiros trabalhos de Piaget, pela importância histórica do fato para o subseqüente desenvolvimento do pensamento psicológico, deve ser merecidamente comparado ao surgimento de *Les fonctions mentales dans les societés inférieures* de Levy-Bruhl, *A interpretação dos sonhos* de Freud ou *La conscience morbide* de Blondel.

Além do mais, entre esses fenômenos, presentes nos mais diversos campos da psicologia científica, existem não só semelhança externa, determinada pelo nível da sua importância histórica, mas uma semelhança interna profunda, fundamental, o vínculo entre as tendências filosóficas e psicológicas neles estabelecidas e realizadas no essencial. Não é por acaso que, em suas pesquisas e formulações, o próprio Piaget se baseia enormemente nessas três obras e em seus autores.

Não vamos abordar em detalhes a revolução realizada por Piaget em suas pesquisas, que abriram tantos caminhos e perspectivas novas para o estudo do pensamento e da linguagem da criança. Isto Éduard Claparède já o fez em seu prefácio à edição francesa desse livro, ao escrever:

> Enquanto se fazia do problema da mentalidade infantil um problema de quantidade, Piaget tornou-o um problema de qualidade. Enquanto se via no progresso da inteligência infantil o resultado de um certo número de adições e de subtrações – aumento de experiências novas e eliminação de alguns erros, fenômenos que a ciência tinha por missão explicar –, mostram-nos atualmente que esse progresso deve-se, antes de mais nada, ao

....
* Vigotski cita os quatro volumes da edição russa de *A linguagem e o pensamento da criança* de Piaget. Como em português só existe o primeiro volume, traduzido por Manuel Campos e editado pela Martins Fontes, sempre que usarmos a tradução brasileira esta virá indicada com 1-a, ficando subentendido que as outras indicações são traduções da tradução russa da obra de Piaget. (N. do T.)

fato de que essa inteligência muda, pouco a pouco, de caráter (1-a, pp. XI-XII).

Essa nova abordagem do pensamento infantil como problema qualitativo levou Piaget a uma atitude que se poderia chamar de oposta à tendência antes dominante: a uma caracterização positiva do pensamento infantil. Enquanto a psicologia tradicional costumava caracterizar negativamente o pensamento infantil enumerando as suas lacunas e deficiências, Piaget procurou revelar a originalidade qualitativa desse pensamento, mostrando o seu aspecto positivo. Antes o interesse se concentrava *no que a criança não tem*, o que lhe falta em comparação com o adulto, e determinavam-se as peculiaridades do pensamento infantil pela incapacidade da criança para produzir pensamento abstrato, formar conceitos, estabelecer vínculos entre os juízos, tirar conclusões, etc., etc.

Nas novas investigações colocou-se no centro da atenção *aquilo que a criança tem*, o que há no seu pensamento como peculiaridades e propriedades distintivas.

No fundo, o que Piaget fez de novo e grandioso é muito comum e simples, como, aliás, acontece com muitas coisas grandes, e pode ser caracterizado com o auxílio de uma tese antiga e banal, que o próprio Piaget cita no seu livro com palavras de Rousseau: a criança nada tem de pequeno adulto e sua inteligência não é, de maneira nenhuma, a pequena inteligência do adulto. Por trás dessa verdade simples que, aplicada ao pensamento infantil, Piaget desvelou e fundamentou com fatos, esconde-se uma idéia essencialmente simples: a idéia do desenvolvimento. Essa idéia simples deita uma luz grandiosa sobre todas as inúmeras páginas que Piaget enriqueceu de conteúdo em suas pesquisas.

Mas a crise excepcionalmente profunda que envolve a psicologia atual não podia deixar de refletir-se também na nova corrente de estudo dos problemas da lógica infantil. Ela imprimiu a marca da ambigüidade nessas pesquisas, como em todas as obras notáveis da psicologia da época de crise que efetivamente abriram novos caminhos. Neste sentido, os livros de Piaget também podem ser comparados, com pleno fundamento, às obras de Freud, Blondel, Levy-Bruhl, a que já nos referimos. Todas essas obras são filhas da crise que está abrangendo os próprios fundamentos da nossa ciência, marca a transformação da psicologia em ciência no sentido exato e verdadeiro dessa palavra e decorre da acentuada contradição em que se encontram o material fatual da ciência e seus fundamentos metodológicos.

A crise na psicologia é, acima de tudo, uma crise dos fundamentos metodológicos da ciência. As raízes dessa crise remontam à própria história da psicologia. Sua essência reside na luta entre as tendências materialistas e idealistas, que se chocaram nesse campo do conhecimento com uma agudeza e uma intensidade tão grandes que dificilmente se verificariam em qualquer outra ciência da atualidade.

A situação histórica da nossa ciência é tal que podemos afirmar com palavras de Brentano: "existem muitas psicologias mas não existe uma psicologia una". Poderíamos dizer que não existe uma psicologia geral e una justamente porque surgem muitas psicologias. Isto significa que na ausência de um sistema científico uno, capaz de abranger e unificar todo o conhecimento atual da psicologia, cada nova descoberta real em qualquer campo da psicologia, que vá além da simples acumulação de detalhes, *é forçada* a criar a sua própria teoria, o seu sistema para interpretar e explicar os *fatos e dependências* redescobertos, ou seja, é forçada a criar a sua psicologia, uma das psicologias possíveis.

Assim criaram sua psicologia Freud, Levy-Bruhl, Blondel. A contradição entre a base fatual das suas doutrinas e as construções teóricas erigidas sobre essa base, o caráter idealista desses sistemas, que ganha expressão profundamente original em cada um desses autores, o ranço metafísico em várias das suas construções teóricas – tudo isso é uma revelação inevitável e fatal daquela ambigüidade de que já falamos como marca da crise. Essa ambigüidade deve-se ao fato de que a ciência, ao dar um passo adiante no campo da acumulação de material fatual, dá um passo atrás em sua interpretação e sua elucidação. A psicologia moderna dá a torto e a direito o espetáculo dos mais melancólicos de como as descobertas mais modernas e mais importantes, que são o orgulho e a última palavra da ciência, vegetam em concepções pré-científicas, sobre as quais amontoam *ad hoc* as teorias e sistemas metafísicos por elas criados.

Piaget procurou evitar essa ambigüidade fatal por um meio muito simples: fechando-se em um círculo restrito de fatos. Não quer saber de nada além de fatos. Foge conscientemente a generalizações, e evita mais ainda sair dos próprios limites dos problemas psicológicos para os campos contíguos da lógica, da teoria do conhecimento, da história da filosofia. Acha mais seguro o terreno do empírico puro. É ele que escreve sobre seus trabalhos:

> Esses estudos são, antes de tudo, uma coletânea de fatos e materiais. O que comunica unidade aos diversos capítulos do nosso trabalho não é um sistema determinado de exposição mas um método indiviso (1, p. 64).

Isso é o mais importante nos trabalhos que ora nos interessam. A obtenção de novos fatos, a cultura científica do fato psicológico, sua análise minuciosa, a classificação dos materiais, a capacidade de *ouvir* o que eles dizem, segundo expressão de Claparède, tudo isso é, sem dúvida, o aspecto forte da investigação de Piaget. Das suas páginas desabou sobre a psicologia infantil um mar de novos fatos, grandes e pequenos, de primeira e segunda grandeza que revelam o novo e completam o anteriormente conhecido.

Piaget deve a obtenção de novos fatos e seus terrenos auríferos, antes de tudo, ao novo método que introduziu – o método clínico, cujas forma e originalidade o promovem a um dos primeiros lugares na metodologia da investigação psicológica e o tornam um recurso insubstituível no estudo das formações complexas e integrais em desenvolvimento e mudança no pensamento infantil. Esse método dá unidade efetiva a todos os mais diversos estudos que Piaget resumiu em quadros concatenados, coesos e vitalmente eficazes do pensamento infantil.

Os novos fatos e o novo método de sua obtenção e análise geram uma infinidade de novos problemas, parte considerável dos quais foi colocada pela primeira vez perante a psicologia científica, enquanto outra parte, se não foi recolocada, foi proposta em nova forma. Vale mencionar como exemplo a questão da gramática e da lógica na linguagem infantil, o problema do desenvolvimento da introspecção infantil e a sua importância funcional no desenvolvimento das operações lógicas, o problema da interpretação do pensamento verbal pelas crianças, etc., etc.

Entretanto, como todos os demais pesquisadores, Piaget não conseguiu evitar a ambigüidade fatal a que a crise atual da psicologia condena até os melhores representantes dessa ciência. Ele esperava proteger-se da crise atrás da muralha alta e segura dos fatos. Mas os fatos o traíram. Acarretaram problemas, e os problemas resultaram em uma teoria que, mesmo sendo pouco desenvolvida, ainda assim é uma teoria autêntica, que Piaget tanto procurou evitar. De fato, em seus livros há uma teoria. Isso foi inevitável, foi o destino. Diz Piaget:

> Simplesmente procuramos acompanhar passo a passo os fatos na forma em que nos foram apresentados pelo experimento. Sabemos, evidentemente, que o experimento sempre é determinado pelas hipóteses que o geraram, mas por enquanto nos limitamos ao exame dos fatos (1, p. 64).

Mas quem examina fatos o faz inevitavelmente à luz dessa ou daquela teoria. Os fatos estão inseparavelmente entrelaçados com a filosofia, sobretudo aqueles fatos do desenvolvimento do pensamento infantil que Piaget descobre, comunica e analisa. E quem quiser encontrar a chave desse rico acervo de fatos novos deve, antes de tudo, descobrir a *filosofia do fato*, da sua obtenção e assimilação. Sem isso os fatos permanecerão mudos e mortos.

Por isso, neste exame crítico das pesquisas de Piaget desprezamos as questões particulares. É necessário procurar a unidade, generalizar todos esses variados problemas do pensamento infantil, sondar-lhes a raiz comum e destacar neles o que é fundamental e determinante.

Contudo, nessa perspectiva o nosso caminho deve direcionar-se para a crítica das *teorias do sistema metodológico*, que servem de base àquelas pesquisas para cuja compreensão e avaliação estamos procurando a chave. O material empírico nos ocupa apenas na medida em que sustenta a teoria ou concretiza a metodologia da pesquisa.

Esse deve ser o caminho do nosso estudo crítico do problema da linguagem e do pensamento da criança nas obras de Piaget.

Para o leitor que deseje abranger com um único olhar toda a complexa teoria que serve de base aos inúmeros estudos de Piaget, é inadequado o caminho pelo qual o autor o conduz ao expor o processo e os resultados das suas investigações. Em sua exposição, Piaget evita deliberada e conscientemente os sistemas. Não teme ser censurado por falta de nexo do seu material, que para ele é o estudo puro dos fatos.

Piaget previne contra a tentativa prematura de abranger com um só sistema toda a diversidade de peculiaridades concretas do pensamento infantil que ele expõe. Ele afirma evitar por princípio exposição demasiadamente sistemática e mais ainda generalizações que ultrapassem os limites da psicologia infantil. Está convencido de que a análise dos fatos é mais importante que a teoria para quem desenvolve atividade que requer conhecimento preciso da criança.

Só em pleno final de toda uma série de suas pesquisas Piaget promete uma síntese, sem a qual seria constantemente tolhido pela exposição dos fatos e, por sua vez, sentir-se-ia sempre tentado a deturpá-los. Assim, a tentativa de separar rigorosamente a teoria da análise dos fatos, a síntese do conjunto do material da exposição de investigações particulares e o empenho de seguir passo a passo os fatos na forma em que o experimento os apresenta distinguem o caminho escolhido por Piaget.

Como já foi dito, não podemos seguir o autor nesse caminho se queremos abranger com um único olhar todo o conjunto da sua teoria e entender os princípios que a determinam, que são a pedra angular de todo o conhecimento. Cabe tentar descobrir, em toda essa cadeia de fatos, o elo central de onde se estendem os vínculos que abrangem todos os outros elos e sustenta todo o conjunto dessa teoria.

O próprio autor nos ajuda nesse empreendimento. Ao resumir todo o conteúdo do seu livro na parte conclusiva, ele mesmo tenta fazer um apanhado geral de todas as pesquisas, sintetizá-las em um sistema, estabelecer a ligação entre alguns resultados concretos da investigação e sintetizar em uma unidade essa complexa diversidade de fatos.

A primeira questão que aqui se apresenta é a relação objetiva entre todas aquelas peculiaridades do pensamento infantil estabelecidas pelas investigações de Piaget. Seriam todas as peculiaridades aqui manifestas fenômenos autônomos e independentes entre si, irredutíveis a uma causa comum, ou representariam certa estrutura, certa totalidade conexa baseada em um fato central e condicionador da unidade de todas essas peculiaridades? Essas investigações abordam toda uma série de peculiaridades do pensamento infantil, como, por exemplo, o egocentrismo da linguagem e do pensamento da criança, o realismo intelectual, o sincretismo, a não-compreensão das relações, a dificuldade de tomada de consciência, a incapacidade para a auto-observação na fase infantil, etc.

O problema é saber se

esses fenômenos constituem alguma totalidade desconexa, ou seja, devem a sua existência a um conjunto de causas fortuitas e dispersas sem relação entre si ou formam uma totalidade concatenada e, assim, têm a sua lógica específica (1, p. 30).

A resposta positiva do autor a esse questionamento leva-o naturalmente a passar do campo da análise dos fatos ao campo da teoria e revela em que medida a própria análise dos fatos (ainda que na exposição do autor ela anteceda a formulação anterior da teoria) é determinada efetivamente por essa teoria.

Em que consiste esse elo central, que permite resumir numa unidade todas as peculiaridades do pensamento infantil? Do ponto de vista da teoria básica de Piaget, ele consiste no egocentrismo do pensamento infantil. Este é o nervo basilar de todo o sistema piagetiano, a pedra angular de toda a sua construção teórica.

"Procuramos", diz Piaget, "resumir ao egocentrismo a maior parte dos traços característicos da lógica infantil" (1, p. 371). Todos esses traços formam um complexo que determina a lógica infantil, e esse complexo tem por base o caráter egocêntrico do pensamento e da atividade da criança. Todas as outras peculiaridades do pensamento infantil decorrem dessa peculiaridade básica, cuja afirmação ou negação reforçam ou eliminam todos os outros fios com os quais a generalização teórica tenta apreender, conscientizar e unir em uma totalidade todos os demais traços da lógica infantil.

Assim, por exemplo, ao falar do sincretismo como uma das peculiaridades centrais do pensamento infantil, o autor diz que ele é o resultado direto do egocentrismo infantil (1, p. 389).

Desse modo, também nos cabe verificar, antes de mais nada, em que consiste esse caráter egocêntrico do pensamento infantil e que relação ele mantém com todas as demais peculiaridades que, no conjunto, constituem a originalidade qualitativa do pensamento da criança em comparação com o pensamento do adulto. Piaget define o pensamento egocêntrico como forma transitória de pensamento que, do ponto de vista genético, funcional e estrutural, está situado entre o pensamento autístico e o pensamento inteligente dirigido. Assim, a fase transitória, que forma um elo genético, é uma formação intermediária na história do desenvolvimento do pensamento.

Piaget toma de empréstimo à psicanálise essa diferenciação entre pensamento inteligente ou dirigido e pensamento não dirigido, que E. Bleuler denominou pensamento autístico.

O pensamento dirigido é consciente, isto é, persegue objetivos presentes no espírito daquele que pensa; é inteligente, isto é, adaptado à realidade e procura agir sobre ela; é suscetível de verdade e de erro (verdade empírica ou verdade lógica) e é comunicável pela linguagem. O pensamento autístico é subconsciente, isto é, os objetivos que visa ou os problemas que enfrenta não estão presentes na consciência. Não é adaptado à realidade externa, mas cria para si uma realidade de imaginação ou de sonho, tende não a estabelecer verdades mas a satisfazer seus desejos, e permanece estritamente individual, não sendo, assim, comunicável pela linguagem. Procede, com efeito, antes de mais nada, por imagens, e para comunicar-se tem de recorrer a procedimentos indiretos, evocando por meio de símbolos e de mitos os sentimentos que o dirigem (1-a, p. 32).

A primeira forma de pensamento é social. Na medida em que se desenvolve, ela vai se subordinando cada vez mais às leis da experiência e da lógica pura. Já o pensamento autístico, como mostra a sua denominação, é individual e "obedece a um conjunto de leis especiais" que não precisam ser aqui definidas com precisão.

Entre essas duas formas extremas de pensamento há

diversas variedades, relativas ao grau de comunicabilidade. Essas variedades intermediárias devem obedecer a uma lógica especial, intermediária entre a lógica do autismo e a da inteligência. Propomos denominar *pensamento egocêntrico* a principal dessas formas intermediárias, isto é, o pensamento que, a exemplo do de nossas crianças, procura adaptar-se à realidade, embora não se expresse como tal (1-a, p. 33).

Esta tese fica ainda mais clara em relação ao caráter intermediário do pensamento egocêntrico das crianças, em outra formulação de Piaget:

> Todo pensamento egocêntrico é, por sua estrutura, intermediário entre o pensamento autístico, que é *não-dirigido*, isto é, flutua ao sabor dos caprichos (como o devaneio) e a inteligência *dirigida* (1-a, p. 207).

Tanto a estrutura quanto a função dessa forma de pensamento levam a situá-la na série genética entre o pensamento autístico e o real. Como já foi dito, a função desse pensamento não consiste tanto na adaptação à realidade quanto na satisfação das próprias necessidades. Esse pensamento não está tão orientado para a realidade quanto para a satisfação de um desejo. Isto equipara o pensamento egocêntrico ao autístico havendo, porém, traços essenciais que os diferenciam.

Aqui se inserem novos momentos funcionais que aproximam o pensamento egocêntrico do pensamento real do adulto voltado para a realidade e o projetam muito adiante em comparação com a lógica do sonho ou do devaneio.

> Chamamos de *egocêntrico* o pensamento da criança, querendo dizer com isso que esse pensamento ainda continua autístico por sua estrutura mas que seus interesses já não se voltam exclusivamente para a satisfação das necessidades orgânicas ou das necessidades de brincar, a exemplo do autismo puro, mas se orientam ainda para a adaptação intelectual, como o pensamento do adulto (1, p. 374).

Assim, a parte funcional também insere momentos que tanto aproximam quanto separam o pensamento egocêntrico de outras formas extremas de pensamento. O exame desses momentos leva mais uma vez àquela conclusão que constitui a tese básica de Piaget, segundo a qual "o pensamento da criança é mais egocêntrico do que o nosso e é a média entre o autismo no sentido rigoroso do termo e o pensamento socializado" (1, p. 376).

Para começar, talvez se deva observar que nessa caracterização dual do pensamento egocêntrico Piaget salienta sempre aqueles momentos que mais aproximam do que afastam o pensamento egocêntrico do autístico. Em um dos parágrafos conclusivos do livro ele enfatiza aquela verdade segundo a qual "a brincadeira é a lei suprema para o pensamento egocêntrico" (1, p. 401).

Salta particularmente à vista o destaque que ele dá aos pontos de aproximação em detrimento dos pontos de afastamento quando caracteriza uma das manifestações básicas do pensamento egocêntrico: o sincretismo. Já dissemos que Piaget considera o sincretismo – como, aliás, os outros traços da lógica infantil – como resultado direto do egocentrismo infantil. Eis o que diz sobre essa peculiaridade quase central da lógica infantil:

> Ao ler os nossos resultados, pode-se acreditar que o pensamento egocêntrico, que produz os fenômenos de sincretismo, está mais próximo do pensamento autístico e do sonho do que do pensamento lógico. Os fatos que acabamos de descrever apresentam, com efeito, vários aspectos que os assemelham ao sonho ou devaneio (1-a, p. 149).

Mas mesmo nessa passagem Piaget tende a considerar o mecanismo do pensamento sincrético como momento mediador entre o pensamento lógico e aquilo que os psicanalistas denominaram ousadamente de "simbolismo" dos sonhos. Como se sabe, Freud mostrou que no sonho atuam duas funções básicas que orientam o surgimento das imagens do sonho: a condensação, que faz imagens discordantes se fundirem em uma só, e o deslocamento, que transfere de um objeto para outro traços pertencentes ao primeiro.

Piaget segue Larsson quando admite:

> Entre essas duas e a da generalização (que é uma espécie de condensação) e a da abstração (que é uma espécie de deslocamento), devem existir todos os elos intermediários (1-a, p. 149).

Assim, vemos que não só o egocentrismo, como fundamento da lógica da criança, mas também a manifestação mais importante desse egocentrismo, como o sincretismo, são vistos na teoria de Piaget como formas intermediárias transitórias "entre a lógica do sonho e a lógica do pensamento".

Em outra passagem, Piaget afirma que o "sincretismo é, por seu próprio mecanismo, um elo intermediário entre o pensamento autístico e o pensamento lógico, como aliás o são todas as manifestações do pensamento egocêntrico". Foi em função dessa última comparação que tomamos o exemplo do sincretismo. Como se vê, o que Piaget afirma em relação ao sincretismo ele mesmo estende a todas as outras peculiaridades, a todas as outras manifestações do pensamento egocêntrico da criança.

Para elucidar a idéia central de toda a teoria de Piaget sobre o caráter egocêntrico do pensamento infantil, resta traçar o momento terceiro e fundamental, justamente as relações genéticas do pensamento egocêntrico com a lógica do sonho, com o autismo puro, por um lado, e com a lógica do pensamento racional, por outro. Já vimos que em termos estruturais e funcionais Piaget considera o pensamento egocêntrico como ligação entre essas duas extremidades no desenvolvimento do pensamento. De igual maneira, Piaget resolve o problema dos vínculos e relações genéticas que unificam esses três grupos no desenvolvimento do pensamento.

A idéia fundante de toda a concepção piagetiana de desenvolvimento do pensamento e a fonte da determinação genética do egocentrismo infantil é a tese, tomada de empréstimo à psicanálise, segundo a qual a forma primária de pensamento, determinada pela própria natureza psicológica da criança, é a forma autística; já o pensamento realista é um produto tardio, uma espécie de produto imposto de fora à criança pela coação longa e sistemática que o meio social circundante exerce sobre ela.

Piaget parte de que "o desenvolvimento mental não é inteiramente uma atividade lógica. Pode-se ser inteligente e ao mesmo tempo não muito lógico". As diferentes funções da mente não estão necessariamente interligadas de tal modo que uma não possa ser encontrada sem a outra ou antes da outra.

A atividade lógica é uma demonstração, é a procura da verdade, ao passo que a sua descoberta depende da imaginação, mas a própria carência, a própria necessidade de atividade lógica só surge bem mais tarde (1, p. 372).

Esse atraso se deve a duas causas: em primeiro lugar, o pensamento serve imediatamente à satisfação de necessidades bem antes de se obrigar a procurar a verdade. O pensamento que surge de forma mais arbitrária é a brincadeira ou a fabulação, que permite confundir um desejo que mal acaba de surgir com algo realizável. Isto foi observado por todos os autores que estudaram as brincadeiras infantis, as provas infantis e o pensamento infantil.

... O mesmo repetiu Freud de forma convincente ao estabelecer que o princípio de prazer antecede o princípio de realidade. Porque o pensamento da criança na faixa dos sete aos oito anos é perpassado pelas tendências a brincar, noutros termos, antes dessa idade é sumamente difícil distinguir invenção de pensamento tomado por verdade (1, p. 372).

Como se vê, do ponto de vista genético o pensamento autístico é visto como a forma primária de pensamento, a lógica surge relativamente tarde e o pensamento egocêntrico é um ponto intermediário, uma fase transitória no desenvolvimento do pensamento entre o autismo e a lógica.

A linguagem e o pensamento da criança na teoria de Piaget

Para elucidar em toda a sua plenitude essa concepção do egocentrismo do pensamento infantil – que o autor infelizmente não formulou em nenhuma passagem de modo concatenado mas que é o fator determinante de toda a sua teoria – devemos nos deter em mais um momento, o momento final, ou seja, na questão da origem desse caráter egocêntrico do pensamento infantil e no seu volume ou abrangência, isto é, nos limites desse fenômeno nas diferentes esferas do pensamento infantil.

Piaget vê as raízes do egocentrismo em duas circunstâncias. Em primeiro lugar, na a-sociabilidade da criança – e aqui ele segue a psicanálise – e, em segundo, na natureza original da atividade prática dessa criança.

Piaget reitera sempre que a sua tese básica sobre o caráter intermediário do pensamento egocêntrico é uma hipótese. Mas essa hipótese é tão próxima do bom senso, afigura-se tão notória que o egocentrismo infantil chega a lhe parecer um fato quase evidente. Toda a questão em torno da qual gira a parte teórica desse livro consiste em definir se o egocentrismo acarreta as dificuldades de expressão e as manifestações lógicas que ele examina em um livro, ou se o problema é outro.

> Entretanto, é claro que, do ponto de vista genético, é necessário partir da atividade da criança para explicar o seu pensamento. Não resta a menor dúvida de que essa atividade é egocêntrica e egoísta. Só mais tarde o instinto social se desenvolve em formas claras. O primeiro período crítico neste sentido deve ser situado entre os sete e os oito anos (1, p. 377).

Piaget situa e faz coincidirem nessa fase etária o primeiro período da reflexão lógica e os primeiros esforços que a criança faz no sentido de evitar as conseqüências do egocentrismo.

No fundo, essa tentativa de tirar o egocentrismo do desenvolvimento tardio do instinto social e do egoísmo biológico da natureza da criança já está presente na própria definição de pensamento egocêntrico, que Piaget vê como pensamento individual em oposição ao pensamento socializado, o qual, segundo ele, coincide com o pensamento inteligente ou realista.

Quanto ao volume ou à abrangência da influência desse egocentrismo, é necessário dizer que Piaget tende a dar importância universal, a absolutizar esse fenômeno, por considerá-lo não só fundamental, primário e radical para todo o pensamento e o comportamento da criança, mas também um fenômeno universal. Para ele, todas as manifestações da lógica infantil em toda a sua riqueza e diversidade são manifestações diretas ou distantes do egocentrismo infantil.

Mas isso ainda é pouco: a influência do egocentrismo se difunde não só para cima, pela linha das conseqüências decorrentes desse fato, mas também para baixo, pela linha das causas que determinam o seu surgimento. Como já foi dito, Piaget coloca a natureza egocêntrica do pensamento da criança em relação com a natureza egocêntrica da sua atividade, e esta ele põe em relação com a natureza associativa de todo o desenvolvimento da criança até os oito anos de idade.

No que concerne a manifestações particulares e mais centrais do egocentrismo infantil, por exemplo, do sincretismo do pensamento infantil, Piaget afirma, de forma direta e inequívoca, que estamos diante de peculiaridades que não distinguem esse ou aquele campo do pensamento infantil mas determinam todo o pensamento da criança. "O sincretismo penetra todo o pensamento da criança" (1, p. 390).

> O egocentrismo infantil nos parece significativo antes da idade dos sete aos oito anos, quando começam a estabelecer-se os hábitos do pensamento socializado. Mas antes dos sete anos e meio os efeitos do egocentrismo e particularmente o sincretismo penetram todo o pensamento da criança como pensamento puramente verbal (a compreensão verbal), e o pensamento centrado na observação imediata (na compreensão das percepções). Depois dos sete-oito anos, esses traços do egocentrismo não desaparecem instantaneamente mas permanecem cristalizados na parte mais abstrata do pensamento, com a qual é mais difícil operar, isto é, no plano do pensamento puramente verbal (1, p. 390).

Essa última circunstância não deixa dúvida de que o campo de influência do egocentrismo, que, segundo Piaget, vai até os oito anos, coincide diretamente com todo o campo do pensamento infantil e da percepção. A originalidade da transformação, efetuada pelo desenvolvimento do pensamento infantil depois dos oito anos, consiste justamente em que esse caráter egocêntrico do pensamento se mantém apenas em certa parte do pensamento infantil, unicamente no campo do raciocínio abstrato. Entre os oito e os doze anos, a influência do egocentrismo se limita a um campo do pensamento, a um segmento. Até os oito anos ela é ilimitada e ocupa todo o território do pensamento infantil.

Em linhas gerais, são esses os momentos básicos que caracterizam a concepção do pensamento egocêntrico na teoria de Piaget, concepção essa que, reiteremos, tem importância central e determinante para todas as pesquisas posteriores desenvolvidas pelo pensador suíço e é a chave para a compreensão da análise de todas as matérias fatuais inseridas no livro.

Uma conclusão natural dessa concepção é a tese piagetiana segundo a qual a natureza egocêntrica do pensamento está tão necessariamente relacionada internamente com a própria natureza psicológica da criança que sempre se manifesta de forma regular, inevitável, estável e independente da experiência infantil. Como diz o próprio Piaget:

> nem a experiência está em condições de tirar do equívoco as mentes infantis assim estruturadas; a culpa é das coisas, não das crianças... O selvagem, que atrai a chuva por meios mágicos, atribui o seu insucesso à influência do seu espírito mau. Segundo uma expressão precisa, ele é impenetrável à experiência. Esta só o desengana em alguns casos técnicos bastante especiais (agricultura, caça, produção) mas esse contato particular instantâneo com a realidade nunca influencia o sentido geral do seu pensamento. Não aconteceria a mesma coisa com as crianças e com fundamento ainda maior, uma vez que a preocupação dos pais lhes previne todas as necessidades materiais, de sorte que só nas

brincadeiras manuais a criança toma conhecimento da resistência dos objetos? (1, pp. 372-3)

Essa impenetrabilidade da criança na experiência vem a ser a idéia básica piagetiana que consiste no seguinte:

> Não se pode isolar o pensamento infantil dos fatores da educação nem daquelas influências a que o adulto sujeita a criança, mas essas influências não se imprimem na criança como em uma foto, são assimiladas, ou seja, são deformadas pela experiência viva a que a criança é sujeita e se introduzem em sua própria substância. E é essa substância psicológica da criança, noutros termos, essa estrutura e esse funcionamento próprio do pensamento infantil que procuramos descrever e explicar de alguma forma (1, p. 408).

Nessas palavras manifesta-se a diretriz metodológica fundamental de toda a investigação de Piaget, que tenta estudar a substância psicológica da criança, substância essa que assimila as influências do meio social e as deforma segundo as suas próprias leis. Em síntese, é esse egocentrismo do pensamento infantil que Piaget vê como resultado das deturpações das formas sociais de pensamento que penetram na substância psicológica da criança, isto é, das deturpações que se processam segundo as leis pelas quais vive e se desenvolve essa substância.

Depois de examinarmos essa última formulação que Piaget parece lançar de passagem, atingimos integralmente a revelação da filosofia de toda a pesquisa de Piaget, o problema das leis sociais e biológicas no desenvolvimento psicológico da criança, a questão da natureza do desenvolvimento infantil em sua totalidade.

Adiante falaremos especialmente desse aspecto metodologicamente mais complexo do problema, que o autor revelou muito mal em sua investigação. Nosso interesse deverá centrar-se na análise e na crítica da concepção do egocentrismo infantil na sua essência aqui exposta, partindo da ótica da consistência teórica e fatual dessa concepção.

II

Entretanto, do ponto de vista do desenvolvimento filogenético e ontogenético, o pensamento autístico não é de maneira nenhuma o primeiro degrau no desenvolvimento intelectual da criança e da humanidade. Não é, absolutamente, uma função primitiva, um ponto de partida de todo o processo de desenvolvimento, uma forma inicial e fundante de onde parte todo o restante.

Nem mesmo do ponto de vista da evolução biológica e da análise biológica do comportamento do recém-nascido o pensamento autístico justifica a tese básica lançada por Freud e adotada por Piaget segundo a qual o autismo é o degrau primário e fundante sobre o qual se estruturam todas as fases sucessivas no desenvolvimento do pensamento. O pensamento que surge lá nos primórdios é, segundo palavras de Piaget, uma espécie de fabulação, o princípio do prazer, que orienta o pensamento autístico, antecede o princípio de realidade que governa a lógica do pensamento racional. O mais notável de tudo isso é o fato de que a essa conclusão cheguem exatamente os psicólogos de orientação biológica, particularmente Eugen Bleuler, criador da teoria do pensamento autístico.

Bem recentemente ele mostrou que o próprio termo "pensamento autístico" deu margem a muitos equívocos. Passou-se a inserir nesse conceito um conteúdo que aproximava o pensamento autístico do autismo esquizofrênico, a identificá-lo com o pensamento egoísta, etc. Por isso Bleuler propôs chamar o pensamento autístico de pensamento *irrealista*, em oposição ao pensamento realista ou racional. Essa renomeação forçada do conceito já implica uma mudança sumamente importante do seu próprio conteúdo representada pelo novo nome. O próprio Bleuler externou magnificamente essa mudança em um estudo dedicado ao pensamento autístico (2), no qual ele coloca com toda franqueza o problema da correlação genética entre os pensamentos autístico e racional. Mostra que se costuma situar o pensamento autístico em um estágio geneticamente mais primitivo que o pensamento racional.

Uma vez que o pensamento realista, a função de realidade e a satisfação de necessidades complexas da realidade são violados sob influências patológicas com muito mais freqüência do que o pensamento autístico que o processo patológico coloca em primeiro plano, os psicólogos franceses, com Janet à frente, supõem que a função real é a mais elevada, a mais complexa. Entretanto, só Freud ocupa uma posição nítida nessa questão. Ele afirma claramente que, no processo de desenvolvimento, os mecanismos do prazer são primários. E concebe que tanto uma criança de colo, cujas necessidades reais são inteiramente atendidas pela mãe sem a participação dela, quanto um pinto que se desenvolve no ovo, separado do mundo exterior pela casca, ainda vivem uma vida autística. Tudo indica que a criança "se alucina" com a satisfação das suas necessidades exteriores e revela o seu descontentamento com o incremento do estímulo e a ausência da sua satisfação esboçando uma reação motora em forma de grito e esperneio, e depois experimenta o prazer alucinatório (2, pp. 55-7).

Como se vê, Bleuler formula nessa passagem a mesma tese básica da teoria psicanalítica do desenvolvimento da criança em que Piaget se baseia ao definir o pensamento egocêntrico da criança como fase transitória entre esse autismo primário, primordial (e em outro estudo dedicado à psicologia da infância, chama com toda razão e coerência de *egocentrismo*), levado ao limite lógico, ou seja, entre o solipsismo e o pensamento inteligente.

Contra essa tese Bleuler levanta argumentos que achamos incontestáveis do ponto de vista genético.

> Não posso concordar com isso. Não vejo prazer alucinatório no bebê, só vejo prazer depois da consumação efetiva do alimento, e devo constatar que o pinto no ovo abre caminho não com o auxílio de representações mas do alimento física e quimicamente

recebido... Observando uma criança mais adulta eu também não percebo que ela prefira uma maçã imaginária a uma real. O imbecil e o selvagem são políticos reais de verdade, sendo que o último (que como nós está no auge das faculdades intelectuais) só comete as suas tolices autísticas naqueles casos em que a sua razão e a sua experiência se revelam insuficientes: em suas noções do universo, dos fenômenos da natureza, em sua concepção de doenças e outros golpes do destino, nas medidas de proteção contra estes e em outras correlações que para ele são complexas. O pensamento autístico do imbecil é tão simplificado quanto o pensamento realista. Em parte alguma consigo encontrar um ser com capacidade de sobrevivência ou mesmo imaginar um ser que não reaja em primeiro lugar à realidade, que não aja de modo absolutamente independente do baixo nível de desenvolvimento em que se encontre; não consigo conceber tampouco que abaixo de determinado nível de organização possam existir funções autísticas. Para isto são necessárias complexas capacidades de percepção. Deste modo, a psicologia animal (à exceção de poucas observações com animais altamente desenvolvidos) só conhece a função real. Mas essa contradição é de fácil solução: *a função autística não é tão primitiva como as formas simples da função real, mas em certo sentido é mais primitiva que as formas superiores dessa função real na maneira como são desenvolvidas no homem.* Os animais inferiores possuem apenas a função real. Não existe um ser que pense de forma exclusivamente autística; a partir de certo estágio de desenvolvimento, a função autística se incorpora à realista e desde então se desenvolve junto com ela (2, pp. 57-8).

De fato, passamos das teses gerais sobre o primado do princípio do prazer, da lógica dos sonhos e do devaneio sobre a função realista do pensamento para a análise do real desenrolar do desenvolvimento do pensamento no processo de evolução biológica para nos convencermos de que a forma primária da atividade intelectual é o pensamento efetivo, prático, voltado para a realidade e constituinte de uma das formas fundamentais de adaptação a novas condições, às situações mutantes do meio exterior.

Admitir que a função e a lógica dos sonhos são primárias do ponto de vista da função biológica, que o pensamento surgiu na série biológica e desenvolveu-se na transição das formas animais inferiores para as superiores e destas para o homem como função de auto-satisfação, como processo subordinado ao princípio do prazer, é um *non-sense* precisamente do ponto de vista biológico. Admitir que o princípio do prazer é primário no desenvolvimento do pensamento implica tornar, desde o início, biologicamente inexplicável o processo de surgimento da nova função psicológica que chamamos de intelecto ou pensamento.

Contudo, admitir a satisfação alucinatória das necessidades como forma primária do pensamento infantil até na série ontogenética significa ignorar o fato indiscutível de que, segundo palavras de Bleuler, o prazer só vem depois da recepção efetiva do alimento, ignorar que uma criança mais adulta não prefere uma maçã imaginária a uma real.

É verdade que a fórmula genética básica de Bleuler não resolve o problema dos laços genéticos que existem entre o pensamento autístico e o realista em toda a sua plenitude, mas em dois momentos ela nos parece indiscutível. Primeiro: quando aponta o surgimento relativamente tardio da função autística; segundo: quando indica a inconsistência biológica da concepção segundo a qual o autismo é primário.

Não vamos continuar aplicando o esquema de desenvolvimento filogenético, no qual Bleuler tenta traçar e interligar as etapas fundamentais no processo de surgimento dessas duas formas de pensamento. Diremos apenas que ele situa o surgimento da função autística exclusivamente na quarta etapa do desenvolvimento do pensamento, na qual, fora da ação estimulante do mundo exterior, os conceitos se combinam

> segundo a experiência adquirida em funções lógicas e conclusões que se estendem do já vivenciado para o desconhecido, do passado para o futuro, quando se torna possível não só a avaliação das diferentes casualidades, não só a liberdade de ação mas o pen-

samento concatenado, constituído exclusivamente dos quadros da memória sem ligação com estímulos casuais dos órgãos dos sentidos e com as necessidades. Só aqui pode incorporar-se a função autística. Só aqui podem existir concepções relacionadas com o sentimento intensivo de prazer, que criam desejos que são satisfeitos por sua realização fantástica e transformam o mundo exterior no imaginário do homem graças ao fato de que ele não concebe (renega) o desagradável que está situado no mundo exterior, incorporando à sua concepção desse mundo o agradável, criado por ele mesmo. Logo, a função irreal não pode ser mais primitiva do que os embriões do pensamento real, deve desenvolver-se paralelamente a ele[1].

Quanto mais complexos e mais diferenciados se tornam a formação dos conceitos e o pensamento lógico, tanto mais precisa se torna a sua adaptação à realidade e maior se torna a possibilidade de libertar-se da influência da afetividade. Por outro lado, cresce igualmente a possibilidade da influência dos engramas emocionalmente coloridos do passado e das representações emocionais centradas no futuro.

Inúmeras combinações intelectuais tornam possível uma diversidade infinita de fantasias, ao mesmo tempo em que a existência de inúmeras lembranças emocionais do passado e de representações igualmente afetivas sobre o futuro acarretam diretamente a fantasia.

Com o seu desenvolvimento, acentua-se cada vez mais a diferença entre ambas as modalidades de pensamento, que acabam por tornar-se diametralmente opostas entre si, o que pode levar a conflitos cada vez mais graves; e se ambos os extremos não conservam no indivíduo um equilíbrio aproximado surge, por um lado, um tipo de sonhador que está ocupado exclusivamente com combinações fantásticas e não leva em conta a realidade e nem revela atividade e, por outro, um tipo de homem real sensato que, em função de um pensamento claro e real, vive apenas de um dado momento sem nunca olhar para a frente.

....

1. Para nós, seria incorreto e estaria em discrepância com a real complexidade dos processos de desenvolvimento dessas duas modalidades de pensamento defini-las como processos paralelos.

Entretanto, apesar desse paralelismo no desenvolvimento filogenético, o pensamento realista, por muitas razões, vem a ser mais desenvolvido e quando há perturbação geral do psiquismo a função real costuma ser bem mais afetada (2, pp. 60-2).

Bleuler se pergunta como uma função tão nova em termos filogenéticos como a função autística pôde ter uma difusão e adquirir uma força tão grande a ponto de o pensamento autístico orientar a maior parte da sua função psíquica (devaneios, brincadeiras, etc.) em muitas crianças de idade superior aos dois anos.

Aliás, a resposta a essa questão levantada por Bleuler encontramos no fato de que o desenvolvimento da linguagem cria condições sumamente favoráveis para o pensamento autístico e, como observa o próprio Bleuler, o autismo propicia solo favorável ao exercício da capacidade intelectual. Nas fantasias da criança, as suas capacidades combinatórias crescem tanto quanto a sua habilidade física nas brincadeiras movimentadas.

Quando a criança brinca de soldado ou de mãe, exercita conjuntos necessários de representações e emoções análogos à maneira pela qual um gatinho se prepara para a caça (2, p. 76).

Mas se assim se elucida a questão da natureza genética da função autística, já no que respeita aos momentos funcionais e estruturais a nova concepção de sua natureza reivindica a necessidade de revisão. Nessa ótica parece-nos central o aspecto inconsciente do pensamento autístico. "O pensamento autístico é inconsciente." É dessa definição que partem tanto Freud quanto Piaget. O pensamento egocêntrico, afirma Piaget, também ainda não é consciente na sua plenitude, e neste sentido ocupa posição intermediária entre o raciocínio consciente do adulto e a atividade inconsciente do sonho.

"Uma vez que a criança pensa para si", diz Piaget, "ela não tem nenhuma necessidade de conscientizar o mecanismo do próprio raciocínio" (1, p. 379). Piaget tem razão ao evitar a expressão "raciocínio inconsciente", por considerá-la bastante escorregadia, e por isso prefere dizer que no pensamento da criança domina a lógica da ação mas ainda não existe a lógica do pensamento. Isto surge porque o pensamento egocêntrico é inconsciente. Diz Piaget:

> A maioria das manifestações da lógica infantil pode ser reduzida a essas causas gerais. As raízes dessa lógica e as suas causas estão no egocentrismo do pensamento da criança entre os sete e os oito anos e no aspecto inconsciente gerado por esse egocentrismo (1, p. 381).

Piaget se detém minuciosamente na capacidade insuficiente da criança para a introspecção, nas dificuldades de tomada de consciência, e estabelece que é falso o ponto de vista habitual segundo o qual as pessoas que pensam egocentricamente têm, a seu modo, uma melhor consciência de si do que as outras, que o egocentrismo acarreta uma auto-observação correta. "O conceito de autismo em psicanálise", diz ele, "verte uma luz clara sobre o fato de que a incomunicabilidade do pensamento acarreta certa ininteligibilidade" (1, p. 377).

É por isso que o egocentrismo da criança é acompanhado de certa inconsciência que, por sua vez, poderia elucidar alguns traços da lógica infantil. Um estudo experimental de Piaget sobre a capacidade da criança para a introspecção leva-o à confirmação dessa tese.

Em termos rigorosos, a concepção da natureza inconsciente do pensamento autístico e egocêntrico está na base da concepção de Piaget, uma vez que, segundo definição básica do pensador suíço, o pensamento egocêntrico é um pensamento que não tem consciência dos seus objetivos e tarefas, um pensamento que satisfaz aspirações não conscientes. Mas até essa tese sobre o inconsciente do pensamento autístico acaba abalada em um novo estudo. "Em Freud", diz Bleuler, "o pensamento autístico está tão próximo do inconsciente que, para uma pessoa inexperiente, esses dois conceitos se fundem facilmente" (2, p. 43).

Por outro lado, Bleuler chega à conclusão de que esses dois conceitos precisam ser rigorosamente separados. "Em princípio, o pensamento autístico pode ser tão consciente quanto inconsciente", diz ele, e apresenta um exemplo concreto de como o pensamento autístico assume essas duas formas diferentes (2, p. 43).

Por fim, a última concepção segundo a qual o pensamento autístico e sua forma egocêntrica não estão voltados para a realidade também acaba sendo abalada em novas investigações.

> Segundo o terreno em que medra o pensamento autístico, encontramos duas variedades suas, referentes ao grau de afastamento da realidade, que, mesmo sem se distinguirem acentuadamente uma da outra, em sua forma típica acabam revelando diferenças bastante grandes (2, pp. 26-7).

Uma forma se distingue da outra por sua maior ou menor proximidade com a realidade.

> O autismo de uma pessoa normalmente animada está ligado à realidade e opera quase exclusivamente com conceitos normalmente formados e solidamente estabelecidos (2, p. 27).

Avançando um pouco e antecipando a exposição posterior das nossas próprias investigações, diríamos que essa tese é especialmente correta quando aplicada à criança. Seu pensamento autístico está ligado da forma mais estreita e indissolúvel à realidade e opera quase exclusivamente com aquilo que cerca a criança e com o que ela depara. Outra forma de pensamento autístico, que se manifesta no sonho, pode criar um absurdo total por estar desligada da realidade. Mas o sonho e a doença são sonho e doença para deformar a realidade.

Como se vê, em termos genético, estrutural e funcional, o pensamento autístico não é aquele estágio primário, aquele fundamento de onde medram todas as formas posteriores de pensamento, e, conseqüentemente, precisa ser revista a concepção segundo a qual o egocentrismo do pensamento infantil é um estágio intermediário e transitório entre essa forma primária básica e as formas superiores de pensamento.

III

Assim, a concepção de egocentrismo infantil ocupa na teoria de Piaget uma espécie de foco central, onde se cruzam e se reúnem em um ponto os fios oriundos de todos os outros pontos. Através dessas linhas, Piaget reduz a uma unidade toda a diversidade de traços particulares, que caracterizam a lógica da criança, e os transforma de multiplicidade desconexa, desordenada e caótica em um complexo estrutural de fenômenos rigorosamente concatenados e condicionados por uma causa única. Por essa razão, basta que essa concepção basilar, sobre a qual se estrutura todo o restante da teoria, sofra o menor abalo para que se coloque sob o signo do questionamento todo o restante da teoria em que se funda o conceito de egocentrismo infantil.

Entretanto, para experimentar a solidez e a segurança dessa concepção basilar, é necessário que nos perguntemos em que fundamento fatual ela se baseia, que fatos levaram o pesquisador a adotá-la sob a forma de hipótese que o próprio autor tende a considerar quase indiscutível. Anteriormente procuramos examinar criticamente essa concepção à luz de considerações teóricas baseadas em dados da psicologia evolucionista e da psicologia histórica do homem. Mas não poderíamos apresentar um julgamento definitivo desta concepção antes de experimentarmos e verificarmos o seu fundamento fatual. Este se verifica com o auxílio de uma investigação fatual.

Aqui a crítica teórica deve dar lugar a uma crítica experimental, a guerra de argumentos e objeções, motivos e contramotivos deve ser substituída pela luta de um sistema fechado da nova série de fatos contra os fatos que serviram de base à teoria aqui questionada.

Antes de mais nada, tentemos elucidar o pensamento do próprio Piaget, definir com uma precisão possível onde o autor situa o fundamento fatual de sua concepção.

Esse fundamento da teoria de Piaget é o seu primeiro estudo dedicado à elucidação das funções da linguagem nas crianças. Nesse estudo Piaget chega à conclusão de que todas as conversas das crianças podem ser subdivididas em dois grandes grupos, que podem ser denominados linguagem egocêntrica e linguagem socializada. Por linguagem egocêntrica Piaget subentende a linguagem que se distingue antes de tudo por sua função.

Segundo Piaget, essa linguagem é egocêntrica, antes de mais nada, porque a criança fala apenas de si e principalmente não tenta se colocar no ponto de vista do interlocutor. Não lhe interessa se a estão ouvindo, não aguarda resposta, não experimenta vontade de influenciar o interlocutor ou efetivamente comunicar-lhe alguma coisa. É um monólogo que lembra um monólogo no drama cuja essência pode ser expressa em uma fórmula: "Fala-lhes como se estivesse sozinha, como se pensasse em voz alta" (1-a, p. 30). Durante as suas ocupações, a criança acompanha os seus atos com falas particulares, e é esse acompanhamento verbal da atividade infantil que Piaget distingue como linguagem egocêntrica da linguagem socializada da criança, cuja função é inteiramente outra. Aqui a criança realmente troca idéias com outras; pede, ordena, ameaça, comunica, critica, pergunta.

Cabe a Piaget o mérito indiscutível e enorme da discriminação clínica minuciosa e da descrição da linguagem egocêntrica da criança, de sua mensuração e do acompanhamento do seu destino. E é no fato da linguagem egocêntrica que Piaget vê a prova primeira, fundamental e direta do egocentrismo do pensamento infantil. Suas medidas mostraram que, em tenra idade, o coeficiente de linguagem egocêntrica é grande demais. Com base nessas medidas, pode-se dizer que a maior parte das falas da criança dos seis aos sete anos é egocêntrica.

> Se admitirmos que as três primeiras categorias de linguagem infantil que estabelecemos são egocêntricas, o pensamento da criança será ainda egocêntrico, em sua própria expressão falada, numa proporção de 44 a 47%, aos seis anos e meio (1-a, p. 36).

Mas esse número deve ser consideravelmente aumentado se falarmos da criança de idade mais tenra e inclusive da criança entre seis e sete anos. Esse aumento deve-se ao fato de que, como mostraram estudos posteriores, tanto na linguagem egocêntrica quanto na linguagem socializada da criança manifesta-se o seu pensamento egocêntrico.

Piaget diz claramente que, para efeito de simplificação, pode-se dizer que o adulto pensa de forma socializada quando está só, ao passo que a criança antes dos sete anos pensa e fala de modo egocêntrico até mesmo quando está em sociedade. Se a isto acrescentarmos que, além dos pensamentos expressos em palavras, a criança ainda tem um imenso número de pensamentos egocêntricos não externados, ficará claro que o coeficiente de pensamento egocêntrico supera primordialmente o coeficiente de linguagem egocêntrica. Diz Piaget, contando como estabeleceu o caráter egocêntrico do pensamento infantil:

> A princípio, ao descrever a linguagem de algumas crianças tomadas ao acaso, durante aproximadamente um mês, notamos que, ainda entre cinco e sete anos, de 44 a 47% das falas das crianças continuam egocêntricas, embora essas crianças possam trabalhar, brincar e falar como lhes dê na telha. Entre os três e os cinco anos obtivemos de 54 a 60% de linguagem egocêntrica... A função dessa linguagem egocêntrica consiste em

repetir o seu pensamento ou a sua atividade individual. Nessas falas permanece um pouco daquele grito, que acompanha a ação, lembrado por Janet em seus estudos da linguagem. Esse caráter, inerente a uma parte considerável da linguagem infantil, testemunha certo egocentrismo do próprio pensamento ainda mais porque, além das palavras com as quais a criança imprime ritmo à sua própria atividade, ela conserva indiscutivelmente um número imenso de pensamentos não externados. E ela não externa esses pensamentos porque lhe faltam os meios; estes se desenvolvem apenas sob a influência da necessidade de comunicar-se com outras pessoas e colocar-se no ponto de vista delas (1, pp. 374-5).

Como se vê, para Piaget o coeficiente de pensamento egocêntrico supera consideravelmente o coeficiente de linguagem egocêntrica. Mas ainda assim a linguagem egocêntrica da criança é uma prova fatual básica e documental que serve de base a toda a concepção do egocentrismo infantil.

Ao resumir o seu primeiro trabalho em que lançou o pensamento egocêntrico, Piaget se pergunta:

O que concluir desse fato? Parece que podemos admitir que, até certa idade, as crianças pensam e agem de maneira mais egocêntrica do que o adulto, que elas trocam menos entre si suas pesquisas intelectuais do que nós (1-a, p. 28).

Quais as razões desses fatos?, pergunta Piaget, e responde:

São duas, acreditamos. Por um lado, devem-se à ausência de vida social durável entre crianças de menos de sete ou oito anos; por outro, ao fato de que a verdadeira linguagem social da criança, isto é, a linguagem empregada na atividade infantil fundamental – a brincadeira –, é tanto uma linguagem de gestos, movimento de mímicas como de palavras... Com efeito, não há propriamente vida social entre as crianças antes dos sete ou oito anos (1-a, p. 30).

Segundo observações feitas pelo próprio Piaget na Casa das Crianças em Genebra, só entre os sete e os oito anos surge nas crianças a necessidade de trabalho coletivo. E Piaget prossegue no mesmo raciocínio:

> Ora, nós acreditamos que é precisamente nessa última faixa etária que as características egocêntricas perdem sua importância... Por outro lado, se a linguagem da criança é ainda tão pouco socializada aos seis anos e meio, e se as formas egocêntricas aí desempenham um papel tão considerável com relação à informação, ao diálogo, etc., é porque na realidade a linguagem infantil compreende duas variedades bem distintas: uma que consiste em gestos, movimentos, mímicas, etc., que acompanham ou mesmo suplantam completamente a palavra, e outra constituída unicamente por palavras (1-a, p. 31).

Com base nesse estudo, no fato estabelecido da prevalência da forma egocêntrica de linguagem em tenra idade, Piaget constrói a sua hipótese fundamental de trabalho que nós expomos e consiste no seguinte: o pensamento egocêntrico da criança é considerado forma transitória entre a forma autística e a realista de pensamento.

Para compreender a estrutura interior de todo o sistema de Piaget e a dependência lógica, bem como as relações recíprocas entre vários dos seus componentes, é de suma importância o fato de que Piaget formula a sua principal hipótese de trabalho, que serve de base a toda sua teoria, imediatamente com base no estudo da linguagem egocêntrica da criança. Isto não é ditado por considerações técnicas de composição do material ou da seqüência da exposição mas pela lógica interior de todo o sistema, baseada na relação imediata entre o fato da existência da linguagem egocêntrica na idade infantil e a hipótese de Piaget sobre a natureza do egocentrismo infantil.

Se quisermos penetrar efetivamente em profundidade no próprio fundamento dessa teoria, teremos de nos deter nas suas premissas fatuais, na teoria da linguagem egocêntrica da criança.

Neste caso, este capítulo dos estudos de Piaget não nos interessa por si só. Não pretendemos examinar todos os estudos que constituem o riquíssimo conteúdo do livro de Piaget, nem sequer os traços mais resolvidos dos estudos mais importantes. Nosso objetivo é essencialmente outro. É abranger com uma visada todo o sistema, revelar e assimilar criticamente aqueles fios que não estão claros em toda parte e que teoricamente vinculam estes estudos particulares a um todo único, em suma, revelar a filosofia dessa investigação.

É apenas desse ponto de vista, do ponto de vista da fundamentação fatual dessa filosofia, do ponto de vista do estudo central de um dado ponto para verificar as relações oriundas de todas as partes, que pretendemos desenvolver um exame especial dessa questão particular. Como já foi dito, esse exame crítico não pode ser outro senão um exame fatual, isto é, um exame que, em suma, deve basear-se igualmente em estudos clínicos e experimentais.

IV

Omitida a parte puramente fatual, desenvolvida com bastante clareza no livro, e com a nossa atenção concentrada na elucidação teórica do problema, o conteúdo básico da teoria piagetiana da linguagem egocêntrica é o seguinte. A linguagem da criança de tenra idade é egocêntrica em sua maior parte. Não serve para fins de comunicação, não cumpre funções comunicativas, apenas copia, imprime ritmo, acompanha a atividade e as vivências da criança como um acompanhamento segue uma melodia central. Neste caso ela não modifica essencialmente nada nem na atividade da criança, nem nas suas vivências, como um acompanhamento que, na sua essência, não interfere no desenrolar nem no sistema da melodia central que ele segue. Entre um e outro existe antes alguma articulação que relação interna.

Nas descrições de Piaget, a linguagem egocêntrica da criança se nos apresenta como certo produto secundário da atividade infantil, como descoberta do caráter egocêntrico do seu pensamento. Para a criança nessa fase a lei suprema é a brincadeira; como diz Piaget, uma forma significativa do seu pensamento é uma fabulação, que encontra expressão na linguagem egocêntrica da criança.

Assim, a primeira tese que nos parece sumamente importante do ponto de vista do ulterior desenvolvimento do nosso raciocínio consiste em que a linguagem egocêntrica não desempenha nenhuma função objetivamente útil no comportamento da criança. É uma linguagem para si, para a própria satisfação, que poderia nem existir que nada de essencial mudaria na atividade infantil. Pode-se dizer que essa linguagem infantil, inteiramente subordinada a motivos egocêntricos, é quase incompreensível para os circundantes, é uma espécie de devaneio verbal da criança ou, em todo caso, um produto do seu psiquismo situado mais próximo da lógica do sonho e do devaneio que da lógica do pensamento realista.

A esse problema da função da linguagem egocêntrica da criança está diretamente vinculada uma segunda tese da mesma teoria, precisamente a tese do destino da linguagem egocêntrica infantil. Se a linguagem egocêntrica é uma expressão do pensamento infantil em forma de devaneio, não serve para nada, não cumpre nenhuma função no comportamento da criança, é produto secundário da atividade infantil, acompanha a atividade da criança e as suas vivências como um acompanhamento musical, então é natural reconhecer nela um sintoma de fraqueza, de imaturidade do pensamento infantil, sendo de se esperar naturalmente que esse sintoma venha a desaparecer no processo do desenvolvimento da criança.

Funcionalmente inútil, imediatamente desvinculado da estrutura da atividade da criança, esse acompanhamento pouco a pouco irá soar de modo cada vez mais surdo, até que acabe por desaparecer inteiramente da prática da linguagem infantil.

Os estudos fatuais de Piaget mostram efetivamente que o coeficiente de linguagem egocêntrica diminui na medida em que a criança cresce. Entre os sete e os oito anos ele se aproxima do zero, e isto assinala o fato de que a linguagem egocêntrica não é própria da criança que cruzou o limiar da idade escolar. É verdade que Piaget supõe que, depois de abandonar a linguagem egocêntrica, a criança não se despede do seu egocentrismo como fator determinante do pensamento, mas é como se esse fator se deslocasse, se transferisse para outro plano, começasse a dominar no campo do pensamento verbal abstrato, revelando-se já em novos sintomas que não apresentam semelhança direta com as enunciações egocêntricas das crianças.

Portanto, em plena consonância com a afirmação de que a linguagem egocêntrica da criança não desempenha nenhuma função em seu comportamento, Piaget afirma depois que a linguagem egocêntrica simplesmente se extingue, congela, desaparece no limiar da idade escolar. Esse problema da função e do destino da linguagem egocêntrica está diretamente vinculado a todo o conjunto da teoria piagetiana e constitui uma espécie de nervo vivo de toda a teoria da linguagem egocêntrica desenvolvida pelo pensador suíço.

Fizemos um estudo experimental e clínico da questão do destino e da função da linguagem egocêntrica na fase infantil[2]. Essas pesquisas nos levaram a estabelecer alguns momentos sumamente importantes, que caracterizam o processo que nos interessa, e nos levaram a uma outra concepção da natureza psicológica da linguagem egocêntrica da criança, diferente daquela desenvolvida por Piaget.

Não vamos expor o conteúdo básico, o desenrolar e os resultados desse estudo, porque o fizemos em outro lugar e neste momento não traz interesse em si. O que pode nos interessar

....

2. Realizamos esses estudos na mais estreita colaboração com A. E. Luriá, A. N. Leóntiev, R. E. Liévina e outros. Veja-se relatório crítico nos *Trabalhos do IX Congresso Internacional de Psicologia*, New Haven, 1929.

neste momento é aquilo que podemos haurir daquele estudo para a confirmação fatual ou a refutação das teses básicas lançadas por Piaget que, lembremos, servem de base a toda a doutrina do egocentrismo infantil.

Os nossos estudos nos levaram à conclusão de que a linguagem egocêntrica da criança começa muito cedo a desempenhar em sua atividade um papel sumamente original. Procuramos acompanhar em nossas experiências, em linhas gerais semelhantes às experiências de Piaget, o que suscita a linguagem egocêntrica da criança, que causas a geram.

Com o mesmo fim, organizamos o comportamento da criança do mesmo modo que o fez Piaget, com a única diferença de que introduzimos toda uma série de momentos complicadores do comportamento da criança. Por exemplo, quando se tratava de desenho livre, complicamos a situação visando a que no momento necessário a criança não tivesse à mão o lápis colorido necessário, papel, tinta, etc. Em suma, suscitamos experimentalmente perturbações e complicações no livre curso da atividade infantil.

As nossas pesquisas mostraram que o coeficiente de linguagem egocêntrica da criança, calculado somente para esses casos de complicações, cresce rapidamente de quase duas vezes em comparação com o coeficiente normal de Piaget e com o coeficiente calculado para as mesmas crianças em situação em que aquelas complicações estavam ausentes. As nossas crianças revelaram um aumento da linguagem egocêntrica naqueles casos em que esbarravam em complicações. Diante da complicação, a criança procurava assimilar a situação: "Onde está o lápis, agora eu preciso de um lápis azul: tudo bem, em vez disso eu desenho com um lápis vermelho e molho com água, isso vai escurecer e ficar como azul." A criança raciocinava de si para si.

Quando calculamos os mesmos casos mas sem perturbação experimental da atividade, obtivemos até um coeficiente um pouco inferior ao de Piaget. Deste modo, estamos autorizados a supor que as complicações ou perturbações de uma atividade que transcorre de forma fluida são um dos fatores principais que suscitam a linguagem egocêntrica.

Quem leu o livro de Piaget perceberá facilmente que, em si mesmo, o fato que descobrimos pode ser facilmente comparado a duas idéias, a duas teses teóricas desenvolvidas o tempo todo por Piaget ao longo de sua exposição.

Trata-se, em primeiro lugar, da lei do fundamento, cuja formulação foi feita por Claparède, que estabelece que as complicações e perturbações na atividade que transcorre automaticamente levam à tomada de consciência dessa atividade; trata-se, ainda, da tese segundo a qual o surgimento da linguagem é uma prova desse processo de tomada de consciência. Algo semelhante conseguimos observar nas nossas crianças: nestas a linguagem egocêntrica, ou melhor, a tentativa de assimilar em palavras uma situação, de traçar a saída, de planejar a ação imediata, surgiu como resposta às dificuldades em situação idêntica, só que de ordem mais complexa.

A criança de idade mais avançada se comportou de modo um tanto diferente: escutou, refletiu (sobre o que nós julgamos pelas pausas significativas), depois encontrou a saída. Quando lhe perguntavam o que estava pensando, ela sempre dava respostas que até certo ponto podiam aproximar-se do pensamento em voz alta dos alunos da idade pré-escolar. Assim, supomos que a mesma operação, que entre os alunos pré-escolares se realiza em linguagem aberta, realiza-se no aluno escolar em forma de linguagem interior, silenciosa.

Mas disto trataremos um pouco adiante. Voltando à questão da linguagem egocêntrica, devemos dizer que, pelo visto, essa linguagem, além da função puramente expressiva e da função de descarga, além de simplesmente acompanhar o desempenho da criança, torna-se muito facilmente meio de pensamento no verdadeiro sentido do termo, isto é, começa a desempenhar a função de formar o plano de solução de uma tarefa que surge no comportamento. Tomemos apenas um exemplo como ilustração. Nas nossas experiências, uma criança (5;2)[3] desenha um bonde: ao traçar com o lápis a linha que deve representar uma das rodas, a criança força o lápis. Quebra-se o grafite. Ainda assim, a criança tenta forçar o lápis sobre o papel, fechar o círculo da roda, mas no papel não resta senão um vestígio côncavo do lápis quebrado. A criança pronuncia baixinho, como se falasse sozinha: "Ele está quebrado." Abandona o lápis e começa a desenhar com tintas um vagão quebrado, que está em conserto depois de um desastre, e continua de quando em quando a falar para si mesma sobre o motivo da mudança do tema do seu desenho. Essa enunciação egocêntrica da criança, que surgiu por acaso, está tão claramente relacionada a todo o processo de sua atividade, constitui com tanta evidência um ponto de reviravolta de todo o desenho, fala de modo tão inequívoco da tomada de consciência da situação e da complicação, das buscas de saída e da criação de um plano e de uma nova intenção que determinem todo o caminho do posterior comportamento, em suma, por toda a sua função essa enunciação é tão indissociável do típico processo de pensamento que seria simplesmente impossível adotá-la como um simples acompanhamento que não interfere no curso da melodia central, tomá-la como produto secundário do desempenho da criança.

Não estamos querendo afirmar, de maneira nenhuma, que a linguagem egocêntrica da criança sempre se manifesta apenas nessa função. Também não queremos afirmar que essa função intelectual da linguagem egocêntrica surge de repente na criança. Nas nossas experiências pudemos observar, de forma bastante minuciosa, mudanças e avanços estruturais sumamente complexos no entrelaçamento mútuo da linguagem egocêntrica da criança e da sua atividade.

Pudemos observar como a criança, em suas enunciações egocêntricas que acompanham a sua atividade prática, reflete e

....
3. O sistema de designação da idade, introduzido por Stern, é hoje universalmente aceito: 1;6 significa 1 ano e 6 meses.

fixa o resultado final ou os principais momentos de reviravolta em sua operação prática; como essa linguagem se desloca cada vez mais para o centro na medida em que se desenvolve a atividade da criança, e depois para o início da própria operação, assumindo funções de planejamento e direção da futura ação. Observamos como a palavra, que exprimia o resultado dessa ação, esteve indissoluvelmente entrelaçada com essa ação e justamente por assinalar e refletir os mais importantes momentos estruturais da operação intelectual prática começava a lançar luz e a orientar a ação da criança, subordinando essa ação a uma intenção e a um plano, promovendo-a a um estágio de atividade racional.

Aqui aconteceu algo que lembra de perto observações concretas, feitas há muito tempo com o avanço da palavra e do desenho na atividade figurativa inicial da criança. Como se sabe, a criança que segura pela primeira vez um lápis na mão começa desenhando e depois dá nome ao que conseguiu desenhar. Pouco a pouco, na medida em que se desenvolve a sua atividade, a nomeação do tema do desenho se desloca para o centro do processo e depois avança, determinando o objetivo da futura ação e a intenção de quem a realiza.

Algo semelhante acontece, em linhas gerais, com a linguagem egocêntrica da criança, e nesse avanço da denominação no processo do desenho infantil somos inclinados a ver um caso particular da lei mais geral de que já falamos. Mas neste momento não visamos nem a uma definição mais próxima do peso específico de dada função na série de outras funções, desempenhadas pela linguagem egocêntrica, nem a um exame mais próximo de toda a dinâmica dos avanços estruturais e funcionais no desenvolvimento da linguagem egocêntrica da criança. Deixemos este assunto para outro momento.

O que nos interessa é algo essencialmente diferente: a função e o destino da linguagem egocêntrica. Da revisão do problema da função da linguagem egocêntrica depende o problema da interpretação do fato de que essa linguagem desaparece no limiar da idade escolar. Aqui o estudo experimental direto da própria essência da questão esbarra em sérias dificuldades. No experimento encontramos apenas dados indiretos, que dão margem à construção da nossa hipótese segundo a qual na linguagem egocêntrica tendemos a ver um estágio transitório no desenvolvimento da linguagem, da exterior para a interior.

É claro que o próprio Piaget não propicia para isto nenhum fundamento e em parte alguma sugere que a linguagem egocêntrica deva ser considerada como etapa transitória. Ao contrário, ele considera que o destino da linguagem egocêntrica é extinguir-se, ao passo que, em suas investigações, a questão do desenvolvimento da linguagem interior da criança continua sendo o mais sombrio de todos os problemas da linguagem infantil, e surge a noção de que a linguagem interior – e entendida como linguagem interior na acepção psicológica do termo, ou seja, como linguagem que desempenha funções interiores análogas à da linguagem egocêntrica externa – antecede a linguagem externa ou socializada.

Por mais monstruosa que seja essa tese do ponto de vista genético, achamos mesmo que Piaget devia chegar exatamente a essa conclusão se desenvolvesse coerentemente até o fim a sua tese de que a linguagem socializada surge depois da egocêntrica e se afirma somente depois da sua extinção.

Entretanto, apesar das concepções teóricas do próprio Piaget, toda uma série de dados objetivos de sua pesquisa – em parte também as nossas próprias investigações – fala a favor da hipótese que acima aventamos e sem dúvida é apenas uma hipótese mas, do ponto de vista de tudo o que sabemos hoje sobre o desenvolvimento da linguagem infantil, é a hipótese mais consistente em termos científicos.

De fato, basta que se compare quantitativamente a linguagem egocêntrica da criança com a linguagem egocêntrica do adulto para que se perceba que o adulto é bem mais rico em sua linguagem egocêntrica, pois tudo o que pensamos em silêncio é, do ponto de vista da psicologia funcional, uma linguagem egocêntrica e não social. Watson diria que ela é uma linguagem que serve para a adaptação individual e não social.

Assim, a primeira coisa que aparenta a linguagem interior do adulto com a linguagem egocêntrica da criança pré-escolar é a identidade de funções: ambas são linguagem para si, dissociadas da linguagem social que exerce tarefas de comunicação e ligação com o mundo exterior. Na experiência psicológica, basta recorrer ao método proposto por Watson e levar o homem a resolver alguma tarefa mental em voz alta, ou seja, suscitar a exteriorização da sua linguagem interior, e imediatamente veremos a profunda semelhança que existe entre esse pensamento em voz alta do adulto e a linguagem egocêntrica da criança.

O segundo aspecto que assemelha a linguagem interior do adulto à linguagem egocêntrica da criança são as suas peculiaridades estruturais. De fato, Piaget já conseguiu mostrar que a linguagem egocêntrica é dotada da seguinte característica: é incompreensível ao ambiente se registrada simplesmente em protocolo, ou seja, separada da ação concreta, da situação em que surgiu.

Ela só é compreensível para si mesma, é reduzida, revela a tendência a falhas ou pequenos lapsos, omite o que está diante dos olhos e assim sofre complexas modificações estruturais.

Uma análise das mais simples é suficiente para mostrar que essas mudanças estruturais apresentam uma tendência absolutamente similar àquela que se pode reconhecer como tendência estrutural basilar da linguagem interior, isto é, a tendência para a abreviação. Por último, o fato da rápida extinção da linguagem egocêntrica na idade escolar, estabelecido por Piaget, permite supor que, neste caso, ocorre não apenas a extinção da linguagem egocêntrica mas a sua transformação em linguagem interior ou interiorização.

A essas reflexões teóricas gostaríamos de acrescentar outra, ditada pela investigação experimental. Mostra esta que, na mesma situação da criança em idade pré-escolar e escolar, surge a linguagem egocêntrica, a reflexão silenciosa, isto é, surgem os processos de linguagem interior. Essa investigação nos mostrou que a comparação crítica de situações experimentais idênticas – na idade transitória em relação à linguagem egocêntrica – acaba estabelecendo o fato indiscutível de que os processos de reflexão silenciosa podem equivaler funcionalmente aos processos da linguagem egocêntrica.

Se a nossa hipótese se justificasse ainda que minimamente em investigações posteriores, poderíamos concluir que os processos de linguagem interior se constituem na criança mais ou menos na primeira idade escolar, o que permite um rápido declínio do coeficiente de linguagem egocêntrica na idade escolar.

Essa hipótese tem a seu favor as pesquisas desenvolvidas por Lemaitre e outros autores com a linguagem interior na idade escolar. Essas pesquisas mostraram que o tipo de linguagem interior no aluno escolar ainda é sumamente labial, não está consolidado, e isto endossa a idéia de que estamos diante de processos geneticamente novos, insuficientemente formados e indefinidos. Assim, se quiséssemos resumir os principais resultados a que nos leva o estudo fatual, poderíamos afirmar que, à luz dos novos dados concretos, nem a função nem o destino da linguagem egocêntrica confirmam a já referida tese de Piaget, segundo a qual a linguagem egocêntrica da criança é expressão direta do seu pensamento egocêntrico.

As reflexões que até agora apresentamos não endossam a idéia de que entre os seis e os sete anos as crianças pensam e agem de forma mais egocêntrica do que os adultos. Em todo caso, no corte que examinamos, a linguagem egocêntrica não pode ser uma confirmação de tal hipótese.

A função intelectual da linguagem egocêntrica, que parece imediatamente vinculada ao desenvolvimento da linguagem interior e das suas peculiaridades funcionais, não é, de modo algum, reflexo direto do egocentrismo do pensamento infantil; ao contrário, mostra que, em condições adequadas, a linguagem egocêntrica se converte muito cedo em instrumento do pensamento realista da criança.

Por isso, mais uma vez os fatos não confirmam a conclusão principal que Piaget tira do seu estudo e lhe permite passar da existência da linguagem egocêntrica na idade escolar à hipótese do caráter egocêntrico do pensamento infantil. Piaget supõe que se a linguagem de uma criança de $6^1/_2$ anos é de 44 a 47% mais egocêntrica, então o pensamento dessa criança de $6^1/_2$ também é egocêntrico nas mesmas proporções de 44 a 47%. Mas as nossas experiências mostraram que entre a linguagem egocêntrica e o caráter egocêntrico do pensamento pode não haver nenhuma relação.

Aí se concentra o interesse principal das nossas investigações no corte determinado pelas tarefas deste ensaio. Trata-se de um fato indubitável, estabelecido por via experimental, que permanece em vigor independentemente da consistência ou inconsistência da hipótese que a ele vinculamos. Reiteremos: trata-se do fato de que a linguagem egocêntrica da criança não só pode não ser expressão do pensamento egocêntrico como ainda exercer uma função diametralmente oposta ao pensamento egocêntrico – a função de pensamento realista –, e assim aproximar-se não da lógica do sonho e do devaneio mas da lógica da ação e do pensamento racionais e sensatos.

Assim, o vínculo direto entre a linguagem egocêntrica e o reconhecimento – daí decorrente – do caráter egocêntrico do pensamento infantil não resiste a uma crítica experimental.

Isto é central e fundamental, e com esse vínculo inviabiliza-se o principal fundamento concreto em que se assenta a concepção do egocentrismo infantil, cuja inconsistência em termos teóricos e do ponto de vista da doutrina do desenvolvimento do pensamento procuramos mostrar no capítulo anterior.

É verdade que Piaget sugere, tanto durante a sua investigação quanto no seu resumo, que o caráter egocêntrico do pensamento da criança foi estabelecido não por uma pesquisa, objeto da nossa análise, mas por três pesquisas especiais. Entretanto, como já tivemos oportunidade de observar, a primeira pesquisa dedicada à linguagem egocêntrica é a prova fundamental e mais direta de todas as provas fatuais apresentadas pelo pensador suíço; é precisamente ela que lhe permite passar diretamente dos resultados da pesquisa à formulação da hipótese básica; as outras duas são uma espécie de verificação da primeira pesquisa.

Elas servem antes como disseminação da força de demonstração, contida na primeira, que como fundamentos fatuais essencialmente novos capazes de sustentar a concepção basilar. Assim, a segunda pesquisa mostrou que, mesmo na parte socializada da linguagem infantil, observam-se formas egocêntricas de linguagem; por último, a terceira pesquisa, como reconhece o próprio Piaget, foi um procedimento de verificação das duas primeiras e permitiu elucidar com mais precisão as causas do egocentrismo infantil.

É natural que, no decorrer da subseqüente investigação dos problemas que a teoria de Piaget tenta explicar, aqueles dois fundamentos devam ser objeto de uma minuciosa elaboração experimental. Mas as tarefas do presente estudo nos obrigam a deixar de lado essas duas pesquisas fatuais por não inserirem nada de essencialmente novo no processo básico de demonstrações e reflexões que leva Piaget à teoria do egocentrismo infantil.

V

Dentro do que se propõe o nosso ensaio, doravante os nossos interesses estarão centrados nas conclusões de princípio relacionadas ao caráter do egocentrismo infantil, que podem apoiar-se na crítica experimental do primeiro dos três esteios em que se assenta o egocentrismo em Piaget, e essas conclusões têm uma importância considerável para uma correta avaliação do conjunto da teoria piagetiana. Elas nos remetem à análise teórica do problema e nos aproximam integralmente de alguns resultados que foram delineados mas não formulados nos capítulos anteriores.

Ocorre que resolvemos apresentar alguns parcos resultados das nossas próprias investigações e tomá-los como base para formular uma hipótese, não tanto porque eles nos permitiram cortar o vínculo entre o fundamento fatual e a conclusão teórica na teoria do egocentrismo piagetiana, mas porque, do ponto de vista do desenvolvimento infantil, eles nos permitem esboçar uma perspectiva bem mais ampla, que determina o sentido e o entrelaçamento das linhas básicas no desenvolvimento do pensamento e da linguagem da criança.

Segundo a teoria de Piaget, esse motivo central no desenvolvimento do pensamento infantil passa, em linhas gerais, por uma via comum: do altruísmo à linguagem socializada, da fabulação à lógica das relações. Usando uma expressão do próprio Piaget, podemos dizer que ele procurou observar como a substância psicológica da criança assimila, isto é, deforma as influências sociais que sobre ela exercem a linguagem e o pensamento das pessoas adultas que vivem em seu ambiente. Para Piaget, a história do pensamento infantil é a história de uma socialização gradual de momentos autísticos profundamente íntimos, que determinam o psiquismo infantil. O social se situa no final do desenvolvimento, e a linguagem social não precede mas sucede a egocêntrica na história do desenvolvimento.

Segundo a nossa hipótese, as linhas básicas do desenvolvimento do pensamento infantil se situam em outra direção, e o ponto de vista que acabamos de expor representa as relações genéticas mais importantes neste processo de desenvolvimento em forma deturpada. Achamos que, afora os dados fatuais relativamente limitados que até aqui expomos, depõe a favor dessa hipótese toda uma imensa multiplicidade de fatos que conhecemos sobre o desenvolvimento da linguagem infantil, tudo o que sabemos sobre esse processo ainda insuficientemente estudado.

Para efeito de clareza e concatenação do pensamento, partiremos da hipótese acima desenvolvida.

Se a nossa hipótese não nos engana, o processo de desenvolvimento, que leva ao ponto em que o pesquisador observa o rico florescimento da linguagem egocêntrica da criança, deve ser concebido de modo inteiramente diferente daquele que traçamos acima quando expusemos a concepção piagetiana. Ademais, em certo sentido a via que conduz ao surgimento da linguagem egocêntrica é diametralmente oposta àquela traçada nas investigações de Piaget. Se conseguirmos definir o sentido do movimento do desenvolvimento em um pequeno corte – do momento do surgimento ao momento do desaparecimento da linguagem egocêntrica –, conseguiremos tornar as nossas suposições acessíveis à verificação do ponto de vista do que conhecemos sobre o sentido do processo de desenvolvimento em seu conjunto. Noutros termos, conseguiremos verificar as leis que descobrimos para dado corte e colocá-las no contexto daquelas leis a que está subordinada toda a via do desenvolvimento. Este será o método da nossa verificação.

Procuremos agora, em breves palavras, descrever essa via do desenvolvimento no corte que nos interessa. Pensando em termos esquemáticos, podemos dizer que a nossa hipótese nos obriga a conceber todo o processo de desenvolvimento no seguinte aspecto. A função primária da linguagem é comunicar, relacionar socialmente, influenciar os circundantes tanto do lado dos adultos quanto do lado da criança. Assim, a linguagem primordial da criança é puramente social; seria incorreto denominá-la linguagem socializada, uma vez que a esse termo se associa algo inicialmente não social, que só se tornaria social no processo de sua mudança e desenvolvimento.

Só mais tarde, no processo de crescimento, a linguagem social da criança, que é plurifuncional, desenvolve-se segundo o princípio da diferenciação de determinadas funções e, em certa faixa etária, dividem-se de modo bastante acentuado em linguagem egocêntrica e linguagem comunicativa. Preferimos denominar assim a forma de linguagem que Piaget denomina socializada, tanto por considerações que já enunciamos acima quanto porque, segundo a nossa hipótese, as duas formas de linguagem são funções igualmente sociais porém diferentemente dirigidas. Segundo essa hipótese, a linguagem egocêntrica surge com base na linguagem social, com a criança transferindo formas sociais de pensamento e formas de colaboração coletiva para o campo das funções psicológicas pessoais.

Piaget conhece magistralmente a tendência da criança a aplicar a si própria as mesmas formas de comportamento que antes eram formas sociais de comportamento, e ele a aplicou muito bem no presente livro ao explicar como a reflexão da criança surge da discussão. Ele foi muito convincente ao mostrar como a reflexão infantil surge depois de instalar-se no grupo infantil a discussão no verdadeiro sentido do termo, tão logo aparecem nessa discussão aqueles momentos funcionais que dão início ao desenvolvimento da reflexão.

Somos de opinião de que a mesma coisa acontece também quando a criança começa a falar sozinha, do mesmo modo como antes conversara com outras; quando ela, ao falar sozinha, começa a pensar em voz alta onde a situação a leva a proceder assim.

Com base na linguagem egocêntrica da criança, que se dissociou da linguagem social, surge posteriormente a linguagem interior da criança, que é a base do seu pensamento tanto autístico quanto lógico. Logo, na linguagem egocêntrica da criança, descrita por Piaget, nós nos inclinamos a ver o momento geneticamente mais importante da transição da linguagem externa para a linguagem interior. Se analisarmos atentamente o material concreto apresentado por Piaget, veremos que ele, sem que o percebesse, mostrou de que modo a linguagem externa se transforma em linguagem interior.

Ele mostrou que a linguagem externa é uma linguagem interior por sua função psicológica e linguagem externa por sua natureza fisiológica. Assim, a linguagem se torna psicologicamente interior antes de tornar-se efetivamente exterior. Isto nos permite elucidar como ocorre o processo de formação da linguagem interior. Ele se realiza através da divisão das funções da linguagem, do isolamento da linguagem egocêntrica, de sua abreviação gradual e, por último, de sua transformação em linguagem interior.

A linguagem egocêntrica é a forma transitória da linguagem exterior para a linguagem interior; e é por isso que ela representa um interesse teórico tão imenso.

No seu conjunto, todo o esquema assume o seguinte aspecto: linguagem social – linguagem egocêntrica – linguagem interior. Do ponto de vista da seqüência dos momentos que o constituem, podemos contrapor esse esquema, por um lado, à teoria tradicional da formação da linguagem interior, que esboça a seguinte seqüência de momentos: linguagem exterior – cochicho – linguagem interior; e, por outro, ao esquema de Piaget, que esboça a seguinte seqüência genética dos momentos basilares no desenvolvimento do pensamento lógico verbalizado: pensamento autístico extraverbal – linguagem egocêntrica e pensamento egocêntrico – linguagem socializada e pensamento lógico.

Citamos o primeiro desses esquemas apenas para mostrar que, no fundo, ele é metodologicamente semelhante ao esquema de Piaget, mesmo sendo estranho o conteúdo fatual de ambas as fórmulas. Como Watson, autor dessa fórmula, supõe que a transição da linguagem exterior para a interior deve realizar-se através de um degrau intermediário, passando pelo cochicho, Piaget esboça a transição da forma autística de pensamento para a forma lógica através de uma fase intermediária – a linguagem egocêntrica e o pensamento egocêntrico.

Assim, do ponto de vista desses esquemas, considera-se que o mesmo ponto do desenvolvimento do pensamento da criança, que designamos como pensamento egocêntrico, está situado em vias inteiramente diversas do desenvolvimento infantil. Para Piaget, é o degrau intermediário do autismo para a lógica, do intimamente individual para o social; para nós, é uma forma transitória da linguagem exterior para a interior, da linguagem social para a individual, inclusive para o pensamento autístico verbalizado[4].

....
4. Diante dessa questão, torna-se sumamente interessante a seguinte sugestão que Bleuler lançou em polêmica com Jung: "o pensamento autístico também

Assim se verifica como se esboça diferentemente o quadro do desenvolvimento em função de compreensões distintas do ponto a partir do qual tentamos restabelecer todo o quadro em seu conjunto.

Podemos formular da seguinte maneira a questão central com a qual deparamos durante a nossa reflexão: como ocorre o processo de desenvolvimento do pensamento infantil? Do autismo, da fabulação, da lógica do sonho para a linguagem socializada e o pensamento lógico, passando em seu ponto crítico pela linguagem egocêntrica, ou o processo de desenvolvimento transcorre inversamente, partindo da linguagem social da criança e passando por sua linguagem egocêntrica no sentido da linguagem interior e do pensamento (inclusive do autístico)?

Basta que se explicite a questão dessa forma para se perceber que, no fundo, voltamos à mesma questão que tentamos atacar teoricamente nos capítulos anteriores. De fato, ali examinamos, do ponto de vista da teoria do desenvolvimento, a questão da consistência teórica da tese basilar que Piaget tomou de empréstimo à psicanálise, segundo a qual o pensamento autístico é uma fase primária na história do desenvolvimento do pensamento.

Como naqueles capítulos fomos forçados a reconhecer a inconsistência dessa tese, agora, depois de descrever o círculo

....

pode ser dirigido; sem traduzir conceitos em palavras, também pode conceber-se de forma dirigida e realista (lógica) assim como pode ser concebido de modo autístico em palavras... Cabe salientar que são precisamente as palavras e suas associações que freqüentemente desempenham um importante papel no pensamento autístico" (2, p. 9).

A essas considerações poderíamos acrescentar dois fatos notáveis, cujo estabelecimento devemos a investigações especiais. Primeiro: o rápido progresso do pensamento autístico na criança depois dos dois anos, também observado por Bleuler, está indiscutivelmente vinculado à conquista da linguagem e até mais: à sua dependência direta dessa conquista. Segundo: está vinculado ao período de maturação sexual, e seu conteúdo é constituído pela dependência igualmente direta da potente ascensão e do progresso da imaginação em face da função de formação dos conceitos que se desenvolve nessa fase etária.

completo e examinar criticamente o próprio fundamento dessa idéia, voltamos àquela mesma conclusão de que a perspectiva e a orientação fundamental do desenvolvimento do pensamento infantil estão equivocadamente representadas na concepção de nosso interesse.

O movimento real do processo de desenvolvimento do pensamento infantil não se realiza do individual para o socializado mas do social para o individual. É esse o resultado fundamental do estudo tanto teórico quanto experimental do problema que está no foco de nosso interesse.

VI

Podemos resumir o nosso exame um tanto alongado da concepção do egocentrismo infantil na teoria de Piaget.

Procuramos mostrar que, quando examinamos essa concepção do ponto de vista do desenvolvimento filogenético e ontogenético, chegamos inevitavelmente a uma conclusão: ela se funda na falsa concepção da polaridade genética do pensamento autístico e do realista. Entre outras coisas, procuramos desenvolver a idéia de que, do ponto de vista da evolução biológica, é inconsistente a hipótese de que a forma autística de pensamento é primária, inicial na história do desenvolvimento psicológico.

Depois procuramos examinar os fundamentos fatuais em que se assenta essa concepção, isto é, a doutrina da linguagem egocêntrica, na qual o autor vê uma manifestação direta e a descoberta do egocentrismo infantil. Com base na análise do desenvolvimento da linguagem infantil, iríamos concluir mais uma vez que a concepção da linguagem egocêntrica como revelação direta do egocentrismo do pensamento infantil não se confirma efetivamente no aspecto funcional nem no estrutural.

Vimos ainda que a relação entre o egocentrismo do pensamento e a linguagem de si para si de maneira nenhuma é uma magnitude constante e necessária que determina o caráter da linguagem infantil.

Por último, procuramos mostrar que a linguagem egocêntrica da criança não é um produto secundário do seu desempenho, não é uma espécie de manifestação externa do egocentrismo interno, que se extingue na criança entre os sete e os oito anos. Ao contrário, a linguagem egocêntrica se nos apresentou à luz dos dados acima referidos como fase transitória no desenvolvimento da linguagem externa para a interior.

Assim, até o fundamento fatual da concepção que estamos examinando acaba abalado, e com ele invalida-se toda a concepção.

Concluindo os últimos parágrafos, cabe-nos agora generalizar um pouco os resultados a que chegamos.

A tese primeira e fundante que poderíamos apresentar como idéia diretora de toda a nossa crítica poderia ser formulada da seguinte maneira: achamos que é incorreta a própria colocação do problema das duas diferentes formas de pensamento na psicanálise e na teoria de Piaget. Não se pode contrapor a satisfação de uma necessidade à adaptação à realidade; não se pode perguntar: o que move o pensamento da criança – a aspiração de satisfazer as suas necessidades interiores ou de adaptar-se à realidade objetiva, uma vez que, do ponto de vista da teoria do desenvolvimento, o próprio conceito de necessidade, quando se revela o seu conteúdo, incorpora a concepção segundo a qual uma necessidade é satisfeita através de certa adaptação à realidade.

No trecho que já citamos, Bleuler foi bastante convincente ao mostrar que uma criança não atinge a satisfação de sua necessidade porque sente alucinação com o prazer; que a satisfação dessa necessidade só acontece de fato depois da consumição real do alimento. De igual maneira, se uma criança de idade mais avançada prefere uma maçã real a uma imaginária, ela não o faz para esquecer as suas necessidades em nome da adaptação à realidade mas justamente porque as suas necessidades movem o seu pensamento e a sua atividade.

Acontece que não existe adaptação à realidade objetiva só por adaptação, independentemente das necessidades do organismo ou do indivíduo. Toda adaptação à realidade é orientada por necessidades. Isto é bastante banal, é um truísmo que de forma incompreensível se perde de vista na teoria que estamos analisando. As necessidades de alimentos, de calor, de movimento, formas básicas de adaptação, não são forças motrizes que determinam todo o processo de adaptação à realidade. Daí carecer de qualquer sentido a contraposição de uma forma de pensamento, que cumpre funções de satisfação de necessidades interiores, a outra forma que cumpre funções de adaptação à realidade. A necessidade e a adaptação devem ser vistas necessariamente em sua unidade. É produto do desenvolvimento tardio a mesma separação da realidade que se observa no desenvolvimento do pensamento autístico, que procura na imaginação a satisfação de aspirações não concretizadas em vida. O pensamento autístico deve sua origem ao desenvolvimento do pensamento realista e ao seu efeito fundamental: o pensamento por conceitos. Mas Piaget toma de empréstimo a Freud não só a tese segundo a qual o princípio de prazer antecede o princípio de realidade (1, p. 372) mas também toda a metafísica do princípio de prazer, que passa de momento auxiliar e biologicamente subordinado a princípio vital autônomo, a *primo movens*, a motor primeiro de todo o desenvolvimento psicológico. Diz Piaget:

> Um dos méritos da psicanálise é o fato de ter mostrado que o autismo não conhece adaptação à realidade, pois para o "ego" o prazer é a única mola. A única função do pensamento autístico é a aspiração de dar atendimento imediato (descontrolado) às necessidades e interesses, é deformar a realidade para conduzi-la ao "ego" (1, p. 401).

Depois de separar com uma fatalidade lógica o prazer e as necessidades da adaptação à realidade e promovê-las à categoria de princípio metafísico, Piaget foi forçado a conceber outra modalidade de pensamento – o pensamento realista – como absolutamente dissociada das reais necessidades, interesses e desejos, como *pensamento puro*. Mas semelhante pensamento não existe na natureza, assim como não existem necessidades sem adaptação, porque não se pode desenvolvê-las e contrapô-las umas às outras, assim como não existe na criança pensamento a título de verdade pura, separado de todo o terrestre: das necessidades, desejos e interesse.

"Ele não visa ao estabelecimento da verdade, mas à satisfação do desejo" (1, p. 95), afirma Piaget ao caracterizar o pensamento autístico diferentemente do realista. Mas será que qualquer desejo exclui sempre a realidade ou existe um pensamento (lembremos: trata-se do pensamento infantil) que, de modo absolutamente autônomo das necessidades práticas, vive apenas a estabelecer a verdade pela verdade? Só as abstrações vazias, desprovidas de qualquer conteúdo real, só as funções lógicas, só as hipóstases metafísicas do pensamento podem ser delimitadas desse modo; porque os caminhos vivos e reais do pensamento infantil não podem ser assim delimitados.

Comentando a crítica de Aristóteles à teoria dos números de Pitágoras e à doutrina das idéias de Platão separadas dos objetos sensoriais, V. Lênin diz o seguinte:

> Idealismo primitivo: o geral (o conceito, a idéia) é o ser particular. Isto parece absurdo, monstruoso (ou melhor, pueril), aberrante. Por acaso não são coisas do mesmo gênero (absolutamente do mesmo gênero) o idealismo moderno, Kant, Hegel, a idéia de Deus? Mesas, cadeiras, a idéia de cadeira e de mesa; o mundo e a idéia de mundo; a coisa e o "numen", a incognoscível coisa em si; a relação da Terra e do Sol, da natureza em geral e além, o logos, Deus. O desdobramento do conhecimento do homem e a possibilidade do idealismo (da religião) já estão na primeira abstração elementar. A aproximação da mente do homem a determinado objeto, a tirada de uma cópia (conceito) desse objeto não é um ato simples, imediato, especular e morto mas um ato complexo, desdobrado, em forma de ziguezague, que inclui a possibilidade de vôo da fantasia com relação à vida.

Além do mais, a possibilidade de transformação (e ainda por cima uma transformação imperceptível e não conscientizada pelo homem) do conceito abstrato, da idéia em fantasia. Porque na generalização mais simples, na idéia geral mais elementar existe certo fragmento de fantasia.

É impossível expressar de modo mais claro e profundo a idéia de que a imaginação e o pensamento, em seu desenvolvimento, são contrários cuja unidade já está contida na generalização mais primária, no primeiro conceito que o homem forma.

Essa sugestão da unidade de contrários e de seu desdobramento, do desenvolvimento do pensamento e da fantasia em ziguezague, o que consiste em que qualquer generalização, por um lado, é um desvio da vida e, por outro, um reflexo mais profundo e verdadeiro dessa mesma vida naquilo que é o fragmento da fantasia em qualquer conceito geral, em suma, essa sugestão descortina diante da investigação o caminho real de estudo do pensamento realista e do autístico.

Por essa via dificilmente restará dúvida de que o autismo não deve ser situado no início do desenvolvimento do pensamento infantil, de que ele é uma formação mais tardia e se polariza como um dos contrários que se encontram no desenvolvimento do pensamento.

Mas nas nossas experiências podemos observar mais um momento sumamente importante e novo do ponto de vista da teoria que é objeto dos nossos estudos permanentes. Verificamos que a linguagem egocêntrica da criança não é uma linguagem que paira no ar dissociada da realidade, da atividade prática, da adaptação real dessa criança. Vimos que essa linguagem é um momento composicional da atividade racional da criança, que ela mesma se intelectualiza e ocupa a mente nessas ações primárias e racionais, e começa a servir de meio de formação da intenção e do plano numa atividade mais complexa da criança.

A atividade e a prática – eis os novos momentos que permitem desvelar as funções da linguagem egocêntrica de uma nova perspectiva, em toda a sua plenitude, e esboçar um aspecto inteiramente diverso no desenvolvimento do pensamento infantil que, como a face oposta da Lua, costuma permanecer fora do campo de visão dos observadores.

Piaget afirma que os objetos não elaboram a mente da criança. Mas nós observamos que, em situação real, onde a linguagem egocêntrica da criança está relacionada à sua atividade prática, onde está ligada ao pensamento da criança, os objetos efetivamente elaboram a mente infantil. Objetos significam realidade, mas não uma realidade que se reflete passivamente nas percepções da criança, que é captada por ela de um ponto de vista abstrato, e sim uma realidade com a qual essa criança depara no processo da sua prática.

Esse novo momento, esse problema da realidade e da prática e o seu papel no desenvolvimento do pensamento infantil mudam substancialmente todo o quadro, mas nós retomaremos essa questão posteriormente, ao desenvolvermos a nossa análise e a crítica metodológica das linhas básicas da teoria piagetiana.

VII

Se recorrermos a toda a psicologia moderna, particularmente à psicologia infantil, conseguiremos descobrir facilmente uma nova tendência que vem determinando o desenvolvimento da psicologia nos últimos anos. Um experimentando do psicólogo alemão Ach exprimiu muito bem essa tendência ao resumir as impressões que vivenciou imediatamente em um experimento psicológico. Ao término do experimento e para surpresa do experimentador, que narra esse fato no prefácio ao seus estudos, o experimentando declarou: "Ora, isso é uma filosofia experimental."

Perpassam toda a pesquisa moderna essa aproximação das investigações em psicologia com questões da filosofia e a tentativa de desenvolver imediatamente, no processo de investigação psicológica, questões de importância primordial para vários problemas filosóficos que, inversamente, também dependem de uma concepção filosófica em suas abordagem e solução. Desprezemos exemplos que ilustrem essa tese. Indiquemos apenas que o estudo de Piaget, objeto do nosso exame, se desenvolve o tempo todo na fronteira entre a investigação psicológica e a filosófica. O próprio Piaget afirma que a lógica da criança é um campo tão infinitamente complexo que, a cada instante, o investigador esbarra em obstáculos invisíveis, em problemas da lógica e até mesmo da teoria do conhecimento. Nem sempre é fácil manter nesse labirinto um determinado sentido e evitar problemas estranhos à psicologia.

Para Piaget, o maior perigo está na generalização precoce dos resultados da experiência e no risco de cair sob o poder de idéias falsas, de preconceitos do sistema lógico. Por isso o autor se abstém por princípio de uma exposição demasiadamente sistemática e mais ainda de quaisquer generalizações que ultrapassem os limites da psicologia da criança. Sua intenção é limitar-se exclusivamente à análise dos fatos sem entrar na filosofia desses fatos. Entretanto, ele tem de reconhecer que a lógica, a história da filosofia e a teoria do conhecimento são campos mais ligados ao desenvolvimento da lógica da criança do que pode parecer. É por isso que, queira ou não queira, arbitrária ou involuntariamente, ele toca em toda uma série de problemas desses campos contíguos, embora use de uma coerência admirável e interrompa o processo de pensamento sempre que se aproxima integralmente do limite da filosofia.

No prefácio ao livro de Piaget, Claparède aponta que este combina felizmente em si o biólogo naturalista por natureza, que substituiu a caça aos caracóis pela caça aos fatos psicológicos, um homem que assimilou todos os princípios do pensamento científico naturalista e é dotado da capacidade de fazer falarem os seus materiais, ou melhor, de escutá-los, sendo ainda um dos cientistas mais informados em questões de filosofia. E acrescenta:

Não ignora nenhum recanto obscuro, nenhuma armadilha da lógica, "a dos manuais", partilha as esperanças da nova lógica, está a par dos delicados problemas da teoria do conhecimento. Mas esse conhecimento perfeito desses diversos domínios, longe de levar a especulações temerárias, permitiu-lhe, pelo contrário, marcar de maneira clara a fronteira que separa a Psicologia da Filosofia, e permanecer rigorosamente afastado da última. Sua obra é plenamente científica (1-a, p. XIII).

Nessa última afirmação não podemos concordar com Claparède pois, como procuraremos mostrar adiante, Piaget não conseguiu e, no fundo, não poderia conseguir evitar construções filosóficas, uma vez que a própria ausência de filosofia é uma filosofia perfeitamente definida. A tentativa de permanecer inteiramente nos limites do empirismo puro caracteriza toda a investigação de Piaget. O temor de relacionar-se a algum sistema filosófico preconcebido já é, em si, o sintoma de determinada concepção filosófica do mundo, e é isto que tentaremos mostrar em seus traços mais importantes.

Acima examinamos a questão do egocentrismo infantil, que em Piaget está na base da teoria da linguagem egocêntrica da criança e ao qual o próprio Piaget reduz todos os traços característicos da lógica infantil. Essa análise nos levou a concluir que existe uma visível inconsistência teórica e fatual nessa concepção basilar, a concluir que essa teoria piagetiana apresenta de forma deturpada o processo de desenvolvimento da criança.

Dentro do que se pretende neste ensaio, seria impossível falar de todas as conseqüências do egocentrismo infantil. Isto implicaria examinar passo a passo todos os capítulos que compõem o estudo de Piaget e, no fim das contas, transformar um ensaio crítico em outro trabalho que repetiria os temas de Piaget, ainda que de outra perspectiva. Achamos que nossa tarefa é bem diferente, pois consiste em facilitar ao leitor uma assimilação crítica de todo o riquíssimo material fatual e daquelas generalizações primárias contidas no livro de Piaget. Para isto precisamos examinar o aspecto metodológico de todos os estudos de Piaget e avaliá-los criticamente.

Poderíamos partir do ponto central que determina toda a lógica do pensamento científico de Piaget. Temos em vista o problema da causalidade. Piaget conclui o livro com um capítulo comprimido e expressivo sobre o problema da pré-causalidade na criança. Para ele, a conclusão final da análise da lógica da criança é aquela segundo a qual a criança ainda desconhece o conceito de causalidade e o estágio em que se encontra o pensamento da criança que se volta para esse problema poderia ser mais corretamente denominado *estágio de pré-causalidade*.

Esse problema ocupa um lugar de tamanho destaque em toda a teoria de Piaget que ele dedicou um volume especial – o quarto da sua pesquisa – a elucidar o conceito de causalidade física na criança. Mas um novo estudo especial mais uma vez levou à conclusão de que inexiste causalidade, no sentido próprio do termo, nas representações que a criança tem do mundo, nas explicações do movimento, na compreensão das máquinas e autômatos, em suma, em todo o pensamento da criança sobre a realidade exterior.

Contudo, por mais estranho que pareça, o próprio Piaget procura, em suas investigações, conter de forma consciente e intencional o seu pensamento no estágio da causalidade no sentido aqui referido. De certo modo, ele mesmo diz que com a criança acontece o mesmo que acontece com a ciência. É bem verdade que ele mesmo tende provavelmente a considerar sua renúncia à causalidade como um estágio de supercausalidade, ou melhor, como expressão de um pensamento científico mais refinado, para o qual o conceito de causalidade é um degrau já percorrido. Mas, na realidade, qualquer um que renuncie à idéia de causalidade retrocede arbitrária ou involuntariamente ao estágio da pré-causalidade que Piaget descreveu tão bem no pensamento da criança.

O que Piaget contrapõe ao princípio de causalidade? Ele mesmo substitui pelo ponto de vista genético a análise causal dos fenômenos por ele estudados. Para ele, o princípio da causalidade é um princípio assinalado e substituído por um princípio mais elevado de desenvolvimento.

O que significa explicar um fenômeno psíquico? Como Baldwin mostrou com sua análise sutil em psicologia, sem o método genético não se pode não só estar seguro de que ele não toma os efeitos pelas causas como nem sequer é possível colocar a própria questão da explicação. Logo, seria necessário substituir a relação entre causa e efeito pela relação do desenvolvimento genético, relação essa que o conceito de dependência funcional incorpora matematicamente ao conceito de antecedente e conseqüente...

Logo, a respeito de dois fenômenos A e B podemos dizer que A é função de B como B é função de A, mantendo conosco o direito de dispor das nossas descrições, partindo dos primeiros fenômenos que observamos e que melhor explicam em termos genéticos (1, p. 371).

Assim, para Piaget as relações entre o desenvolvimento e a dependência funcional substituem as relações de causalidade. Aqui ele perde de vista o princípio brilhantemente formulado em Goethe, segundo o qual a ascensão da ação para a causa é um simples conhecimento histórico. Ele esquece a famosa tese de Bacon segundo a qual o verdadeiro conhecimento é um conhecimento que ascende em direção às causas; ele tenta substituir a concepção causal do desenvolvimento pela concepção funcional e, sem que o perceba, priva de qualquer conteúdo o próprio conceito de desenvolvimento. Tudo vem a ser convencional nesse desenvolvimento. O fenômeno A pode ser considerado como função do fenômeno B e vice-versa: o fenômeno B pode ser considerado como função de A.

Como resultado dessa análise, para o autor elimina-se a questão das causas, dos fatores do desenvolvimento. A ele se reserva apenas o direito de escolher os primeiros fenômenos observados, que são os que mais explicam no sentido genético. Em função desse fundamento, o problema dos fatores do desenvolvimento do pensamento infantil continua, na investigação piagetiana, resolvido da mesma forma que o problema da causalidade, e Piaget escreve:

> O que são fenômenos que explicam? Neste sentido a psicologia do pensamento sempre esbarra em dois fatores fundamentais, cuja relação recíproca ela é obrigada a explicar: o fator biológico e o fator social. Caso se tente descrever a evolução do pensamento do ponto de vista biológico ou, como hoje se tornou moda, apenas do ponto de vista sociológico, corre-se o risco de deixar na sombra metade da realidade. Logo, não se devem perder de vista os dois pólos, não se deve desprezar nada... Mas para começar é necessário que se detenha a escolha em uma linguagem em detrimento de outra. Escolhemos a linguagem sociológica, mas insistimos em que nisto não existe exclusividade: nós nos reservamos o direito de retomar a explicação biológica do pensamento infantil e incorporar a ela a descrição que aqui vamos fazer... Orientar a nossa descrição do ponto de vista da psicologia social, partindo do fenômeno mais característico neste sentido – do egocentrismo do pensamento infantil –, foi o que tentamos fazer para começar. Procuramos reduzir ao egocentrismo grande parte dos traços característicos da lógica infantil (1, p. 371).

Verifica-se uma conclusão paradoxal, que consiste no seguinte: aqui, a descrição que é feita em linguagem sociológica pode ser reduzida com o mesmo sucesso a uma descrição biológica em outro livro. Dispor a descrição do ponto de vista da psicologia social é uma simples questão de escolha do autor, que é livre para escolher qualquer uma das linguagens que prefira em detrimento de outra. Esta é uma afirmação central e decisiva para toda a metodologia de Piaget, e lança luz sobre o próprio conceito de fator social no desenvolvimento do pensamento infantil como o considera Piaget.

Como se sabe, perpassa todo o livro de Piaget a idéia de que, na história do pensamento infantil, coloca-se em primeiro plano a influência dos fatores sociais sobre a estrutura e o funcionamento do pensamento.

No prefácio à edição russa, Piaget escreve textualmente que isso constitui a idéia fundamental de todo o seu trabalho. Ali ele escreve:

> A idéia dominante do trabalho ora publicado é a idéia de que o pensamento da criança não pode ser extraído apenas de fatores psicológicos hostis e da influência do meio físico, mas deve ser entendido também e preferencialmente a partir das relações que se estabelecem entre a criança e o meio social circundante. Com isto eu não estou querendo dizer simplesmente que a criança reflete as opiniões e idéias dos que a rodeiam, isto seria banal. Do meio social depende a própria estrutura do pensamento do indivíduo. Quando o indivíduo pensa só consigo mesmo, pensa de maneira egocêntrica, o que constitui justamente um caso típico da criança, o pensamento dele está sob o poder da sua fantasia, dos seus desejos, da sua personalidade. Neste caso, ele representa uma série de peculiaridades inteiramente diversa daquelas peculiaridades que caracterizam o pensamento racional. Quando o indivíduo experimenta a influência sistemática de um determinado meio social (por exemplo, como a criança experimenta a influência da autoridade dos adultos), o seu pensamento se forma segundo determinadas regras exteriores... Na medida em que os indivíduos colaboram de comum acordo entre si, desenvolvem-se regras dessa colaboração, que comunicam ao pensamento a disciplina que forma a razão em ambos os seus aspectos: no teórico e no prático... O egocentrismo, a coação e a colaboração são as três direções entre as quais oscila constantemente o pensamento em desenvolvimento da criança e às quais está, de uma forma ou de outra, relacionado o pensamento do adulto, dependendo de permanecer ele autístico ou converter-se em um ou outro tipo de organização da sociedade (1, pp. 55-6).

A linguagem e o pensamento da criança na teoria de Piaget

É essa a idéia dominante em Piaget. Poderia parecer que esse esquema, como todo o livro, contém um reconhecimento sumamente preciso do fator social como força determinante no desenvolvimento do pensamento infantil. Entretanto, o trecho que acabamos de citar mostra que o reconhecimento decorre do fato de ter o autor escolhido para os fins da descrição a linguagem sociológica, mas os mesmos fatos poderiam ser igualmente submetidos a uma explicação biológica. Por isso a nossa tarefa imediata será examinar como se relacionam os fatores social e biológico do desenvolvimento do pensamento infantil na teoria de Piaget.

Para essa questão, é essencial o divórcio entre o biológico e o social na teoria piagetiana. O biológico é concebido como primário, fundante, que está contido na própria criança e forma a sua substância psicológica. O social age através da coação como uma força exterior, estranha à criança, que reprime os modos de pensamento próprios da criança e correspondentes à sua natureza interior, substituindo-os por esquemas de pensamento a ela estranhos e impostos de fora.

Por isso não surpreende que até em seu novo esquema Piaget unifique dois pontos extremos – o egocentrismo e a colaboração – através de um terceiro componente: a coação. É esta a verdadeira palavra que traduz a concepção de Piaget sobre o mecanismo através do qual o meio social dirige o desenvolvimento do pensamento da criança.

No essencial, essa concepção é comum em Piaget e na psicanálise, onde o meio social também é visto como algo exterior em relação ao indivíduo, que o pressiona e o obriga a limitar as suas atrações, modificá-las, orientá-las pelos devidos caminhos. A coação e a pressão são duas palavras que não saem das páginas desse livro quando o autor precisa traduzir a influência do meio social sobre o desenvolvimento da criança.

Já vimos que Piaget equipara o processo dessas influências à assimilação e estuda como o ser vivo assimila, isto é, deforma essas influências e as introduz em sua própria substância.

Mas aqui se trata de uma substância propriamente psicológica, da estrutura e do funcionamento próprios do pensamento infantil, que constituem a sua originalidade qualitativa em comparação com o pensamento do adulto e são determinados pelo autismo, ou melhor, pelas propriedades biológicas da natureza infantil. A criança não é considerada como uma parte do todo social, como um sujeito das relações sociais que, desde os seus primeiros dias de vida, participa da vida social daquele todo a que ela pertence. O social é visto como algo situado fora da criança, que a pressiona e reprime os seus próprios modos de pensamento.

Essa idéia íntima a Piaget é bem expressa por Claparède na introdução ao livro. Ele afirma que as pesquisas de Piaget concebem a mente da criança de uma forma inteiramente nova:

> Nosso autor revela, com efeito, que o espírito da criança é tecido simultaneamente em dois planos diferentes, de certo modo superpostos um ao outro. O trabalho operado no plano inferior é, nos primeiros anos, muito mais importante. É obra da própria criança, que atrai para si e cristaliza ao redor das suas necessidades tudo o que é capaz de satisfazê-la. É o plano da subjetividade, dos desejos, da brincadeira, dos caprichos, do *Lustprinzip*, como diria Freud. O plano superior é, pelo contrário, edificado pouco a pouco pelo meio social, cuja pressão impõe-se cada vez mais à criança. É o plano da objetividade, da linguagem, dos conceitos lógicos, em resumo, da realidade. Esse plano superior é, desde o início, de uma fragilidade muito grande. Ao ser sobrecarregado, estala, encolhe, afunda, e os elementos de que é feito vêm cair sobre o plano inferior onde se misturam aos que a este pertencem; outros pedaços ficam ainda a meio caminho, suspensos entre o céu e a terra. Admite-se que o observador cujo ponto de vista não percebia a existência dessa dualidade de planos, e acreditava que a partida se jogava toda sobre uma mesma superfície, tivesse a impressão de confusão extrema. Afinal, cada um desses planos tem a sua própria lógica, que protesta por estar ligada à do outro (1-a, p. XI).

Como se vê, a originalidade do pensamento da criança consiste, segundo a teoria de Piaget, em que o seu espírito é tecido em dois teares e que o primeiro tear, que tece na superfície da subjetividade, dos desejos e caprichos, é o mais importante, uma vez que é assunto da própria criança. Se nem os próprios Piaget e Claparède mencionaram o princípio freudiano do prazer, não pode restar dúvida para ninguém de que estamos diante de uma concepção puramente biológica, que tenta deduzir a originalidade do pensamento da criança das peculiaridades biológicas da sua natureza.

As conclusões a que conduz a pesquisa de Piaget permitem ver que, no desenvolvimento da criança, o biológico e o social são concebidos como duas forças externas que agem mecanicamente uma sobre a outra.

A conclusão central que serve de base aos dois volumes subseqüentes dessa pesquisa de Piaget é a de que a criança vive em uma dupla realidade. Um dos seus mundos se baseia no pensamento próprio dessa criança, o outro no pensamento lógico imposto a ela por aqueles que a cercam.

Dessa conclusão decorre necessariamente que, como resultado do desdobramento do pensamento da criança, deve surgir igualmente para ela uma realidade desdobrada. Para diferentes teares dois tecidos diferentes: dois modos de pensamento – duas realidades. Esse desdobramento vem a ser tão acentuado e forte que cada um dos planos em que é tecido o pensamento da criança tem a sua própria lógica e, segundo as palavras daquele prefaciador autorizado, protesta por estar ligada à do outro. Pelo visto, o destino do pensamento infantil deve ser não só uma realidade desdobrada e cindida como ainda constituída de pedaços de tecido dissociados, absolutamente heterogêneos e radicalmente hostis entre si, que protestam quando são "unificados". Porque, segundo Piaget, o pensamento autístico cria sua própria realidade imaginada ou uma realidade do sonho.

Com a mesma inevitabilidade lógica surge uma questão: qual dos dois teares em que se tece o pensamento da criança é mais importante, com qual desses teares do seu pensamento fica a prevalência? Claparède responde claramente à primeira parte da nossa pergunta, como vimos acima: o trabalho produzido no plano inferior nos primeiros anos de vida é bem mais importante. Como veremos adiante, o próprio Piaget dará uma resposta igualmente categórica à segunda pergunta, afirmando que a verdadeira realidade é bem menos verdadeira para a criança do que para nós.

Depois disso, seguindo a mesma lógica desse raciocínio irresistivelmente coerente, resta reconhecer que, segundo palavras de um poeta místico, o pensamento da criança se debate no limiar de uma espécie de existência dual, que a sua alma é a morada de dois mundos.

Por isso, falando do egocentrismo infantil, Piaget coloca outra questão:

> Não existiria para a criança uma realidade especial que fosse a pedra de toque de todas as outras ou, dependendo do estado do egocentrismo ou da socialização, a criança não estaria na presença de dois mundos igualmente reais, sendo que nenhum deles estaria em condição de suplantar o outro? Tudo indica que essa segunda hipótese é mais verdadeira (1, p. 401).

Piaget supõe não estar provado que a criança sofra dessa biplanaridade do mundo real. E ele admite a idéia de que a criança tem duas ou algumas realidades e que essas realidades efetivamente estão em ordem alternada, em vez de se encontrarem numa relação hierárquica como acontece conosco.

Entre outras coisas, no primeiro estágio que dura de dois a três anos, "o real é simplesmente aquilo que é desejável". E Piaget acrescenta:

> A "lei do prazer" de que fala Freud deforma e elabora o mundo a seu modo. O segundo estágio é marcado pelo surgimento de duas realidades heterogêneas, igualmente reais: o mundo da brincadeira e o mundo da observação... Assim, deve-se reco-

nhecer na brincadeira infantil o significado de uma realidade autônoma, entendendo por isto que a verdadeira realidade a que ela se contrapõe é bem menos verdadeira para a criança do que para nós (1, pp. 402-3).

Essa idéia não é propriedade exclusiva de Piaget. Ela perpassa todas as teorias da psicologia infantil, que partem das mesmas posições básicas que a teoria de Piaget. A criança vive em dois mundos. Todo o social é estranho a ela, é imposto de fora a ela. Ultimamente Eliasberg tem exprimido essa idéia de modo mais claro ao falar de uma linguagem infantil autônoma. Ao examinar a concepção de mundo que a criança assimila através da linguagem, ele chega à conclusão de que isso tudo não corresponde à natureza da criança, que isso se opõe à totalidade que verificamos na brincadeira e nos desenhos da criança. Juntamente com a linguagem do adulto, diz ele, a criança assimila também as formas categoriais, a divisão em subjetivo e objetivo, eu e tu, aqui e lá, agora e depois – *das alles ist völlig unkindgemäss*. E, repetindo o famoso verso de Goethe, o autor diz que duas almas vivem na criança: a primeira é a alma da criança, cheia de vínculos, a segunda, a que surge sob a influência dos adultos, que vivencia o mundo em categorias. Duas almas, dois mundos, duas realidades. Essa conclusão é conseqüência lógica inevitável da tese basilar segundo a qual o social e o biológico são princípios que agem como dois princípios externos e hostis entre si.

VIII

O resultado de tudo isso é uma concepção sumamente original do próprio processo de socialização, que ocupa o centro da teoria de Piaget. Já procuramos demonstrar que essa concepção não resiste a uma crítica do ponto de vista da teoria do desenvolvimento. De fato, o que representa o processo de socialização do pensamento infantil como o esboça Piaget? Já vimos que isto é algo externo, estranho à criança. Agora apontamos mais um momento essencial: Piaget vê na socialização a única fonte de desenvolvimento do pensamento lógico. Mas em que realmente consiste o próprio processo de socialização? Como se sabe, é o processo de superação do egocentrismo infantil. Ele consiste em que a criança começa a pensar não de si para si mas passa a adaptar o seu pensamento ao pensamento dos outros. Entregue a si mesma, a criança nunca chegaria à necessidade de pensamento lógico. Ela age exclusivamente através da fantasia, pois, segundo Piaget, "não são os objetos que levam a mente à necessidade de verificação lógica: os próprios objetos são elaborados pela mente" (1, p. 373).

Fazer esse tipo de afirmação significa reconhecer que os objetos, ou seja, a realidade externa objetiva, não desempenham papel decisivo no desenvolvimento do pensamento infantil. Só o choque do nosso pensamento com o pensamento alheio suscita em nós a dúvida e a necessidade de demonstrar.

> Sem a existência de outras consciências o fracasso da experiência nos levaria a um desenvolvimento ainda maior da fantasia e ao delírio. No nosso cérebro surge constantemente uma multiplicidade de idéias falsas, estranhezas, utopias, explicações místicas, suspeitas e noções exageradas das forças do nosso "ego". Mas tudo isso se desfaz quando nos chocamos com semelhantes a nós. A necessidade de verificação tem como fonte uma necessidade social: a de assimilar o pensamento dos outros, de comunicar a eles os nossos próprios pensamentos, de convencê-los. As provas surgem na discussão. Aliás, isto é lugar-comum na psicologia moderna (1, p. 373).

Não se pode emitir com mais clareza a idéia de que a necessidade de pensamento lógico e o próprio conhecimento da verdade surgem da comunicação da consciência da criança com outras consciências. Como isto se aproxima, pela natureza filosófica, das doutrinas sociológicas de Durkheim e outros sociólogos, que retiram da vida social do homem o espaço, o tempo e todo o conjunto da realidade objetiva! Como isto se aproxima da tese de Bogdánov, segundo a qual "a objetividade da série cívica é o alcance universal. A objetividade do corpo físico, com a qual deparamos na nossa experiência, acaba sendo estabelecida com base na mútua verificação e na concordância das enunciações de diferentes pessoas. Em linhas gerais, o mundo físico é uma experiência socialmente combinada, socialmente harmonizada e socialmente organizada". É difícil duvidar de que nesse ponto Piaget se aproxima de Mach, se lembramos a sua concepção de causalidade a que já nos referimos. Falando do desenvolvimento da causalidade na criança, Piaget estabelece o seguinte fato de suma importância: com base na lei da tomada de consciência, estabelecida por Claparède, ele mostra que a tomada de consciência vem depois de uma ação e surge quando a adaptação automática esbarra em dificuldades. Piaget supõe que, se nos perguntarmos como surge a noção de causa, os objetivos, etc., então

> esse problema de origem liga-se ao de saber como o indivíduo chegou, pouco a pouco, a interessar-se pela causa, pelo sim, pelo lugar, etc. E tem-se o direito de pensar que o interesse só se dirigiu a essas *categorias* quando a ação se viu inadaptada com relação a uma delas. É a *necessidade que cria a consciência*; e a consciência da causa (ou do fim, do lugar, etc.) só surgiu no espírito quando foi sentida a necessidade de ser adaptada sob a relação de causa (1-a, pp. 200-1).

Quando a adaptação é automática, instintiva, o espírito não toma consciência das categorias. A execução do ato automático não apresenta ao nosso espírito nenhum problema. Não havendo dificuldade não há necessidade, logo, não há consciência.

Ao expor esse pensamento de Claparède, Piaget afirma que num sentido foi ainda mais longe no caminho da psicologia funcional por admitir que o fato de tomar consciência de uma categoria transforma-a em sua própria natureza. Não aceitamos, pois, a fórmula *A criança é causa bem antes de ter a noção de causa* (1-a, p. 201).

Poderia parecer que seria impossível exprimir com mais clareza a idéia de que a causalidade objetiva na atividade da criança existe independentemente da consciência e da noção que a criança tenha dela, mas o próprio Piaget, entendendo que o fato, neste caso, favorece a concepção materialista e não idealista de causalidade, faz a respeito a seguinte ressalva:

> Só uma comodidade de linguagem (e que nos arrasta, se não tomarmos cuidado, a toda uma teoria realista do conhecimento, isto é, além da psicologia) pode autorizar-nos a falar da *causalidade* como de uma relação inteiramente independente da tomada de consciência que se tem dela. Na realidade, há tantos tipos de causalidade quantos tipos ou graus de tomada de consciência. Quando a criança é *causa*, ou age como se soubesse que uma coisa é causa de outra, embora não tenha tomado consciência da causalidade, há aí o primeiro tipo de relação causal, e, se quisermos, o equivalente funcional da causalidade. A seguir, quando a mesma criança toma consciência da relação em questão, essa tomada de consciência pode, pelo próprio fato de depender das necessidades e dos interesses do momento, revestir inúmeros tipos diferentes: causalidade animista, artificialista, final, mecânica (por contato), dinâmica (força), etc. A sucessão desses tipos jamais pode ser considerada como fechada, e os tipos de relação que usam atualmente o adulto e o sábio são, provavelmente, apenas provisórios, assim como aqueles de que se serviram a criança e o primitivo (1-a, pp. 201-2).

O que Piaget afirma sobre a causalidade, isto é, a negação de sua objetividade, ele estende a todas as outras categorias, assumindo o ponto de vista idealista do psicologismo e afirmando que cabe ao geneticista observar o aparecimento e o emprego dessas categorias em todos os estádios que percorre a inteligência infantil, e trazer esses fatos às leis funcionais do pensamento (1-a, p. 202).

Ao refutar o realismo escolástico e o apriorismo kantiano na teoria das categorias lógicas, o próprio Piaget assume o ponto de vista do empirismo pragmático, que

> não é exagerado caracterizar pela preocupação de psicologia, pois essa teoria atribuiu-se a tarefa de definir as categorias pela sua gênese na história do pensamento e por seu emprego progressivo na história das ciências (1-a, p. 202).

Vê-se não só que Piaget se coloca na posição do idealismo subjetivo mas também que entra em notória contradição com os fatos obtidos por ele mesmo que, como ele próprio diz, se confiarmos neles, poderão conduzir a uma teoria realista do conhecimento.

Por isso não surpreende que Piaget, ao tirar posteriormente as conclusões das suas investigações, chega ao terceiro volume (III), em que elucida quais as representações que a criança faz do mundo, a conclusões de que o realismo do pensamento, o animismo e o artificialismo são três traços dominantes da visão infantil do mundo. E essa conclusão é fundamental para um pesquisador que toma como ponto de partida a afirmação de Mach, que tenta mostrar que a delimitação entre mundo interior ou psíquico e mundo exterior ou físico não é ingênita. E Piaget afirma:

> Mas esse ponto de vista ainda era puramente teórico. A hipótese de Mach não se baseia na psicologia genética no verdadeiro sentido desta palavra mas na "lógica genética" de Baldwin, uma obra mais subjetiva que experimental (3, p. 5).

E eis que Piaget parece assumir a tarefa de demonstrar essa tese básica de Mach do ponto de vista do desenvolvimento da lógica da criança. E aí ele torna a cair numa contradição que se resume no seguinte: ele mesmo apresenta como realista o caráter primário do pensamento infantil. Noutros termos, o realismo ingênuo, atribuído à criança, indica evidentemente que desde o início a própria natureza da consciência determina o fato de ela refletir a realidade objetiva.

Ao desenvolver essa idéia posteriormente, Piaget conclui os quatro volumes da sua pesquisa postulando a relação entre lógica e realidade. E afirma:

> A experiência forma a razão e a razão forma a experiência. Entre o real e o racional existe uma interdependência. Esse problema da relação da lógica com a realidade pertence, antes de tudo, à teoria do conhecimento mas, do ponto de vista genético, existe também na psicologia ou, em todo caso, existe um problema semelhante a ele que pode ser formulado da seguinte maneira: a evolução da lógica determina as categorias reais de causalidade, etc., ou vice-versa (4, p. 337).

Piaget se limita a sugerir que entre o desenvolvimento das categorias reais e da lógica formal existe uma semelhança e inclusive certo paralelismo. Segundo ele, existe não só um egocentrismo lógico mas também um egocentrismo ontológico: as categorias lógica e ontológica da criança evoluem paralelamente.

Não vamos examinar esse paralelismo nem esquematicamente. Vejamos diretamente a conclusão de Piaget a esse respeito:

> Estabelecido esse paralelismo, devemos perguntar qual o mecanismo daqueles fatos que o determinam: o conteúdo do pensamento real determina as formas lógicas ou o contrário? Nessa forma a questão não tem nenhum sentido, mas se o problema das formas lógicas for substituído pela questão das formas psicológicas, a questão ganha a possibilidade de uma solução positiva, embora devamos nos precaver de nos decidir antecipadamente por essa solução (4, p. 342).

Desse modo, Piaget fica conscientemente na fronteira entre o idealismo e o materialismo, procurando manter uma posição de agnóstico, mas, de fato, negando o significado objetivo das categorias lógicas e endossando o ponto de vista de Mach.

IX

Se quiséssemos concluir generalizando o central e básico que determina toda a concepção de Piaget, deveríamos dizer que se trata daqueles dois momentos cuja ausência já se fez sentir no exame da estreita questão da linguagem egocêntrica. Neste caso, o fundamental são a ausência de realidade e a relação da criança com essa realidade, isto é, a ausência de atividade prática da criança. Piaget examina a própria socialização do pensamento da criança fora da prática, dissociada da realidade, como comunicação pura de almas que leva ao desenvolvimento do pensamento. O conhecimento da verdade e as formas lógicas através das quais se torna possível esse conhecimento não surgem no processo de assimilação prática da realidade mas de adaptação de umas idéias a outras. A verdade é uma experiência socialmente organizada e, neste ponto, Piaget parece repetir a tese de Bogdánov, pois os objetos da realidade não empurram o espírito da criança pelo caminho do desenvolvimento. Eles mesmos são criados pelo espírito. Entregue a si mesma, a criança chegaria ao desenvolvimento do delírio. A realidade nunca lhe ensinaria lógica.

Pois bem, essa tentativa de deduzir o pensamento lógico da criança e seu desenvolvimento da comunicação pura entre consciência, em pleno divórcio com a realidade, sem nenhuma consideração da prática social da criança, voltada para o domínio da realidade, é o que constitui o ponto central de toda a teoria de Piaget.

Em suas observações sobre *A ciência da lógica* de Hegel, V. Lênin diz o seguinte sobre uma concepção análoga e amplamente difundida na filosofia idealista e na psicologia:

Quando Hegel procura – às vezes até se mete a – enquadrar em categorias da lógica a atividade racional do homem, dizendo que essa atividade é uma "conclusão", que o sujeito (o homem) exerce o papel de certo "membro" em "figura", lógica e conclusão, etc., isto não é uma brincadeira. Aí existe um conteúdo muito profundo, puramente materialista. É preciso reverter: a atividade prática do homem bilhões de vezes teve de levar a consciência do homem a repetir várias figuras lógicas para que essas figuras pudessem ganhar o significado de axiomas... Ao repetir-se bilhões de vezes, a prática do homem se consolida na sua consciência através de figuras da lógica. Essas figuras têm a solidez do preconceito, um caráter axiomático precisamente (e só) em função dessas bilhões de repetições (5, pp. 183 e 207).

Por isso não surpreende que Piaget estabeleça o fato de que o pensamento verbal abstrato é incompreensível à criança. A conversa sem ação é incompreensível. As crianças não compreendem umas às outras. Essa é a conclusão de Piaget.

É claro que, quando as crianças brincam, quando reúnem conjuntamente algum material, elas se entendem, embora sua linguagem seja elíptica, acompanhada de gestos, mímica, o que representa o início da ação e serve como exemplo evidente para o interlocutor. Mas podemos nos perguntar: será que as crianças compreendem o pensamento verbal e a linguagem umas das outras? Noutros termos: será que se entendem quando falam sem agir? Esta é uma questão capital, pois é precisamente nesse plano verbal que a criança empreende o seu esforço principal de adaptar-se ao pensamento do adulto e adaptar toda a sua aprendizagem ao pensamento lógico (1, p. 376).

Piaget responde negativamente a esse pergunta ao afirmar com base em pesquisas especiais: as crianças não entendem o pensamento verbal e a própria linguagem umas das outras.

É essa concepção de que a aprendizagem do pensamento lógico surge da compreensão pura do pensamento verbal, independente da realidade, que serve de base ao fato da incompreensão infantil descoberta por Piaget. Poderia parecer que Piaget mostrou eloqüentemente em seu livro que a lógica da ação antecede a lógica do pensamento. Acontece, porém, que ele vê o pensamento como uma atividade totalmente dissociada da realidade. Mas uma vez que a função fundamental do pensamento é o conhecimento e o reflexo da realidade, é natural que esse pensamento, considerado fora da realidade, torne-se um movimento de fantasmas, uma parada de figuras mortas delirantes, um brinquedo de rodas de sombras mas não um pensamento infantil real e rico de conteúdo.

É por isso que no estudo em que Piaget tenta substituir as leis da causalidade pelas leis do desenvolvimento desaparece o próprio conceito de desenvolvimento. Piaget não coloca as peculiaridades do pensamento infantil numa relação com o pensamento lógico (ao qual a criança chega mais tarde) a partir da qual se perceba como surge e se desenvolve o pensamento lógico a partir do pensamento infantil. Ao contrário, ele mostra como o pensamento lógico reprime as peculiaridades do pensamento infantil, como se introduz de fora na substância psicológica da criança e é por esta deformado. Por isso não surpreende que, quando se pergunta se todas essas peculiaridades do pensamento infantil formam um todo desconexo ou a sua própria lógica, ele responda: "É evidente que a verdade está no meio: a criança descobre a sua organização intelectual original, mas o seu desenvolvimento está sujeito a circunstâncias fortuitas" (1, p. 370). É impossível exprimir de modo mais simples e direto a idéia de que a originalidade da organização intelectual radica na própria essência da criança e não surge no processo de desenvolvimento. O desenvolvimento não é um automovimento mas uma lógica de circunstâncias casuais. Onde não existe automovimento não há lugar para desenvolvimento no sentido profundo e verdadeiro deste termo: ali um reprime o outro mas não surge do outro.

Poderíamos explicar isso com um exemplo simples: ao se deter nas peculiaridades do pensamento infantil, Piaget procura mostrar a fraqueza desse pensamento, sua inconsistência, sua irracionalidade, sua falta de lógica em comparação com o pensamento do adulto.

Surge a mesma pergunta feita outrora por Levy-Bruhl a respeito da sua teoria do pensamento primitivo. Porque, se a criança pensa de forma exclusivamente sincrética, se o sincretismo penetra todo o pensamento infantil, não se entende como é possível a adaptação real da criança.

É evidente que em todas as teses fatuais de Piaget é necessário introduzir duas correções essenciais. A primeira consiste na necessidade de limitar a própria esfera de influência daquelas peculiaridades a que se refere Piaget. Achamos que a nossa experiência confirmou isto, que a criança pensa sincreticamente onde ainda não é capaz de pensar de forma concatenada e lógica. Quando a criança pergunta por que o Sol não cai, ela evidentemente dá uma resposta sincrética. Essas respostas são o importante sintoma para identificar aquelas tendências que orientam o pensamento infantil quando este se movimenta numa esfera dissociada da experiência. Mas quando se faz à criança uma pergunta sobre objetos acessíveis à sua experiência, à sua verificação prática, e o círculo desses objetos depende da educação, é natural que seja difícil esperar da criança uma resposta sincrética. Mas quando se pergunta a uma criança, por exemplo, por que ela caiu ao tropeçar numa pedra, nem mesmo uma criancinha responderia como responderam as crianças na pesquisa de Piaget quando lhes perguntaram por que a Lua não cai na Terra.

Desse modo, o círculo do sincretismo infantil é determinado rigorosamente pela experiência da criança e, em função disto, o próprio sincretismo deve encontrar um protótipo de futuros laços causais a que o próprio Piaget se refere de passagem.

De fato, não se deve subestimar o pensamento lançando mão de esquemas sincréticos que levam a criança a uma adaptação gradual, apesar de todas as peripécias. Cedo ou tarde eles passarão por uma rigorosa seleção e uma mútua abreviação, o que os enfatizará e os transformará em um excelente instrumento de pesquisa naqueles campos em que as hipóteses são úteis.

Paralelamente a essa limitação da esfera de influência do sincretismo, devemos introduzir mais uma correção substancial. Apesar de tudo, para Piaget o dogma fundamental continua sendo a tese de que a criança é impenetrável à experiência. Mas daqui mesmo segue-se um esclarecimento sumamente interessante. Afirma ele que a experiência dissuade o homem primitivo apenas naqueles casos técnicos particulares e bastante especiais, e ele aponta como casos raros a agricultura, a caça, a produção, e diz:

> Mas esse contato instantâneo e particular com a realidade não influencia minimamente a orientação geral do seu pensamento. Não é o mesmo que acontece com as crianças? (1, p. 373)

Entretanto, a produção, a caça, a agricultura não são contato instantâneo com a realidade mas o próprio fundamento da existência do homem primitivo. E, ao referir-se à criança, o próprio Piaget revela com toda clareza a raiz e a fonte de toda aquelas peculiaridades que estabelece em sua pesquisa quando afirma:

> A criança nunca entra efetivamente em verdadeiro contato com os objetos, pois não trabalha. Ela brinca com os objetos ou acredita sem estudá-los (1, p. 373).

As leis que Piaget estabeleceu, os fatos que ele descobriu não têm sentido universal mas restrito. Eles são efetivos *aqui e agora*, em um meio dado e definido. Assim não se desenvolve o pensamento da criança em geral mas o pensamento da criança que Piaget estudou. O fato de as leis descobertas por Piaget não serem leis eternas da natureza mas leis históricas e sociais é tão evidente que vem sendo observado por críticos de Piaget como Stern, que afirma:

Piaget vai longe demais ao afirmar que ao longo de toda a tenra infância, até os sete anos, a criança fala mais egocentricamente que socialmente, e que só além dessa fronteira etária começa a predominar a função social da linguagem. Este equívoco se funda no fato de que Piaget não dá a devida atenção ao significado da situação social. Se a criança fala de modo mais egocêntrico ou social é fato que depende não só da idade mas também das condições que a rodeiam, nas quais ela vive. Aqui são determinantes as condições da vida familiar e as condições da educação. As observações piagetianas referem-se a crianças que brincam em jardim de infância, uma ao lado da outra. Essas leis e coeficientes são eficazes apenas para o meio social infantil observado por Piaget e não podem ser generalizados. Onde as crianças se dedicam exclusivamente a uma atividade lúdica é natural que o acompanhamento monológico da brincadeira ganhe difusão muito ampla. Mukhova descobriu em Hamburgo que uma estrutura original de jardim de infância tem ali importância decisiva. Em Genebra, onde as crianças brincam nos jardins montessorianos, simplesmente brincam individualmente uma ao lado da outra, o coeficiente ali é maior do que nos jardins alemães onde existe apenas uma estreita comunicação social nos grupos de crianças que brincam... É ainda mais original o comportamento da criança no meio familiar. Aqui o próprio processo de aprendizagem da linguagem já é inteiramente social [observemos, a propósito, que aqui Stern também estabelece a primazia da função social da linguagem, que já se manifesta no momento da própria assimilação da língua]. Aqui a criança começa a experimentar tantas necessidades práticas e intelectuais que ela deve pedir, perguntar e ouvir sobre tanta coisa que a aspiração a entender e ser entendida, ou seja, a uma linguagem social, começa a desempenhar um enorme papel já nos anos mais tenros de idade (6, pp. 148-9).

Para confirmar o que afirmou, Stern remete a uma parte fatual do seu livro na qual reuniu um imenso material que caracteriza o desenvolvimento da linguagem em tenra idade.

Aqui não nos interessa apenas o reparo efetivo que Stern faz, pois não se trata da quantidade de linguagem egocêntrica mas da natureza daquelas leis estabelecidas por Piaget. Como já foi dito, essas leis são eficazes para o meio social estudado por Piaget. Na Alemanha, com uma diferença relativamente insignificante, essas leis já adquirem um outro aspecto. Que diferenças sérias encontraríamos se estudássemos aqueles fenômenos e processos em um meio social inteiramente diverso como o que envolve a criança em nosso país? Do prefácio à edição russa do seu livro, ao qual já nos referimos, Piaget diz:

> Quando se trabalha como eu fui forçado a trabalhar apenas em um meio social como o meio social das crianças de Genebra, fica impossível estabelecer com precisão os papéis do individual e do social no pensamento da criança. Para que isto possa ser atingido, é absolutamente necessário estudar as crianças no meio social mais diversificado possível.

É por isso que Piaget assinala como fato positivo a colaboração com os psicólogos soviéticos, que estudam as crianças em um meio social bem diferente daquele que ele mesmo estudou. E ele afirma: "Nada pode ser mais útil para a ciência que essa aproximação dos psicólogos russos com os trabalhos realizados em outros países."

Nós também supomos que o estudo do desenvolvimento do pensamento numa criança de um meio social inteiramente diverso, particularmente da criança que, à diferença das crianças de Piaget, trabalha, leva a estabelecer leis sumamente importantes que permitirão estabelecer não só as leis que têm importância *aqui e agora* mas que permitirão generalizações. Mas para isso a psicologia infantil soviética precisa modificar radicalmente a sua orientação metodológica básica.

Como se sabe, ao concluir o *Fausto*, Goethe cantou através do coro o eterno feminino que nos eleva às alturas. Ultimamente, pelos lábios de Volkelt, a psicologia infantil vem cantando as totalidades primitivas, que distinguem a vida psíquica normal da criança de um meio de outros tipos humanos e constituem a própria essência e o valor do eterno infantil (7, p. 138).

Volkelt exprimiu aqui não só o seu pensamento individual mas a aspiração fundamental de toda a moderna psicologia infantil, dominada pelo desejo de revelar o eterno infantil. Mas a tarefa da psicologia consiste justamente em revelar não o eterno infantil mas o historicamente infantil, ou, usando as palavras poéticas de Goethe, o transitório infantil. Cabe pôr em relevo a pedra que os construtores desprezaram.

3. O desenvolvimento da linguagem na teoria de Stern

A concepção puramente intelectualista da linguagem infantil e seu desenvolvimento foi o que se manteve mais imutável, ganhou força, consolidou-se e desenvolveu-se no sistema de Stern. Fora desse ponto, em parte alguma se manifestaram com tamanha evidência as limitações, a contraditoriedade interna, a inconsistência científica e a essência idealista do personalismo filosófico e psicológico de Stern.

O próprio Stern qualifica de *genético-personalista* o seu ponto de vista diretor. Esclareçamos inicialmente como se realiza o ponto de vista genético nessa teoria que, digamos a título de antecipação, é antigenética pela própria essência, como qualquer teoria intelectualista.

Stern distingue três raízes (*Wurzela*) da linguagem: a tendência expressiva, a tendência social para a generalização e a "*intencional*". As duas primeiras raízes não constituem traço distintivo da linguagem humana, são inerentes a embriões de linguagem entre os animais. Mas o terceiro momento está ausente em forma absoluta na linguagem dos animais e é um traço específico da linguagem humana. Stern define a intenção como uma orientação centrada em um determinado *sentido*. "Em um determinado estágio do seu desenvolvimento intelectual", diz ele, "o homem adquire a capacidade de 'ter alguma coisa em mente' (*etwas zu meinen*), de designar 'algo objetivo' emitindo sons" (6, p. 126), seja alguma coisa nomeada, um conteúdo, um fato, um problema, etc. Esses atos intencionais são essencialmente atos de pensamento (*Denkleistungen*), e por isto o surgimento da intenção significa intelectualização e objetivação da linguagem. Por essa razão, os novos representantes da psicologia do pensamento como K. Bühler e especialmente Rimat, que se baseiam em Husserl, salientam a importância do fator lógico na linguagem infantil. É verdade que Stern supõe que eles vão longe demais ao logicizarem a linguagem infantil, mas em si mesma essa idéia encontra nele um partidário. De pleno acordo com ela, Stern indica com precisão o ponto no desenvolvimento da linguagem em que "esse momento intencional irrompe e comunica o caráter especificamente humano à linguagem" (6, p. 127).

Poderia parecer possível objetar contra o fato de que a linguagem humana, em sua forma desenvolvida, foi assimilada e tem significado objetivo, razão pela qual pressupõe necessariamente certo grau de desenvolvimento do pensamento como premissa indispensável, e, finalmente, que é necessário ter em vista a relação entre a linguagem e o pensamento lógico. Mas Stern substitui a explicação genética pela intelectualista, quando vê nesses traços da linguagem humana desenvolvida, que necessita de explicação genética (como surgiram no processo de desenvolvimento), a raiz e a força motriz do desenvolvimento da linguagem, uma tendência primordial, quase uma atração ou algo *primário*, que pela função genética pode ser colocado na mesma série com as tendências expressivas e comunicativas que estão efetivamente no *início* do desenvolvimento da linguagem que ele mesmo denomina die *"intentionale" Tribfeder des Sprachdranges* (6, p. 126).

É nisso que consiste o erro principal de qualquer teoria intelectualista e da teoria de Stern em particular, *porque, ao explicar, ela tenta partir daquilo que, no essencial, deve ser explicado*. Nisto reside a sua característica antigenética (os traços que distinguem as formas superiores de desenvolvimento da linguagem são relegados aos seus primórdios); nisto consistem a sua inconsistência interna, o vazio e ausência de conteúdo, uma vez que, no fundo, ela *nada explica* e descreve um círculo lógico vicioso; e quando tenta responder quais são as raízes e as vias de surgimento da inteligibilidade da linguagem humana, Stern afirma que ela tem origem na tendência intencional, vale dizer, na tendência para a inteligibilidade. Essa explicação lembra sempre a explicação clássica do médico de Molière, que atribui o efeito soporífero do ópio às suas propriedades soporíferas. Stern diz textualmente:

> Em determinado estágio do seu amadurecimento intelectual, o homem adquire a *capacidade* (*Fähigkeit*) de ter algo em vista, designar algo objetivo produzindo sons (6, p. 126).

A única coisa que distingue essa afirmação da explicação do médico de Molière é o fato de que a passagem da terminologia latina para a alemã torna ainda mais notório o caráter puramente verbal de semelhantes explicações, a substituição pura e simples de umas palavras por outras sem nenhuma alteração daquilo que caberia explicar.

A que leva semelhante logicização da linguagem infantil pode ser visto facilmente pela descrição genética desse mesmo momento, descrição essa que se tornou clássica e passou a integrar todos os cursos de psicologia infantil. Nessa fase (mais ou menos entre 1;5 e 2;0), a criança faz uma das maiores descobertas de toda a sua vida: descobre que

> a cada objeto corresponde um complexo sonoro que o simboliza constantemente e serve para designar e comunicar, isto é, *todo objeto tem o seu nome* (6, p. 190).

Assim, Stern atribui a uma criança de dois anos "o despertar da consciência dos símbolos e da necessidade desses símbolos" (6, p. 190). Como Stern desenvolve com absoluta coerência a mesma idéia em outro livro, a descoberta da função simbólica das palavras já é atividade pensante da criança no verdadeiro sentido da palavra.

A compreensão da relação entre signo e significado, que já se manifesta na criança nessa idade, é algo diferente, em princípio, da mera utilização de imagens sonoras, imagens de objetos e de suas associações. E a exigência de que *todo* objeto, seja qual for, tenha o seu nome pode ser considerada um efetivo *conceito geral da criança*, talvez o primeiro (21, p. 97).

Assim, se endossarmos Stern, teremos de admitir com ele que uma criança entre um ano e meio e dois compreende a relação entre signo e significado, tem consciência da função simbólica da linguagem, "consciência do significado da linguagem e vontade de dominá-lo" (p. 155), por último, "consciência da regra geral, da existência de um sentido geral", ou melhor, de um conceito geral, como Stern antes denominou esse "sentido geral". Haveria fundamentos fatuais e teóricos para semelhante suposição? Achamos que duas décadas de desenvolvimento desse problema nos levam inevitavelmente a uma resposta negativa a essa pergunta.

Tudo o que sabemos sobre o perfil intelectual de uma criança entre um ano e meio e dois anos tem pouquíssimo a ver com a admissão de que nela se desenvolve uma operação intelectual sumamente complexa: a "consciência do significado da linguagem". Além do mais, muitas pesquisas e observações experimentais indicam diretamente que o domínio da relação entre signo e significado e o emprego funcional do signo surge na criança bem mais tarde e é absolutamente inacessível a uma criança da idade admitida por Stern. Como têm mostrado pesquisas experimentais sistemáticas, o desenvolvimento do emprego do signo e as transições para operações com signos (funções significativas) nunca são o simples resultado de um único descobrimento ou de invenção por parte da criança, nunca se realizam de um golpe, de uma vez; a criança não descobre o significado da linguagem de uma vez para toda a vida como supõe Stern, quando tenta demonstrar que a criança descobre apenas uma vez e em uma classe de palavras a essência fundamental do símbolo (6, p. 194). Ao contrário, isto é um processo genético sumamente complexo, que tem a sua "história natural de signos", ou melhor, tem raízes naturais e formas transitórias em camadas mais primitivas do comportamento (por exemplo, o chamado significado ilusório dos objetos na brincadeira e, ainda antes, o gesto indicativo, etc.) e tem a sua "história cultural de signos" dotada de uma série de mudanças quantitativas, qualitativas e funcionais, de crescimento e metamorfoses, de dinâmica e leis[1].

Stern ignora esse processo sumamente complexo, que leva ao amadurecimento da função significativa e simplifica *infinitamente* a própria concepção do processo de desenvolvimento da linguagem. Mas é esse o destino de qualquer teoria intelectualista que substitui a via genética real em toda a sua complexidade por uma explicação logicizada. Quando depara com a pergunta de como se desenvolve a inteligibilidade da linguagem infantil, essa teoria responde: a criança *descobre* que a linguagem tem sentido. Essa explicação merece – e por sua natureza *deve* – ser colocada ao lado de teorias intelectualistas da invenção da linguagem igualmente famosas, da teoria racionalista do contrato social, etc. O mal maior consiste em que essa explicação, no fundo, *nada explica*.

Mas até *em termos puramente fatuais* essa teoria se mostra pouco consistente. As observações desenvolvidas por Wallon, Koffka, Piaget, Delacroix e outros com crianças normais e as investigações especiais efetuadas por K. Bühler com crianças

....
1. Para maiores detalhes sobre essa questão e todo o subseqüente, veja-se o capítulo "As raízes genéticas do pensamento e da linguagem".

surdas-mudas (em que se baseia Stern) mostraram que: 1) a relação entre a palavra e o objeto, "descoberta" pela criança, *não é* a relação funcional simbólica que distingue o pensamento verbalizado altamente desenvolvido e que, pela análise lógica, Stern destacou e relegou ao estágio genético mais primário; durante muito tempo a palavra é, para a criança, antes um atributo (Wallon), uma propriedade (Koffka) do objeto, paralelamente a outras propriedades, que um símbolo ou um signo; nessa fase a criança domina mais a palavra-objeto pela estrutura externa que o *signo-significado* pela relação interna, e 2) não acontece essa "descoberta", da qual se possa destacar com precisão um segundo, mas, ao contrário, ocorre uma série de modificações "moleculares", longas e complexas, que redundam nesse momento de transformação no desenvolvimento da linguagem.

Cabe uma ressalva: *em linhas gerais*, até nesse ponto o lado fatual da observação de Stern foi indiscutivelmente confirmado durante os vinte anos que transcorreram desde a publicação do seu primeiro trabalho. Não há dúvida de que Stern descobriu de modo absolutamente correto o momento da reviravolta, decisivo para todo o desenvolvimento da linguagem, da cultura e da inteligência da criança, mas o *explicou* por via intelectualista, ou seja, falsa. Ele apontou dois sintomas *objetivos*, que permitem julgar a existência desse momento de transformação e cuja importância no desenvolvimento da linguagem é difícil exagerar: 1) as chamadas questões dos nomes, que surgem imediatamente após a chegada desse momento, e 2) o acentuado aumento por saltos do vocabulário da criança.

A ativa ampliação do vocabulário, que se manifesta no fato de que *a própria criança procura palavras*, pergunta pelos nomes dos objetos que lhe faltam, efetivamente não encontra analogia no desenvolvimento da "linguagem" dos animais e sugere, no desenvolvimento da criança, uma fase inteiramente nova e radicalmente diversa da anterior: da função da linguagem por sinais a criança passa à função significativa, do emprego de sinais sonoros à criação e ao emprego ativo dos sons. É verdade que alguns pesquisadores (Wallon, Delacroix e outros) tendem a negar o sentido universal desses sintomas, tentando, por um lado, interpretá-lo de modo diferente e, por outro, obliterar o acentuado limite entre esse período das nomeações e a segunda "idade das perguntas".

Entretanto, duas teses permanecem inabaláveis: 1) exatamente nesse período, o "grandioso sistema de sinais" (no dizer de Pávlov) se destaca para a criança de toda a massa restante de estímulos sinalizados, assumindo uma função específica inteiramente nova no comportamento: a função dos signos; 2) isto é testemunhado constantemente por sintomas absolutamente objetivos. O imenso mérito de Stern foi ter estabelecido esses dois fatos.

Contudo, isto torna ainda mais surpreendente a falha na explicação de tais fatos. Basta que comparemos esta explicação – que redunda no reconhecimento da "tendência intencional" como raiz primária da linguagem, como certa capacidade – com aquilo que conhecemos sobre as duas outras raízes da linguagem para que nos convençamos definitivamente da natureza intelectualista dessa explicação. De fato, quando falamos em tendência expressiva, estamos falando de um sistema de "movimentos expressivos" absolutamente claro, geneticamente muito antigo, que remonta, em suas raízes, aos instintos e a reflexos incondicionados, a um sistema que passou por modificações durante longo tempo, reformulou-se e complexificou-se no processo de desenvolvimento; o mesmo caráter genético está presente na segunda raiz da linguagem: a função comunicativa, cujo desenvolvimento foi observado desde os animais sociais mais inferiores até os antropóides e o homem.

As raízes, as vias e os fatores determinantes do desenvolvimento dessa ou daquela função são claros e conhecidos; por trás dessas denominações está um processo real de desenvolvimento. O mesmo não ocorre com a tendência intencional. Ela surge do nada, não tem história, nada a determina, segundo Stern é primária, primordial, surge "de uma vez por todas", por si mesma. Em função desta tendência, a criança descobre o significado da linguagem por meio de uma operação puramente lógica.

É claro que em parte alguma Stern é tão direto. Ao contrário, ele mesmo acusa Rimat de excesso de logicização; a mesma acusação ele faz a Ament, supondo que o trabalho deste foi o coroamento da época intelectualista no estudo da linguagem infantil (6, p. 5). Mas o próprio Stern, ao combater as teorias antiintelectualistas da linguagem (Wundt, Meumann, Idelberger e outros), que relegam os rudimentos da linguagem infantil aos processos afetivo-volitivos e negam qualquer participação do fator intelectual no surgimento da linguagem infantil, assume *de fato* o mesmo ponto de vista puramente lógico e antigenético assumido por Ament, Rimat e outros; ele supõe que é o representante mais moderado deste ponto de vista, mas na realidade vai bem mais longe que Ament pelo mesmo caminho: se em Ament o intelectualismo tem caráter meramente empírico e positivo, em Stern ele se transforma claramente em concepção metafísica e idealista; Ament simplesmente exagera de maneira ingênua a capacidade do pensamento lógico da criança por analogia com o do adulto; Stern não repete esse erro mas comete outro, ao atribuir a condição de primordial ao momento intelectual, ao adotar o pensamento como primário, como raiz, como causa primeira da linguagem consciente.

Pode parecer um paradoxo que o intelectualismo mais inconsistente e absurdo esteja justamente na teoria do pensamento. Poderia parecer que justamente aqui estivesse o campo legítimo de aplicação de tal tendência, mas segundo a correta observação de Köhler, o intelectualismo se revela inconsistente precisamente na doutrina sobre o intelecto. E Köhler o demonstrou em todas as suas pesquisas de modo mais que convincente. Stern também o demonstra magistralmente no seu livro. Seu aspecto mais fraco e internamente contraditório é a questão do pensamento e da linguagem em suas relações de reciprocidade. Poderia parecer que semelhante redução do problema central da linguagem – sua inteligibilidade – a uma tendência intencional e a uma operação intelectual permitisse que esse aspecto da questão – a relação e a interação entre linguagem e pensamento – recebesse a mais completa elucidação. Em realidade, porém, é precisamente esse tipo de enfoque do problema – que supõe *antecipadamente* um intelecto já formado – que não permite elucidar a interação dialética sumamente complexa entre intelecto e linguagem.

Além do mais, problemas como a linguagem interior, seu surgimento e sua relação com o pensamento, etc., quase estão ausentes nesse livro que, segundo o autor, deveria colocar-se no nível da ciência moderna sobre a criança. O autor expõe os resultados das investigações da linguagem egocêntrica, realizadas por Piaget (6, pp. 146-9), mas interpreta esses resultados exclusivamente do ponto de vista das conversas entre crianças, sem fazer nenhuma referência seja às funções, seja à estrutura ou ao sentido genético dessa forma de linguagem que, como supomos nós, pode ser vista como uma forma genética transitória, constituinte da transição da linguagem externa para a linguagem interna.

Em linhas gerais, o autor passa inteiramente à margem das complexas mudanças funcionais e estruturais do pensamento em função do desenvolvimento da linguagem. Em parte alguma essa circunstância se manifesta com tamanha evidência como na "tradução" das primeiras palavras da criança para a linguagem dos adultos. Aliás, esta questão é um sólido alicerce para qualquer teoria da linguagem infantil; por isso ela é hoje um foco no qual se cruzam todas as principais tendências na moderna teoria do desenvolvimento da linguagem infantil, e pode-se dizer, sem exagero, que a tradução das primeiras palavras da criança reformula inteiramente toda a teoria da linguagem infantil.

É assim que Stern interpreta as primeiras palavras da criança. Ele não vê possibilidade de interpretá-las nem em termos puramente intelectualistas, nem puramente afetivo-conativos.

Meumann (nisto Stern vê o seu grande mérito e tem plena razão) contrapõe-se à interpretação intelectualista das primeiras palavras da criança como as primeiras designações do objeto, afirmando que,

> a princípio, a linguagem ativa da criança não nomeia nem designa nenhum objeto e nenhum processo do ambiente, o significado dessas palavras é de natureza exclusivamente emocional e volitiva (8, p. 182).

Ao analisar as primeiras palavras da criança, Stern se opõe a Meumann ao mostrar, de modo absolutamente indiscutível, que nelas freqüentemente "predomina a referência ao objeto" em comparação com "o tom emocional moderado" (6, p. 183). Esta última circunstância é sumamente importante. Assim, *a referência ao objeto* (*Hindenten auf das Objekt*), como os fatos mostram de forma incontestável e o próprio Stern reconhece, aparece nos "pré-estágios" mais primitivos (*primitiveren Entwicklungsstadien*) da linguagem infantil antes de qualquer surgimento da intenção, da descoberta, etc. Poderia parecer que essa simples circunstância já depõe de modo bastante convincente *contra* a admissão da primariedade da tendência intencional.

Poderia parecer que o mesmo pudesse ser atestado por toda uma série de outros fatos, expostos pelo próprio Stern: por exemplo, o papel mediador dos gestos, particularmente do gesto indicativo no estabelecimento do significado das primeiras palavras (6, p. 166); as experiências externas, que mostraram uma relação direta entre a supremacia do significado objetivo das primeiras palavras sobre o significado afetivo, por um lado, e a função indicativa das primeiras palavras ("a referência a algo objetivo"), por outro (6, p. 166); observações análogas de outros autores e do próprio Stern, etc., etc.

Mas Stern declina essa via genética, conseqüentemente a única possível do ponto de vista científico, para a explicação de como surgem, no processo de desenvolvimento, a intenção, a inteligibilidade da linguagem, e como "a orientação para um determinado sentido" surge da orientação do sinal referencial (do gesto, da primeira palavra) voltado para o objeto, em suma, da orientação afetiva centrada no objeto. Como já foi dito, ele prefere a via simplificada e breve da explicação intelectualista (a inteligibilidade surge da tendência para a inteligibilidade) à via dialética longa e complexa da explicação genética.

Eis como Stern traduz as primeiras palavras da linguagem infantil:

> O termo infantil mamã, traduzido para a linguagem desenvolvida, não significa "mamãe", mas sim uma frase como "mamã, vem cá", "mamã, me dá", ou "mamã, me põe na cadeira", ou "mamã, me ajuda" (6, p. 180).

Se tornamos a recorrer aos fatos, fica fácil perceber que, no fundo, não é a palavra mamãe em si que deve ser traduzida para a linguagem dos adultos, como, por exemplo, "mamãe, me põe na cadeira", mas todo o *comportamento da criança nesse momento* (ela se inclina para a cadeira, tenta agarrar-se a ela, etc.). Aqui a orientação "afetivo-conativa" para um objeto (se usarmos a linguagem de Meumann) ainda é absolutamente inseparável da "orientação intencional" da linguagem voltada para um determinado sentido: as duas ainda estão fundidas numa unidade indissolúvel, e a única tradução correta da palavra infantil *mamã* e das primeiras palavras da criança é o *gesto indicativo* do qual elas são desde o início um equivalente e um substitutivo convencional.

Abordamos intencionalmente esse ponto central para todo o sistema metodológico e teórico de Stern e só para ilustrar citamos alguns momentos das explicações concretas dadas pelo próprio Stern a determinadas etapas do desenvolvimento da linguagem infantil. Aqui não podemos fazer uma abordagem minimamente detalhada e completa de todo o riquíssimo conteúdo do seu livro ou pelo menos das questões mais importantes. Digamos apenas que o mesmo caráter intelectualista, o mesmo desvio antigenético de todas as explicações também se verifica na interpretação de outros problemas fundamentais como a questão do desenvolvimento do conceito, dos estágios básicos no desenvolvimento da linguagem e do pensamento, etc. Com a abordagem desse traço, apontamos o nervo principal de toda a teoria psicológica de Stern, e mais, de todo o seu sistema psicológico. Para concluir, gostaríamos de mostrar que todo esse traço não é casual, decorre inevitavelmente das premissas filosóficas do personalismo, ou seja, de todo o sistema metodológico de Stern, e é inteiramente condicionada a tais elementos.

Na doutrina da linguagem infantil – como em linhas gerais na teoria do desenvolvimento infantil – Stern tenta colocar-se acima dos extremos do empirismo e do nativismo. Por um lado, ele contrapõe o seu ponto de vista sobre o desenvolvimento da linguagem a Wundt, para quem a linguagem infantil é produto do "meio que rodeia a criança e no qual a própria criança, em essência, participa apenas passivamente", e, por outro, a Ament, para quem toda a linguagem infantil primária (a onomatopoética e a chamada *Ammensprache*) é invenção de um número infinito de crianças ao longo de milênios. Stern tenta ainda levar em conta o papel da imitação e a atividade espontânea da criança no desenvolvimento da linguagem.

> Aqui devemos aplicar o conceito de convergência: a conquista da linguagem pela criança só ocorre na interação permanente entre os rudimentos interiores, em que já existe atração pela linguagem, e as condições externas configuradas na linguagem das pessoas que rodeiam a criança, que dá a esses rudimentos o impulso à aplicação e material para a sua realização (6, p. 129).

Para Stern, a convergência não é apenas um modo de explicação do desenvolvimento da linguagem, mas um princípio geral para a explicação causal do comportamento humano. Aqui ele aplica esse princípio geral a um caso particular de assimilação da linguagem pela criança. Trata-se de mais um exemplo do que se pode dizer com palavras de Goethe: "As palavras da ciência escondem a sua essência." A sonora palavra "convergência", que neste caso traduz um princípio metodológico absolutamente indiscutível (precisamente a exigência de se estudar o desenvolvimento como processo), condicionado à interação do organismo com o meio, na realidade *dispensa* o autor da análise dos fatores sociais e mesológicos no desenvolvimento da linguagem. É verdade que Stern declara decididamente que o meio social é o principal fator de desenvolvimento da linguagem da criança (6, p. 291) mas, em realidade, ele restringe o papel desse fator a uma influência puramente quantitativa sobre o retardamento ou a aceleração dos processos de desenvolvimento, que, em seu fluxo, estão sujeitos à sua lei interna, imanente. Isto leva o autor a uma colossal superestimação dos fatores internos, como procuramos mostrar com o exemplo da explicação da inteligibilidade da linguagem. Essa superestimação decorre da idéia básica de Stern.

Essa idéia básica é a idéia do personalismo: o indivíduo como unidade psicofísica neutra. "Consideramos a linguagem infantil", diz ele, "antes de tudo como processo radicado na integridade do indivíduo" (6, p. 121). Stern entende por indivíduo

> uma existência real que, apesar de uma multiplicidade de partes, forma uma unidade real, original e com valor em si mesma que, como tal, apesar da multiplicidade de funções parciais, revela uma atividade una e voltada para um fim (9, p. 16).

É perfeitamente possível que semelhante concepção essencialmente metafísica e idealista ("monadologia") do indivíduo não possa deixar de levar o autor à teoria *personalista* da linguagem, isto é, a uma teoria que deduz a linguagem, suas fontes e funções da "integridade de um indivíduo que se desenvolve em função de um fim". Daí o intelectualismo e o antigeneticismo. Em parte alguma esse enfoque metafísico do indivíduo –

mônade – se manifesta com tanta clareza quanto na abordagem do desenvolvimento; em parte alguma esse personalismo extremado, que ignora a natureza social do indivíduo, leva a tamanhos absurdos quanto na teoria da linguagem, esse mecanismo social de comportamento. A concepção metafísica de personalidade, que deriva todos os processos de desenvolvimento de uma teleologia de valor próprio, inverte a relação genética real entre indivíduo e linguagem: *em vez da história do desenvolvimento do próprio indivíduo, na qual cabe um papel de destaque à linguagem, cria-se uma metafísica do indivíduo, que de si mesma, de sua teleologia, gera a linguagem.*

4. As raízes genéticas do pensamento e da linguagem

I

O principal fato com que deparamos na análise genética do pensamento e da linguagem é o de que a relação entre esses processos não é uma grandeza constante, imutável, ao longo de todo o desenvolvimento, mas uma grandeza variável. A relação entre pensamento e linguagem modifica-se no processo de desenvolvimento tanto no sentido quantitativo quanto qualitativo. Noutros termos, o desenvolvimento da linguagem e do pensamento realiza-se de forma não paralela e desigual. As curvas desse desenvolvimento convergem e divergem constantemente, cruzam-se, nivelam-se em determinados períodos e seguem paralelamente, chegam a confluir em algumas de suas partes para depois tornar a bifurcar-se.

Isto é correto tanto em termos de filogênese quanto de ontogênese. Adiante tentaremos mostrar que, nos processos de desintegração, de involução e mudança patológica, a relação entre pensamento e linguagem não é constante para todos os casos de perturbação, de retardamento, de inversão no desenvolvimento, de mudança patológica do intelecto ou da linguagem, mas adquire sempre uma forma específica que caracteriza precisamente um dado tipo de processo patológico, para um dado quadro de perturbações e retardamentos.

Retomando o tema do desenvolvimento, cabe observar, antes de tudo, que o pensamento e a linguagem têm raízes genéticas inteiramente diversas. Este fato pode ser considerado solidamente estabelecido por toda uma série de investigações no campo da psicologia animal. O desenvolvimento dessa ou daquela função não só tem raízes diferentes como se processa em diferentes linhas ao longo de todo o reino animal.

Para o estabelecimento dessa importância primordial do fato, são decisivas as modernas investigações do intelecto e da linguagem dos antropóides, particularmente os estudos de Köhler (10) e Yerkes (11).

Nas experiências de Köhler, temos uma prova absolutamente clara de que os rudimentos do intelecto, ou seja, do pensamento na própria acepção da palavra, surgem nos animais independentemente do desenvolvimento da linguagem e não têm nenhuma relação com o seu êxito. Os "inventos" dos macacos, traduzidos no preparo e no emprego de instrumentos e na aplicação "de vias alternativas" na solução de tarefas, constituem uma fase primária absolutamente indiscutível no desenvolvimento do pensamento, mas uma fase de *pré-linguagem*.

O próprio Köhler considera como conclusão fundamental de todos os seus estudos o estabelecimento do fato de que o chimpanzé revela embriões de comportamento intelectual do mesmo tipo e espécie que o homem (10, p. 191). A ausência de linguagem e as restrições dos "estímulos residuais", das chamadas "representações", são as causas principais da imensa diferença que existe entre o antropóide e o mais primitivo dos homens. Köhler afirma:

> A ausência de recurso técnico auxiliar (a linguagem) infinitamente valioso e as limitações basilares do mais importante material intelectual, das chamadas "representações", são as causas que impossibilitam em um chimpanzé até mesmo os mais ínfimos rudimentos de desenvolvimento cultural (p. 192).

As raízes genéticas do pensamento e da linguagem

Existência de um intelecto semelhante ao do homem com ausência de um mínimo de linguagem semelhante à humana e independência das operações intelectuais em face de sua *"linguagem"* – assim se poderia formular resumidamente a conclusão principal que se pode tirar das investigações de Köhler para a questão que nos interessa.

Como se sabe, as pesquisas de Köhler provocaram muitas objeções; hoje já existe sobre essa questão uma bibliografia bastante ampla tanto pelo número de ensaios críticos quanto pela diversidade das concepções teóricas e pontos de vista de princípio ali representados. Entre os psicólogos das diferentes tendências e escolas não existe unanimidade diante do tipo de explicação teórica que se deve dar aos fatos comunicados por Köhler.

O próprio Köhler restringe a sua tarefa. Não desenvolve nenhuma teoria do comportamento intelectual (p. 134), limitando-se a analisar observações fatuais e referindo-se teoricamente a explicações apenas na medida em que são suscitadas pela necessidade de mostrar a originalidade específica das reações intelectuais em comparação com as reações que surgem de provas e erros fortuitos, da seleção de casos bem-sucedidos e da associação mecânica e movimentos isolados.

Ao rejeitar a teoria do acaso na explicação da origem das reações intelectuais do chimpanzé, Köhler se limita a essa posição teórica *puramente negativa*. De modo igualmente decidido mas também puramente negativo, Köhler descarta as concepções biológicas idealistas de Hartman com sua teoria do inconsciente, de Bergson com sua concepção do *elã vital*, dos neovitalistas e dos psicovitalistas com o seu reconhecimento das "forças impetuosas" na matéria viva. Segundo eles, todas essas teorias, que de forma aberta ou velada recorrem a agentes supra-sensoriais ou diretamente ao milagre, estão no lado oposto ao conhecimento científico (pp. 152-3).

Devo salientar com toda a insistência que não existe nenhuma alternativa: o acaso ou os agentes supra-sensíveis (*Agenten jenseits der Erfahrung*) (p. 153).

Assim, nem entre psicólogos de diferentes correntes, nem mesmo no próprio autor encontramos uma teoria do intelecto minimamente acabada e convincente em termos científicos. Ao contrário, até os partidários coerentes da psicologia biológica (Thorndike, Wagner, Borovski) e os psicólogos subjetivistas (Bühler, Lindworsky, Yensh) questionam, cada um do seu ponto de vista, a tese básica de Köhler segundo a qual, por um lado, o intelecto do chimpanzé não pode ser reduzido ao método bem estudado de provas e erros e, por outro, existe familiaridade do intelecto do chimpanzé com o intelecto do homem, e o pensamento dos antropóides é semelhante ao pensamento do homem.

É ainda mais digno de nota o fato de que tanto os psicólogos que não vêm nas ações do chimpanzé nada além daquilo que já está contido no mecanismo do instinto e das "provas e erros", "nada além do processo de formação de habilidades que já conhecemos" (12, p. 179), quanto os psicólogos que temem reduzir as raízes do intelecto a um grau ainda que superior de comportamento do macaco, reconhecem igualmente, em primeiro lugar, o aspecto fatual das observações de Köhler e, em segundo – e isto para nós é especialmente importante –, a independência entre os atos do chimpanzé e a linguagem.

Bühler diz com toda razão:

> Os atos do chimpanzé são *totalmente independentes da fala* e na vida posterior do homem o pensamento técnico, instrumental (*Werkzeugdenken*), é bem menos relacionado à fala e aos conceitos que outras formas de pensamento (13, p. 48).

Adiante deveremos voltar a essa questão de Bühler. Veremos que tudo o que o campo de observações experimentais e observações clínicas nos fornece sobre essa questão sugere que, no pensamento do homem adulto, a relação entre intelecto e linguagem não é constante e idêntica para todas as funções e formas de atividade intelectual e verbalizada.

Ao questionar a opinião de Hobhaus, que atribui aos animais um "juízo prático", e a opinião de Yerkes, que encontra nos primatas superiores processos de "ideação", V. N. Borovski se pergunta:

> Existirá nos animais algo semelhante às habilidades verbais do homem... Parece-me que o mais correto será dizer que, dentro do nosso nível atual de conhecimentos, não existe argumento suficiente para atribuir habilidades verbais nem aos primatas nem a quaisquer outros animais à exceção do homem (12, p. 189).

Entretanto, a questão se resolveria de modo sumamente simples se não encontrássemos efetivamente no chimpanzé nenhum rudimento de linguagem, nada que estivesse em relação genética com ela. Como mostram novas investigações, encontramos realmente no chimpanzé uma "linguagem" relativamente desenvolvida em alguns sentidos (antes de tudo no sentido fonético) e até certo ponto semelhante à do homem. E o mais notável é que a linguagem do chimpanzé e o seu intelecto funcionam independentemente um do outro. Köhler escreve sobre a "linguagem" dos chimpanzés que ele observou durante muitos anos em estado antropóide na ilha de Tenerife:

> As suas manifestações fonéticas, sem nenhuma exceção, expressam apenas as suas vontades e seus estados subjetivos, logo, são expressões emocionais mas nunca sinal de algo "objetivo" (14, p. 27).

Contudo, na fonética dos chimpanzés encontramos um número tão grande de elementos sonoros, semelhantes à fonética do homem, que se pode supor com segurança que a ausência de uma linguagem "semelhante à do homem" no chimpanzé não se deve a causas periféricas. Delacroix, que tem toda razão ao considerar correta a conclusão de Köhler sobre a linguagem do chimpanzé, afirma que os gestos e a mímica dos macacos não são periféricos por alguma causa: não revelam o menor vestígio de que eles expressem (ou melhor, signifiquem algo objetivamente, isto é, *que exerçam a função de signo*) (15, p. 77).

O chimpanzé é um animal social no mais alto grau, e seu comportamento só pode ser efetivamente entendido quando ele se encontra na companhia de outros animais. Köhler descreveu formas extremamente diversificadas de "comunicação por linguagem" entre os chimpanzés. Em primeiro lugar, devem ser colocados os movimentos emotivo-expressivos, muito nítidos e ricos entre os chimpanzés (a mímica e os gestos, as reações sonoras). Depois vêm os movimentos expressivos de emoções sociais (os gestos amistosos, etc.). Mas até "os seus gestos", diz Köhler, "assim como os sons expressivos, nunca designam nem descrevem nada objetivo".

Os animais "compreendem" a mímica e os gestos uns dos outros. Por intermédio dos gestos eles "exprimem" não só os seus estados emocionais, diz Köhler, mas também as vontades e motivações endereçadas a outros macacos ou a outros objetos. Nesses casos, o hábito mais difundido é aquele em que um chimpanzé dá início a um movimento ou ação que deseja que outro animal execute ou compartilhe com ele – por exemplo, irá empurrá-lo e executar os movimentos iniciais de caminhar para "convidar" o outro a segui-lo, ou fará o gesto de agarrar o ar para que o outro lhe ofereça uma banana. Todos esses gestos estão *diretamente* relacionados à própria ação.

Em linhas gerais, essas observações confirmam plenamente a idéia de Wundt, segundo quem os gestos *indicadores*, que constituem o degrau mais primitivo no desenvolvimento da linguagem humana, ainda não são encontrados nos animais, e nos macacos o mesmo gesto encontra-se em *fase transitória* entre os movimentos de agarrar e indicar (*Die Sprache*) (1, 1900, p. 219). Em todo caso, somos propensos a ver nesse gesto *transitório* um passo geneticamente muito importante da linguagem puramente emocional para a linguagem objetiva.

Em outra passagem, Köhler mostra como a ajuda de semelhantes gestos permite que se estabeleça na experiência a *expli-*

cação primitiva, que substitui a instrução oral (*Die Methoden der psycholog. Forschung an Affen*, p. 119). Esse gesto está *mais próximo* da linguagem humana que a execução direta, pelos macacos, da ordem verbal de vigiar, que, no fundo, em nada difere da mesma ordem cumprida por um cão (come, entra).

Os chimpanzés de Köhler brincavam com barro colorido, "pintando" primeiro com os lábios e a língua, e depois com pincéis de verdade; mas esses animais, que normalmente transferem para as brincadeiras o uso de instrumentos e outras formas de comportamento aprendidas "seriamente" (isto é, em experiências) e que, inversamente, transferem seu comportamento brincalhão para a "vida real", nunca demonstraram a menor intenção de criar signos quando faziam os seus desenhos. "O quanto sabemos", diz Bühler, "é absolutamente improvável que um chimpanzé tenha visto algum dia um sinal gráfico numa mancha" (13, p. 320).

Como diz o próprio Bühler em outra passagem, essa mesma circunstância tem sentido geral para uma correta avaliação do comportamento "antropomórfico" do chimpanzé.

> Alguns fatos nos alertam para o perigo de se superestimar as ações dos chimpanzés. Sabemos que nenhum viajante jamais confundiu um gorila ou um chimpanzé com um homem, e que ninguém jamais observou entre eles nenhum dos instrumentos ou métodos tradicionais que, entre os homens, variam de tribo para tribo, mas que atestam a transmissão das descobertas de geração para geração; nenhum rabisco sobre arenito ou argila que pudesse ser tomado *por desenho representando algo*, nem mesmo enfeites criados durante as brincadeiras; nenhuma forma de linguagem de representação, isto é, nenhum som equivalente a nomes. Todos esses fatos devem ter algumas causas intrínsecas (13, pp. 42-3).

Entre todos os estudiosos modernos dos macacos antropóides, Yerkes parece ser o único capaz de explicar a ausência de fala sem atribuí-la às "causas intrínsecas". Sua pesquisa sobre o intelecto dos orangotangos forneceu dados muito semelhantes aos de Köhler; mas ele vai além em suas conclusões ao admitir uma "ideação mais elevada" nos orangotangos que, entretanto, não ultrapassa o pensamento de uma criança de três anos de idade (16, p. 132).

Entretanto, uma análise crítica da teoria de Yerkes mostra facilmente a falha básica do seu pensamento: não há nenhuma prova objetiva de que o orangotango resolva tarefas que se lhe colocam com o auxílio de processos de "ideação superior", ou seja, de "representações" ou estímulos residuais. Em suma, para Yerkes a analogia baseada na semelhança superficial do comportamento do orangotango e do homem tem importância decisiva para a definição de "ideação" no comportamento.

Mas estamos diante de uma operação científica notoriamente insuficiente. Não queremos dizer que, *em linhas gerais*, ela não possa ser aplicada ao estudo do comportamento do animal de tipo superior; Köhler mostrou brilhantemente como, *dentro dos limites da objetividade científica*, é possível usá-la, e adiante teremos oportunidade de retomá-la. Entretanto, não há nenhum dado científico que nos permita *fundamentar* toda a conclusão em semelhante análise. Ao contrário, Köhler demonstrou com a precisão da análise experimental que é justamente a influência de uma situação visual presente o que determina o comportamento do chimpanzé. Bastou (sobretudo no início das experiências) que a vara que usavam para alcançar a fruta atrás das grades fosse movimentada lentamente, de modo que o instrumento (a vara) e o objetivo (a fruta) não pudessem ser vistos num só relance, para que a solução do problema se tornasse muito difícil e freqüentemente impossível. Os macacos haviam aprendido a fazer um instrumento mais comprido enfiando uma vara na abertura de outra. Se as duas varas se cruzassem por acaso em suas mãos, formando um X, não poderiam executar a operação conhecida, muito praticada, de alongar a vara. Poderíamos citar ainda dezenas de dados experimentais que iriam favorecer o mesmo argumento. Entretanto, basta lembrar: 1) Köhler considera que a presença visual real de uma situação bastante primitiva é uma condição metodológica indispensável em qualquer investigação do intelecto dos chimpanzés, condição sem a qual seu intelecto não poderia funcionar; 2) conclui que as *limitações inerentes* ao processo de criação de imagens (ou "ideação") são uma característica básica do comportamento intelectual do chimpanzé. À luz dessas duas teses de Köhler, fica mais que duvidosa a conclusão de Yerkes. Acrescentemos: essas duas teses não são considerações gerais ou convicções surgidas não se sabe de onde mas a única conclusão lógica de todos os experimentos realizados por Köhler.

À hipótese do "comportamento ideacional" dos antropóides estão ligados os estudos mais recentes de Yerkes com o intelecto e a linguagem do chimpanzé. No tocante ao intelecto, os novos resultados confirmam o que foi estabelecido por investigações anteriores do próprio autor e de outros psicólogos que ampliam, aprofundam ou delimitam com mais precisão esses dados. No que toca aos estudos da linguagem, esses experimentos e observações apresentam um material fatual novo e uma tentativa nova e sumamente ousada de explicar a ausência de "linguagem semelhante à humana" no chimpanzé.

"As reações vocais", diz ele, "são muito freqüentes e variadas nos chimpanzés jovens, mas a fala no sentido humano não existe" (11, p. 53). Seu aparelho fonador é tão desenvolvido e funciona tão bem quanto o do homem, mas lhes falta a tendência para imitar sons. A sua imitação está restrita quase exclusivamente ao campo dos estímulos visuais; eles imitam as ações mas não os sons. São incapazes de fazer o que um papagaio faz com tanto êxito.

> Se a tendência a imitar que o papagaio apresenta fosse combinada com a dimensão do intelecto do chimpanzé, este último certamente seria dotado de fala, já que tem um aparelho fonador comparável ao do homem, assim como um intelecto de tipo e

nível que poderia capacitá-lo a utilizar efetivamente sons para produzir fala (11, p. 53).

Em seus experimentos, Yerkes utilizou quatro métodos para ensinar o chimpanzé a usar humanamente os sons ou, como ele diz, aprender a falar. Nenhum deles obteve êxito. É claro que, *em si mesmos*, os resultados negativos nunca podem ter importância decisiva para uma *questão básica*: saber se é possível ou impossível ensinar o chimpanzé a falar.

Köhler demonstrou que os resultados negativos dos primeiros experimentos que tentaram estabelecer se o chimpanzé tinha intelecto deveram-se, antes de tudo, à colocação incorreta das experiências, ao desconhecimento da "zona de dificuldade" em cujos limites exclusivos pode manifestar-se o intelecto do chimpanzé, ao desconhecimento da característica principal desse intelecto, que é a sua relação com uma situação visual atual, etc. A causa dos resultados negativos pode estar bem mais amiúde no próprio pesquisador que no fenômeno pesquisado. O fato de o animal não ter resolvido determinadas tarefas em certas condições de maneira alguma permite concluir que ele é totalmente incapaz de resolver quaisquer tarefas em quaisquer condições. "As investigações da capacidade intelectual", observa jocosamente Köhler, "testam necessariamente tanto o pesquisador quanto o sujeito experimental" (10, p. 191).

Entretanto, sem atribuir nenhuma importância de princípio aos resultados negativos das experiências de Yerkes *em si mesmas*, temos todos os fundamentos para relacioná-las a tudo o que conhecemos de outras fontes sobre a linguagem dos macacos. Em face disto, essas experiências mostraram ainda que o chimpanzé não tem "fala semelhante à humana" e, cabe supor, não pode ter sequer embriões dessa fala (é claro que se deve distinguir a ausência de fala da impossibilidade de introduzi-la artificialmente em condições experimentalmente criadas para isto).

Quais são as causas desse fenômeno? Estão excluídos o aparelho fonador atrasado e a pobreza da fonética como mostram os experimentos e observações de Learned, colaboradora de Yerkes. Yerkes atribui isto à incapacidade ou dificuldade de imitar sons. Não há dúvida de que Yerkes tem razão ao afirmar que ausência da imitação de sons pode ser a causa imediata do fracasso das experiências, mas dificilmente terá razão ao ver nisto a causa básica da ausência de fala. Tudo o que sabemos sobre o intelecto do macaco *contraria essa suposição* que Yerkes sustenta de forma tão categórica como algo objetivamente estabelecido.

Onde estão os fundamentos (objetivos) para afirmar que o intelecto do chimpanzé é o intelecto do tipo e do grau indispensável à criação de uma fala semelhante à do homem? Yerkes tinha à sua disposição um excelente meio para verificar e comprovar sua tese, o qual, por alguma razão, não usou, e nós teríamos a maior disposição para aplicá-lo se tivéssemos condições externas para isso.

Esse método consiste em excluir a influência da imitação de sons no experimento de ensinar linguagem ao chimpanzé. A linguagem nunca se encontra exclusivamente em forma sonora. Os surdos-mudos criaram e usam uma linguagem visual, e do mesmo modo ensinam as crianças surdas-mudas a entender a nossa linguagem "lendo pelos lábios" (ou seja, pelos movimentos). No sistema de comunicação dos povos primitivos, como mostra Levy-Bruhl (17), a linguagem dos gestos existe paralelamente à linguagem dos sons e desempenha um papel substancial. Em princípio a linguagem não está necessariamente vinculada a um material (veja-se a linguagem escrita). Como observa o próprio Yerkes, talvez se possa ensinar o chimpanzé a usar os dedos como o fazem os surdos-mudos, isto é, ensinar a eles a "linguagem dos sinais".

Se é verdade que o intelecto do chimpanzé é capaz de dominar a linguagem humana e todo o problema consiste em sua impossibilidade de imitar sons como o papagaio, então ele deveria dominar em um experimento um gesto convencional que, por sua função psicológica, correspondesse inteiramente ao som convencional. Em vez do som *vâ-vâ* ou *pâ-pâ* aplicado por Yerkes, a reação verbal do chimpanzé consistiria em certos gestos com a mão que, digamos, no alfabeto manual dos surdos-mudos significam os mesmos sons. A essência do problema não está nos sons mas no *emprego funcional do signo*, correspondente à fala humana.

Tais experimentos não foram realizados e não podemos ter certeza dos resultados a que poderiam levar. Mas tudo o que sabemos acerca do comportamento dos chimpanzés, inclusive os dados de Yerkes, não nos dá o menor fundamento para esperar que o chimpanzé venha efetivamente a aprender a fala no sentido funcional. Se assim o supomos, é porque não conhecemos nenhuma insinuação de que ele use signos. A única coisa que sabemos com certeza objetiva é que não possuem "ideação", mas, em certas condições, são capazes de fazer instrumentos muito simples e de recorrer a "artifícios". Não estamos querendo dizer que a existência de "ideação" seja condição indispensável ao surgimento da linguagem. Essa é uma questão futura. Mas para Yerkes não há dúvida de que existe uma ligação entre a hipótese da "ideação", como forma básica de atividade intelectual dos antropóides, e a afirmação de que a fala humana é acessível a eles. Essa relação é tão evidente e tão importante que basta desmoronar a teoria da "ideação", ou seja, basta que se adote outra teoria do comportamento intelectual do chimpanzé para que, com ela, desmorone também a tese do acesso do chimpanzé a uma linguagem semelhante à do homem.

Não precisamos verificar criticamente, neste momento, até que ponto é verdadeira a analogia psicológica entre a tarefa de aplicação de um instrumento e a tarefa de emprego consciente da linguagem. Teremos oportunidade de fazê-lo quando examinarmos o desenvolvimento ontogenético da linguagem. Agora basta apenas lembrar o que já foi dito sobre a "ideação" para revelar toda a instabilidade, toda a falta de fundamento fatual da teoria da linguagem do chimpanzé desenvolvida por Yerkes.

Lembremos que é precisamente a ausência de "ideação", ou seja, de operação com resíduos de estímulos não atuais e ausentes, que caracteriza o intelecto do chimpanzé. A existência de uma situação visual, facilmente perceptível e evidente, é condição indispensável para que o macaco empregue corretamente um instrumento. Existem essas condições (por ora falamos deliberadamente apenas de *uma condição*, e ainda por cima de uma condição *puramente psicológica*, porque temos sempre em vista a situação experimental de Yerkes) na situação em que o chimpanzé deve descobrir o emprego funcional do signo, o emprego da linguagem?

Não é necessária nenhuma análise especial para se dar uma resposta negativa a essa pergunta. E mais: em nenhuma situação o uso da linguagem pode ser função decorrente de uma estrutura ótica do campo visual. Ele requer uma operação intelectual de outra espécie: *não do mesmo tipo nem do mesmo nível* estabelecidos no chimpanzé. Do que conhecemos sobre o comportamento do chimpanzé, nada testemunha a existência de semelhante operação. Ao contrário, como foi mostrado acima, é exatamente a ausência dessa operação que a maioria dos pesquisadores adota como o traço essencial que distingue o intelecto do chimpanzé do intelecto do homem.

Duas teses podem ser consideradas fora de dúvida. Primeira: o emprego racional da linguagem é uma função intelectual que em nenhuma condição é determinada diretamente pela estrutura ótica. Segunda: em todas as tarefas que não disseram respeito à estrutura visual atual, mas a uma estrutura de outra espécie (estruturas mecânicas, por exemplo), os chimpanzés passaram do tipo intelectual de comportamento para o puro método de provas e erros. Uma operação tão simples do ponto de vista do homem, como colocar uma caixa sobre a outra e observar o equilíbrio ou retirar um anel de um prego, acaba sendo quase inacessível à "estática ingênua" e à mecânica do chimpanzé (10, pp. 106 e 177). O mesmo se refere a todas as estruturas não visuais.

Dessas duas teses decorre com uma inevitabilidade lógica a conclusão de que a hipótese da possibilidade de o chimpanzé aprender a empregar a fala humana é *extremamente pouco provável* do ponto de vista psicológico.

É curioso que Köhler introduziu o termo *insight* (*Einsicht*) para designar as operações intelectuais dos chimpanzés. Kafka salienta com razão que Köhler subentende por esse termo o *ato de ver* no sentido literal (18, p. 130) e só depois o ato de ver as relações em geral, em contraposição à maneira cega de agir.

É bem verdade que Köhler nunca define *insight* nem a teoria desse "ato de ver". É igualmente verdade que, em função de uma ausência de teoria do comportamento aí descrito, esse termo adquire nas descrições fatuais uma significação ambígua: ora designa a originalidade típica da própria operação realizada pelo chimpanzé, a estrutura das suas ações, ora o processo psicofísico interno que prepara essas ações e as antecede, e em relação ao qual as ações do chimpanzé são simplesmente a execução de um plano interno de operação.

Bühler insiste particularmente no caráter interno desses processos (13, p. 33). Borovski também supõe que, se o macaco "não realiza as provas invisíveis (não estende as mãos), ele se 'acomoda' a alguns músculos" (12, p. 184).

Deixamos por ora de lado essa questão sumamente importante em si mesma. Não vamos examiná-la em toda a sua extensão, pois, além do mais, dificilmente teríamos dados fatuais suficientes para a sua solução. Em todo caso, o que foi dito a esse respeito se baseia mais em considerações de ordem teórica geral e em analogias com as formas superiores e inferiores de comportamento (com o método de provas e erros nos animais e com o pensamento do homem) que em dados experimentais concretos.

É preciso dizer francamente que as experiências de Köhler (e menos ainda as de outros psicólogos, pesquisadores menos objetivos) não permitem dar a essa questão uma resposta minimamente definida. Suas experiências não levam a nenhuma definição nem respondem sequer hipoteticamente qual o mecanismo da reação intelectual. Entretanto, está fora de dúvida de que, independentemente de como se conceba a ação desse mecanismo e de onde esteja localizado o "intelecto" – nas próprias ações do chimpanzé ou no processo preparatório interno (processo cerebral psicofisiológico ou muscular-inervacional) –, a tese da determinabilidade atual e não da determinabilidade residual dessa reação continua em vigor, pois fora da situação atual visual o intelecto do chimpanzé não funciona. Neste momento só nos interessa essa questão.

Köhler afirma:

> O melhor instrumento perde facilmente toda sua importância para uma determinada situação se ele não pode ser percebido pelo olho simultaneamente ou quase simultaneamente com o campo do objetivo (10, p. 39).

Köhler subentende por percepção quase-simultânea aqueles casos em que determinados elementos de uma situação não são percebidos pelo olho imediatamente e em simultaneidade com o objetivo; são percebidos em proximidade temporal imediata com o objetivo ou mais de uma vez já foram acionados em situação idêntica. Por sua função psicológica, tais elementos são como que simultâneos.

Assim, pois, ao contrário do que ocorre com Yerkes, essa análise um tanto alongada nos leva mais uma vez a uma contradição inteiramente oposta quanto à possibilidade de linguagem semelhante à do homem no chimpanzé: mesmo no caso em que um chimpanzé, a despeito do seu intelecto, apresente a tendência a imitar sons e tenha a capacidade do papagaio, é pouquíssimo provável a hipótese de que ele aprenda a falar.

Apesar de tudo – e isso é o mais importante em todo o nosso problema –, o chimpanzé tem uma linguagem antropomorfa bastante rica em alguns sentidos, mas essa linguagem relativamente bem desenvolvida ainda não tem muita coisa de imediatamente comum com o seu intelecto, também relativamente bem desenvolvido.

Learned, colaboradora de Yerkes, compôs um dicionário de 32 elementos ou "vocábulos" que, foneticamente, não só lembram de perto elementos da fala humana como têm um certo significado por derivarem de determinadas situações ou objetos relacionados ao prazer ou ao desprazer, ou que inspirem desejo, ressentimento, medo, etc. (11, p. 54). Esses "vocábulos" foram registrados enquanto os macacos aguardavam alimento ou durante as refeições, na presença de humanos e quando dois chimpanzés estavam sozinhos. Trata-se de reações vocais afetivas mais ou menos diferenciadas, mais ou menos situadas numa relação reflexa com uma série de estímulos agrupados em torno da alimentação, etc. Em essência, verificamos nesse "vocabulário" o mesmo que foi expresso por Köhler em relação à linguagem do chimpanzé em geral: trata-se de uma linguagem emocional.

Quanto à linguagem característica do chimpanzé, gostaríamos de salientar três pontos.

Primeiro: a relação da produção de sons com gestos emocionais expressivos, ao tornar-se especialmente nítida nos momentos de forte excitação *afetiva* do chimpanzé, não constitui nenhuma peculiaridade específica dos antropóides; ao contrário, é antes um traço muito comum aos animais dotados de aparelho fonador. E essa mesma *forma* de reações vocais expressivas *serve indubitavelmente de base ao surgimento e desenvolvimento da fala humana.*

Segundo: os estados emocionais, sobretudo os afetivos, representam no chimpanzé uma esfera de comportamento rica em manifestações vocais mas sumamente desfavorável ao funcionamento das reações intelectuais. Köhler menciona repetidamente que, nos chimpanzés, as reações emocionais e sobretudo a reação afetiva destroem inteiramente a operação intelectual.

Terceiro: o aspecto emocional não esgota a função da linguagem no chimpanzé, e isto também não representa uma particularidade exclusiva da linguagem dos antropóides; também assemelha a sua linguagem à linguagem de muitas outras espécies animais, constituindo ainda uma raiz genética indubitável da função correspondente da fala humana. A linguagem não é só uma reação expressivo-emocional mas também um meio de contato psicológico com semelhantes[1]. Tanto nos chimpanzés de Yerkes e de Learned quanto nos macacos observados por Köhler, essa função da linguagem é óbvia. No entanto, essa função de ligação ou contato não mantém nenhuma relação com a reação intelectual, ou seja, com o pensamento do animal. Trata-se da mesma reação emocional, que constitui uma parte evidente e indiscutível de toda a síndrome emocional total, mas uma parte que tanto dos pontos de vista biológico quanto psicológico exerce uma função diferente daquelas exercidas pelas reações afetivas. O que essa reação menos lembra é a comunicação intencional e consciente de alguma coisa ou uma ação semelhante. Em essência, é uma reação instintiva, ou, em todo caso, algo extremamente semelhante.

Dificilmente poderíamos duvidar de que essa função da linguagem se insere nas formas biologicamente mais antigas de comportamento e tem semelhança genética com os sinais auditivos e visuais transmitidos pelos guias nas comunicações animais. Recentemente, em estudo da linguagem das abelhas, Frisch descreveu formas de comportamento interessantíssimas e de suma importância teórica, que exercem a função de comunicação ou contato (19); a despeito de toda a originalidade dessas formas e da sua indiscutível origem instintiva, nelas não se pode deixar de reconhecer um comportamento naturalmente semelhante às vinculações de linguagem feitas pelo chimpanzé (cf. 10, p. 44). Depois disto, será difícil duvidar da absoluta independência entre esse vínculo de linguagem e o intelecto.

A título de resumo, podemos afirmar que o nosso interesse esteve centrado na relação entre pensamento e linguagem no

....
1. Hempelmann reconhece apenas a função experimental da linguagem dos animais, embora não negue que os sinais vocais de advertência, etc., desempenham objetivamente a função de comunicar (F. Hempelmann, *Tierpsychologie vom Standpunkte des Biologen*, 1926, S. 530).

desenvolvimento filogenético de uma e de outra função. Para efeito de esclarecimento, vamos analisar as pesquisas e observações experimentais com a linguagem e o intelecto dos antropóides. Podemos formular brevemente as conclusões básicas a que chegamos e que são necessárias para a análise posterior do problema.

1. O pensamento e a linguagem possuem diferentes raízes genéticas.

2. O desenvolvimento do pensamento e da linguagem transcorre por linhas diferentes e independentes umas das outras.

3. A relação entre pensamento e linguagem não é uma grandeza minimamente constante ao longo de todo o desenvolvimento filogenético.

4. Os antropóides apresentam um intelecto parecido ao do homem *em alguns sentidos* (rudimentos de emprego de instrumentos) e uma linguagem parecida à do homem – em *aspectos totalmente diferentes* (a fonética da fala, a função emocional e os rudimentos de função social da linguagem).

5. Os antropóides não apresentam a relação característica do homem: a estreita correspondência entre o pensamento e a linguagem. No chimpanzé, um e outro não mantêm nenhum tipo de conexão.

6. Na filogênese do pensamento e da linguagem podemos constatar, sem dúvida, uma fase pré-fala no desenvolvimento do intelecto e uma fase pré-intelectual no desenvolvimento da fala.

II

Na ontogênese, a relação entre as duas linhas de desenvolvimento – do pensamento e da linguagem – é bem mais obscura e confusa. Mas deixando de lado qualquer questão relativa ao paralelismo da ontogênese e da filogênese ou a outra relação mais complexa entre elas, também aqui podemos estabelecer diferentes raízes genéticas e diferentes linhas de desenvolvimento do pensamento e da linguagem.

As raízes genéticas do pensamento e da linguagem

A existência de uma fase pré-verbal na evolução do pensamento durante a infância só recentemente foi corroborada por provas experimentais objetivas. As experiências de Köhler com chimpanzés, adequadamente modificadas, foram realizadas com crianças que ainda não haviam aprendido a falar. Mais de uma vez, o próprio Köhler desenvolveu alguns experimentos com crianças com vistas a estabelecer comparações e Bühler realizou, nas mesmas bases, o estudo sistemático de uma criança.

É o próprio Bühler que descreve o seu trabalho:

> Eram ações exatamente iguais às dos chimpanzés, de forma que essa fase da vida da criança poderia ser chamada, com maior precisão, de idade *chimpanzóide*: na criança que observamos correspondia ao décimo, décimo primeiro e décimo segundo meses... Na idade chimpanzóide ocorrem as primeiras invenções da criança – muito primitivas, é claro, mas extremamente importantes para o seu desenvolvimento mental (13, p. 97)*.

O que é teoricamente mais importante nesses experimentos, assim como nos experimentos desenvolvidos com os chimpanzés, é a descoberta da independência das reações intelectuais rudimentares em relação à fala. Observando isso, Bühler comenta:

> Costumava-se dizer que a fala era o princípio da hominização (*Menschwerden*): talvez sim, mas antes da fala há o pensamento associado à utilização de instrumentos, isto é, a compreensão das relações mecânicas, e a criação de meios mecânicos para fins mecânicos: ou, em resumo, antes do aparecimento da fala a ação se torna subjetivamente significativa – em outras palavras, conscientemente intencional (13, p. 48)**.

....
* Aproveitamos aqui o trecho da edição resumida de *Pensamento e linguagem* de Vigotski, da Martins Fontes, na boa tradução de Jefferson Luiz Camargo, p. 36. (N. do T.)
** *Id*. citação anterior, p. 37. (N. do T.)

As raízes pré-intelectuais da fala no desenvolvimento da criança foram estabelecidas há muito tempo. O grito, o balbucio e até as primeiras palavras da criança são estágios absolutamente nítidos no desenvolvimento da fala, mas estádios pré-intelectuais. Não têm nada em comum com o desenvolvimento do pensamento.

Uma concepção geralmente aceita considerava a fala infantil nesse estágio de desenvolvimento como uma forma de comportamento predominantemente emocional. Pesquisas recentes acerca das primeiras formas de comportamento da criança e das suas primeiras reações à voz humana (realizadas por Charlotte Bühler e seu grupo) mostraram que a função social da fala já é aparente durante o primeiro ano, isto é, na fase pré-intelectual do desenvolvimento da fala. Nessa fase, encontramos um rico desenvolvimento da função social da linguagem.

O contato social relativamente complexo e rico da criança leva a um desenvolvimento sumamente precoce dos "meios de comunicação". Reações bastante definidas à voz humana foram observadas já no início da terceira semana de vida, e a primeira reação especificamente social à voz, durante o segundo mês (20, p. 124). Essas investigações mostraram igualmente que as risadas, o balbucio, os gestos e os movimentos são meios de contato social a partir dos primeiros meses de vida da criança.

Assim, as duas funções da fala, que observamos no desenvolvimento filogenético, já aparecem claramente no primeiro ano de vida.

Contudo, a descoberta mais importante sobre o desenvolvimento do pensamento e da fala na criança é a de que, num certo momento, mais ou menos aos dois anos de idade, as curvas da evolução do pensamento e da fala, até então separadas, cruzam-se e coincidem para iniciar uma nova forma de comportamento muito característica do homem. Stern descreveu antes e melhor que os demais esse acontecimento de suma importância no desenvolvimento psicológico da criança. Ele mostrou que nela despertam a consciência obscura do significado da linguagem e a vontade de dominá-lo", que nessa época a criança "*faz a maior descoberta de sua vida*", a de que "*cada coisa tem o seu nome*" (21, p. 92).

Esse momento crucial, a partir do qual *a fala se torna intelectual e o pensamento verbalizado*, é caracterizado por dois sintomas objetivos indiscutíveis, que nos permitem julgar se aconteceu ou não essa mudança na evolução da fala, bem como – nos casos de retardamento anormal do desenvolvimento – o quanto esse momento avançou no tempo em comparação com o desenvolvimento de uma criança normal. Esses dois momentos estão intimamente interligados e são os seguintes: 1) a criança que sofreu essa mudança começa a *ampliar ativamente o seu vocabulário*, perguntando sobre cada coisa nova (como isso se chama?); 2) dá-se a conseqüente ampliação de seu vocabulário, que ocorre de forma extremamente rápida e aos saltos.

Como se sabe, o animal pode assimilar determinadas palavras da fala humana e aplicá-las segundo a situação. Antes desse período, a criança também assimila determinadas palavras que, para ela, são estímulos condicionados ou substitutos de alguns objetos, pessoas, ações, estados e desejos. Nessa idade, a criança conhece apenas as palavras que aprende com outras pessoas. Agora a situação muda radicalmente: ao ver o novo objeto, a criança pergunta: "Como isso se chama?" A própria criança necessita da palavra e procura ativamente assimilar o signo pertencente ao objeto, signo esse que lhe serve para nomear e comunicar. Se, como mostrou acertadamente Meumann, o primeiro estádio do desenvolvimento da fala infantil é, por seu sentido psicológico, afetivo-volitivo, então, a partir desse momento, a fala entra na fase intelectual do seu desenvolvimento. É como se a criança descobrisse a função simbólica da linguagem. Diz Stern:

> O processo que acaba de ser descrito já se pode definir, sem nenhuma dúvida, como atividade intelectual da criança no verda-

deiro sentido da palavra; a compreensão da relação entre signo e significado, que aqui já se manifesta na criança, é algo em princípio diferente do simples emprego de noções e suas associações, e a exigência de que qualquer objeto, independentemente da sua espécie, tenha o seu próprio nome pode ser considerada o primeiro conceito geral e real da criança (21, p. 93).

Cabe uma rápida abordagem dessa questão, pois aqui nesse ponto genético de cruzamento ata-se pela primeira vez o nó conhecido como problema do pensamento e da linguagem. O que representa esse momento, essa "descoberta maior na vida da criança"? E estará correta a interpretação de Stern?

Bühler compara essa descoberta às invenções do chimpanzé.

> Pode-se interpretar e virar pelo avesso essa circunstância à vontade, mas no ponto decisivo sempre se revela o paralelo psicológico com as invenções do chimpanzé (22, p. 55).

Essa mesma idéia é desenvolvida por K. Koffka.

> A função de nomear (*Namengebung*) é uma descoberta, uma invenção da criança, que revela um total paralelo com as invenções do chimpanzé. Nós vimos que estas últimas são uma ação estrutural, logo, vemos até na denominação uma ação estrutural. Diríamos que a palavra entra na estrutura do objeto como a vara entra na situação do desejo de apoderar-se do fruto (23, p. 243).

Seja como for, até que ponto é correta essa analogia entre a descoberta da função significativa da palavra na criança e a descoberta do "significado funcional" do instrumento na vara pelo chimpanzé são coisas que veremos mais tarde, ao examinarmos relações funcionais e estruturais entre o pensamento e a fala. Por ora, nós nos limitaremos a observar que "a maior descoberta da criança" só é possível quando já se atingiu um nível relativamente elevado do desenvolvimento e da linguagem. Para "descobrir" a linguagem é necessário pensar.

Podemos formular brevemente as nossas conclusões:

1. No seu desenvolvimento ontogenético, o pensamento e a fala têm raízes diferentes.

2. Podemos, com certeza, constatar no desenvolvimento da fala da criança um "estágio pré-intelectual" e, no desenvolvimento de seu pensamento, um "estágio pré-verbal".

3. Até certa altura, as duas modalidades de desenvolvimento seguem diferentes linhas, independentes uma da outra.

4. Em um determinado ponto, ambas as linhas se cruzam, após o que o pensamento *se torna* verbal e a fala *se torna* intelectual.

III

Qualquer que seja a solução do complexo e controverso problema teórico da relação entre pensamento e linguagem, não se pode deixar de reconhecer a importância decisiva e exclusiva dos processos de linguagem interior para o desenvolvimento do pensamento. Sua importância para nosso pensamento é tão grande que muitos psicólogos, inclusive Watson, chegam até mesmo a identificá-la com o próprio pensamento, por considerá-lo uma linguagem inibida e silenciosa. Mas a psicologia ainda não sabe como se dá essa importantíssima mudança, em que idade aproximada ela transcorre, como se desenvolve e qual a sua característica genética.

Watson, que identifica o pensamento com a linguagem interior, tem plena razão ao constatar que não sabemos "em que ponto da organização da sua linguagem as crianças realizam a passagem da linguagem explícita para o sussurro e depois para a linguagem velada", uma vez que esta questão "só foi estudada por acaso" (24, p. 293).

Entretanto, à luz das nossas experiências e observações, bem como do que conhecemos sobre o desenvolvimento da linguagem da criança em geral, sabemos que a própria abordagem da questão adotada por Watson é radicalmente incorreta.

Não há nenhuma razão válida para se supor que o desenvolvimento da linguagem interior se processe por via puramente mecânica, por meio da redução gradual da sonoridade da fala, que a transição da linguagem exterior (explicitada) para a interior (velada) se realize através de sussurros, isto é, de uma fala semi-sonora. É pouco provável que a criança comece gradualmente a falar cada vez mais baixo e esse processo acabe redundando em uma fala surda. Noutros termos, estamos inclinados a negar que, na *gênese* da fala da criança, observe-se a seguinte seqüência de etapas: fala em voz alta – sussurro – linguagem interior.

A situação também não é resolvida por outra hipótese de Watson, igualmente pouco fundada: "talvez", diz ele, "todas as três formas se desenvolvam simultaneamente desde o início" (*ibid.*). Não existe nenhum dado objetivo que corrobore esse "talvez". Contra ele testemunham as profundas diferenças funcionais e estruturais entre linguagem exterior e linguagem interior, reconhecidas por todos os psicólogos, inclusive por Watson. "Elas realmente pensam em voz alta", diz Watson das crianças de tenra idade, vendo com pleno fundamento a causa disso tudo no fato de que "o meio em que elas vivem não exige uma rápida transformação da linguagem explicitada em linguagem interior". E Watson acrescenta:

> Mesmo que pudéssemos desenvolver todos os processos internos e gravá-los em um disco sensível ou no cilindro de um fonógrafo, ainda assim haveria neles tantas elipses, curtos-circuitos e economia que eles ficariam irreconhecíveis caso não seguíssemos a sua formação desde o ponto inicial, onde são absolutos e sociais por natureza, até o estágio final, onde servem a adaptações individuais e não a adaptações sociais (24, p. 294).

Onde está a razão para se supor que os dois processos, tão diferentes em termos *funcionais* (adaptações sociais e individuais) e *estruturais* (economia extrema, elíptica da linguagem interior, que altera o padrão da fala ao ponto de torná-la quase irreconhecível), possam ser *geneticamente* paralelos e simultâneos? Nem nos parece plausível que sejam interligados pelo terceiro processo transitório (os sussurros), que, de modo puramente mecânico, formal, por um traço quantitativo externo, ou seja, meramente fenotípico, ocupa uma posição intermediária entre os outros dois processos mas sem ter nada de transitório em termos funcionais ou estruturais, isto é, genotípicos.

Tivemos oportunidade de comprovar esse último fato por via experimental, estudando o sussurro em crianças pequenas. Nossa investigação mostrou que: 1) no tocante à estrutura, não há nenhuma diferença considerável entre sussurrar e falar alto, e principalmente não há mudanças características da tendência para a linguagem interior; 2) quanto à função, o sussurro difere profundamente da linguagem interior e nem mesmo manifesta uma tendência para assumir suas características típicas; 3) em termos genéticos, a fala sussurrada pode ser suscitada muito cedo, mas ela mesma não se desenvolve *espontaneamente* de um modo minimamente perceptível antes da idade escolar. Sob pressão social, uma criança de três anos pode, por períodos curtos e com muito esforço, baixar a voz ou sussurrar. Esse é o único ponto que confirma a tese de Watson.

Abordamos o ponto de vista de Watson não só porque ele é muitíssimo difundido e típico daquela teoria do pensamento e da linguagem que ele representa, nem porque ele nos permita contrapor claramente o enfoque genotípico da questão ao fenotípico, mas principalmente por motivos positivos. Na abordagem de Watson, somos inclinados a ver uma correta sugestão metodológica do caminho a ser seguido para se chegar à solução de todo o problema.

Essa via metodológica consiste na necessidade de encontrar um elo intermediário capaz de reunir os processos das linguagens exterior e interior, um elo que seja intermediário entre os dois processos. Procuramos mostrar que a opinião de Watson, segundo a qual a fala sussurrada é esse elo intermediário, não encontra confirmação objetiva. Ao contrário, tudo o que sabemos da linguagem sussurrada da criança não endossa a hipótese de que ela seja um processo transitório entre as linguagens exterior e interior. Entretanto, a tentativa de encontrar esse elo intermediário, que não existe na maioria das investigações em psicologia, é uma sugestão perfeitamente correta de Watson.

Estamos inclinados a ver esse elo na linguagem egocêntrica da criança, descrita por Piaget.

A favor dessa tese testemunham as observações de Lemaitre e outros autores, que estudaram a linguagem interior na idade escolar. Essas observações mostraram que o tipo de linguagem interior do aluno escolar ainda é sumamente labial, não constituída, o que evidentemente sugere que estamos diante de processos ainda geneticamente novos, que não ganharam forma suficiente e não se definiram.

Voltando à questão da linguagem egocêntrica, devemos dizer que, afora as funções puramente expressivas e a função de descarga, a despeito de ela simplesmente acompanhar o desempenho infantil, muito facilmente ela se torna *pensamento na verdadeira acepção do termo*, melhor dizendo, assume a função de operação de planejamento, de solução de tarefas que surgem no comportamento.

Se nossa hipótese vier a justificar-se no processo de novas investigações, poderemos chegar à seguinte conclusão de excepcional importância teórica: a linguagem se torna psicologicamente interior antes de tornar-se fisiologicamente interior. A linguagem egocêntrica é uma linguagem interior por sua função, é uma linguagem para si, que se encontra no caminho de sua interiorização, uma linguagem já metade ininteligível aos circundantes, uma linguagem que já se enraizou fundo no comportamento da criança e ao mesmo tempo ainda é fisiologicamente externa, e não revela a mínima tendência a transformar-se em sussurro ou em qualquer outra linguagem semi-surda.

Teríamos a resposta para outra questão teórica: por que a linguagem se interioriza? A resposta seria: porque muda a sua função. A seqüência no desenvolvimento da linguagem não seria aquela apontada por Watson. Em vez das três etapas – fala alta, sussurro, fala surda – teríamos outras três etapas: linguagem exterior, linguagem egocêntrica e linguagem interior. Ao mesmo tempo, teríamos um procedimento de suma importância metodológica para estudar a linguagem interior, suas peculiaridades estruturais e funcionais em forma viva, em processo de formação, e ao mesmo tempo um procedimento objetivo na medida em que essas três peculiaridades já seriam evidentes na linguagem exterior, que pode ser experimentada e medida.

As nossas investigações mostram que, nesse sentido, a linguagem não é nenhuma exceção da regra geral a que está subordinado o desenvolvimento de quaisquer operações psicológicas baseadas no emprego de signos, sejam memorização mnemotécnica, processos de mensuração ou qualquer outra operação intelectual que use signo.

Ao estudar experimentalmente esse tipo de operação da mais diversa natureza, conseguimos comprovar que, em linhas gerais, esse desenvolvimento passa por quatro estágios básicos. Primeiro, é o estágio natural ou primitivo, que corresponde à linguagem pré-intelectual e ao pensamento pré-verbal, quando essas operações aparecem em sua forma original, tal como evoluíram na fase primitiva do comportamento.

Segundo, é o estágio que podemos chamar de "psicologia ingênua" por analogia com a chamada "física ingênua" – a experiência da criança com as propriedades físicas do seu próprio corpo e dos objetos à sua volta, e a aplicação dessa experiência ao uso de instrumentos: o primeiro exercício da inteligência prática que está brotando na criança.

Algo semelhante observamos no desenvolvimento do comportamento infantil. Aqui também se forma a experiência psicológica básica e ingênua da criança com as características das mais importantes operações psicológicas com que ela é levada a operar. Entretanto, como ocorre no campo do desenvolvimento das ações práticas, também aqui essa experiência ingênua acaba se revelando insuficiente e incompleta, *ingênua* no próprio sentido da palavra, razão pela qual redunda em um emprego inadequado das propriedades, estímulos e reações psicológicas.

No campo do desenvolvimento da linguagem infantil, esse estágio é notório e se manifesta no fato de a criança assimilar as estruturas e formas gramaticais antes de assimilar as estruturas e operações lógicas correspondentes a tais formas. A criança assimila a oração subordinada, as formas de linguagem como "porque", "uma vez que", "se", "quando", "ao contrário", "mas", muito antes de assimilar as relações causais, temporais, condicionais, de oposições, etc. A criança assimila a sintaxe da linguagem antes de assimilar a sintaxe do pensamento. Os estudos de Piaget mostraram claramente que a criança desenvolve a gramática antes de desenvolver a lógica, e só relativamente tarde assimila as operações lógicas que correspondem às estruturas gramaticais que vem usando há muito tempo.

Com a acumulação gradual da experiência psicológica ingênua, a criança passa para o terceiro estágio, que se caracteriza por signos exteriores, operações externas que são usadas como auxiliares na solução de problemas internos. É o estágio em que a criança conta nos dedos, o estágio dos signos mnemotécnicos externos no processo de memorização. No desenvolvimento da fala corresponde-lhe a linguagem egocêntrica.

O quarto estágio nós denominamos metaforicamente de estágio de *crescimento para dentro*. As operações externas se interiorizam e passam por uma profunda mudança. A criança começa a contar mentalmente, a usar a "memória lógica", isto é, a operar com relações interiores em forma de signos interiores. No campo da fala, a isto corresponde a linguagem interior ou silenciosa. O que mais chama a atenção neste sentido é o fato de existir uma interação constante entre as operações externas e internas, uma se transformando na outra sem esforços e com freqüência, e vice-versa. Isto nós vimos com mais evidência no campo da linguagem interior, que, como estabeleceu Delacroix, será tão mais próxima da linguagem exterior quanto mais estreitamente estiver vinculada a ela no comportamento, podendo assumir uma forma absolutamente idêntica por ser uma preparação para a linguagem exterior (por exemplo, quando se repassa mentalmente uma conferência a ser dada). Neste sentido, no comportamento não há efetivamente acentuadas fronteiras metafísicas entre o exterior e o interior, um pode se transformar no outro, um pode desenvolver-se sob a influência do outro.

Se agora passarmos da gênese da linguagem interior para a maneira como esta funciona no adulto, esbarraremos, antes de tudo, na mesma questão que levantamos em relação aos animais e à criança: o pensamento e a linguagem estão necessariamente interligados no comportamento do adulto, é possível identificar esses dois processos? Tudo o que sabemos a respeito nos leva a responder negativamente.

Esquematicamente, poderíamos conceber a relação entre pensamento e linguagem como dois círculos que se cruzam, mostrando que em uma parte desse processo os dois fenômenos coincidem, formando o chamado campo do "pensamento verbalizado". Mas este pensamento não esgota todas as formas de pensamento nem de linguagem. Há uma vasta área do pensamento que não mantém relação direta com o pensamento verbal. Como mostrou Bühler, aqui deve ser situado, antes de mais nada, o pensamento instrumental e técnico e todo o campo do chamado intelecto prático, que só ultimamente tornou-se objeto de investigações intensas. Além disso, as investigações desenvolvidas pelos psicólogos da Escola de Würzburg demonstraram que o pensamento pode funcionar sem nenhuma imagem verbal ou movimentos de linguagem detectáveis pela autoobservação. As experiências mais recentes também mostram que não há nenhuma correspondência objetiva direta entre a linguagem interior e os movimentos da língua ou da laringe executados pelo sujeito experimental.

De igual maneira, não há nenhum fundamento psicológico para se considerar que todas as formas de atividade verbal sejam derivadas do pensamento. Não pode existir nenhum processo de pensamento quando alguém reproduz na linguagem interior um poema aprendido de cor ou repete mentalmente uma frase que lhe foi ensinada para fins experimentais. Esse é o erro que comete Watson, que, ao identificar pensamento e linguagem, tem necessariamente de reconhecer como intelectuais todos os processos de linguagem. Do mesmo modo, a linguagem "de colorido lírico", que tem função expressivo-emotiva, mesmo dotada de todos os traços de linguagem, ainda assim não pode ser inserida na atividade intelectual propriamente dita.

Somos, portanto, forçados a concluir que também no adulto a fusão de pensamento e linguagem é uma manifestação parcial que só vigora e se aplica no campo do pensamento verbalizado, ao passo que outros campos do pensamento não-verbalizado e da linguagem não-intelectual sofrem influência apenas distante e indireta dessa fusão e não mantêm com ela nenhuma relação causal.

IV

Podemos agora resumir os resultados da nossa análise. Começamos tentando traçar a genealogia do pensamento e da linguagem, usando dados da psicologia comparativa. O nível atual de conhecimentos nesse campo não permite que observemos com o mínimo de plenitude possível a trajetória genética do pensamento pré-humano e da linguagem. Até hoje continua controversa uma questão básica: é possível constar de modo indubitável se os antropóides possuem o mesmo tipo de intelecto que o homem? Köhler resolve a questão afirmativamente, outros autores, negativamente. Mas independentemente de como essa questão venha a ser resolvida à luz de novos dados ainda inacessíveis, uma coisa já está clara: *os caminhos* em direção ao intelecto humano e a uma linguagem humana não coincidem no mundo animal, as raízes genéticas do pensamento e da linguagem são diferentes.

Mesmo aqueles que tendem a negar a existência de intelecto no chimpanzé de Köhler não negam nem podem negar que se trata de um *caminho em direção ao intelecto* e suas raízes, ou seja, trata-se de um *tipo superior* de elaboração de habilidades[2]. Até Thorndike, que muito antes de Köhler ocupou-se dessa mesma questão e a resolveu de forma negativa, acha que, pelo tipo de comportamento, o macaco ocupa posição superior no mundo dos animais (25). Outros autores, como V. Borovski, tendem a negar não só nos animais mas também no homem esse patamar superior do comportamento, que foi erigido sobre as habilidades e merece um nome especial: intelecto. Para tais pesquisadores, a própria questão de um intelecto semelhante ao do homem no macaco deve ser colocada de modo diferente.

Para nós está claro que, independentemente da classificação que se lhe dê, o tipo superior de comportamento do chimpanzé é, nesse sentido, a raiz do comportamento humano, que se caracteriza pelo emprego de instrumento. Para o marxismo, a descoberta de Köhler não é nenhuma surpresa. Marx se refere a essa questão:

> O uso e a criação de ferramentas de trabalho, embora presentes, de forma embrionária, em algumas espécies de animais, são uma característica específica do processo de trabalho humano (26, p. 153).

....

2. Em suas experiências com macacos inferiores (micos), Thorndike observou o processo de aquisição *súbita* de novos movimentos adequados à consecução do objetivo desse processo e um abandono rápido, não raro momentâneo, dos movimentos inadequados: a rapidez desse processo, diz ele, pode "resistir à comparação com fenômenos equivalentes no homem". Esse tipo de solução difere das soluções encontradas pelos gatos, cães e galinhas, que revelam um processo de abandono gradual dos movimentos que não conduzem ao objetivo.

Pliekhánov fala dentro do mesmo espírito:

> Seja como for, a zoologia transmite a história do *homo* já dotado de capacidade de inventar e empregar instrumentos de trabalho mais primitivos (27, p. 138).

Assim, o capítulo superior, que a psicologia animal vem escrevendo aos nossos olhos, *teoricamente* não é nenhuma novidade para o marxismo. É curioso observar que Pliekhánov fala com absoluta clareza não de *atividade intelectual*, como as construções dos castores, mas de capacidade de inventar e empregar instrumentos de trabalho, isto é, fala de operação intelectual[3].

Também não é nenhuma novidade para o marxismo a tese de que no mundo animal estão as raízes do intelecto do homem. Ao explicar o sentido da distinção hegeliana entre intelecto e razão, Engels escreve:

> Nós e os animais temos em comum todas as espécies de atividade intelectual: a *indução*, a *dedução* e, conseqüentemente, a *abstração* (o conceito tribal de quadrúpedes e bípedes), a *análise* de objetos desconhecidos (o ato de quebrar uma noz já é um começo de análise), a *síntese* (em caso de feitos de animais) e, como fusão de tudo, o *experimento* (em caso de novos obstáculos e em situações independentes). Pelo tipo, todos esses métodos, ou melhor, todos os meios de investigação científica conhecidos da lógica comum são perfeitamente idênticos no homem e nos animais superiores. Só pelo grau de desenvolvimento (do respectivo método) eles se distinguem[4] (28, p. 59).

....

3. É claro que não encontramos no chimpanzé o emprego instintivo de instrumentos de trabalho, mas embriões de seu uso racional. "É claro como o dia", continua Pliekhánov, "que o emprego de instrumentos de trabalho, por mais imperfeitos que sejam, pressupõe um imenso desenvolvimento das faculdades intelectuais" (*ibid.*, p. 138).

4. Em outra passagem Engels afirma: "É claro por si só que não pensamos em negar nos animais capacidade de agir de forma planejada e premeditada"

Engels é igualmente taxativo quando fala das raízes da linguagem dos animais. "Nos limites do seu círculo de noções", diz ele, "o papagaio também pode aprender a entender o que diz". E acrescenta um critério plenamente *objetivo* dessa "compreensão."

> Ensine um papagaio a dizer palavrões para que ele entenda o seu significado (um dos investimentos preferidos dos marinheiros que voltam dos países quentes), e tente depois arremedá-lo e você logo verá que ele usa os seus palavrões tão corretamente quanto uma taberneira berlinense. O mesmo ele faz para ganhar uma guloseima[5] (28, p. 93).

Não temos nenhuma intenção de atribuir a Engels e menos ainda de defender a idéia segundo a qual encontramos nos animais um pensamento e uma linguagem semelhantes às do homem. Mais adiante tentaremos esclarecer os *legítimos limites* dessas afirmações de Engels e o seu verdadeiro sentido. Por ora importa estabelecer apenas uma coisa: não há fundamentos para se negar no reino animal a existência de raízes genéticas do pensamento e da linguagem, e essas raízes, como mostram todos os dados disponíveis, são diferentes para o pensamento e a linguagem. Não há fundamentos para se negar, no reino animal, a existência de vias genéticas para o intelecto e a linguagem do homem, e essas vias mais uma vez se revelam diferentes para ambas as formas de comportamento que estudamos.

....
(isto é, para agir da maneira como se verifica nos chimpanzés de Köhler). O embrião de tais ações "há em toda parte em que existe protoplasma, em que a albumina viva existe e reage", mas essa capacidade "atinge um alto nível de desenvolvimento nos mamíferos" (28, p. 101).

5. Em outra passagem Engels fala do mesmo assunto: "O pouco que estes (isto é, os animais), mesmo os mais desenvolvidos, conseguem comunicar uns aos outros pode ser feito até sem auxílio de linguagem articulada." Os animais domésticos, segundo Engels, podem ter *necessidade* de linguagem. "Infelizmente, porém, seus órgãos vocais já estão tão especializados em um determinado sentido que já não é possível remediar essa desgraça. Mas onde as condições do órgão são mais favoráveis a isso, essa incapacidade pode desaparecer até certos limites. No papagaio, por exemplo" (28, p. 93).

A grande capacidade para o estudo da linguagem no papagaio, por exemplo, não tem nenhuma relação direta com o desenvolvimento mais elevado dos embriões de pensamento nessa ave e, inversamente, o elevado desenvolvimento desses embriões no reino animal não tem nenhum vínculo visível com os êxitos da linguagem. Ambos se desenvolvem por suas vias específicas, ambos têm diferentes linhas de desenvolvimento[6].

Independentemente de como se veja a relação entre a ontogênese e a filogênese, poderíamos constatar, com base em investigações experimentais, que também no desenvolvimento da criança as raízes genéticas e as vias do intelecto e da linguagem são diferentes. Em certo ponto, como afirma Stern, observador profundo do desenvolvimento da fala da criança, ocorre um *cruzamento* de ambas as linhas do desenvolvimento, o seu encontro. A fala *se torna* intelectual, o pensamento *se torna* verbal. Observa-se que Stern vê aí a *maior descoberta da criança*.

Alguns estudiosos, como Delacroix, tendem a negar tal fato. Tendem a negar sentido universal à primeira idade das perguntas infantis (como isso se chama?) diferentemente da segunda idade de perguntas (as perguntas "por quê?", quatro anos depois); tentam negar o fato onde ele ocorre, negar a importância que Stern lhe dá, importância de sintoma indicador de que a criança descobriu que "cada objeto tem seu nome" (15, p. 286). Wallon supõe que, durante certo tempo, para a criança o nome é antes um atributo que um substituto do objeto.

> Quando uma criança pergunta pelo nome de algum objeto, ela redescobre uma relação que já havia descoberto mas nada indica que não veja em um o simples atributo do outro. Só uma generalização sistemática de perguntas pode comprovar se não

---

6. Bastian Schmidt observa que o desenvolvimento da linguagem é índice direto do desenvolvimento do psiquismo e do comportamento no reino animal. Neste sentido, o elefante e o cavalo estão atrás do porco e da galinha (*Die Sprache und andere Ausdrucksvogmen der Tiere*, 1923, p. 46).

se trata de uma relação fortuita e passiva mas de uma tendência que antecede as funções de descobrir o signo simbólico para todos os objetos reais (15, p. 287).

Koffka ocupa uma posição intermediária entre Stern e seus opositores. Como Bühler, enfatiza a analogia entre a invenção de instrumentos pelos chimpanzés e a descoberta, pela criança, da função nominativa da linguagem, mas restringe essa analogia ao admitir que a palavra integra a estrutura do objeto mas não obrigatoriamente o sentido funcional do signo. Para Koffka, a palavra se torna parte da estrutura do objeto, tendo o mesmo valor que as outras partes. Durante um certo tempo é para a criança uma *propriedade* do objeto paralelamente às outras.

> Mas essas "propriedades" do objeto – o seu nome – podem ser separadas dele (*verschiebbar*); pode-se ver o objeto sem ouvir o seu nome, assim como os olhos são um traço estável porém separável da mãe, que não pode ser visto quando ela está de costas.
>
> Também entre nós, pessoas ingênuas, a coisa é absolutamente igual: "o vestido azul continua azul mesmo quando não vemos a sua cor no escuro". Mas o nome é uma propriedade de todos os objetos, e a criança preenche todas as estruturas seguindo essa regra (23, p. 244).

Como Bühler salienta, cada objeto novo apresenta para a criança uma situação-problema, e ela resolve o problema segundo um esquema estrutural geral: nomeando pela palavra. Onde lhe falta a palavra para nomear o novo objeto ela a reclama dos adultos (22, p. 54).

Acreditamos que essa visão é a que mais se aproxima da verdade e afasta muito bem as complicações surgidas na discussão entre Stern e Delacroix. Os dados da psicologia étnica e principalmente da psicologia infantil da linguagem (veja-se especialmente Piaget) sugerem que, por longo tempo, a palavra é para a criança *antes uma propriedade que um símbolo do objeto*: *que a criança assimila a estrutura externa* antes que a interna. Ela assimila a estrutura *externa*: a palavra-objeto, que já depois *se torna* estrutura simbólica.

O que testemunha a favor dessa tese? Em primeiro lugar, rejeitamos tranqüilamente que se atribua a uma criança de um ano e meio a descoberta da função simbólica da linguagem, operação intelectual consciente e sumamente complexa, que, em linhas gerais, mal se coaduna com o nível intelectual geral de uma criança de semelhante idade. Em segundo lugar, as nossas conclusões coincidem plenamente com as de outros dados experimentais, que mostram que o uso funcional do signo, mesmo o mais simples do que uma palavra, aparece bem mais tarde e é totalmente inacessível a uma criança daquela idade. Em terceiro lugar, combinamos as nossas conclusões com os dados gerais da psicologia da linguagem infantil, segundo os quais a criança leva muito tempo para tomar consciência do significado simbólico da linguagem e usa a palavra como uma das propriedades do objeto. Em quarto lugar, as observações com crianças anormais, citadas por Stern, mostram, segundo Bühler, que examinou a questão, como ocorre esse momento entre as crianças surdas-mudas quando elas estão aprendendo a falar, que não ocorre tal "descoberta" – da qual se poderia medir um segundo com precisão – mas, ao contrário, ocorre uma série de mudanças "moleculares" que levam a isto (22). Em quinto, isso coincide perfeitamente com a via geral de assimilação do signo, que observamos com base em estudos experimentais no capítulo anterior. Nunca poderíamos observar nem em uma criança de idade escolar uma descoberta *direta*, que levasse imediatamente ao emprego funcional do signo. Isto é sempre antecedido pelo estágio da "psicologia ingênua", estágio da assimilação da *estrutura puramente externa do signo*, a única que posteriormente, no processo de operação com signo, leva a criança ao seu emprego funcional correto. A criança que vê a palavra como propriedade do objeto, entre outras suas propriedades, encontra-se precisamente neste estágio de seu desenvolvimento verbal.

Tudo isso favorece a tese de Stern, que foi claramente levado a equívoco pela semelhança externa, ou seja, *fenotípica*, pela semelhança e a interpretação dos problemas da criança. Resta saber se isto inviabiliza a conclusão principal que se pode tirar com base no esquema que traçamos para o desenvolvimento ontogenético do pensamento e da linguagem, isto é, a conclusão de que na ontogênese o pensamento e a linguagem se desenvolvem, até certo ponto, por diferentes linhas genéticas e só depois de um determinado ponto essas linhas se cruzam.

Tal conclusão não se inviabiliza. Ela continua em vigor *independentemente* de se inviabilizar ou não a tese de Stern e de que outra tese venha a substituí-la. Todos concordam com que as formas primárias das reações intelectuais da criança, estabelecidas experimentalmente depois de Köhler, por ele mesmo e por outros pesquisadores, são tão independentes da linguagem quanto as ações do chimpanzé (14, p. 283). Todos concordam, ainda, com o fato de que os estágios iniciais de desenvolvimento da linguagem da criança são estágios pré-intelectuais.

Se isto é evidente e indiscutível em relação ao balbucio da criança, ultimamente pode ser considerado como estabelecido também em relação às suas primeiras palavras. É bem verdade que, nos últimos tempos, vários pesquisadores vêm contestando a tese de Meumann, segundo a qual as primeiras palavras da criança têm caráter integralmente afetivo-volitivo, esses signos "de desejo ou vontade" ainda são estranhos a um significado objetivo e se esgotam com a reação puramente subjetiva, como a linguagem dos animais (8). Stern está mais propenso a achar que os elementos objetivos ainda estão separados nessas primeiras palavras (6), Delacroix vê uma ligação direta das primeiras palavras com a situação objetiva (15), mas esses dois autores acabam aceitando que a palavra não tem nenhum significado objetivo permanente e estável, que, por seu caráter objetivo, ela se assemelha a um impropério de um papagaio sabido, uma vez que os próprios desejos e sentimentos e as próprias reações emocionais entram em contato com a situação objetiva na medida em que as palavras estão relacionadas a ela. Isto porém não invalida na base a tese geral de Meumann (18, p. 280).

Podemos resumir o que nos ficou dessa análise da ontogênese da linguagem e do pensamento. Aqui, as raízes genéticas e as vias de desenvolvimento do pensamento e da linguagem se revelam *até certo ponto* diferentes. A novidade é o fato de que ninguém contesta que *as duas vias de desenvolvimento se cruzam*. E não contestam se isso acontece em um ou vários pontos, se ocorre de forma súbita, catastrófica ou evolui de modo lento e gradual e só depois irrompe, se é o resultado de uma descoberta ou de uma simples ação estrutural ou de uma longa mudança funcional, se coincide com a idade dos dois anos ou com a idade escolar. *Independentemente dessas questões ainda controversas*, uma questão fundamental continua inquestionável: *o fato do cruzamento de ambas as linhas de desenvolvimento*.

Resta resumir o que concluímos da análise da linguagem interior. Mais uma vez ela nos leva a uma série de hipóteses. Se o desenvolvimento da linguagem interior passa pelos sussurros ou pela linguagem egocêntrica, realiza-se ou não em simultaneidade com o desenvolvimento da linguagem exterior ou surge em uma fase relativamente elevada dessa linguagem, se a linguagem interior e o pensamento a ela relacionado podem ser considerados como um determinado estágio do desenvolvimento de qualquer forma cultural de comportamento, independentemente de como, no processo de estudo fatual, resolvam-se todas essas questões importantíssimas em si mesmas, em suma, seja qual for a solução, a conclusão básica continua a mesma. Ela estabelece que a linguagem interior se desenvolve mediante um lento acúmulo de mudanças estruturais e funcionais; que ela se separa da linguagem exterior das crianças ao mesmo tempo que ocorre a diferenciação das funções social e egocêntrica da linguagem; por último, que as estruturas da linguagem dominada pela criança tornam-se estruturas básicas de seu pensamento.

Com tudo isso revela-se um fato fundamental, indiscutível e decisivo: o desenvolvimento do pensamento e da linguagem depende *dos instrumentos de pensamento* e da experiência sociocultural da criança. Basicamente, o desenvolvimento da linguagem interior depende de fatores externos: o desenvolvimento da lógica na criança, como demonstraram os estudos de Piaget, é uma função direta de sua linguagem socializada. O desenvolvimento do pensamento da criança depende de seu domínio dos meios sociais do pensamento, isto é, da linguagem.

A partir daí, podemos formular a conclusão principal a que chegamos a partir da nossa análise e que tem grande importância metodológica para a colocação de todo o problema. Essa conclusão decorre da comparação do desenvolvimento da linguagem interior e do pensamento verbal com o desenvolvimento da linguagem e do intelecto na forma como se desenvolveram ao longo de linhas diferentes, tanto nos animais como nas crianças de tenra idade. A conclusão é a seguinte: um desenvolvimento não é a simples continuação direta de *outro, mas* ocorre uma mudança do *próprio tipo de desenvolvimento* – do biológico para o histórico-social.

Achamos, e os capítulos anteriores o mostraram com suficiente clareza, que o pensamento verbal não é uma forma natural e inata de comportamento mas uma forma histórico-social, e por isso se distingue basicamente por uma série de *propriedades e leis específicas,* que não podem ser descobertas nas formas naturais do pensamento e da linguagem. Mas a conclusão principal é a de que, ao reconhecermos o caráter histórico do pensamento verbal, devemos estender a essa forma de comportamento todas as teses metodológicas que o materialismo histórico estabelece para todos os fenômenos históricos na sociedade humana. Por último, devemos esperar de antemão que, em linhas gerais, o próprio tipo de desenvolvimento histórico do comportamento venha a estar na dependência direta das leis gerais do desenvolvimento histórico da sociedade humana.

Com isso, o próprio problema do pensamento e da linguagem ultrapassa os limites metodológicos das ciências naturais e se transforma em questão central da psicologia histórica do homem, ou seja, da psicologia social; ao mesmo tempo, modifica-se a própria abordagem metodológica do problema. Sem tocar na questão em toda a sua plenitude, achamos necessário analisar os seus *pontos fulcrais*, aqueles mais difíceis em termos metodológicos porém mais centrais e mais importantes para uma análise do comportamento do homem baseada no materialismo dialético e histórico.

Um estudo especial deverá analisar essa *segunda questão* do pensamento e da linguagem, assim como outras questões que comentamos de passagem e são atinentes à análise funcional e estrutural desses processos.

5. Estudo experimental do desenvolvimento dos conceitos

I

Até recentemente, a maior dificuldade no campo do estudo dos conceitos foi a ausência de uma metodologia experimental elaborada que permitisse penetrar fundo no processo de formação dos conceitos e estudar a sua natureza psicológica.

Os métodos tradicionais de estudo dos conceitos dividem-se em dois grupos básicos. O chamado método de definição, com suas variantes indiretas, é típico do primeiro grupo. Sua função principal é investigar os conceitos já formados na criança através da definição verbal de seus conteúdos. Foi precisamente esse método que passou a integrar a maioria dos estudos de textos.

Apesar da sua ampla divisão, dois importantes inconvenientes tornaram esse método inadequado para o estudo aprofundado do processo.

1. Ele lida com o resultado da formação de conceitos, sem captar a dinâmica, o desenvolvimento, o fluxo, o começo e o fim do processo. É mais um estudo do produto que do processo que leva à formação desse produto. Em função disto, quando definimos os conceitos acabados, muito amiúde não operamos tanto com o pensamento da criança quanto com uma reprodução de conhecimentos prontos, de definições prontas e

assimiladas. Quando estudamos as definições que a criança aplica a esse ou àquele conceito, freqüentemente estudamos bem mais o conhecimento, a experiência da criança e o grau de seu desenvolvimento verbal que o pensamento na acepção própria do termo.

2. O método de definição opera quase exclusivamente com a palavra, esquecendo que o conceito, especialmente para a criança, está vinculado ao material sensorial de cuja percepção e elaboração ele surge; o material sensorial e a palavra são partes indispensáveis do processo de formação dos conceitos e a palavra, dissociada desse material, transfere todo o processo de definição do conceito para o plano puramente verbal que não é próprio da criança. Aplicando-se esse método, quase nunca se consegue estabelecer a relação existente entre o significado, atribuído pela criança à palavra com a definição puramente verbal, e o significado real, que corresponde à palavra no processo de sua correlação viva com a realidade objetiva que ela significa.

O essencial mesmo para o conceito – a sua relação com a realidade – fica aí sem ser estudado; procuramos chegar ao significado de uma palavra através de outra palavra, e o que descobrimos mediante essa operação deve antes ser atribuído a relações existentes entre certas famílias convencionais de palavras que à efetiva representação dos conceitos infantis.

O segundo grupo é o de métodos de estudo da abstração, que tentam superar as deficiências dos métodos puramente verbais de definição e estudar as funções e os processos psicológicos que fundamentam o processo de formação de conceitos com base na elaboração da experiência direta de onde nasce o conceito. Segundo todos eles, pede-se à criança que descubra algum traço comum em uma série de impressões concretas, abstraindo-o de todos os outros traços que com ele estão fundidos no processo de percepção, e generalize esse traço comum a toda uma série de impressões.

Um defeito desse grupo de métodos é substituir o complexo processo sintético por um processo elementar, que é parte dele, e ignorar o papel da palavra, o papel do símbolo no processo de formação de conceitos. Com isto, simplificam infinitamente o próprio processo de abstração, por tomá-lo fora daquela relação específica com a palavra, característica da formação de conceitos, que é o traço distintivo central de todo o processo. Desse modo, os métodos tradicionais de estudo dos conceitos caracterizam-se igualmente pelo divórcio da palavra com a matéria objetiva; operam ou com palavras sem matéria objetiva, ou com matéria objetiva sem palavras.

Um imenso passo adiante foi dado com a criação de um método que tentou representar adequadamente o processo de formação de conceitos, incluindo as duas partes: o material que serve de base à elaboração do conceito, e a palavra através da qual ele surge.

Não vamos nos deter na complexa história da formação desse novo método; observamos apenas que a sua introdução permitiu aos pesquisadores estudar não os conceitos prontos mas o próprio processo de sua formação. Entre outras coisas, na forma como foi aplicado por Ach, esse método merece plenamente o nome de método sintético-genético, uma vez que estuda o processo de construção do conceito, de síntese de uma série de traços que formam o conceito, e o processo de desenvolvimento do conceito.

Esse novo método introduz, na situação experimental, palavras artificiais sem sentido, que a princípio não significam nada para a criança nem estão vinculadas à sua experiência anterior. Também introduz conceitos artificiais, criados especialmente com fins experimentais, ligando cada palavra sem sentido a uma determinada combinação de atributos que nessa combinação não se encontram no mundo dos nossos conceitos comuns definidos por palavras. Por exemplo, nas experiências de Ach, a palavra *gatsun*, a princípio sem sentido para o sujeito experimental, no processo do experimento é assimilada, adquire significação e se torna portadora de conceito, significando algo grande e pesado; ou a palavra *fall* começa a significar pequeno e leve.

Graças a essa introdução de palavras e conceitos artificiais, esse método se livra de uma das falhas mais notórias de vários outros métodos; a solução do problema não pressupõe uma experiência ou conhecimentos anteriores por parte do experimentando, equiparando, assim, crianças e adultos.

Ach aplicou seu método de forma idêntica a uma criança de cinco anos e a um adulto, equiparando os dois em conhecimentos. Assim, o método ficou potencializado em termos etários e permite estudar o processo de formação de conceitos em seu aspecto puro.

Uma das principais fragilidades do método de definição é o fato de que o conceito é retirado de sua relação natural, em forma estagnada, fora do vínculo com os processos reais de pensamento em que surge, é descoberto e vive. O experimentador toma uma palavra isolada, a criança deve defini-la, mas essa definição de uma palavra arrancada, isolada, tomada em forma estagnada não nos dá a mínima idéia do que seja essa palavra em ação, de como a criança opera com ela no processo vivo de solução de um problema, de como a emprega quando para isto surge a necessidade viva.

Como afirma Ach, esse desconhecimento do momento funcional representa, no fundo, uma omissão do fato de que o conceito não leva uma vida isolada, não é uma formação fossilizada e imutável mas sempre se encontra no processo mais ou menos vivo e mais ou menos complexo de pensamento, sempre exerce alguma função de comunicar, assimilar, entender e resolver algum problema.

Livre dessa deficiência está o método que coloca no centro da investigação precisamente as condições funcionais de surgimento do conceito. Ele toma o conceito relacionado a um ou outro problema ou dificuldade que surge no pensamento, visando à compreensão ou à comunicação, ao cumprimento dessa ou daquela tarefa, dessa ou daquela instrução que não pode ser levada à prática sem a formação do conceito. No conjunto, tudo isso faz do novo método de investigação um instrumento sumamente importante e valioso para a compreensão do desenvolvimento dos conceitos. Embora Ach não tenha dedicado um estudo especial à formação dos conceitos na idade transitória, ainda assim, baseado nos resultados da sua investigação, não pôde deixar de observar a dupla transformação – que abrange o conteúdo e a forma do pensamento – que ocorre no desenvolvimento intelectual do adolescente e marca a transição para o pensamento por conceitos.

Rimat fez um estudo específico e minucioso do processo de formação de conceitos em adolescentes, utilizando uma variante do método de Ach. A principal conclusão a que chegou foi a de que a formação de conceitos excede a capacidade dos pré-adolescentes e só tem início no final da puberdade. E escreve:

> Podemos estabelecer, com segurança, que só ao término do décimo segundo ano manifesta-se um nítido aumento da capacidade da criança para formar, sem ajuda, conceitos objetivos generalizados. Acho sumamente importante chamar atenção para este fato. O pensamento por conceitos, dissociado de momentos concretos, faz à criança exigências que excedem suas possibilidades psicológicas antes dos doze anos de idade (29, p. 112).

Não vamos examinar o modo de realização dessa pesquisa nem outras conclusões teóricas e resultados obtidos por esse autor. Achamos suficiente ressaltar o seguinte resultado básico: estudos especiais mostram que só depois dos doze anos, ou seja, com o início da puberdade e ao término da primeira idade escolar, começam a desenvolver-se na criança os processos que levam à formação dos conceitos e ao pensamento abstrato. Esses resultados contrariam a afirmação de alguns psicólogos que negam o surgimento de qualquer função intelectual na idade transitória e afirmam que toda criança de três anos domina todas as operações intelectuais de onde se forma o pensamento do adolescente.

Uma das conclusões principais a que nos levam os estudos de Ach e Rimat é a rejeição do ponto de vista associativo sobre o processo de formação de conceitos. Ach demonstrou que a existência de associações entre esses e aqueles símbolos verbais, esses e aqueles objetos, embora sólidas e numerosas, não é por si só suficiente para a formação de conceitos. Suas descobertas experimentais não confirmaram a velha concepção segundo a qual um conceito surge por via puramente associativa mediante o máximo fortalecimento de uns vínculos associativos correspondentes aos atributos comuns a um grupo de objetos e o enfraquecimento de outros vínculos correspondentes aos atributos que distinguem esses objetos.

Os experimentos de Ach mostraram que a formação de conceitos é um processo de caráter produtivo e não reprodutivo, que um conceito surge e se configura no curso de uma operação complexa voltada para a solução de algum problema, e que só a presença de condições externas e o estabelecimento mecânico de uma ligação entre a palavra e o objeto não são suficientes para a criação de um conceito. Paralelamente ao estabelecimento desse caráter não associativo e produtivo do processo de formação dos conceitos, tais experiências levaram a outra conclusão não menos importante: ao estabelecimento de um fator associativo básico que determina todo o fluxo desse processo. Em sua opinião, o fato decisivo para a formação de conceitos é a chamada tendência determinante.

Com isso o nome de Ach marca a tendência que regula o fluxo dos nossos conceitos e ações, e parte da noção do objetivo a ser atingido por esse fluxo, da tarefa cuja solução é meta de toda uma atividade. Antes de Ach, a psicologia postulava duas tendências básicas que regiam o fluxo de nossas idéias: a reprodução ou associação e a perseverança. A primeira delas traz de volta aquelas imagens que, em experiências passadas, estiveram ligadas à imagem que nos ocupa a mente em um dado momento. A segunda é a tendência de cada imagem a voltar e a penetrar novamente o fluxo de imagens. Em suas primeiras investigações, Ach demonstrou que essas duas tendências são insuficientes para explicar os atos de pensamento intencionais e conscientemente regulados, voltados para a solução de algum problema, e que estes são regulados não tanto pelos atos de reprodução das imagens por via associativa e pela tendência de cada imagem a voltar a penetrar na consciência, mas por uma tendência especial determinante, que parte da representação do todo. Ele tornou a mostrar que o momento central, sem o qual nenhum conceito jamais surge, é a ação reguladora da tendência determinante cujo ponto de partida consiste em propor a tarefa ao sujeito da experiência.

Segundo o esquema de Ach, a formação de conceitos não segue o modelo de uma cadeia associativa, em que um elo suscita e acarreta outro, mas um processo orientado para um fim, uma série de operações que servem como meio para a solução do problema central. A memorização de palavras e a sua associação com os objetos não leva, por si só, à formação de conceitos; para que o processo se inicie, deve surgir um problema que só possa ser resolvido pela formação de novos conceitos.

Já dissemos que Ach deu um imenso passo adiante em comparação com as investigações anteriores tanto em termos de inclusão do processo de formação de conceitos na estrutura da solução de um problema quanto do estudo da importância funcional e do papel desse momento. Mas isso ainda é pouco, pois o objetivo, ou melhor, o problema colocado em si mesmo é, de fato, o momento absolutamente indispensável para que possa surgir o processo funcionalmente ligado à sua solução; mas o objetivo também existe tanto nas crianças em idade pré-escolar quanto na criança de tenra idade, embora nem esta, nem a pré-escolar, nem uma criança com idade inferior aos doze anos seja plenamente capaz de conscientizar a tarefa que tem diante de si ou elaborar um novo conceito.

Ora, o próprio Ach mostrou em seus estudos que as crianças de idade pré-escolar diferem dos adolescentes e dos adultos não porque compreendem pior ou de forma menos completa ou menos correta o objetivo à sua frente, mas pelo modo inteiramente diverso como desenvolvem todo esse processo de solução do problema. O complexo estudo experimental realizado por D. Uznadze sobre a formação de conceitos em idade pré-escolar também mostrou que, nessa idade, precisamente em termos funcionais, uma criança aborda os problemas exatamente da mesma maneira que o faz o adulto ao operar com conceitos, mas o modo de resolvê-los é completamente diverso. Como o adulto, a criança usa a palavra como instrumento; conseqüentemente, para ela a palavra está tão ligada à função de comunicar e assimilar a compreensão quanto está para o adulto.

Assim, não são a tarefa, o objetivo e a tendência determinante deste decorrente, mas outros fatores não incorporados por esses pesquisadores que condicionam notoriamente a substancial diferença genética entre o pensamento por conceitos do adulto e outras formas de pensamento que distinguem a criança de tenra idade.

Entre outras coisas, Uznadze chamou a atenção para um dos momentos funcionais, colocados em primeiro plano pelos estudos de Ach: o momento da comunicação, da compreensão entre as pessoas com o auxílio da linguagem. A palavra é um meio de compreensão mútua entre as pessoas. Diz Uznadze*:

> Na formação dos conceitos é precisamente essa circunstância que desempenha o papel decisivo; diante da necessidade de estabelecer uma compreensão mútua, um determinado complexo de sons adquire certa significação e, assim, torna-se palavra

....

* Uznadze, Dmitri Nikoláievitch (1887-1950). Filósofo e psicólogo georgiano, criador da categoria *ustanóvka* ou atitude, segundo a qual o momento decisivo no conhecimento do objeto é a percepção exterior com a sua *intencionalidade* específica, que é produto da atitude. (N. do T.)

ou conceito. Sem esse momento funcional de compreensão mútua nenhum complexo de sons poderia tornar-se veículo de significado algum e nenhum conceito poderia surgir.

Sabe-se que o contato entre a criança e o mundo adulto que a cerca se estabelece muito cedo. A criança começa a crescer em um ambiente falante e ela mesma passa a usar o mecanismo da fala já a partir do segundo ano de vida.

Não resta dúvida de que ela não usa sons sem sentido mas palavras autênticas, e, na medida em que cresce, a elas relaciona significados cada vez mais diferenciados.

Ao mesmo tempo, pode-se considerar estabelecido o fato de que a criança atinge relativamente tarde o grau de socialização do seu pensamento, que é necessário para a elaboração de conceitos plenamente desenvolvidos. Prossegue Uznadze:

> Por um lado, verificam-se conceitos válidos, que pressupõem um grau superior de socialização do pensamento infantil e se desenvolvem em fase relativamente tardia, enquanto, por outro, as crianças começam relativamente cedo a empregar palavras e estabelecer compreensão mútua com os adultos e entre si por intermédio de tais palavras... Assim, fica claro que as palavras, que ainda não atingiram o nível dos conceitos plenamente desenvolvidos, imitam a função destes e podem servir de meio de comunicação e compreensão entre falantes. Um estudo específico do nível etário correspondente deve mostrar como se desenvolvem as formas de pensamento que não devem ser consideradas conceitos mas equivalentes funcionais, e de que maneira elas atingem o nível que caracteriza um pensamento plenamente desenvolvido.

Todo o estudo de Uznadze mostra que essas formas de pensamento, sendo equivalentes funcionais do pensamento por conceitos, diferem em termos qualitativos e estruturais do pensamento mais desenvolvido no adolescente e no adulto. Ao mesmo tempo, essa diferença não pode ser fundada no fator lançado por Ach, pois, como demonstrou Uznadze, essas formas são equivalentes aos conceitos precisamente no sentido funcional, no sentido da solução de determinados problemas e de determinadas tendências decorrentes da visão do objetivo. Assim, deparamos com o seguinte estado de coisas: no estágio relativamente inicial de seu desenvolvimento, uma criança é capaz de compreender um problema e visualizar o objetivo colocado por esse problema; como as tarefas de compreender e comunicar-se são essencialmente as mesmas para o adulto e para a criança, esta desenvolve equivalentes funcionais de conceitos numa idade extremamente precoce, mas, a despeito da identidade dos problemas e da equivalência do momento funcional, as formas de pensamento que ela utiliza ao lidar com essas tarefas diferem profundamente das do adulto em sua composição, sua estrutura e seu modo de operação.

É evidente que não são o problema e as concepções de fim nele contidas que, em si, determinam e regulam todo o fluxo do processo, mas um novo fator obtido por Ach. É evidente, ainda, que a tarefa e as tendências determinantes a ela relacionadas não estão em condição de explicar a diferença genética e estrutural que observamos nas formas funcional – equivalentes de pensamento da criança e do adulto.

Em linhas gerais, objetivo não é explicação. Sem objetivo não é possível, evidentemente, nenhuma ação voltada para um fim, nem a existência desse fim nos explica, de maneira nenhuma, todo o processo de sua obtenção em seu desenvolvimento e estrutura. Como diz Ach, referindo-se aos métodos mais antigos, o objetivo e as tendências dominantes dele decorrentes acionam o processo mas não o regulam. A existência de um fim é um momento necessário mas não suficiente para o surgimento de uma atividade voltada para um fim. Não pode surgir nenhuma atividade endereçada a um fim sem que existam o objetivo e o problema que aciona e orienta esse processo.

Mas a existência do objetivo e da tarefa ainda não garante que se desencadeie uma atividade efetivamente voltada para a vida e que essa existência não tenha a força mágica de determinar e regular o fluxo e a estrutura dessa atividade. A experiência da criança e do adulto é povoada por casos em que problemas não resolvidos ou mal resolvidos em dada fase do desenvolvimento, objetivos não atingidos ou inatingíveis surgem diante do homem sem que isso garanta o seu êxito. É evidente que quando explicamos a natureza de um processo psicológico que redunda na solução do problema, devemos partir do objetivo mas não podemos nos limitar a ele.

Já dissemos que o objetivo não é a explicação do processo. A questão central, fundamental, vinculada ao processo de formação de conceito e ao processo de atividade voltada para um fim, é o problema dos meios através dos quais se realiza essa ou aquela operação psicológica, essa ou aquela atividade voltada para um fim.

De igual maneira, não podemos explicar satisfatoriamente o trabalho como atividade humana voltada para um fim, afirmando que ele é desencadeado por objetivos, por tarefas que se encontram diante do homem; devemos explicá-lo com o auxílio do emprego de ferramentas, da aplicação de meios originais sem os quais o trabalho não poderia surgir; de igual maneira, para a explicação de todas as formas superiores de comportamento humano, a questão central é a dos meios através dos quais o homem domina o processo do próprio comportamento.

Como mostram investigações que aqui não vamos abordar, todas as funções psíquicas superiores têm como traço comum o fato de serem processos mediatos, melhor dizendo, de incorporarem à sua estrutura, como parte central de todo o processo, o emprego de signos como meio fundamental de orientação e domínio nos processos psíquicos.

No processo de formação dos conceitos, esse signo é a palavra, que em princípio tem o papel de meio na formação de um conceito e, posteriormente, torna-se seu símbolo. Só o estudo do emprego funcional da palavra e do seu desenvolvimento, das suas múltiplas formas de aplicação qualitativamente diversas em cada fase etária mas geneticamente inter-relacionadas, pode ser a chave para o estudo da formação de conceitos.

A principal deficiência da metodologia de Ach é o fato de que, por intermédio dela, não elucidamos o processo genético de formação de conceito mas apenas constatamos a existência ou inexistência desse processo. A própria organização da experiência pressupõe que os meios pelos quais se forma o conceito, ou seja, as palavras experimentais que desempenham o papel de signos, são dados desde o início, são uma grandeza constante que não se modifica durante toda a experiência e, além do mais, o modo de sua aplicação está antecipadamente previsto nas instruções. As palavras não exercem desde o início o papel de signos, em princípio em nada diferem de outra série de símbolos que atuam na experiência, dos objetos aos quais estão relacionadas. No intuito crítico e polêmico de demonstrar que apenas uma relação associativa entre palavras e objetos é insuficiente para que surja o significado, que o significado da palavra ou o conceito não são equivalentes a uma relação associativa entre o complexo sonoro e a série de objetos, Ach mantém inteiramente a forma tradicional de todo o processo de formação de conceitos, subordinado a um esquema que pode ser expresso pelas palavras: de baixo para cima, de alguns objetos concretos para poucos conceitos que os abrangem.

Mas, como o próprio Ach estabelece, esse processo de experimento está em acentuada contradição com o fluxo real do processo de formação de conceitos e, como veremos adiante, não se baseia, de maneira nenhuma, na série de cadeias associativas. Empregando as palavras de Wogel, àquela altura já famosas, ele não se limita a subir a pirâmide dos conceitos mas à passagem do concreto para o mais abstrato.

Aí reside um dos principais resultados a que levaram os estudos de Ach e Rimat. Esses dois estudiosos denunciaram como incorreto o ponto de vista associativo sobre o processo de formação de conceitos, apontaram o caráter produtivo e criador do conceito, elucidaram o papel essencial do método funcional no surgimento do conceito, salientaram que só com o surgimento de certa necessidade de conceito, só no processo de alguma atividade voltada para um fim ou para a solução de um determinado problema é possível que o conceito surja e ganhe forma.

Esses estudos, que superaram definitivamente a concepção mecanicista da formação de conceitos, ainda assim não revelaram a efetiva natureza genética, funcional e estrutural desse processo e se perderam na explicação puramente teleológica das funções superiores; tal explicação se restringe a afirmar que o objetivo cria por si mesmo, com o auxílio das tendências determinantes, uma atividade correspondente voltada para um fim, e que em si mesmo o problema já contém a sua solução.

Afora a inconsistência filosófica e metodológica geral desse ponto de vista, já dissemos que também em termos puramente fatuais esse tipo de explicação torna insolúveis as contradições, inviabiliza explicar por que, quando os problemas ou os objetivos são idênticos, as formas de pensamento por meio das quais a criança resolve esses problemas diferem radicalmente umas das outras em cada fase etária.

Desse ponto de vista não dá para entender por que as formas de pensamento se desenvolvem. Por isso, as pesquisas de Ach e Rimat, que inauguraram indiscutivelmente uma nova época no estudo dos conceitos, ainda assim deixaram aberto o problema do ponto de vista de sua explicação dinâmico-causal; caberia à investigação experimental estudar o processo de formação dos conceitos em seu desenvolvimento, em seu condicionamento dinâmico-causal.

II

Para estudar o processo de formação de conceitos, nós nos baseamos na metodologia específica de um estudo experimental que poderíamos chamar de método funcional de dupla estimulação, cuja essência é a seguinte: estudam-se o desenvolvimento e a atividade das funções psicológicas superiores com o auxílio de duas séries de estímulos; uma desempenha a função do objeto da atividade do sujeito experimental, a outra, a função dos signos através dos quais essa atividade de organiza.

É dispensável descrever em detalhes a aplicação desse método ao estudo do processo de formação de conceitos, uma vez que ele foi desenvolvido pelo nosso colaborador L. S. Sákharov. Vamos abordar apenas aqueles momentos que podem ter importância fundamental em face do que afirmamos anteriormente. Considerando que o experimento tinha como meta descobrir o papel da palavra e o caráter de seu emprego funcional no processo de formação de conceitos, todo ele foi organizado, em certo sentido, de forma oposta ao experimento de Ach.

Em Ach o experimento começa por um período de memorização: sem ter recebido nenhuma tarefa do experimentador mas tendo recebido todos os meios necessários em forma de palavras para resolver os problemas seguintes, o experimentando decora, manuseia e examina cada objeto, todos os seus nomes.

Desse modo, o problema não é proposto logo no início mas só posteriormente, criando momentos de repetição durante todo o experimento. Os meios "palavras", ao contrário, são propostos desde o início, mas propostos numa relação associativa direta com os objetos-estímulos. No método da dupla estimulação, esses dois momentos estão invertidos. O problema é desenvolvido inteiramente desde o primeiro momento da experiência diante do experimentando e assim permanece ao longo de cada etapa da experiência.

Assim procedendo, partimos de que a colocação do problema e o surgimento do objetivo são premissas indispensáveis para o surgimento de todo o processo, mas os meios vão sendo introduzidos gradualmente a cada tentativa empreendida pelo sujeito para resolver o problema com as palavras insuficientes anteriormente propostas. O período de memorização está inteiramente afastado. Ao transformar, assim, os meios de solução do problema, ou melhor, os signos-estímulos ou palavras em uma magnitude variável, transformando o problema em magnitude constante, ganhamos a possibilidade de observar como o sujeito experimental aplica os signos como meios de orientação das suas operações intelectuais e como, dependendo do meio e do emprego da palavra e da sua aplicação funcional, transcorre todo o processo de formação do conceito.

Em toda a investigação, achamos de suma importância o seguinte momento do qual falaremos mais detalhadamente adiante: com essa organização do experimento, a pirâmide de conceitos acaba de pernas para o ar. O processo de solução do problema no experimento corresponde à formação real dos conceitos, que, como veremos adiante, não se constrói de modo mecanicamente sumário – como a fotografia coletiva de Galton – através da transição gradual do concreto para o abstrato; nesse processo de formação real de conceitos o movimento de cima para baixo, do geral para o particular e do topo da pirâmide para a base é tão característico quanto o processo inverso de ascensão aos apogeus do pensamento abstrato.

Por último, é de importância essencial o momento funcional de que fala Ach: o conceito não é tomado em seu sentido estático e isolado mas nos processos vivos de pensamento, de solução do problema, de sorte que toda a investigação se divide numa série de etapas particulares, cada uma das quais incorpora os conceitos em ação, nessa ou naquela aplicação aos processos de pensamento. De início vem o processo de elaboração do conceito, depois o processo de transferência do conceito elaborado para novos objetos, depois o emprego do conceito no processo de livre associação e, por último, a aplicação do conceito na formação de juízos e definição de conceitos reelaborados.

Toda a experiência seguiu o seguinte esquema: diante do sujeito experimental, foram colocadas e espalhadas em um quadro especial, dividido em campos particulares, várias figuras

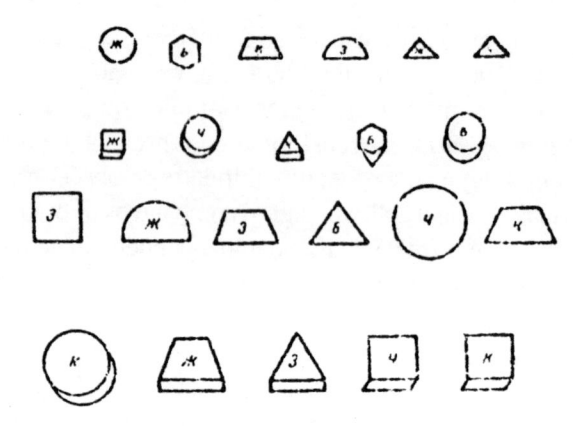

Figura 1 – Estudo da formação dos conceitos. Método de Sákharov.

de cores, formas, alturas e tamanhos diferentes. Todas elas foram esquematizadas em um desenho. Ao sujeito foi proposta uma dessas figuras, que tinha escritas na parte inferior palavras sem sentido que ele leu.

É proposto ao sujeito que coloque no campo seguinte todas as figuras em que ele ache que esteja escrita a mesma palavra. Depois de cada tentativa do sujeito para resolver a tarefa, o experimentador a verifica, descobre uma nova figura que tem nome semelhante ao da mostrada antes mas que é diferente dela por alguns traços e semelhante por outros, ou seja, representada por outro sinal, mais uma vez sendo semelhante à figura anterior em umas coisas e diferente em outras.

Assim, depois de cada nova tentativa de resolver o problema, aumenta-se o número de figuras mostradas e concomitantemente o número de sinais que as designam; assim, o experimentador ganha a possibilidade de observar como, em função desse novo fator básico, modifica-se o caráter da solução do problema que continua o mesmo em todas as etapas da experiência. Cada palavra foi disposta em figuras relacionadas ao mesmo conceito experimental comum designado por uma dada palavra.

III

Na série de investigações do processo de formação de conceitos iniciada em nosso laboratório por Sákharov e desenvolvida e completada por nós e por nossos colaboradores U. V. Kotiélova e E. I. Pachkóvskaia, mais de trezentas pessoas foram estudadas, entre elas crianças, adolescentes e adultos, inclusive alguns com distúrbios patológicos das atividades intelectuais e de linguagem.

A principal conclusão que tiramos dessas investigações tem relação direta com o nosso tema. Acompanhando o processo genético de formação de conceitos em diferentes fases etárias, comparando e avaliando esse processo que se desenvolve em condições idênticas na criança, no adolescente e no adulto, tivemos oportunidade de elucidar, com base em estudo experimental, as leis básicas que regem o desenvolvimento desse processo.

Em um corte genético, a conclusão da nossa pesquisa pode ser formulada em termos de uma lei geral que estabelece: o desenvolvimento dos processos que finalmente culminam na formação de conceitos começa na fase mais precoce da infância, mas as funções intelectuais que, numa combinação específica, constituem a base psicológica do processo de formação de conceitos amadurecem, configuram-se e se desenvolvem somente na puberdade. Antes dessa idade, encontramos formações intelectuais originais que, aparentemente, são semelhantes ao verdadeiro conceito e, em decorrência dessa aparência externa, no estudo superficial podem ser tomadas como sintomas indicadores da existência de conceitos autênticos já em tenra idade. Em termos funcionais, essas formações intelectuais são de fato equivalentes aos conceitos autênticos que só amadurecem bem mais tarde.

Isto significa que tais equivalentes funcionais desempenham função semelhante à dos conceitos na solução de problemas semelhantes, mas a análise experimental mostra que, pela natureza psicológica, a composição, a estrutura e o modo de atividade, eles têm tanta relação com os conceitos quanto um embrião com o organismo maduro. Equiparar os dois significa ignorar o longo processo de desenvolvimento, colocar um sinal de igualdade entre o seu estágio inicial e o estágio final.

Não será nenhum exagero afirmar que identificar operações intelectuais que surgem na puberdade com o pensamento de uma criança de três anos, como o fazem muitos psicólogos, tem tão pouco fundamento quanto negar que a segunda idade escolar é a época do amadurecimento sexual apenas com base no fato de que os elementos da futura sexualidade, os componentes parciais da futura atração, já se revelam na criança na fase da amamentação.

Ainda teremos oportunidade de examinar mais detalhadamente a comparação dos conceitos autênticos, que surgem na puberdade, com as formações equivalentes que surgem na idade pré-escolar e na idade escolar. Essa comparação nos permitirá estabelecer o que há de efetivamente novo, o que surge no campo do pensamento na idade transitória e o que promove a formação de conceitos ao centro das transformações psicológicas que constituem o conteúdo da crise de amadurecimento. Por ora vamos elucidar, nos traços mais gerais, a natureza psicológica no processo de formação de conceitos e mostrar por que só o adolescente chega a assimilar esse processo.

A investigação experimental do processo de formação de conceitos mostrou que o emprego funcional da palavra ou de outro signo como meio de orientação ativa da compreensão, do desmembramento e da discriminação de traços, de sua abstração e síntese é parte fundamental e indispensável de todo o processo. A formação de conceito ou a aquisição de sentido através da palavra é o resultado de uma atividade intensa e complexa (operação com palavra ou signo), da qual todas as funções intelectuais básicas participam em uma combinação original.

Nesse aspecto poderíamos formular a tese básica a que nos leva a nossa investigação: a formação de conceitos é um meio específico e original de pensamento, e o fator imediato que determina o desenvolvimento desse novo modo de pensar não é nem a associação, como o supõem muitos autores, nem a atenção, como estabelece Müller, nem o juízo e a representação que colaboram mutuamente, como decorre da teoria da formação de conceitos de K. Bühler, nem a tendência determinante como o sugere Ach; todos esses momentos, todos esses processos participam da formação de conceitos, mas nenhum deles é o momento determinante e essencial que pode explicar o surgimento de uma nova forma de pensamento qualitativamente original e irredutível a outras operações intelectuais elementares.

Nenhum desses processos sofre na puberdade a mínima mudança perceptível, porque, repetimos, nenhuma das funções intelectuais elementares se manifesta pela primeira vez ou é efetivamente uma aquisição nova dessa fase transitória. No que tange às funções elementares, é absolutamente correta a opinião acima citada dos psicólogos, segundo a qual no intelecto do adolescente não aparece nada de essencialmente novo em comparação com o que já se verifica na criança, e temos um contínuo desenvolvimento equilibrado de todas as mesmas funções que se constituíram e amadureceram bem antes.

O processo de formação de conceitos é irredutível às associações, ao pensamento, à representação, ao juízo, às tendências determinantes, embora todas essas funções sejam participantes obrigatórias da síntese complexa que, em realidade, é o processo de formação de conceitos. Como mostra a investigação, a questão central desse processo é o emprego funcional do signo ou da palavra como meio através do qual o adolescente subordina ao seu poder as suas próprias operações psicológicas, através do qual ele domina o fluxo dos próprios processos psicológicos e lhes orienta a atividade no sentido de resolver os problemas que tem pela frente.

Todas as funções psicológicas elementares, que costumam ser apontadas, participam do processo de formação de conceitos, mas participam de modo inteiramente diverso como processos que não se desenvolvem de maneira autônoma, segundo a lógica das suas próprias leis, mas são mediados pelo signo ou pela palavra e orientados para a solução de um determinado problema, levando a uma nova combinação, uma nova síntese, momento único em que cada processo participante adquire o seu verdadeiro sentido funcional.

Aplicado ao problema do desenvolvimento dos conceitos, isto significa que nem a acumulação de associações, nem o desenvolvimento do volume e da estabilidade da atenção, nem o acúmulo de grupos de representações, nem as tendências determinantes, em suma, nenhum desses processos em si, por mais que tenham avançado em seu desenvolvimento, pode levar à formação de conceitos e, conseqüentemente, nenhum deles pode ser considerado fator genético essencialmente determinante no desenvolvimento dos conceitos. O conceito é impossível sem palavras, o pensamento em conceitos é impossível fora do pensamento verbal; em todo esse processo, o momento central, que tem todos os fundamentos para ser considerado causa decorrente do amadurecimento de conceitos, é o emprego específico da palavra, o emprego funcional do signo como meio de formação de conceitos.

Quando discutimos anteriormente a metodologia da nossa investigação, já afirmamos que a colocação do problema e o surgimento da necessidade de formação de conceito não podem ser vistos como causas desse processo, pois podem desencadear mas não assegurar a realização do processo de solução de uma dada tarefa. A ênfase no objetivo como força efetiva que desempenha papel decisivo no processo de formação dos conceitos também nos explica pouco as relações e laços dinâmico-causais e genéticos, que constituem a base desse complexo processo, como o vôo da bala de um canhão que parte do alvo final onde deveria chegar.

Esse alvo final, uma vez que leva em conta quem aponta o canhão, participa do conjunto dos momentos que determinam a trajetória principal da bala. De igual maneira, o caráter da tarefa, o objetivo que o adolescente tem diante de si e pode atingir através da formação de conceitos é, sem dúvida, um dos momentos funcionais sem cuja incorporação não poderemos explicar plena e cientificamente a formação do conceito. É precisamente com o auxílio dos problemas propostos, da necessidade que surge e é estimulada, dos objetivos colocados perante o adolescente que o meio social circundante o motiva e o leva a dar esse passo decisivo no desenvolvimento do seu pensamento.

Ao contrário do amadurecimento dos instintos e das atrações inatas, a força motivadora que determina o desencadeamento do processo, aciona qualquer mecanismo de amadurecimento do comportamento e o impulsiona para a frente pela via do ulterior desenvolvimento não está radicada dentro mas fora do adolescente e, neste sentido, os problemas que o meio social coloca diante do adolescente em processo de amadurecimento e estão vinculados à projeção desse adolescente na vida cultural, profissional e social dos adultos são, efetivamente, momentos funcionais sumamente importantes que tornam a reiterar o intercondicionamento, a conexão orgânica e a unidade interna entre os momentos do conteúdo e da forma no desenvolvimento do pensamento.

Adiante, quando abordarmos os fatores do desenvolvimento do adolescente, examinaremos um fato há muito observado pela investigação científica: onde o meio não cria os problemas correspondentes, não apresenta novas exigências, não motiva nem estimula com novos objetivos o desenvolvimento do intelecto, o pensamento do adolescente não desenvolve todas as potencialidades que efetivamente contém, não atinge as formas superiores ou chega a elas com um extremo atraso.

Por isto, seria incorreto ignorar ou subestimar inteiramente o significado do momento funcional da tarefa vital como um dos potentes fatores reais que alimentam e orientam todo o processo de desenvolvimento intelectual na fase transitória. Mas seria igualmente equivocado e falso ver nesse momento funcional o desenvolvimento dinâmico-causal, a descoberta do próprio mecanismo de desenvolvimento e a chave genética para o problema do desenvolvimento dos conceitos.

Ao pesquisador cabe entender a concatenação interna de ambos os momentos e descobrir a formação dos conceitos, geneticamente vinculada à idade transitória como função sociocultural do desenvolvimento do adolescente, que abrange tanto o conteúdo quanto os modos do seu pensamento. O novo emprego significativo da palavra, ou seja, o seu emprego como meio de formação de conceitos é a causa psicológica imediata da transformação intelectual que se realiza no limiar entre a infância e a adolescência.

Se nessa idade não aparece nenhuma função elementar basicamente nova, diferente das anteriores, seria incorreto concluir que nenhuma mudança teria acontecido a essas funções elementares. Elas integram uma nova estrutura, formam uma nova síntese como parte subordinada de um todo complexo; as leis que regem esse todo também determinam o destino de cada uma das partes. O processo de formação de conceitos pressupõe, como parte fundamental, o domínio do fluxo dos próprios processos psicológicos através do uso funcional da palavra ou do signo. É somente na adolescência que se desenvolve esse domínio dos próprios processos de comportamento com o emprego de meios auxiliares.

O experimento mostra que a elaboração de conceitos não é idêntica à elaboração de alguma habilidade, ainda que seja a mais complexa. O estudo experimental da formação de conceitos nos adultos, a elucidação do processo do seu desenvolvimento na infância e o estudo da desintegração de tais conceitos nos casos de perturbações patológicas da atividade intelectual nos levam a uma conclusão basilar: a hipótese da identidade entre a natureza psicológica dos processos intelectuais superiores e os processos elementares e puramente associativos de formação de conexão ou habilidades, lançada e desenvolvida por Thorndike, está em franca contradição com os dados fatuais no que se refere à composição, à estrutura funcional e à gênese do processo de formação de conceitos.

Essas pesquisas mostram de modo concorde que o processo de formação de conceitos, como qualquer forma superior de atividade intelectual, não é uma forma inferior complexificada de modo exclusivamente quantitativo, que ele não difere da atividade puramente associativa pelo volume de conexões mas representa um novo tipo de atividade, que por princípio é diferente, não se reduz qualitativamente a nenhum volume de vínculos associativos e tem como principal traço distintivo a passagem de processos intelectuais imediatos a operações mediadas por leis.

A estrutura significativa (vinculada ao emprego ativo de signos), sendo uma lei geral de construção das formas superiores de comportamento, não é idêntica à estrutura associativa dos processos elementares. Por si só, a acumulação de vínculos associativos nunca leva ao surgimento da forma superior de atividade intelectual. Pela mudança quantitativa dos vínculos não se pode explicar a diferença efetiva entre as formas superiores de pensamento. Em sua teoria da natureza do intelecto, Thorndike afirma que

> as formas superiores de operações intelectuais são idênticas à atividade puramente associativa ou à formação do vínculo e dependem das conexões fisiológicas dessa ou daquela espécie, mas as requer em quantidades consideravelmente maiores.

Desse ponto de vista, a diferença entre o intelecto do adolescente e o intelecto da criança se reduz exclusivamente ao número de vínculos. Como diz Thorndike,

> a pessoa, cujo intelecto é maior, superior ou melhor que o intelecto de outra, difere desta por dispor não de um processo fisiológico de espécie nova mas simplesmente de um grande número de vínculos dos mais comuns.

Como já dissemos, essa hipótese não se confirma nem na análise experimental do processo de formação de conceitos, nem no estudo do seu desenvolvimento, nem no quadro de sua desintegração. A tese de Thorndike, segundo a qual "tanto a filogênese quanto a ontogênese do intelecto parecem confirmar que a seleção, a análise, a abstração, a generalização e a reflexão surgem como conseqüência direta do aumento do número de vínculos", não se confirma na ontogênese experimentalmente organizada e observada dos conceitos da criança e do adolescente. Esse estudo da ontogênese dos conceitos mostra que a evolução do inferior para o superior não se dá pelo crescimento quantitativo dos vínculos mas de novas formações qualitativas; entre outras coisas, a linguagem, que é um dos momentos fundamentais na construção das formas superiores de atividade intelectual, insere-se não por via associativa como uma função que transcorre paralelamente mas por via funcional como meio racionalmente utilizado.

A própria linguagem não se funda em vínculos puramente associativos mas requer uma relação essencialmente nova, efetivamente característica dos processos intelectuais superiores entre o signo e o conjunto da estrutura intelectual. Até onde se pode supor com base no estudo da psicologia do homem primitivo e do seu pensamento, a filogênese do intelecto, ao menos em sua parte histórica, não revela aquela via de evolução que Thorndike admitia existir entre as formas inferiores e as formas superiores, passando pelo aumento quantitativo das associações. Depois dos célebres estudos de Köhler, Yerkes e outros, não há por que esperar que a evolução biológica do intelecto confirme a identidade entre pensamento e associação.

IV

À luz das conclusões genéticas, nossa investigação mostra que, no essencial, a evolução que culmina no desenvolvimento dos conceitos se constitui de três estágios básicos, e cada um destes se divide em várias fases.

O primeiro estágio de formação do conceito, que se manifesta com mais freqüência no comportamento da criança de tenra idade, é a formação de uma pluralidade não informada e não ordenada, a discriminação de um amontoado de objetos vários no momento em que essa criança se vê diante de um problema que nós, adultos, resolvemos com a inserção de um novo conceito. Esse amontoado de objetos a ser discriminado pela criança, a ser unificado sem fundamento interno suficiente, sem semelhança interna suficiente e sem relação entre as partes que o constituem, pressupõe uma extensão difusa e não direcionada do significado da palavra (ou do signo que a substitui) a uma série de elementos externamente vinculados nas impressões da criança mas internamente dispersos.

Nesse estágio do desenvolvimento, o significado da palavra é um encadeamento sincrético não enformado de objetos particulares que, nas representações e na percepção da criança, estão mais ou menos concatenados em uma imagem mista. Na formação dessa imagem cabe o papel decisivo ao sincretismo da percepção ou da ação infantil, razão por que essa imagem é sumamente instável.

Como se sabe, na percepção, no pensamento e na ação a criança revela essa tendência a associar, a partir de uma única impressão, os elementos mais diversos e internamente desconexos, fundindo-os numa imagem que não pode ser desmembrada; Claparède chamou essa tendência de *sincretismo da percepção infantil*, Blonski de *nexo desconexo do pensamento infantil*. Noutra passagem nós descrevemos esse fenômeno como uma tendência infantil a substituir a carência de nexos objetivos por uma superabundância de nexos subjetivos e a confundir a relação entre as impressões e o pensamento com a relação entre os objetos. Evidentemente, essa superprodução de nexos subjetivos tem enorme importância como fator de sucessivo desenvolvimento do pensamento infantil, uma vez que é o fundamento para o futuro processo de seleção de nexos que correspondem à realidade e são verificados pela prática. O significado atribuído a alguma palavra pela criança que se encontra nesse estágio de desenvolvimento dos conceitos pode, pela aparência, lembrar de fato o significado dado à palavra pelo adulto.

Através de palavras dotadas de significado a criança estabelece a comunicação com os adultos; nessa abundância de laços sincréticos, nesses amontoados sincréticos de objetos desordenados, formados com o auxílio de palavras, estão refletidos, consideravelmente, os laços objetivos, uma vez que coincidem com o vínculo entre as impressões e as percepções da criança. Por isso, em alguma parte os significados das palavras infantis podem – em muitos casos, especialmente quando se referem a objetos concretos da realidade que rodeia a criança – coincidir com o significado das mesmas palavras estabelecidos na linguagem dos adultos.

Assim, a criança se encontra freqüentemente no significado das suas palavras com os adultos, ou melhor, o significado da mesma palavra na criança e no adulto freqüentemente se cruza no mesmo objeto concreto e isto é suficiente para que adultos e criança se entendam. Entretanto, são bem diferentes os caminhos que levam ao cruzamento do pensamento do adulto e da criança, e mesmo onde o significado da palavra infantil coincide parcialmente com o significado da palavra adulta isto decorre psicologicamente de operações bem diversas e originais, é produto da mistura sincrética de imagens que está por trás da palavra da criança.

Por sua vez, esse estágio se divide em três fases, que tivemos oportunidade de observar em todos os detalhes no processo de formação dos conceitos na criança.

A primeira fase de formação da imagem sincrética ou amontoado de objetos, correspondente ao significado da palavra, coincide perfeitamente com o período de provas e erros no pensamento infantil. A criança escolhe os novos objetos ao acaso, por intermédio de algumas provas que se substituem mutuamente quando se verifica que estão erradas.

Na segunda fase, a disposição espacial das figuras nas condições artificiais da nossa experiência, ou melhor, as leis puramente sincréticas da percepção do campo visual e a organização da percepção da criança mais uma vez desempenham um papel decisivo. A imagem sincrética ou amontoado de objetos forma-se com base nos encontros espaciais e temporais de determinados elementos, no contato imediato ou em outra relação mais complexa que surge entre eles no processo de percepção imediata. Para essa fase continua sendo essencial que a criança não se oriente pelos vínculos objetivos que ela descobre nos objetos mas pelos vínculos subjetivos que a própria percepção lhe sugere. Os objetos se aproximam em uma série e são revestidos de um significado comum, não por força dos seus próprios traços destacados pela criança mas da semelhança que entre eles se estabelece nas impressões da criança.

A fase terceira e superior de todo esse processo, que marca a sua conclusão e a passagem para o segundo estágio na formação dos conceitos, é a fase em que a imagem sincrética, equivalente ao conceito, forma-se em uma base mais complexa e se apóia na atribuição de um único significado aos representantes dos diferentes grupos, antes de mais nada daqueles unificados na percepção da criança.

Desse modo, cada um dos elementos particulares da nova série sincrética ou amontoado é o representante de algum grupo de objetos anteriormente unificado na percepção da criança, mas todos esses elementos juntos não guardam nenhuma relação interna entre si e representam o mesmo nexo desconexo do amontoado que os equivalentes dos conceitos nas duas fases antecedentes.

Toda a diferença, toda a complexidade consiste apenas em que os vínculos que a criança põe na base do significado da palavra nova são o resultado não de uma percepção única mas de uma espécie de elaboração biestadial dos vínculos sincréticos: primeiro formam-se os grupos sincréticos, de onde representantes particulares se separam para tornar a reunificar-se sincreticamente. Agora, por trás da palavra infantil já não se esconde o plano, mas a perspectiva, a dupla série de vínculos, a dupla estruturação dos grupos, mas essa dupla série e essa dupla estrutura ainda não se sobrepõem à formação da pluralidade desordenada ou amontoado.

Ao chegar a essa terceira fase, a criança conclui todo o primeiro estágio no desenvolvimento dos seus conceitos, despede-se do amontoado como de uma forma básica do significado das palavras, e projeta-se ao segundo estágio que denominamos convencionalmente de estágio de formação de complexos.

V

O segundo grande estágio no desenvolvimento dos conceitos abrange uma grande variedade – em termos funcionais, estruturais e genéticos – do mesmo modo de pensamento. Este, como todos os demais, conduz à formação de vínculos, ao estabelecimento de relações entre diferentes impressões concretas, à unificação e à generalização de objetos particulares, ao ordenamento e à sistematização de toda a experiência da criança.

Mas o modo de unificação dos diferentes objetos concretos em grupos comuns, o caráter dos vínculos aí estabelecidos, a estrutura das unidades que surge à base desse pensamento e é caracterizada pela relação de cada objeto particular integrante do grupo com todo o grupo, em suma, pelo tipo e modo de atividade, tudo isso difere profundamente do pensamento por conceitos, os quais se desenvolvem apenas na época da maturação sexual.

Não poderíamos melhor designar a originalidade desse modo de pensamento a não ser denominando-o *pensamento por complexos*.

Isto significa que as generalizações criadas por intermédio desse modo de pensamento representam, pela estrutura, complexos de objetos particulares concretos, não mais unificados à base de vínculos subjetivos que acabaram de surgir e foram estabelecidos nas impressões da criança, mas de vínculos objetivos que efetivamente existem entre tais objetos.

Se o primeiro estágio do desenvolvimento do pensamento se caracteriza pela construção de imagens sincréticas, que na criança são equivalentes dos nossos conceitos, o segundo estágio se caracteriza pela construção de complexos que têm o mesmo sentido funcional. Trata-se de um novo passo a caminho do domínio do conceito, de um novo estágio no desenvolvimento do pensamento da criança, que suplanta o estágio anterior e é um progresso indiscutível e muito significativo na vida da criança. Essa passagem para o tipo superior de pensamento consiste em que, em vez do "nexo desconexo" que serve de base à imagem sincrética, a criança começa a unificar objetos homogêneos em um grupo comum, a complexificá-los já segundo as leis dos vínculos objetivos que ela descobre em tais objetos.

Quando a criança passa a essa variedade de pensamento já superou até certo ponto o seu egocentrismo. Já não confunde as relações entre as suas próprias impressões com as relações entre os objetos – um passo decisivo para se afastar do sincretismo e caminhar em direção à conquista do pensamento objetivo. O pensamento por complexos já constitui um pensamento coerente e objetivo. Estamos diante de dois novos traços essenciais, que o colocam bem acima do estágio anterior mas, ao mesmo tempo, essa coerência e essa objetividade ainda não são aquela coerência característica do pensamento conceitual que o adolescente atinge.

A diferença desse segundo estágio no desenvolvimento dos conceitos em relação ao terceiro e último, que conclui toda a ontogênese dos conceitos, consiste em que os complexos aí formados são construídos segundo leis do pensamento inteiramente diversas das leis do conceito. Nestas, como já foi dito, estão refletidos os vínculos objetivos, mas refletidos por outro modo, diferente daquele que ocorre nos conceitos.

A linguagem dos adultos também está cheia de resíduos do pensamento por complexos. Na nossa linguagem, o melhor exemplo que permite revelar a lei básica de construção desse ou daquele complexo de pensamentos é o nome de família. Qualquer nome de família, digamos "Petrov", classifica os indivíduos de uma forma que se assemelha em muito àquela dos complexos infantis. Nesse estágio de seu desenvolvimento, a criança pensa, por assim dizer, em termos de nomes de famílias; o universo dos objetos isolados torna-se organizado para ela pelo fato de tais objetos se agruparem em "famílias" interligadas.

Poderíamos expressar essa mesma idéia de outra maneira, dizendo que os significados das palavras nesse estágio de desenvolvimento podem ser melhor definidos como nomes de família unificados em complexos ou grupos de objetos.

O mais importante para construir um complexo é o fato de ele ter em sua base não um vínculo abstrato e lógico mas um vínculo concreto e fatual entre elementos particulares que integram a sua composição. Assim, nunca podemos saber se determinada pessoa pertence à família Petrov e pode ser assim chamada se para tanto nos baseamos apenas na sua relação lógica com outros portadores do mesmo nome de família. Essa questão se resolve com base na pertinência fatual ou na semelhança fatual entre as pessoas.

O complexo se baseia em vínculos fatuais que se revelam na experiência imediata. Por isso ele representa, antes de mais nada, uma unificação concreta com um grupo de objetos com base na semelhança física entre eles. Daí decorrem todas as demais peculiaridades desse modo de pensamento. A mais importante é a seguinte: uma vez que esse complexo não está no plano do pensamento lógico-abstrato mas do concreto-fatual, ele não se distingue pela unidade daqueles vínculos que lhe servem de base e são estabelecidos com a sua ajuda.

Como um conceito, o complexo é a generalização ou a unificação de objetos heterogêneos concretos. Mas o vínculo através do qual se constrói essa generalização pode ser do tipo mais variado. Qualquer vínculo pode levar à inclusão de um dado elemento no complexo, bastando apenas que ele exista, e nisto consiste o próprio traço característico da construção do complexo. Como o conceito se baseia em vínculos do mesmo tipo, logicamente idênticos entre si, o complexo se baseia nos vínculos fatuais mais diversos, freqüentemente sem nada em comum entre si. No conceito, os objetos estão generalizados por um traço, no complexo, pelos fundamentos fatuais mais diversos. Por isso, no conceito se refletem um vínculo essencial e uniforme e uma relação entre os objetos; no complexo, um vínculo concreto, fatual e fortuito.

A diversidade de vínculos, que servem de base ao complexo, constitui o seu traço mais importante que o difere do conceito, caracterizado pela uniformidade dos vínculos que lhe servem de base. Isto significa que cada objeto particular, abrangido por um conceito generalizado, insere-se nessa generalização na mesma base de identidade com todos os outros objetos. Todos os elementos estão vinculados a uma totalidade expressa em conceito e, através desse conceito, estão ligados entre si, e ligados, *do mesmo modo, por um vínculo do mesmo tipo.*

De modo diferente, cada elemento do complexo pode estar vinculado ao todo, expresso no complexo, a elementos particulares integrantes da sua composição, às relações mais diversas. No conceito, esses vínculos são basicamente uma relação do geral com o particular e do particular com o particular através do geral. No complexo, esses vínculos podem ser tão diversificados quanto o contato diversamente fatual e a semelhança fatual dos mais diversos objetos, que estão em relação lógica e concreta entre si.

Em nossa investigação observamos cinco fases básicas de sistema complexo, que fundamentam as generalizações que aí surgem no pensamento da criança.

Chamamos a primeira fase de complexo de *tipo associativo*, uma vez que ele se baseia em qualquer vínculo associativo com qualquer dos traços observados pela criança no objeto que, no experimento, é o núcleo de um futuro complexo. Em torno desse núcleo a criança pode construir todo um complexo, acrescentar ao objeto nuclear um outro que tenha a mesma cor, um outro que se assemelhe ao núcleo pela forma, ao tamanho ou a qualquer outro atributo que eventualmente lhe chame a atenção. Qualquer relação concreta descoberta pela criança, qualquer ligação associativa entre o núcleo e um outro objeto do complexo é suficiente para fazer com que a criança inclua esse objeto no grupo e o designe pelo nome de família comum.

Esses elementos podem não estar unificados. O único princípio de sua generalização é a sua semelhança fatual com o núcleo básico do complexo. Neste caso, o vínculo que os une ao núcleo pode ser qualquer vínculo associativo. Um elemento pode ser semelhante ao núcleo do futuro complexo pela cor, outro pela forma, etc. Se levarmos em conta que esse vínculo pode ser o mais diferente não só em termos do traço que lhe serve de base mas também pelo caráter da própria relação entre dois objetos, ficará claro para nós o quanto a alternância da multiplicidade de traços concretos que sempre estão por trás do pensamento complexo é policrômica, desordenada, pouco sistematizada e não reduzida à unidade, embora esteja baseada em vínculos objetivos. Essa multiplicidade pode basear-se não só na identidade direta entre os traços mas também na semelhança ou no contraste, no seu vínculo associativo por contigüidade, etc., mas sempre e necessariamente num *vínculo concreto*.

Para as crianças, nessa fase as palavras deixam de ser denominações de objetos isolados, de nomes próprios. Tornam-se nomes de família. Chamar um objeto pelo respectivo nome significa relacioná-lo a esse ou àquele complexo ao qual está vinculado. Para ela, nomear o objeto nessa fase significa chamá-lo pelo nome de família.

VI

A segunda fase do desenvolvimento do pensamento por complexo consiste em combinar objetos e impressões concretas das coisas em grupos especiais que, estruturalmente, lembram o que costumamos chamar de coleções. Aqui os diferentes objetos concretos se combinam com base em uma complementação mútua segundo algum traço e formam um todo único constituído de partes heterogêneas que se intercomplementam. São precisamente a heterogeneidade da composição e a intercomplementaridade no estilo de uma coleção que caracterizam essa fase no desenvolvimento do pensamento.

Na nossa experiência a criança apanha algumas figuras que diferem da amostra pela cor, forma, tamanho ou outro indício qualquer. Entretanto, não as apanha de forma caótica nem ao acaso, mas pelo indício de que são diferentes e complementares ao indício existente na amostra que ela toma por base da combinação. Daí resulta uma reunião de objetos diferentes pela cor ou pela forma, representando uma coleção das formas básicas e das cores básicas encontradas no material do experimento.

A diferença essencial entre essa forma de pensamento por complexos e o complexo associativo consiste em não se incluírem na coleção exemplares repetidos dos objetos que possuem o mesmo indício. Entre os vários grupos de objetos reúnem-se como que os exemplares únicos para representarem todo o grupo. Em vez da associação por semelhança temos, antes, uma associação por contraste. É verdade que essa forma de pensamento freqüentemente se funde com a forma associativa acima descrita. Neste caso, obtém-se uma coleção constituída com base nos traços diversos. Nesse processo de coleção, a criança não mantém coerentemente o princípio que tomara por base da formação do complexo mas unifica, por via associativa, os diferentes traços e faz de todos eles a base da coleção.

Essa fase longa e persistente do desenvolvimento do pensamento infantil tem suas raízes muito profundas na experiência prática e direta da criança, e nesse pensamento a criança sempre opera com coleções de objetos que se completam mutuamente, isto é, opera com um conjunto. A entrada de objetos particulares na coleção, a combinação de objetos que se inter-complementam – importante em termos práticos, e integral e indivisa no sentido funcional – é a forma mais freqüente de generalização de impressões concretas que a experiência direta ensina à criança. Um copo, um prato e uma colher; um conjunto para almoço formado por um garfo, uma colher, uma faca e um prato; a roupa que a criança usa. Tudo isso constitui modelos de complexos-coleções naturais que a criança encontra no seu dia-a-dia.

Daí ser perfeitamente natural e compreensível que em seu pensamento verbal a criança construa esses complexos-coleções, combinando os objetos em grupos concretos segundo o traço de complementação funcional. Adiante veremos que também no pensamento do adulto, sobretudo nos doentes mentais, esses tipos de formações por complexos, baseados na modalidade de coleção, desempenham um papel de suma importância. É muito freqüente encontrarmos no discurso concreto do adulto o seguinte exemplo: quando ele fala de louça ou vestiário, não tem em vista tanto o respectivo conceito abstrato quanto as respectivas combinações de objetos concretos que formam a coleção.

Se as imagens sincréticas se baseiam principalmente nos vínculos emocionais e subjetivos entre as impressões que a criança confunde com seus objetos, se o complexo associativo se baseia na semelhança recorrente e obsessiva entre os traços de determinados objetos, então a coleção se baseia em vínculos e relações de objetos que são estabelecidos na experiência prática, efetiva e direta da criança. Poderíamos afirmar que o complexo-coleção é uma generalização dos objetos com base na sua co-participação em uma operação prática indivisa, com base na sua cooperação funcional.

Entretanto, neste momento essas três diferentes formas de pensamento não nos interessam em si mesmas mas apenas como diferentes vias genéticas que conduzem a um único ponto: à formação de conceito.

VII

Seguindo a lógica da análise experimental, após essa segunda fase no desenvolvimento do pensamento infantil por complexos devemos colocar o complexo em cadeia, que também é uma fase inevitável no processo de ascensão da criança no sentido do domínio dos conceitos.

O complexo em cadeia se constrói segundo o princípio da combinação dinâmica e temporal de determinados elos em uma cadeia única e da transmissão do significado através de elos isolados dessa cadeia. Em condições experimentais, esse tipo de complexo costuma estar representado da seguinte maneira: a criança escolhe para uma determinada amostra um ou vários objetos associados em algum sentido; depois continua a reunir os objetos concretos em um complexo único, já orientada por algum traço secundário do objeto anteriormente escolhido, traço esse que está totalmente fora da amostra.

Por exemplo, se a amostra experimental é um triângulo amarelo, a criança pode escolher algumas figuras triangulares até que sua atenção seja atraída pela cor azul de uma figura que tenha acabado de acrescentar ao conjunto; passa, então, a selecionar figuras azuis, por exemplo, semicirculares, circulares, etc. Mais uma vez isto vem a ser suficiente para que ela examine o novo traço e passe a escolher os objetos já pelo traço da forma angulosa. No processo de formação do complexo ocorre o tempo todo a passagem de um traço a outro. Assim, o significado da palavra se desloca pelos elos da cadeia complexa. Cada elo está unido, por um lado, ao anterior e, por outro, ao seguinte, cabendo ressaltar que a característica mais importante desse tipo de complexo consiste em que pode ser muito diferente o caráter do vínculo ou o modo de combinação do mesmo elo com o anterior e o seguinte.

Mais uma vez o complexo se baseia no vínculo associativo entre elementos concretos particulares, mas agora esse vínculo associativo não deve ligar necessariamente cada elo isolado com a amostra. Cada elo, ao inserir-se no complexo, torna-se membro isônomo desse complexo como a própria amostra, e mais uma vez, pelo traço associativo, pode tornar-se o centro de atração para uma série de objetos concretos.

Aqui vemos com toda clareza o quanto o pensamento por complexos é de natureza evidentemente concreta e figurada. Um objeto que foi incluído por seu traço associativo não integra o complexo como portador de um traço determinado que possa inseri-lo em dado complexo. A criança não abstrai esse traço de todos os demais. Ele não desempenha nenhum papel específico em comparação com todos os outros. Aparece em primeiro plano por seu sentido funcional, é igual entre iguais, é um entre muitos outros traços.

Aqui podemos sondar com toda a clareza tátil aquela peculiaridade essencial a todo o pensamento por complexos e que o distingue do pensamento por conceitos: diferentemente dos conceitos, no complexo não existe vínculo hierárquico nem relações hierárquicas entre os traços. Todos os traços são essencialmente iguais em seu significado funcional. Diferem essencialmente de todos esses momentos na construção do conceito a relação entre o geral e o particular, isto é, entre o complexo e cada um dos seus integrantes particulares concretos, e a relação dos elementos entre si, assim como a lei de construção de toda a generalização.

No complexo em cadeia o centro estrutural pode estar ausente. Elementos concretos particulares podem estabelecer vínculos entre si, evitando o elemento central ou a amostra. Por isso, podem não ter nada em comum com os outros elementos, mas mesmo assim podem pertencer a um complexo por terem um traço comum com qualquer outro elemento que, por sua vez, está vinculado a um terceiro, etc. O primeiro e o terceiro elementos podem não ter nenhum vínculo entre si, mas os dois estão vinculados ao segundo cada um conforme o seu traço.

Por isso estamos autorizados a considerar o complexo em cadeia como a modalidade mais pura do pensamento por complexos, pois esse complexo é desprovido de qualquer centro, diferentemente do complexo associativo em que existe um centro a ser preenchido pela amostra. Isto significa que, no complexo associativo, os vínculos entre os elementos particulares são estabelecidos através de um elemento comum a todos, que forma o centro do complexo, centro esse que não existe no complexo em cadeia. Nele, o vínculo existe na medida em que é possível estabelecer aproximações fatuais entre os elementos particulares. O final da cadeia pode não ter nada em comum com o início. Para que pertençam a um complexo, é suficiente que esses elementos estejam aglutinados, que vinculem os elos de ligação intermediários.

Por isso, ao caracterizar a relação entre um elemento particular completo e o complexo em sua totalidade, poderíamos dizer que, à diferença do conceito, o elemento concreto integra o complexo como unidade real direta com todos os seus traços e vínculos fatuais. O complexo não se sobrepõe aos seus elementos como o conceito se sobrepõe aos objetos concretos que o integram. O complexo se funde de fato aos elementos concretos que o integram e que estão interligados.

Essa fusão do geral com o particular, do complexo com o elemento, esse amálgama psíquico, segundo expressão de Werner, constitui o traço mais substancial do pensamento por complexos em geral e do pensamento em cadeia em particular. Graças a isto, o complexo, inseparável de fato do grupo concreto de objetos que ele combina e que se funde imediatamente nesse grupo direto, assume com freqüência um caráter altamente indefinido, como que diluído.

Os vínculos se transformam imperceptivelmente uns nos outros, assim como imperceptivelmente se modificam o caráter e o tipo desses vínculos. Freqüentemente, a semelhança distante, o mais superficial contato entre os traços acaba sendo suficiente para a formação de um vínculo fatual. A aproximação dos traços é estabelecida amiúde não tanto com base em sua efetiva semelhança quanto na impressão vaga e distante de certa identidade entre eles. Surge aquilo que, na análise experimental, designamos como quarta fase do desenvolvimento do pensamento por complexos ou complexo difuso.

VIII

Uma característica essencial distingue esse quarto tipo de complexo: o próprio traço, ao combinar por via associativa os elementos e complexos concretos particulares, parece tornar-se difuso, indefinido, diluído, confuso, dando como resultado um complexo que combina através dos vínculos difusos e indefinidos os grupos diretamente concretos de imagens ou objetos. Por exemplo, a criança escolhe para determinada amostra – um triângulo amarelo – não só triângulos mas também trapézios, uma vez que eles lhe lembram triângulos com o vértice cortado. Depois, aos trapézios juntam-se os quadrados, aos quadrados os hexágonos, aos hexágonos os semicírculos e posteriormente os círculos. Como neste caso se dilui e se torna indefinida a forma tomada como traço básico, às vezes também se diluem as cores quando o conjunto tem por base um traço de cor difuso. Depois dos objetos amarelos a criança escolhe objetos verdes, depois dos verdes, azuis, depois dos azuis, pretos.

Essa forma de pensamento por complexos, também sumamente estável e importante nas condições naturais de desenvolvimento da criança, é interessante para a análise experimental por revelar com notória clareza mais um traço extremamente importante do pensamento por complexos: a impossibilidade de definir os seus contornos e a essencial ausência de limites.

Como o antigo clã bíblico que, sendo uma reunião familial concreta de pessoas, sonhava com multiplicar-se e tornar-se incalculável como as estrelas no firmamento e a areia do mar, de igual maneira o complexo difuso no pensamento da criança é uma combinação familial de objetos que encerram possibilidades infinitas de ampliação e incorporação, ao clã basilar, de objetos sempre novos porém inteiramente concretos.

Se o complexo-coleção está representado na vida natural da criança predominantemente por generalizações baseadas na semelhança funcional de objetos particulares, então o protótipo vital, o análogo natural do complexo difuso no desenvolvimento do pensamento da criança são as generalizações que a criança produz precisamente naqueles campos do seu pensamento que não se prestam a uma verificação prática, noutros termos, nos campos do pensamento não-concreto e não-prático. Sabemos que aproximações inesperadas, freqüentemente ininteligíveis ao adulto, que saltos no pensamento, que generalizações arriscadas e que passagens difusas a criança descobre freqüentemente quando começa a raciocinar ou pensar além dos limites do seu mundinho direto e da sua experiência prático-eficaz.

Aqui a criança ingressa em um mundo de generalizações difusas, onde os traços escorregam e oscilam, transformando-se imperceptivelmente uns nos outros. Aqui não há contornos sólidos, e reinam os processos ilimitados que freqüentemente impressionam pela universalidade dos vínculos que combinam.

Entretanto, basta uma análise suficientemente atenta para se perceber que esses complexos ilimitados são construídos de acordo com os mesmos princípios dos complexos concretos limitados. Em ambos, a criança permanece nos limites dos vínculos fatuais concretos e diretamente figurados entre os objetos particulares. Toda a diferença consiste apenas em que esses vínculos se baseiam em traços incorretos, indefinidos e flutuantes, na medida em que o complexo combina objetos que estão fora do conceito prático da criança.

IX

Para completar todo o quadro do desenvolvimento do pensamento por complexos, ainda nos resta analisar a última forma, que tem grande importância tanto no pensamento experimental quanto no pensamento efetivamente vivo da criança. Essa forma lança luz tanto retrospectiva quanto prospectiva, uma vez que, por um lado, nos ilumina todos os estágios de pensamento por complexos percorridos pela criança e, por outro, serve como ponte transitória para um estágio novo e superior: a formação de conceitos.

Chamamos esse tipo de complexo de *pseudoconceito*, porque a generalização formada na mente da criança, embora fenotipicamente semelhante ao conceito empregado pelos adultos em sua atividade intelectual, é muito diferente do conceito propriamente dito pela essência e pela natureza psicológica.

Se analisarmos atentamente essa última fase no desenvolvimento do pensamento por complexos, veremos que estamos diante de uma combinação complexa de uma série de objetos fenotipicamente idênticos ao conceito mas que não são conceito, de maneira nenhuma, pela natureza genética, pelas condições de surgimento e desenvolvimento e pelos vínculos dinâmico-causais que lhe servem de base. Em termos externos, temos diante de nós um conceito, em termos internos, um complexo. Por isso o denominamos *pseudoconceito*.

Em situação experimental, a criança produz um pseudoconceito cada vez que se vê às voltas com uma amostra de objetos que poderiam ter sido agrupados com base em um conceito abstrato. Conseqüentemente, essa generalização poderia surgir na base de um conceito, mas na criança ela realmente surge com base no pensamento por complexos.

Só o resultado final permite perceber que a generalização por complexos coincide com a generalização construída com base no conceito. Por exemplo, a criança escolhe para uma determinada amostra – um triângulo amarelo – todos os triângulos existentes no material experimental. Esse grupo poderia surgir com base no pensamento abstrato. Essa generalização poderia basear-se no conceito ou na idéia do triângulo. A análise experimental mostra, porém, que a criança combinou os objetos com base nos seus vínculos diretos fatuais e concretos, numa associação simples.

Ela construiu apenas um complexo limitado de associações; chegou ao mesmo resultado, mas por caminhos inteiramente diversos.

Esse tipo de complexo, essa forma de pensamento concreto tem importância predominante sobre o pensamento real da criança, quer em termos funcionais, quer em termos genéticos. Por isso devemos examinar mais detidamente esse momento crucial no desenvolvimento de conceitos na criança, essa passagem que separa o pensamento por complexos do pensamento por conceitos e, ao mesmo tempo, relaciona esses dois estágios genéticos da formação dos conceitos.

X

Antes de mais nada, cabe observar que, no pensamento efetivamente vital da criança, os pseudoconceitos constituem a forma mais disseminada, predominante sobre todas as demais e freqüentemente quase exclusiva de pensamento por complexos na idade pré-escolar. A disseminação dessa forma de pensamento tem o seu fundamento funcional profundo e o seu sentido funcional igualmente profundo. A causa dessa disseminação e do domínio quase exclusivo dessa forma é o fato de que os complexos infantis, que correspondem ao significado das palavras, não se desenvolvem de forma livre, espontânea, por linhas traçadas pela própria criança, mas em determinados sentidos, que são previamente esboçados para o desenvolvimento do complexo pelos significados das palavras já estabelecidos no discurso dos adultos.

Só no experimento libertamos a criança dessa influência direcionadora das palavras da nossa linguagem com seu círculo já elaborado de significados e lhe permitimos desenvolver o significado das palavras e criar generalizações complexas com seu próprio critério. É nisto que consiste a enorme importância do experimento, que nos permite revelar em que se manifesta o dinamismo propriamente dito da criança na assimilação da linguagem dos adultos. O experimento nos mostra ainda o que seria a linguagem da criança e a que generalizações o pensamento da criança a levaria se não fosse direcionado pela linguagem do meio circundante que pressupõe, de antemão, o círculo de objetos concretos a que pode se estender o significado de uma dada palavra.

Alguém poderia objetar que esse nosso emprego do subjuntivo depõe antes contra que a favor do experimento. Acontece que, na prática, a criança não é livre no processo do desenvolvimento dos significados que recebe da linguagem dos adultos. Mas a essa objeção poderíamos responder com o argumento de que o experimento nos ensina não só o que aconteceria se a criança fosse livre da influência direcionadora da linguagem dos adultos e desenvolvesse as suas generalizações de forma autônoma e livre. Ele nos revela a atividade mascarada da observação superficial, ativa, que de fato é desenvolvida pela criança na formação das generalizações e que não é destruída mas apenas ocultada e assume uma expressão muito complexa graças à influência direcionadora do discurso do ambiente. Direcionado pelos significados estáveis e constantes das palavras, o pensamento da criança não modifica as leis básicas da sua atividade; estas apenas adquirem uma expressão original naquelas expressões concretas em que transcorre o desenvolvimento real do pensamento da criança.

O discurso dos circundantes, com os seus significados estáveis e permanentes, predetermina as vias por onde transcorre o desenvolvimento das generalizações na criança. Ele vincula a própria atividade da criança, ao orientá-la por um curso determinado e rigorosamente esboçado. Mas, ao enveredar por esse caminho, a criança pensa da maneira própria ao estágio de desenvolvimento do intelecto em que ela se encontra. Através da comunicação verbal com a criança, o adulto pode determinar o caminho por onde se desenvolvem as generalizações e o ponto final desse caminho, ou melhor, a generalização daí resultante. Mas os adultos não podem transmitir à criança o seu modo de pensar. Destes ela assimila os significados prontos das palavras, não lhe ocorre escolher por conta própria os complexos e os objetos concretos.

As vias de disseminação e transmissão dos significados das palavras são dadas pelas pessoas que a rodeiam no processo de comunicação verbal com ela. Mas a criança não pode assimilar de imediato o modo de pensamento dos adultos, e recebe um produto que é semelhante ao produto dos adultos porém obtido por intermédio de operações intelectuais inteiramente diversas e elaborado por um método de pensamento também muito diferente. É isto que denominamos *pseudoconceito*. Obtém-se algo que, pela aparência, praticamente coincide com os significados das palavras para os adultos mas no seu interior difere profundamente delas.

Entretanto, seria um grande equívoco ver nessa dualidade o produto da discrepância e do desdobramento no pensamento da criança. Essa discrepância ou desdobramento existe para o observador que estuda o processo de dois pontos de vista. Para a criança existe o complexo, os equivalentes aos conceitos dos adultos, isto é, os pseudoconceitos. Porque podemos imaginar tranqüilamente um caso que observamos várias vezes no processo de formação dos conceitos: a criança forma o complexo com todas as peculiaridades típicas do pensamento por complexos nos sentidos estrutural, funcional e genético, mas o produto desse pensamento por complexos coincide praticamente com a generalização que poderia ser construída até com base no pensamento por conceitos.

Graças a essa coincidência do resultado final ou do produto do pensamento para a investigação, afigura-se sumamente difícil distinguir diante do que efetivamente nos encontramos: do pensamento por complexos ou do pensamento por conceitos. Essa forma mascarada do pensamento por complexos, decorrente da semelhança fenotípica entre o pseudoconceito e o verdadeiro conceito, é um obstáculo gravíssimo no caminho da análise genética do pensamento.

Foi precisamente esse fato que levou muitos pesquisadores àquela falsa idéia a que nos referimos no início deste capítulo. A semelhança aparente entre o pensamento de uma criança de três anos e o de um adulto, a coincidência prática dos significados das palavras de um adulto com os de uma criança, que torna possível a comunicação verbal, a compreensão mútua entre as crianças e os adultos, a equivalência funcional entre complexo e conceito levaram o pesquisador à falsa conclusão de que no pensamento de uma criança de três anos já está presente – é verdade que de forma embrionária – toda a plenitude de formas da atividade intelectual do adulto, e que na idade transitória não ocorre nenhuma transformação essencial, nenhum novo passo na assimilação dos conceitos. É muito fácil compreender a origem dessa concepção equivocada. A criança aprende muito cedo um grande número de palavras que significam para ela o mesmo que significam para o adulto. A possibilidade de compreensão cria a impressão de que o *ponto final do desenvolvimento do significado das palavras coincide com o ponto inicial*, de que o conceito é fornecido pronto desde o princípio e que, conseqüentemente, não resta lugar para o desenvolvimento. Quem identifica (como o faz Ach) o conceito com o significado inicial da palavra chega inevitavelmente a essa falsa conclusão, apoiado apenas na ilusão.

Encontrar o limite que separa o pseudoconceito do verdadeiro conceito é sumamente difícil, quase inacessível à análise fenotípica puramente formal. A julgar pela aparência, o pseudoconceito tem tanta semelhança com o verdadeiro conceito quanto a baleia com um peixe. Mas se recorrermos à "origem das espécies" das formas intelectuais e animais, o pseudoconceito deve ser tão indiscutivelmente relacionado ao pensamento por complexos quanto a baleia aos mamíferos.

Portanto, a análise nos leva a concluir que no pseudoconceito, como na forma concreta mais difundida de pensamento por complexos na criança, existe uma contradição interna que já se esboça em sua própria denominação e representa, por um lado, a maior dificuldade e o maior obstáculo para o seu estudo científico e, por outro, determina sua imensa importância funcional e genética para o mais importante momento determinante no processo de desenvolvimento do pensamento da criança. Eis a essência dessa contradição: diante de nós revela-se em forma de pseudoconceito o complexo que, em termos funcionais, é tão equivalente ao conceito que no processo de comunicação verbal com a criança e de compreensão mútua o adulto não observa as diferenças entre esse complexo e o conceito.

Conseqüentemente, estamos diante de um complexo que, na prática, coincide com o conceito e de fato abrange o mesmo círculo de objetos concretos que abrange o conceito. Estamos diante de uma sombra do conceito, do seu contorno. Segundo expressão metafórica de um autor, estamos diante de uma imagem que "de maneira nenhuma pode ser tomada como simples signo de conceito. É antes um quadro, um desenho mental do conceito, uma pequena narração sobre ele". Por outro lado, estamos diante de um complexo, ou seja, de uma generalização construída com base em leis inteiramente diferentes daquelas por que se construiu o verdadeiro conceito.

Já mostramos como surge essa contradição real e o que a determina. Vimos que o discurso do ambiente adulto que rodeia a criança, com os seus significados constantes e definidos, determina as vias de desenvolvimento das generalizações infantis, o círculo de formações complexas. A criança não escolhe o significado para a palavra, este lhe é dado no processo de comunicação verbal com os adultos. A criança não é livre para construir os seus complexos, ela já os encontra construídos no processo de compreensão do discurso do outro. Ela não é livre para escolher os elementos concretos particulares, inclusive esse ou aquele complexo. Ela já recebe em forma pronta a série de objetos concretos generalizada por aquela palavra.

A criança não relaciona espontaneamente uma dada palavra a um determinado grupo concreto e transfere o seu significado de um objeto para outro, ampliando o círculo de objetos abrangidos pelo complexo. Ela apenas segue o discurso dos adultos, assimilando os significados concretos das palavras já estabelecidos e dados a ela em forma pronta. Em termos mais simples, a criança não cria a sua linguagem mas assimila a linguagem pronta dos adultos que a rodeiam. Isto diz tudo. E compreende também o fato de que a criança não cria por si mesma complexos correspondentes ao significado da palavra mas os encontra prontos, classificados com o auxílio de palavras e denominações comuns. Graças a isto, os seus complexos coincidem com os conceitos dos adultos e surge o pseudoconceito – o conceito-complexo.

Mas nós também já afirmamos que, ao coincidir com o conceito por sua forma aparente, no resultado a ser atingido pelo pensamento, no seu produto final, de maneira nenhuma a criança coincide com o adulto no modo de pensar, no tipo de operações intelectuais por meio das quais ela chega ao pseudoconceito. É precisamente graças a isto que surge uma enorme importância funcional do pseudoconceito como forma especificamente dual e interiormente contraditória de pensamento infantil. Não fosse o pseudoconceito forma dominante do pensamento infantil, os complexos infantis – como ocorre na prática experimental em que a criança não está presa a um significado estabelecido da palavra – iriam divorciar-se dos conceitos do adulto em sentidos inteiramente diferentes.

A compreensão mútua com o auxílio de palavras e a comunicação verbal entre adulto e criança seriam impossíveis. Essa comunicação só é possível porque os complexos infantis efetivamente coincidem com os conceitos dos adultos, encontram-se com eles. Os conceitos e o desenho mental dos conceitos são funcionalmente equivalentes e graças a isto surge um fato de suma importância, que determina a maior importância funcional do pseudoconceito: a criança, que pensa por complexos, e o adulto, que pensa por conceitos, estabelecem uma compreensão mútua e uma comunicação verbal, uma vez que o seu pensamento se encontra de fato nos complexos-conceitos que coincidem.

No início deste capítulo já afirmamos que toda dificuldade do problema genético do conceito na fase infantil consiste em entender essa contradição interna contida nos conceitos infantis. Desde os primeiros dias de seu desenvolvimento, a palavra é o meio de comunicação e compreensão mútua entre a criança e o adulto. É precisamente graças a esse momento funcional da compreensão com o auxílio de palavras, como mostrou Ach, que surge certo significado da palavra, que se torna portadora de conceito. Sem este momento funcional de compreensão mútua, como diz Uznadze, nenhum complexo sonoro poderia tornar-se portador de significado algum nem poderia surgir nenhum conceito.

Mas, como se sabe, a compreensão verbal entre o adulto e a criança, assim como o contato verbal, surge cedo demais, e isto, como já foi dito, dá motivo para que muitos estudiosos suponham que os conceitos se desenvolvem igualmente cedo. Entretanto, como já afirmamos, respaldados pela opinião de Uznadze, os verdadeiros conceitos se desenvolvem no pensamento infantil em período relativamente tardio, ao mesmo tempo que a compreensão mútua entre a criança e o adulto se estabelece muito cedo. Diz Uznadze:

> É absolutamente claro que as palavras, antes de atingirem o estágio dos conceitos plenamente desenvolvidos, assumem a função destes e podem servir como meios de compreensão entre pessoas falantes.

Diante do pesquisador coloca-se a tarefa de revelar o desenvolvimento dessas formas de pensamento, que devem ser consideradas não como conceitos mas como seus equivalentes funcionais. Essa contradição entre o desenvolvimento tardio do conceito e o desenvolvimento precoce da compreensão verbal se resolve de fato no pseudoconceito como forma de pensamento complexo, que torna possível que no pensamento coincida a compreensão entre a criança e o adulto.

Desse modo, revelamos tanto as causas quanto o significado dessa forma sumamente importante de pensamento infantil por complexos. Ainda nos resta dizer algumas palavras sobre o significado genético desse estágio conclusivo no desenvolvimento do pensamento infantil. É compreensível que essa dupla natureza funcional do pseudoconceito, que nós descrevemos, que esse estágio no desenvolvimento do pensamento infantil adquira um significado genético inteiramente excepcional.

Essa natureza serve como elo entre o pensamento por complexos e o pensamento por conceitos. Combina esses dois grandes estágios no desenvolvimento do pensamento infantil, revela aos nossos olhos o processo de formação dos conceitos infantis. Em função da contradição nela contida, sendo ela um complexo, já contém em si o embrião de um futuro conceito que dela medra. A comunicação verbal com os adultos se torna um poderoso móvel, um potente fator de desenvolvimento dos conceitos infantis. A passagem do pensamento por complexos para o pensamento por conceitos se realiza de forma imperceptível para a criança, porque seus pseudoconceitos praticamente coincidem com os conceitos dos adultos. Desse modo, cria-se uma original situação genética que representa antes uma regra geral que uma exceção em todo o desenvolvimento intelectual da criança. Essa situação original consiste em que a criança começa antes a aplicar na prática e a operar com conceitos que a assimilá-los. O conceito "em si" e "para os outros" se desenvolve na criança antes que se desenvolva o conceito "para si". O conceito "em si" e "para os outros", já contido no pseudoconceito, é a premissa genética básica para o desenvolvimento do conceito no verdadeiro sentido desta palavra.

Assim, o pseudoconceito, considerado como fase específica no desenvolvimento do pensamento infantil por complexos, conclui todo o segundo estágio e inaugura o terceiro estágio no desenvolvimento do pensamento infantil, servindo como elo entre eles. É uma ponte lançada entre o pensamento concreto-metafórico e o pensamento abstrato da criança.

XI

Depois de descrever essa fase conclusiva do desenvolvimento do pensamento infantil por complexos, esgotamos toda uma época no desenvolvimento do conceito. Por isso, não vamos repetir aquelas peculiaridades distintivas que observamos de passagem na análise de cada forma particular desse pensamento. Achamos que, nessa análise, delimitamos com suficiente precisão o pensamento por complexos tanto de baixo para cima quanto de cima para baixo, encontrando nele os traços que o distinguem das imagens sincréticas e dos conceitos.

A ausência de unidade dos vínculos, de hierarquia, o caráter concreto dos vínculos que lhe servem de base, a relação original entre o geral e o particular e vice-versa, a relação original entre os elementos particulares bem como toda a lei de construção da generalização apareceram diante de nós em toda a sua originalidade, em toda a diferença profunda que a distingue de outros tipos inferiores e superiores de generalização. Revelamos em sua essência lógica as diferentes formas de pensamento por complexos com a clareza que o experimento pôde propiciar. Por isso, devemos ressalvar algumas peculiaridades da análise experimental que, numa interpretação incorreta, podem oferecer pretexto para conclusões incorretas a partir do que afirmamos aqui.

O processo de formação de conceitos, desencadeado por via experimental, nunca reflete em forma especular o processo genético real de desenvolvimento na maneira como este ocorre na realidade. Entretanto, aos nossos olhos isto não é um defeito mas um imenso mérito da análise experimental. Esta permite revelar em forma abstrata a própria essência do processo genético de formação de conceitos. Põe em nossas mãos a chave para a verdadeira compreensão do processo real de desenvolvimento de conceitos na forma como este transcorre na vida real da criança.

Por isso, o pensamento dialético não contrapõe os métodos lógico e histórico de conhecimento. Segundo conhecida definição de Engels,

> o método lógico de investigação é o mesmo método histórico, só que livre da sua forma histórica e dos acasos históricos que perturbam a harmonia da exposição. O processo histórico de pensamento começa onde começa a história, e o seu ulterior desenvolvimento não é senão um reflexo, em forma abstrata e teoricamente coerente, do processo histórico, um reflexo realizado porém corrigido segundo as leis que a própria realidade histórica nos ensina, pois o método histórico de investigação permite estudar qualquer momento do desenvolvimento em sua fase mais madura, em sua forma clássica.

Aplicando essa tese metodológica geral ao nosso estudo concreto, podemos dizer que também as formas de pensamento concreto que enumeramos representam os momentos mais importantes do desenvolvimento em sua fase mais madura, em sua forma clássica, em seu aspecto puro e levado ao limite lógico. No efetivo processo de desenvolvimento elas aparecem no aspecto complexo e misto, e a sua descrição lógica, apresentada pela análise experimental, é um reflexo em forma abstrata do processo real de desenvolvimento dos conceitos.

Desse modo, os momentos fundamentais do desenvolvimento dos conceitos, revelados na análise experimental, devem ser concebidos historicamente e interpretados como reflexo dos estágios mais importantes por que passa o processo real de desenvolvimento da criança. Aqui a análise histórica se torna a chave para a compreensão lógica dos conceitos. O ponto de vista do desenvolvimento se torna ponto de partida para a explicação de todo o processo e de cada um dos seus momentos particulares.

Um psicólogo atual aponta que a análise morfológica das complexas formações e manifestações psicológicas será inevitavelmente incompleta sem a análise genética. Diz ele:

> Contudo, quanto mais complexos são os processos a serem estudados tanto mais eles têm como premissa as vivências anteriores e tanto mais necessitam de uma abordagem precisa da questão, de uma comparação metodológica e de vínculos compreensíveis do ponto de vista da inevitabilidade do desenvolvimento, mesmo quando se trata apenas de elementos da realidade contidos em um único corte da consciência (30, p. 218).

Como mostra Gesell, o estudo puramente morfológico é tanto mais impossível quanto maiores são a organização e a diferenciação psicológicas. Continua ele:

> Sem a análise genética e a síntese, sem o estudo do ser anterior, daquilo que outrora constituiu um todo único, sem uma comparação geral de todas as suas partes componentes, nunca poderemos resolver se podemos considerá-lo como já tendo sido elementar e qual foi o veículo das inter-relações existentes. Só o estudo experimental de inúmeros cortes genéticos pode revelar passo a passo a estrutura real e o vínculo entre determinadas estruturas psicológicas (*ibidem*).

O desenvolvimento é a chave para qualquer forma superior. E Gesell prossegue:

> A lei genética suprema parece ser a seguinte: no presente, todo desenvolvimento se baseia no desenvolvimento passado. O

desenvolvimento não é uma função simples, inteiramente determinada por X unidades de hereditariedade mais Y unidades do meio. Isto é um complexo histórico, que reflete em cada estágio o passado nele contido. Noutros termos, o dualismo artificial meio-hereditariedade nos desvia para o falso caminho. Esconde de nós o fato de que o desenvolvimento é um processo autocondicionado constante e não um boneco manuseado por outros cordões (30, p. 218).

Assim, a análise experimental da formação dos conceitos leva inevitavelmente à análise funcional e genética. Após a análise morfológica, devemos tentar aproximar daquelas formas de pensamento, que efetivamente encontramos no processo do desenvolvimento da criança, aquelas formas mais importantes de pensamento por complexos que descobrimos. Devemos introduzir a perspectiva histórica, o ponto de vista genético na análise experimental. Por outro lado, devemos elucidar o processo real de desenvolvimento do pensamento infantil por intermédio dos dados que obtivemos na análise experimental. Essa aproximação da análise experimental e da genética, do experimento e da realidade levará inevitavelmente a que passemos da análise morfológica do pensamento por complexos para o estudo dos complexos em ação, em sua significação funcional real, em sua estrutura genética real.

Descortina-se aos nossos olhos a tarefa de aproximar as análises morfológica e funcional, experimental e genética. Devemos verificar com os fatos do desenvolvimento real os dados da análise experimental e elucidar o processo real de desenvolvimento de conceitos com o auxílio desses dados.

XII

A conclusão básica do nosso estudo do desenvolvimento dos conceitos no segundo estágio pode ser formulada da seguinte maneira: a criança se encontra no estágio do pensamento por complexos, concebe com o significado da palavra aqueles objetos graças aos quais se torna possível a compreensão entre ela e o adulto, mas concebe a mesma coisa de modo diferente, por outro meio e com o auxílio de outras operações intelectuais.

Se essa tese é efetivamente correta, pode ser funcionalmente verificada. Isto significa que, se consideramos em ação os conceitos dos adultos e os complexos das crianças, o traço diferencial da sua natureza psicológica deve manifestar-se com toda evidência. Se o complexo infantil difere do conceito, a atividade do pensamento por complexos deve transcorrer de modo diferente da atividade do pensamento por conceitos. Posteriormente, queremos cotejar brevemente os resultados da nossa análise com os dados estabelecidos pela psicologia a respeito das peculiaridades do pensamento infantil e do desenvolvimento do pensamento primitivo em geral e, assim, levar à verificação funcional e ao teste da prática as peculiaridades do pensamento por complexos que descobrimos.

A primeira manifestação da história do desenvolvimento do pensamento infantil, que neste caso nos chama a atenção, é a transmissão do significado das primeiras palavras infantis por via puramente associativa. Se examinarmos quais os grupos de objetos e como a criança os combina ao transmitir os significados das suas primeiras palavras, descobriremos um exemplo misto daquilo que em nossos experimentos chamamos de complexo associativo e imagem sincrética.

Vejamos um exemplo que tomamos a Idelberger. No 251º dia de sua vida, uma criança emprega a palavra *au-au* para se referir a uma estatueta de porcelana representando uma jovem, que fica sobre um armário de louça e com a qual ela gosta de brincar. No 307º dia, ela chama de *au-au* um cachorro que late no quintal, as fotos dos seus avós, um cavalo de brinquedo e um relógio de parede. No 331º dia, refere-se da mesma forma a uma boá com cabeça de cão e a outra sem cabeça de cão, mas com a atenção voltada especialmente para os olhos de vidro. No 334º dia, utiliza a mesma palavra para um boneco de borracha que pia quando o apertam, e no 396º. dia para referir-se às abotoaduras pretas na camisa do seu pai. No 433º. dia, ela pronuncia a mesma palavra ao ver botões de pérolas em um vestido e um termômetro de banheiro.

Ao analisar esse exemplo, Werner conclui que com a palavra *au-au* a criança designa uma infinidade de objetos que podem ser ordenados da seguinte maneira: primeiro, os cachorros de verdade, os de brinquedo e os pequenos objetos alongados que se assemelham à boneca de louça, como, por exemplo, a boneca de borracha e o termômetro; segundo, as abotoaduras, os botões de pérola e os pequenos objetos semelhantes. O atributo que serviu de critério foi uma forma alongada ou superfícies brilhantes com aparência de olhos.

É evidente que a criança estabelece uma relação entre esses objetos concretos segundo o princípio de um complexo. Essas formações complexas espontâneas constituem todo o primeiro capítulo da história do desenvolvimento das palavras infantis.

Há um exemplo bem conhecido e freqüentemente citado dessas mudanças: o uso que essa criança faz da palavra *quá*, primeiro para designar um pato nadando em um lago, depois qualquer espécie de líquido, inclusive o leite em sua mamadeira; posteriormente, quando por acaso vê uma moeda com um desenho de águia, a moeda também é chamada de *quá*, designação que a partir daí ela aplica a qualquer objeto redondo com semelhança de moeda. Esse é um típico complexo em cadeia: cada novo objeto incluído tem algum atributo em comum com o outro elemento, e os atributos podem sofrer alterações infinitas.

A formação por complexos no pensamento infantil também é responsável pelo fenômeno peculiar de uma mesma palavra apresentar significados diferentes ou até mesmo opostos em diferentes situações, desde que haja algum elo associativo entre elas; elas podem sugerir objetos diferentes e, em situações excepcionais, que nos interessam em particular, a mesma palavra da criança pode combinar significados opostos desde que possam ser correlacionados como se correlacionam, por exemplo, as palavras "faca" e "garfo".

Assim, uma criança pode dizer *antes* tanto para antes como para depois, ou *amanhã* para amanhã e ontem. Temos aqui uma analogia perfeita com algumas línguas antigas – o hebraico, o chinês, o latim –, em que uma palavra também indica, às vezes, o seu oposto. Os romanos, por exemplo, tinham uma só palavra para alto e profundo. Essa união de significados opostos em uma mesma palavra só é possível como decorrência do pensamento por complexos, em que cada objeto concreto, ao integrar o complexo, não se funde com outros elementos desse complexo mas conserva toda a sua autonomia concreta.

XIII

Há uma outra característica sumamente interessante do pensamento infantil, que pode servir como um excelente meio de verificação funcional do pensamento por complexos. Nas crianças situadas em um estágio de desenvolvimento mais elevado que aquelas dos exemplos que acabamos de citar, o pensamento por complexos já assume o caráter de pseudoconceito. Mas como é complexa a natureza do pseudoconceito, quando há semelhança aparente com os verdadeiros conceitos, ela tem de revelar diferença na ação.

Essa característica – que Levy-Bruhl foi o primeiro a perceber nos povos primitivos, Storch nos doentes mentais e Piaget nas crianças – é geralmente chamada de *participação*. O termo se aplica à relação de identidade parcial com estreita interdependência estabelecida pelo pensamento primitivo entre dois objetos ou fenômenos, que ora exercem grande influência um sobre o outro, ora não estabelecem entre si nenhum contato espacial ou nenhum vínculo causal compreensível.

Levy-Bruhl cita Von den Steinen a propósito de um nítido exemplo de participação do pensamento primitivo entre os índios bororos do Brasil, que se orgulham de serem papagaios vermelhos. E afirma Levy-Bruhl:

> Isto não significa apenas que, depois de sua morte, eles se transformem em araras nem tampouco que as araras se transformem na tribo dos bororos: trata-se de coisa diferente... Os bororos – diz Von den Steinen, que, a princípio, não queria acreditar nessa afirmação tão categórica, mas finalmente decidiu que eles queriam dizer exatamente aquilo – afirmam com a maior tranqüilidade que são efetivamente araras vermelhas, como se uma gansa dissesse que é uma borboleta. Não se trata de um nome de que eles se apropriam, um parentesco em que insistam. O que eles têm em vista é a identidade dos seres (31, pp. 48-9).

Storch, que fez uma crítica minuciosa à análise do pensamento arcaico e primitivo ao estudar a esquizofrenia, conseguiu mostrar o próprio fenômeno da participação no pensamento desses doentes mentais.

Parece-nos que o fenômeno da participação ainda não recebeu uma explicação psicológica bastante convincente, por duas razões. Primeira: as investigações tenderam a pôr em evidência o conteúdo do fenômeno como momento autônomo e a ignorar as operações mentais nele envolvidas sem considerar as funções que elas desempenham, isto é, a estudar o produto e não o processo de seu surgimento. Por essa razão, o próprio produto do pensamento primitivo assume para eles um caráter enigmático. Segunda: deve-se considerar que a outra dificuldade para uma explicação psicológica correta desse fenômeno é o fato de que os pesquisadores não estabelecem uma aproximação suficiente entre os casos de participação e todos os outros vínculos e relações produzidos pelo pensamento primitivo. Esses vínculos chegam ao campo de visão dos pesquisadores principalmente graças à sua exclusividade, quando divergem radicalmente do pensamento lógico que nos é comum. Do nosso ponto de vista, as afirmações dos bororos de que são araras vermelhas parecem tão absurdas que chamam a atenção, em primeiro lugar, dos pesquisadores.

No entanto, uma análise mais acurada daqueles vínculos estabelecidos pelo pensamento primitivo mostra que, mesmo aqueles que aparentemente não se chocam com a nossa lógica, são formados pela mente primitiva com base nos princípios do pensamento por complexos.

Uma vez que as crianças de determinada idade pensam por complexos, que para elas as palavras designam complexos de objetos concretos e a forma basilar dos vínculos e generalizações que elas estabelecem é o pseudoconceito, fica claro que, por inevitabilidade lógica, o produto desse pensamento por complexos deve ser a participação, ou melhor, nesse pensamento devem surgir aqueles vínculos e relações entre os objetos que são impossíveis e impensáveis do ponto de vista do pensamento por conceitos. De fato, para nós uma determinada coisa pode ser incluída em diferentes complexos por força de seus diferentes atributos concretos, podendo, conseqüentemente, ter os nomes mais diferentes em função dos complexos a que possa pertencer.

Em nossas experiências, tivemos muitas vezes a oportunidade de observar exemplos desse tipo de participação, isto é, de atribuição de algum objeto concreto a dois ou vários complexos simultaneamente, com a variedade de nomes daí decorrentes para o mesmo objeto. Neste caso, longe de ser uma exceção, a participação é antes uma regra do pensamento por complexos, e seria um milagre se no pensamento primitivo não surgissem a cada passo aqueles vínculos designados por esse nome e impossíveis do ponto de vista da nossa lógica.

De igual maneira, a chave para a compreensão da participação e do pensamento dos povos primitivos deve ser vista no fato de que esse pensamento primitivo não opera com conceitos mas é de natureza complexa, logo, a palavra nas línguas desses povos tem uma aplicação funcional bem diferente, é empregada por outro meio, não é meio de formação nem veículo de conceito mas tem a função de nome familial para denominar grupos de objetos concretos unificados sob certo parentesco concreto.

Esse pensamento por complexos, como o denominou corretamente Werner, deve, como na criança, redundar inevitavelmente em um entrelaçamento de conceitos de onde acabará culminando na participação. Esse pensamento se baseia no grupo direto de objetos concretos. A excelente análise do pensamento primitivo, desenvolvida por Werner, nos convence de que a chave para a compreensão da participação radica numa combinação original de pensamento e linguagem, que caracteriza esse estágio na evolução histórica do intelecto humano.

Por último, como mostra corretamente Storch, o pensamento dos esquizofrênicos também tem esse caráter complexo. Aí também se encontra uma infinidade de motivos e tendências originais, sobre as quais Storch observa: "o traço comum a todos é o fato de pertencerem ao pensamento primitivo. As representações singulares que surgem nos doentes se fundem em conjuntos de qualidades complexas". O esquizofrênico passa do pensamento por conceitos ao estágio mais primitivo de pensamento que, como o mostra Bleuler, caracteriza-se por uma volumosa aplicação de imagens e símbolos. "Talvez o traço mais distintivo do pensamento primitivo", diz Storch, "seja o emprego de imagens perfeitamente concretas em lugar de conceitos abstratos."

Turnwald vê aí as peculiaridades do pensamento do homem primitivo.

> O pensamento do homem primitivo emprega impressões conjuntas e não decompostas sobre os fenômenos. O homem primitivo pensa por imagens perfeitamente concretas, na forma em que lhe fornece a realidade.

Essas formações diretas e seletivas, que, em vez do conceito, projetam-se ao primeiro plano no pensamento dos esquizofrênicos, são imagens análogas aos conceitos que, nos estágios primitivos, substituem as nossas estruturas categoriais lógicas (Storch).

Assim, a participação no pensamento dos doentes, do homem primitivo e da criança, a despeito de toda a profunda originalidade que distingue esses três tipos de pensamento, é um sintoma formal comum ao estágio primitivo de desenvolvimento do pensamento, exatamente um sintoma do pensamento por complexos; em toda parte esse fenômeno se baseia no mecanismo do pensamento por complexos e do uso funcional da palavra como signo ou nome de família.

Por esses motivos, achamos ser incorreta a forma como Levy-Bruhl interpreta a participação. Ele aborda a afirmação dos bororos – de que são papagaios vermelhos – operando sempre com conceitos da nossa lógica, na medida em que presume que para a mente primitiva tal afirmação também significa uma identidade de seres. Achamos que é impossível cometer um erro mais grosseiro na interpretação desse fenômeno. Se os bororos efetivamente pensassem por conceitos lógicos, a sua afirmação não poderia ser entendida senão nesse sentido.

Uma vez que para os bororos as palavras não são veículos de conceitos mas apenas nomes formais de objetos, para eles aquela afirmação tem um sentido bem diferente. A palavra "arara", com que eles designam papagaios vermelhos e a si próprios, é um nome comum para um determinado complexo, no qual se incluem aves e gente. Disso não se pode deduzir que haja identidade entre papagaios e pessoas, da mesma forma que o fato de duas pessoas aparentadas compartilharem o mesmo nome de família não significa que sejam dois seres idênticos.

XIV

A história da evolução da nossa fala mostra que o mecanismo de pensamento por complexos, com todas as suas peculiaridades próprias, é o fundamento da evolução da nossa linguagem. A primeira coisa que ficamos sabendo através da lingüística moderna é que, segundo expressão de Peterson, devemos distinguir o significado da palavra, ou expressão, do seu referente material, ou seja, daqueles objetos que essa palavra ou expressão sugerem.

Pode haver um só significado e diversos referentes, ou significados diversos e um só referente. Ao dizer "o vencedor de Jena" ou "o derrotado de Waterloo", estamos nos referindo à mesma pessoa, e no entanto o significado das duas expressões é diferente. Existem palavras como, por exemplo, nomes próprios, cuja função é nomear o referente. Assim, a lingüística moderna distingue significado e referencialidade material da palavra.

Aplicando isto ao pensamento infantil por complexos, podemos dizer que as palavras da criança coincidem com as palavras do adulto em sua referencialidade concreta, ou seja, referem-se aos mesmos objetos, a um mesmo círculo de fenômenos. Entretanto, não coincidem em seu significado.

Essa coincidência na referencialidade material e a discordância do significado da palavra, que nós descobrimos como peculiaridade fundamental do pensamento infantil por complexos, é mais uma vez não exceção mas regra na evolução da linguagem. Quando anteriormente resumimos o resultado principal das nossas investigações, afirmamos que a criança concebe como significado da palavra o mesmo que o concebe o adulto, ou seja, concebe aqueles referentes graças aos quais a comunicação se torna possível, mas concebe o próprio conteúdo de modo bem diferente e por intermédio de operações intelectuais bem diferentes.

Essa mesma fórmula pode ser aplicada integralmente à história da evolução e da psicologia da linguagem. Aqui encontramos a cada passo a confirmação e prova fatual que nos convence de que essa tese está correta. Para que coincidam em sua referência material, é necessário que essas palavras sugiram o mesmo referente. Mas elas podem indicar de modos diversos o mesmo referente.

O exemplo típico dessa coincidência da referencialidade concreta quando não há coincidência entre as operações mentais que servem de base ao significado da palavra é a existência de sinônimos em cada língua. As palavras *luná* e *mêssiatz* em russo designam o mesmo referente (lua), mas o designam por diferentes modos, que marcam a história da evolução de cada palavra. Na língua russa existem duas palavras para designar o fenômeno lua, mas o fazem por modos diferentes, refletindo a etimologia de cada palavra. A palavra *luná* tem sua origem ligada à palavra latina, e designa "caprichoso", "inconstante", "fantasista". A intenção óbvia desse termo era enfatizar a forma mutável da lua que a distinguisse dos outros corpos celestes. Já a palavra *mêssiatz* tem seu significado vinculado ao significado de medir: *mêssiatz* significa medidor. Quem chamou a lua de *mêssiatz* quis referi-la, mas destacando outra característica: a de que é possível medir o tempo medindo as fases da lua.

Assim, pois, em relação às palavras da criança e do adulto, pode-se dizer que são sinônimos no sentido em que indicam o mesmo referente. São nomes para os mesmos referentes, coincidem em sua função nominativa mas são diferentes as operações mentais em que se baseiam. Em ambos os casos, são substancialmente diversos o modo pelo qual a criança e o adulto chegam a essa nomeação, a operação através da qual concebem determinado referente e o significado da palavra equivalente a essa operação.

De igual maneira, os mesmos referentes em diferentes línguas coincidem por sua função nominativa mas aí mesmo podem ser nomeados segundo atributos inteiramente diversos. Em russo, a palavra *portnói* (alfaiate) deriva da palavra do russo antigo *port* (pedaço de pano, coberta, capa, colcha, etc.). Em francês e alemão o mesmo referente é designado por outro atributo: deriva das palavras retalhar, cortar.

Portanto – formulemos esta tese –, naquilo que se costuma denominar significado da palavra é necessário distinguir dois momentos: o significado da expressão propriamente dita e a sua função – na qualidade de denominação para referir-se a esse ou àquele objeto, e sua *referencialidade concreta*. Daí ser claro que, ao falar-se do significado da palavra, é necessário distinguir o significado da palavra propriamente dito e a referência nela contida ao objeto (Schor).

Pensamos que a diferenciação do significado da palavra e da sua relação com esse ou aquele referente, a diferenciação do significado e do nome na palavra nos fornece a chave para a análise correta da evolução do pensamento infantil nos seus diferentes estágios. Schor tem todo fundamento quando observa que a diferença entre esses dois momentos, entre o significado ou o conteúdo da expressão e o objeto que ela refere no chamado significado da palavra, manifesta-se claramente na evolução do léxico infantil. As palavras da criança podem coincidir com as palavras do adulto em sua referencialidade concreta e não coincidir no significado.

Se observarmos a história de uma palavra em qualquer língua, veremos que, por mais estranho que possa parecer à primeira vista, os seus significados se transformam no processo exatamente como acontece com o pensamento infantil. Como no exemplo acima apresentado, no qual uma série de referentes os mais diversos, discrepantes entre si do nosso ponto de vista, recebeu da criança o mesmo nome comum *au-au*, de igual maneira encontramos na história do desenvolvimento da palavra esse tipo de transferência do significado, que sugere que elas se baseiam no mecanismo do pensamento por complexos, que as palavras são aí empregadas e aplicadas de um modo diferente daquele observado no pensamento desenvolvido que opera com conceitos.

Tomemos como exemplo a história da palavra russa *sutki* – dia-e-noite. Inicialmente essa palavra significava costura, ponto de junção de tiras de pano, algo tecido conjuntamente. Depois ela passou a significar qualquer junção, o canto em uma *izbá*, a confluência de duas paredes. Mais tarde, passou a significar metaforicamente crepúsculo – ponto de fusão do dia e da noite – posteriormente a abranger o tempo entre um crepúsculo e outro ou um período de tempo compreendendo o crepúsculo matutino e o crepúsculo vespertino, passou a significar dia e noite, isto é, o *sutki* no verdadeiro sentido da palavra.

Assim, vemos que fenômenos tão heterogêneos quanto costura, o canto de uma *izbá*, o crepúsculo e um dia de 24 horas se combinam na evolução histórica dessa palavra em um complexo seguindo o mesmo atributo metafórico pelo qual a criança combina em um complexo diferentes objetos.

"Qualquer um que começar a ocupar-se de questões de etimologia ficará impressionado com o inconsciente das enunciações contidas no nome de um objeto", diz Schor. Por que "porca" e "mulher" significam igualmente *a que pare*, "urso" e "castor" são igualmente chamados de *cinzentos*, por que o "medidor" deve ser chamado logo de *mêssiatz*-lua, "mugidor" de *boi*, "picante-espinhoso" de *floresta de coníferas*? Se examinarmos a história dessas palavras, veremos que não se baseiam numa necessidade lógica nem mesmo em vínculos que se estabelecem nos conceitos mas em complexos metafóricos concretos, em conexões de natureza absolutamente idêntica àquelas que tivemos oportunidade de estudar no pensamento da criança. Será que se destaca um atributo completo pelo qual um objeto é nomeado?

A palavra russa vaca (*korova*) significa chifruda, mas da mesma raiz em outras línguas ocorreram palavras análogas que também significam chifrudo mas sugerem cabra, veado ou outros animais de chifre. Rato (*mich*) significa ladrão (*vor*), boi (*bik*) significa o que muge, filha (*dotch*) significa ordenhadora, criança (*ditiá*) e virgem (*diéva*) estão vinculadas ao verbo ordenhar (*doít'*) e significavam cria e ama-de-leite.

Se observarmos a lei pela qual se unificam as famílias de palavras, veremos que os novos fenômenos e objetos são denominados habitualmente segundo um atributo que não é essencial do ponto de vista da lógica nem traduz a essência lógica de dado fenômeno. Um nome nunca é um conceito no início do seu surgimento. Por isso, do ponto de vista lógico o nome é, por um lado, insuficiente por ser estreito demais e, por outro, demasiado amplo. Assim, por exemplo, "chifruda" como nome para vaca ou "ladrão" como nome para rato são estreitos demais no sentido de que vaca e rato não se esgotam naqueles atributos fixados no nome.

Por outro lado, são amplos demais porque esses nomes se aplicam a toda uma série de objetos. Por isso, observamos no desenvolvimento da linguagem uma luta incessante e diária entre o pensamento por conceitos e o pensamento por complexos. Um nome por complexos, destacado conforme um determinado traço, entra em contradição com o conceito que ele designa, resultando daí uma luta entre o conceito e a imagem que serve de base à palavra. A imagem se apaga, é esquecida, deslocada da consciência do falante, e a relação entre som e conceito enquanto significado da palavra já se torna incompreensível para nós.

Nenhum falante do russo hoje, ao pronunciar a palavra janela (*oknó*), sabe que ela significa um lugar para onde se olha ou por onde passa a luz, e não conclui pela existência de nenhuma insinuação não só no caixilho como também no conceito de abertura. Por outro lado, com a palavra "janela" costumamos designar o caixilho com vidro, sem nos lembrarmos da relação entre esta palavra e a antiga "janela".

De igual maneira, "tinta"* inicialmente significava líquido para escrever, e sugeria o seu traço externo – a cor preta. A pessoa que denominou esse objeto de tinta deu um salto para o complexo de coisas pretas por via puramente associativa. Isto, porém, não nos impede de falar hoje de tintas vermelhas, verdes,

....

* Tinta, em russo, significa *tcherníla*, derivada do radical *tchern*, que significa nigelo ou esmalte preto intenso. Desse radical deriva a palavra *tchërnii*, isto é, preto, escuro, etc. (N. do T.)

azuis, esquecendo que, em termos figurados, essa combinação de palavras é um absurdo.

As transferências de nomes para novos objetos ocorrem por associação, por contigüidade ou semelhança, isto é, não segundo a lei do pensamento lógico mas a lei do pensamento por complexos. Na formação de novas palavras, observamos atualmente uma série de processos sumamente interessantes dessa atribuição complexa desses mesmos objetos ao mesmo grupo. Por exemplo, quando falamos da "perna da mesa", do "gogó da garrafa", da "maçaneta da porta" e do "braço do rio", estamos justamente fazendo uma atribuição complexa do objeto a um grupo comum.

A essência dessa transferência consiste em que a função, aqui desempenhada pela palavra, não é semântica. Aqui a palavra desempenha uma função nominativa, referencial. Ela refere, nomeia a coisa. Noutros termos, aqui a palavra não é lei de algum sentido a que esteja ligada no ato de pensamento, mas um dado sensorial do objeto, ligado por via associativa a outra coisa sensorialmente percebida. E uma vez que o nome está ligado por via associativa à coisa que nomeia, a transferência do nome costuma ocorrer por via de associações, cuja reconstrução é impossível sem um conhecimento exato da situação histórica do ato de transferência do nome.

Isso significa que essa transferência se baseia em vínculos fatuais absolutamente concretos, assim como em complexos que se formam no pensamento da criança. Aplicando isto à linguagem infantil, poderíamos dizer que no ato de compreensão do discurso adulto pela criança ocorre algo semelhante ao que apontamos nos exemplos anteriormente citados. Ao pronunciar a mesma palavra, a criança e o adulto a referem à mesma pessoa ou objeto, digamos, a Napoleão, só que um concebe Napoleão como vitorioso em Jena e outro como vitorioso em Waterloo.

Segundo expressão de Potiebnyá, a linguagem é o meio de compreender a si próprio. Por isso devemos estudar a função que a linguagem ou a fala desempenham em relação ao próprio pensamento da criança, e aqui nos cabe estabelecer que, com o auxílio da linguagem, a criança entende a si mesma de modo diferente do que entende o adulto com o auxílio da mesma linguagem. Isto significa que os atos de pensamento, realizados pela criança por meio da linguagem, não coincidem com as operações produzidas no pensamento do adulto quando ele pronuncia a mesma palavra.

Já citamos a opinião de um autor, segundo quem a palavra primitiva de modo algum pode ser considerada como simples signo de conceito. É antes uma imagem, antes um quadro, um desenho mental de conceito, um breve relato dele. É precisamente uma obra de arte. Por isso, tem caráter complexo concreto e pode significar ao mesmo tempo vários objetos, que podem ser igualmente referidos ao mesmo complexo.

Seria mais correto dizer: ao designar o objeto por meio desse desenho-conceito, o homem o refere a um determinado complexo e o vincula a um grupo com toda uma série de outros objetos. Referindo-se à origem da palavra *viéslo* (remo) como derivada da palavra *viestí* (levar, conduzir, etc.), Pogódin tem pleno fundamento para admitir que, com a palavra *viéslo*, seria mais adequado denominar barco como um meio de transporte, ou cavalo, que conduz, ou carroça. Nota-se que todos esses objetos pertencem ao mesmo complexo, como observamos no pensamento de uma criança.

XV

Um exemplo muito interessante de pensamento puramente por complexos é a fala das crianças surdas-mudas, na qual está ausente a causa principal que leva à formação dos pseudoconceitos infantis. Já afirmamos que a formação se baseia no fato de que a criança não forma complexos livremente combinando objetos em grupos integrais, mas que ela já encontra no discurso dos adultos as palavras vinculadas a determinados grupos de referentes. Por isso o complexo infantil coincide, por sua referência concreta, com os conceitos do adulto. A criança e o adulto, que se entendem quando pronunciam a palavra "cão", vinculam essa palavra a um mesmo referente, tendo em vista um único conteúdo concreto, embora, neste caso, um conceba um complexo concreto de cães e o outro um conceito abstrato de cão.

Na fala das crianças surdas-mudas essa circunstância deixa de valer, porque essas crianças não têm comunicação falada com os adultos e, entregues a si mesmas, formam livremente os complexos que são representados por uma mesma palavra. Graças a isto, as peculiaridades do pensamento por complexos manifestam-se em primeiro plano na linguagem delas com uma nitidez particular.

Na linguagem dos surdos-mudos, baseada em sinais, o ato de tocar um dente pode ter três significados diferentes: "branco", "pedra" e "dente". Todos os três pertencem a um complexo cuja elucidação mais pormenorizada requer um gesto adicional de apontar ou imitar, para se indicar a que objeto se faz referência em cada caso. As duas funções de uma palavra são, por assim dizer, fisicamente separadas. Um surdo-mudo toca um dente e, em seguida, apontando para a sua superfície com um gesto de arremesso, indica a que objeto está se referindo nesse caso.

No pensamento do adulto também observamos a cada passo um fenômeno sumamente importante: embora o pensamento do adulto tenha acesso à formação de conceitos e opere com eles, ainda assim nem de longe esse pensamento é inteiramente preenchido por tais operações.

Se tomarmos as formas mais primitivas do pensamento humano em sua manifestação nos sonhos, encontraremos aqui esse antigo mecanismo primitivo de pensamento por complexos, fusão direta, condensação e deslocamento de imagens. Como mostra corretamente Kretschmer, o estudo das generalizações que se observam nos sonhos é a chave para a correta compreensão do pensamento primitivo e destrói o preconceito segundo o qual a generalização no pensamento se manifesta apenas em sua forma mais desenvolvida, precisamente na forma de conceitos.

As investigações de Yensh mostraram que, no campo do pensamento puramente concreto, existem generalizações específicas ou combinações de imagens que são uma espécie de análogos concretos dos conceitos ou são conceitos concretos, que Yensh denomina *composição consciente* e *fluxão*. No pensamento do adulto, observamos a cada passo a passagem do pensamento por conceitos para o pensamento concreto, por complexos, para um pensamento transitório.

Os pseudoconceitos não são apenas uma conquista exclusiva da criança. Neles também se verifica com grande freqüência o transcorrer do pensamento no nosso dia-a-dia.

Do ponto de vista dialético, os conceitos não são conceitos propriamente ditos na forma como se encontram no nosso discurso cotidiano. São antes noções gerais sobre as coisas. Entretanto, não resta nenhuma dúvida de que representam um estágio transitório entre os complexos e pseudoconceitos e os verdadeiros conceitos no sentido dialético desta palavra.

XVI

O pensamento infantil por complexos, que aqui descrevemos, é apenas a primeira raiz na história da evolução dos seus conceitos. Mas a evolução dos conceitos infantis ainda tem uma segunda raiz, que é o terceiro grande estágio na evolução do pensamento infantil, estágio esse que, por sua vez, à semelhança do segundo, divide-se em várias fases ou estágios particulares. Neste sentido, os pseudoconceitos que analisamos constituem o estágio intermediário entre o pensamento por complexo e outra raiz ou fonte da evolução dos conceitos infantis.

Já tivemos oportunidade de ressalvar que o processo de desenvolvimento dos conceitos infantis foi apresentado na maneira como nós o verificamos nas condições artificiais da análise experimental. Essas condições constituem o processo de desenvolvimento dos conceitos em sua seqüência lógica, e por isso se desviam inevitavelmente do processo real de desenvolvimento de tais conceitos. Por essa razão não coincidem as seqüências dos estágios particulares e das fases particulares dentro de cada estágio no real processo de desenvolvimento do pensamento infantil e na nossa representação.

Em nossa investigação, mantivemos sempre a via genética de análise do problema em questão, mas procuramos colocar alguns momentos genéticos particulares em sua forma mais madura, mais clássica, razão pela qual nos desviamos daquela via complexa e sinuosa pela qual efetivamente ocorre o desenvolvimento dos conceitos infantis.

Ao passarmos ao terceiro e último estágio do desenvolvimento do pensamento infantil, devemos dizer que, em realidade, as primeiras fases desse terceiro estágio não ocorrem cronológica e forçosamente uma após a outra, uma vez que o pensamento por complexos concluiu integralmente o círculo da sua evolução. Ao contrário, vimos que as formas superiores do pensamento por complexos, representadas pelos pseudoconceitos, são uma forma transitória na qual se detém também o nosso pensamento habitual, baseado na nossa experiência cotidiana.

Aliás, os rudimentos daquelas formas, que agora nos cabe descrever, antecedem de forma temporalmente representativa a formação dos pseudoconceitos mas, por sua essência lógica, não constituem uma segunda raiz como que independente na história do desenvolvimento dos conceitos e desempenham uma função genética inteiramente diferente, isto é, exercem outro papel no processo de desenvolvimento do pensamento infantil.

O pensamento por complexos tem como elemento mais característico o momento de estabelecimento dos vínculos e relações que constituem o seu fundamento. Nessa fase, o pensamento da criança complexifica objetos particulares que ela percebe, combina-os em determinados grupos e, assim, lança os primeiros fundamentos de combinação de impressões dispersas, dá os primeiros passos no sentido da generalização dos elementos dispersos da experiência.

Mas o conceito, em sua forma natural e desenvolvida, pressupõe não só a combinação e a generalização de determinados elementos concretos da experiência mas também a discriminação, a abstração e o isolamento de determinados elementos e, ainda, a habilidade de examinar esses elementos discriminados e abstraídos fora do vínculo concreto e fatual em que são dados na experiência.

Nesse sentido, o pensamento por complexo se revela impotente. É repleto de excedente ou reprodução de vínculos e de abstração fraca. Nele é fraquíssimo o processo de discriminação de atributos. Por outro lado, um verdadeiro conceito se baseia igualmente nos processos de análise e também nos processos de síntese. A decomposição e a vinculação são igualmente momentos interiores necessários na construção do conceito. A análise e a síntese, segundo famosa expressão de Goethe, se pressupõem mutuamente tanto quanto a expiração e a inspiração. Tudo isso se aplica igualmente não só ao pensamento em seu conjunto mas também à construção de um conceito isolado.

De fato, encontramos as duas coisas fundidas, e só o interesse da análise científica nos faz conceber essas duas linhas divididas, procurando observar cada uma com o máximo de precisão. Mas essa decomposição não é simplesmente um procedimento convencional da nossa análise, que podemos substituir a nosso arbítrio por qualquer outro. Ao contrário, ele radica na própria natureza das coisas, pois varia substancialmente a natureza psicológica de cada uma delas.

Assim, a função genética do terceiro estágio da evolução do pensamento infantil é desenvolver a decomposição, a análise e a abstração. Neste sentido, a primeira fase desse terceiro estágio é muito próxima do pseudoconceito. Essa unificação dos diferentes objetos concretos foi criada com base na máxima semelhança entre eles. Como essa semelhança nunca é completa, aqui verificamos em termos psicológicos uma situação sumamente interessante: a criança coloca os diferentes traços de um dado objeto em condições diferentemente favoráveis quanto à atenção.

Os traços que refletem em seu conjunto o máximo de semelhança com o modelo que lhe foi dado colocam-se como que no centro da atenção, assim se destacam e são abstraídos dos demais traços que permanecem na periferia da atenção. Pela primeira vez aqui se manifesta com toda nitidez um processo de abstração que freqüentemente mal se consegue distinguir, porque, por uma simples e vaga impressão de identidade e não por uma discriminação precisa de determinados atributos, às vezes se abstrai um grupo de atributos internamente decompostos de forma precária.

Seja como for, está aberta uma brecha na percepção da criança. Os indícios se dividem em duas partes desiguais, surgiram os dois processos que na escola de Küelpe foram denominados *abstrações positiva e negativa*. Já sem todos os seus atributos e toda a sua plenitude fatual o objeto concreto integra o complexo, insere-se na generalização, mas deixa fora desse complexo uma parte dos seus atributos, empobrece, mas em compensação aqueles atributos que serviram de base para incluí-lo no complexo manifestam-se com relevo especial no pensamento da criança. Essa generalização, que a criança cria com base no máximo de semelhança, é ao mesmo tempo um processo mais pobre e mais rico que o pseudoconceito.

Ela é mais rica do que o pseudoconceito porque sua construção de baseou em uma discriminação importante e essencial de traços perceptíveis no grupo geral. É mais pobre que o pseudoconceito porque os vínculos em que se baseia essa construção são paupérrimos, esgotam-se em uma simples impressão vaga de identidade ou de máxima semelhança.

XVII

A segunda fase no mesmo processo de desenvolvimento dos conceitos é aquela que poderia ser chamada de *estágio de conceitos potenciais*. Em condições experimentais, a criança dessa fase de desenvolvimento costuma destacar um grupo de objetos que ela generaliza depois de reunidos segundo um atributo comum.

Mais uma vez estamos diante de um quadro que, à primeira vista, é muito semelhante ao pseudoconceito e, pela aparência, tanto quanto o pseudoconceito pode ser tomado por conceito pronto no sentido próprio da palavra. Esse mesmo produto poderia ser obtido como resultado do pensamento do adulto que opera com conceitos. Essa aparência enganosa e essa semelhança externa com o verdadeiro conceito familiarizam o conceito potencial com o pseudoconceito. Mas as suas naturezas são essencialmente diferentes.

A diferença entre conceito verdadeiro e conceito potencial foi introduzida na psicologia por Groos, que fez dela o ponto de partida da sua análise dos conceitos. Diz ele:

> O conceito *potencial* não pode ser senão uma ação do hábito. Neste caso, em sua forma mais elementar ele consiste em que... os motivos semelhantes provocam *impressões gerais semelhantes*. Se o conceito potencial é realmente assim do modo que acabamos de descrever como sendo uma *diretriz* centrada no hábito, ele se manifesta muito cedo na criança... Acho que existe uma condição indispensável que antecede o surgimento de avaliações intelectuais mas em si mesma *não tem nada de intelectual* (32, p. 196).

Assim, esse conceito potencial é uma formação pré-intelectual que surge cedo demais na história da evolução do pensamento.

Nesse sentido, a maioria dos psicólogos atuais concorda com o fato de que o conceito potencial na forma como ora o descrevemos já é próprio do pensamento animal. Nestes termos, achamos que Groos tem toda razão ao se opor à afirmação amplamente aceita segundo a qual a abstração surge inicialmente na idade transitória. "A abstração que isola", diz ele, "já pode ser estabelecida nos animais."

E, de fato, experimentos especiais desenvolvidos com galinhas para descobrir a abstração da forma e da cor mostraram que, neste caso, se não temos um conceito potencial propriamente dito, temos algo muito parecido com ele, que consiste no isolamento ou na discriminação de determinados atributos e se verifica em estágios sumamente primitivos de desenvolvimento do comportamento na série animal.

Desse ponto de vista tem toda razão Groos em, ao subentender por conceito potencial a diretriz centrada numa reação comum, recusar-se a ver aí um atributo do desenvolvimento do pensamento infantil e atribuí-lo, em termos genéticos, a processos complementares. Diz ele:

> Os nossos primeiros conceitos potenciais são complementares. A ação desses conceitos potenciais pode ser elucidada sem a admissão de processos lógicos. Neste sentido, a relação entre a palavra e aquilo que denominamos o seu significado pode ser, às vezes, uma simples associação desprovida do verdadeiro significado da palavra (32, p. 201).

Se observarmos as primeiras palavras de uma criança, veremos que, por seu significado, elas efetivamente se aproximam desses conceitos potenciais. Estes são potenciais, em primeiro lugar, por sua referência prática a um determinado círculo de objetos e, em segundo, pelo processo de abstração isoladora que lhe serve de base. Eles são conceitos dentro de uma possibilidade e ainda não realizaram essa possibilidade. Não é um conceito mas alguma coisa que pode vir a sê-lo.

Nesse sentido, Bühler traça uma analogia absolutamente legítima entre a maneira como a criança usa uma palavra habitual ao ver um novo objeto e a maneira como o macaco identifica em muitas coisas – que em outra ocasião não lhe lembrariam uma vara – uma semelhança com uma vara, caso esta se encontre em circunstâncias em que lhe possa ser útil. As experiências de Köhler mostraram que os chimpanzés, uma vez tendo aprendido a usar uma vara como instrumento, utilizavam outros objetos alongados sempre que precisavam de uma vara e não havia nenhuma disponível.

A semelhança aparente com o nosso conceito é impressionante. Esse fenômeno realmente merece o nome de conceito potencial. Köhler formula da seguinte maneira os resultados das suas observações com chimpanzés:

> Se dissermos que a vara que aparecia diante dos olhos do chimpanzé ganhava certo significado funcional para determinadas situações, e que esse significado se estende a todos os outros objetos independentemente de como sejam, mas que tenham com a vara traços comuns objetivamente conhecidos em termos de forma e densidade, chegaremos diretamente a um único ponto de vista, que coincide com o comportamento observado dos animais.

Essas experiências mostraram que o macaco começa a empregar como vara a aba de um chapéu de palha, um sapato, um arame, uma palha, isto é, os mais diversos objetos que tenham forma alongada e aparentemente possam substituir a vara. Neste caso, ocorre uma generalização de toda uma série de objetos concretos em um determinado sentido.

Toda a diferença entre os resultados obtidos por Köhler e o conceito potencial de Groos consiste apenas em que ali se trata de impressões semelhantes e aqui de significado funcional semelhante. Ali o conceito potencial é elaborado no campo do pensamento concreto, aqui, no campo do pensamento prático eficaz. Esse tipo de conceitos motores ou conceitos dinâmicos – segundo expressão de Werner –, esse tipo de significados funcionais – segundo expressão de Köhler – existe, como se sabe, no pensamento infantil muito antes da chegada da idade escolar. É fato conhecido que a definição dos conceitos dada pela criança tem essa natureza funcional. Quando se pede a uma criança que explique uma palavra, ela responde dizendo o que o objeto designado pela palavra pode fazer, ou – mais freqüentemente – o que pode ser feito com ele. Quando se trata de definir certos conceitos, aí se manifesta uma situação concreta, que costuma ser eficaz e é um equivalente do significado infantil da palavra. Neste sentido, Messer cita em seu estudo do pensamento e da linguagem uma definição bastante típica de conceito abstrato feita por um aluno do primeiro ano escolar: "Razão – diz uma criança – é quando estou com calor e não bebo água." Esse tipo de significado concreto e funcional constitui a única base psicológica do conceito potencial.

Poderíamos lembrar que os conceitos potenciais já desempenham um papel muito importante no pensamento dos complexos, combinando-se freqüentemente com a formação desses complexos. Por exemplo, no complexo associativo e em muitos outros tipos de complexo, a construção do complexo pressupõe a discriminação de certo atributo comum a diversos elementos.

É verdade que uma característica do pensamento puramente por complexos é o fato de ele ser extremamente instável, ceder seu lugar a outro atributo e não ser de forma alguma um atributo privilegiado em comparação com todos os demais. Não é o que ocorre com o pensamento potencial. Aqui, o atributo que serve de base à inclusão do objeto em um grupo comum é um atributo privilegiado, abstraído do grupo concreto de atributos aos quais está efetivamente vinculado.

Lembremos que na história das nossas palavras esses conceitos potenciais desempenham papel de suma importância. Citamos muitos exemplos de como toda palavra nova surge com base na discriminação de algum atributo evidente e serve de base à construção da generalização de vários objetos nomeados ou representados por uma mesma palavra. Esses conceitos potenciais assim permanecem em dada fase do seu desenvolvimento, sem se transformar em um verdadeiro conceito.

Em todo caso, eles desempenham papel muito importante na evolução dos conceitos infantis. Esse papel consiste em que, pela primeira vez, abstraindo determinados atributos, a criança destrói a situação concreta, o vínculo concreto dos atributos e, assim, cria a premissa indispensável para uma nova combinação desses atributos em nova base. Só o domínio do processo da abstração, acompanhado do desenvolvimento do pensamento por complexos, pode levar a criança a formar conceitos de verdade. Esta formação constitui a quarta e última fase na evolução do pensamento infantil.

O conceito surge quando uma série de atributos abstraídos torna a sintetizar-se, e quando a síntese abstrata assim obtida se torna forma basilar de pensamento com o qual a criança percebe e toma conhecimento da realidade que a cerca. Neste caso, o experimento mostra que o papel decisivo na formação do verdadeiro conceito cabe à palavra. É precisamente com ela que a criança orienta arbitrariamente a sua atenção para determinados atributos, com a palavra ela os sintetiza, simboliza o conceito abstrato e opera com ele como lei suprema entre todas aquelas criadas pelo pensamento humano.

É verdade que no pensamento por complexos o papel da palavra já se manifesta nitidamente. Esse pensamento, na forma como o descrevemos, é inconcebível sem uma palavra que desempenhe a função de nome de família e unifique grupos cognatos segundo a impressão obtida a partir dos objetos. Neste sentido, ao contrário de alguns autores, diferençamos o pensamento por complexos – enquanto um estágio determinado no desenvolvimento do pensamento verbal – do pensamento concreto e não verbalizado, que caracteriza as noções dos animais e que alguns autores, como Werner, também denominam pensamento por complexos em função da sua tendência peculiar para fundir impressões particulares.

Nesse sentido, aqueles autores tendem a equiparar os processos de condensação e deslocamento na forma como estes se manifestam nos nossos sonhos, e equiparar também o pensamento por complexos ao pensamento dos povos primitivos[1], que é uma das formas superiores de pensamento verbal e produto de uma longa evolução histórica do intelecto humano, bem como um antecedente inevitável do pensamento por conceitos. Algumas autoridades, como Volkelt, vão ainda mais longe e tendem a identificar o pensamento por complexos emocionalmente semelhante das aranhas ao pensamento verbal primitivo da criança.

Achamos que entre essas duas modalidades de pensamento existe uma diferença de princípio, que separa o produto da evolução biológica, a forma natural de pensamento da forma historicamente surgida de intelecto humano. Entretanto, reconhecer que a palavra desempenha papel decisivo no pensamento por complexos não nos leva, de maneira nenhuma, a identificar esse papel da palavra no pensamento por complexos e no pensamento por conceitos.

Para nós, ao contrário, a própria diferença entre o complexo e o conceito reside, antes de tudo, em que uma generalização é o resultado de um emprego funcional da palavra, enquanto outra surge como resultado de uma aplicação inteiramente diversa dessa mesma palavra. A palavra é um signo. Esse signo pode ser usado e aplicado de diferentes maneiras. Pode servir como meio para diferentes operações intelectuais, e são precisamente essas operações, realizadas por intermédio da palavra, que levam à distinção fundamental entre complexo e conceito.

....
1. "Essa modalidade primitiva de pensamento", diz Kretschmer, "é designada tal qual o pensamento por complexos... uma vez que os complexos de imagens que se transformam uns nos outros e integram coesos os conglomerados ainda ocupam aqui o lugar de conceitos acentuadamente delimitados e abstratos (33, p. 83). Todos os autores são concordes ao verem nesse tipo de pensamento um estágio figurado prévio no processo de formação dos conceitos."

XVIII

A conclusão mais importante de toda a nossa investigação é a tese basilar que estabelece: só na adolescência a criança chega ao pensamento por conceitos e conclui o terceiro estágio da evolução do seu intelecto.

Em nosso estudo experimental dos processos intelectuais no adolescente, observamos que, com o avanço da adolescência, as formas primitivas de pensamento – sincréticas e por complexos – vão sendo gradualmente relegadas a segundo plano, o emprego dos conceitos potenciais vai sendo cada vez mais raro e se torna cada vez mais freqüente o uso dos verdadeiros conceitos, que no início apareciam esporadicamente.

Contudo, não se pode imaginar esse processo de substituição de algumas formas de pensamento e de algumas fases de seu desenvolvimento como um processo puramente mecânico, acabado e concluído. O quadro do desenvolvimento se mostra bem mais complexo. Diversas formas genéticas coexistem como coexistem na crosta terrestre os mais diversos extratos de diferentes eras geológicas. Essa situação é antes uma regra que uma exceção no desenvolvimento de todo o comportamento. Sabe-se que o comportamento do homem não está sempre no mesmo plano superior de sua evolução. As formas mais recentes na história humana convivem no comportamento humano lado a lado com as formas mais antigas e, como mostrou muito bem P. Blonski, uma mudança de diferentes formas de comportamento em espaço de 24 horas repete no fundo a multimilenar história do desenvolvimento do comportamento.

O mesmo se justifica em relação ao desenvolvimento do pensamento infantil. Aqui, mesmo depois de ter aprendido a operar com forma superior de pensamento – os conceitos –, a criança não abandona as formas mais elementares, que durante muito tempo ainda continuam a ser qualitativamente predominantes em muitas áreas do seu pensamento. Até mesmo o adulto está longe de pensar sempre por conceitos. É muito freqüente o seu pensamento transcorrer no nível do pensamento por complexos, chegando, às vezes, a descer a formas mais elementares e mais primitivas.

Mas os próprios conceitos do adolescente e do adulto, uma vez que sua aplicação se restringe ao campo da experiência puramente cotidiana, freqüentemente não se colocam acima do nível dos pseudoconceitos e, mesmo tendo todos os atributos de conceitos do ponto de vista da lógica formal, ainda assim não são conceitos do ponto de vista da lógica dialética e não passam de noções gerais, isto é, de complexos.

Assim, a adolescência não é um período de conclusão mas de crise e amadurecimento do pensamento. No que tange à forma superior de pensamento, acessível à mente humana, essa idade é também transitória, e o é em todos os outros sentidos. Esse caráter transitório do pensamento do adolescente torna-se sobretudo nítido quando não tomamos o seu conceito em forma acabada mas em ação e o fazemos passar por um teste funcional, uma vez que essas formações revelam a sua verdadeira natureza psicológica na ação, no processo de aplicação. Ao mesmo tempo, quando estudamos o conceito em ação descobrimos uma lei psicológica de suma importância, que dá fundamento à nova forma de pensamento e lança luz sobre o caráter do conjunto da atividade intelectual do adolescente e sobre o desenvolvimento da personalidade e da concepção de mundo desse adolescente.

A primeira coisa que merece ser ressaltada neste campo é a profunda discrepância que, no experimento, se manifesta entre a formação do conceito e a sua definição verbal. Essa discrepância se mantém em vigor não só no pensamento do adolescente mas também do adulto, mesmo em um pensamento às vezes sumamente evoluído. A existência de um conceito e a consciência desse conceito não coincidem quanto ao momento do seu surgimento nem quanto ao seu funcionamento. O primeiro pode surgir antes e atuar independentemente do segundo. A análise da realidade fundada em conceitos surge bem antes que a análise dos próprios conceitos.

Isso se manifesta de forma notória nas experiências com adolescentes, as quais mostram a cada instante que a discrepância entre a palavra e o ato na formação dos conceitos é o traço mais característico da fase adolescente e uma prova do caráter transitório do pensamento nessa idade. O adolescente forma o conceito, emprega-o corretamente em uma situação concreta, mas tão logo entra em pauta a definição verbal desse conceito o seu pensamento esbarra em dificuldades excepcionais, e essa definição acaba sendo bem mais restrita que a sua aplicação viva. Verifica-se nesse fato a confirmação direta de que os conceitos não surgem simplesmente como resultado de uma elaboração lógica desses ou daqueles elementos da experiência, que a criança não atina sobre seus conceitos, e que estes lhe surgem de modo bem diferente e só mais tarde ela toma consciência deles e lhes dá configuração lógica.

Aqui se revela outro momento característico da aplicação dos conceitos na adolescência: o adolescente aplica o conceito em situação concreta. Quando esse conceito ainda não se dissociou da situação concreta e percebida com evidência, ele orienta o pensamento do adolescente com mais facilidades e sem erros. Bem mais difícil é o processo de transferência de conceitos, isto é, a aplicação dessa experiência a outros objetos inteiramente heterogêneos, quando os atributos discriminados mas sintetizados nos conceitos se encontram em outro ambiente de atributos concretos bem diferentes e quando estes mesmos são dados em outras proporções concretas. Na mudança concreta da escrita, a aplicação do conceito, elaborado em outra situação, é bem mais complexa. Em regra, contudo, o adolescente já consegue efetuar essa transferência na primeira fase de amadurecimento do seu pensamento.

Dificuldades bem maiores encontramos no processo de definição desse conceito, quando ele se revela a partir de uma situação concreta em que foi elaborado, em que geralmente não se apóia em impressões concretas e começa a movimentar-se em um plano totalmente abstrato. Aqui a definição verbal desse conceito e a habilidade para conscientizá-lo e defini-lo com precisão geram dificuldades consideráveis e, nas experiências, freqüentemente observamos como a criança ou o adulto, mesmo tendo resolvido a tarefa de formar corretamente um conceito, ao definir esse conceito já formado resvala para um estágio mais primitivo e começa a enumerar diversos objetos concretos, abrangidos por esse conceito em uma situação concreta.

Assim, o adolescente aplica a palavra como conceito e a define como complexo. Esta é uma forma excepcionalmente característica do pensamento na fase de transição, forma essa que oscila entre o pensamento por complexos e o pensamento por conceitos.

Entretanto, as maiores dificuldades que o adolescente só costuma superar ao término da idade de transição consistem na contínua transferência do sentido ou significado do conceito elaborado para situações concretas sempre novas, que ele pensa no plano também abstrato.

Aqui, a transição do concreto para o abstrato não é menos difícil do que foi outrora a transição do abstrato para o concreto.

Aqui a experiência não deixa nenhuma dúvida de que o quadro habitual de formação dos conceitos não coincide absolutamente com a realidade na maneira como foi esboçado pela psicologia tradicional que, neste caso, seguiu servilmente a descrição lógico-formal do processo de formação dos conceitos. Na psicologia tradicional, o processo de formação de conceitos se baseava na tese de que o conceito se funda em uma série de noções concretas.

Vejamos – diz um psicólogo – o conceito de árvore. Este se constitui de várias noções semelhantes de árvore. "Este surge de noções de objetos singulares semelhantes." Segue-se um esquema de explicação do processo de formação do conceito assim concebido: suponhamos que eu tenha tido oportunidade de observar três diferentes árvores. As noções dessas três árvores podem ser divididas em suas partes componentes, com cada uma designando uma forma, uma cor ou o tamanho de determinados objetos. As outras partes componentes dessas noções são semelhantes.

Entre as partes componentes dessas noções deve haver uma assimilação, cujo resultado será uma noção geral de um determinado atributo. Depois, graças à síntese dessas noções, obtém-se uma noção geral ou conceito de árvore.

Desse ponto de vista, a formação de conceitos é alcançada por meio do mesmo processo do "retrato de família" nas fotografias compostas de Dalton. Estas são feitas a partir de fotos de membros diferentes de uma família na mesma chapa, de modo que os traços de família, comuns a várias pessoas, aparecem com extraordinária nitidez, enquanto a sobreposição torna indistintos os traços pessoais que diferenciam os indivíduos. Supõe-se que, na formação de conceitos, ocorra uma intensificação semelhante dos traços comuns a um certo número de objetos; segundo a teoria tradicional, a soma desses traços é o conceito. Não se pode imaginar nada de mais falso do ponto de vista do efetivo processo de evolução dos conceitos que esse quadro logicizado, traçado pelo esquema que acabamos de citar.

De fato, como vários psicólogos há muito observaram e os nossos experimentos demonstram com grande nitidez, a formação de conceitos no adolescente nunca segue esse caminho lógico com que o esquema tradicional esboça o processo de formação dos conceitos. As pesquisas de Wogel mostraram que

> a criança parece não entrar no campo dos conceitos abstratos e partir de espécies particulares, projetando-se cada vez mais alto. Ao contrário, a princípio ela usa os conceitos mais gerais. Ela não chega aos que ocupam posição intermediária por meio da abstração, de baixo para cima, mas da definição, de cima para baixo. O desenvolvimento da noção na criança evolui do não-diferenciado para o diferenciado e não ao contrário. O pensamento evolui da família à espécie e não ao contrário.

Segundo o modelo de Wogel, o pensamento quase sempre se movimenta em uma pirâmide de conceitos para o alto e para baixo e raramente em sentido horizontal. Em sua época, essa tese foi uma reviravolta formal na tradicional doutrina psicológica da formação dos conceitos. Em vez da antiga concepção segundo a qual o conceito surge através de uma simples discriminação de atributos semelhantes de uma série de objetos concretos, os estudiosos passaram a conceber o processo de formação dos conceitos em sua real complexidade como um intrincado processo de movimento do pensamento na pirâmide dos conceitos, processo esse que sempre operava uma transição do geral ao particular e vice-versa.

Ultimamente, Bühler apresentou uma teoria da origem dos conceitos pela qual – exatamente como o faz Wogel – ele tende a negar a concepção tradicional de desenvolvimento do conceito através da discriminação de atributos semelhantes. Ele distingue duas raízes genéticas na formação dos conceitos: a primeira é a combinação das noções da criança em grupos destacados, a fusão desses grupos em complexos vínculos associativos que se formam entre determinados grupos dessas noções e entre elementos particulares integrantes de cada grupo. A segunda raiz genética dos conceitos é, segundo Bühler, a função de juízo. Como resultado do pensamento, do juízo já informado, a criança chega à criação dos conceitos, e Bühler vê uma prova cabal disto no fato de que as palavras, que significam conceitos, muito raramente reproduzem na criança o juízo pronto sobre esses conceitos, como o observamos com especial freqüência nas experiências associativas com crianças.

É evidente que o juízo é algo mais simples e, como diz Bühler, o lugar lógico natural do conceito é o juízo. A noção e o juízo interagem no processo de formação dos conceitos.

Desse modo, esse processo se desenvolve em dois aspectos – no geral e no particular – quase simultaneamente.

Uma confirmação muito importante disto é o fato de que a primeira palavra empregada pela criança é de fato uma designação genérica, e só bem mais tarde lhe surgem designações também concretas. É claro que a criança assimila a palavra "flor" antes de assimilar os nomes de determinadas cores, e se as condições do seu desenvolvimento verbal a levam a assimilar antes algum nome particular e ela conhece a palavra "rosa" antes do nome "flor", ela aplica essa palavra não só em relação à rosa mas a qualquer flor, isto é, usa essa designação particular como geral.

Nesse sentido, Bühler tem toda razão ao dizer que o processo de formação dos conceitos não consiste na ascensão à pirâmide conceitual de baixo para cima mas se desenvolve de dois lados como o processo de revestimento de um túnel. É verdade que a isto se vincula uma questão muito importante e difícil para a psicologia: com o reconhecimento de que a criança identifica os nomes gerais e mais abstratos antes de identificar os concretos, muitos psicólogos chegaram a rever a concepção tradicional de que o pensamento abstrato se desenvolve de modo relativamente tardio, precisamente no período da puberdade.

Partindo de uma correta observação da alternância no desenvolvimento dos nomes genéricos e concretos na criança, esses psicólogos chegaram a uma conclusão incorreta segundo a qual o surgimento das denominações gerais na linguagem da criança é acompanhado do surgimento precoce e simultâneo dos conceitos abstratos nessa criança.

É essa, por exemplo, a teoria de Charlotte Bühler, e já vimos que essa teoria redunda na falsa concepção de que o pensamento não sofre nenhuma mudança especial nem faz nenhuma conquista considerável na fase da adolescência. Segundo essa teoria, no pensamento do adolescente não surge nada de essencialmente novo em comparação com aquilo que já encontramos na atividade intelectual de uma criança de três anos.

No próximo capítulo, teremos oportunidade de entrar em maiores detalhes dessa questão. Observemos por ora que o emprego de palavras comuns ainda não subentende um domínio tão precoce do pensamento abstrato, uma vez que, como mostramos em todo este capítulo, a criança usa as mesmas palavras que o adulto, liga essas palavras ao mesmo círculo de objetos como o adulto, mas concebe esses objetos de modo inteiramente diverso, por procedimentos inteiramente diversos daqueles adotados pelo adulto.

Por isso, o uso infantil sumamente precoce das palavras que no discurso do adulto substituem o pensamento abstrato em suas formas abstratas não tem, de maneira nenhuma, o mesmo significado no pensamento da criança. Lembremos que as palavras da linguagem infantil coincidem com as palavras dos adultos por sua referência concreta mas divergem delas pelo seu sentido, e por essa razão não temos nenhum fundamento para atribuir a uma criança, que usa palavras abstratas, também pensamento abstrato. Como procuraremos mostrar no próximo capítulo, a criança que usa palavras abstratas concebe o respectivo referente de modo bastante concreto. Em todo caso, uma coisa não suscita nenhuma dúvida: a velha concepção da formação dos conceitos, análoga à obtenção de uma fotografia coletiva, diverge integral e absolutamente tanto de observações psicológicas reais quanto dos dados da análise experimental.

Também não deixa dúvida a segunda conclusão de Bühler, que se confirma inteiramente nos dados experimentais. Os conceitos efetivamente têm um lugar natural nos juízos e conclusões, agindo como partes componentes destes. A criança que reage à palavra "casa" com a resposta "grande" ou à palavra "árvore" com a frase "tem maçãs penduradas nela" demonstra realmente que o conceito sempre existe apenas dentro de uma estrutura genérica de juízo como parte inalienável dela.

Assim como a palavra só existe dentro de determinada frase e como a frase, em termos psicológicos, aparece no desenvolvimento da criança antes de palavras isoladas, o juízo surge no pensamento da criança antes de conceitos particulares dele derivados. Por isso, como diz Bühler, o conceito não pode ser mero produto de associações. A associação de vínculos de determinados elementos é premissa indispensável mas, ao mesmo tempo, insuficiente para a formação do conceito. Essa dupla raiz dos conceitos nos processos de representação e nos processos de juízo é, segundo Bühler, a chave genética para a correta compreensão dos processos de formação de conceito.

Nas nossas experiências tivemos a real oportunidade de observar ambos os momentos ressaltados por Bühler. Entretanto, a conclusão a que ele chega sobre a dupla raiz dos conceitos nos parece incorreta. Lindner já chamou atenção para o fato de que as crianças adquirem relativamente cedo os conceitos mais gerais. Neste sentido, não se pode duvidar de que muito cedo a criança já comece a empregar corretamente essas denominações mais gerais. É igualmente verdadeiro que o desenvolvimento dos seus conceitos não se realiza em forma de correta ascensão pela pirâmide. Nas nossas experiências, tivemos várias oportunidades de observar como a criança escolhe para o modelo que lhe foi sugerido uma série de figuras do mesmo nome do modelo e, nesse processo, estende o presumível significado da palavra usando-a como nome mais genérico e nunca como nome concreto ou diferenciado.

Vimos ainda nas nossas experiências que o conceito surge como resultado do pensamento e encontra lugar orgânico natural dentro do juízo. Neste sentido, o experimento confirmou inteiramente a tese teórica segundo a qual os conceitos não surgem mecanicamente como uma fotografia coletiva de objetos concretos; neste caso, o cérebro não atua à semelhança de uma máquina fotográfica que faz tomadas coletivas, e o pensamento não é uma simples combinação dessas tomadas; ao contrário, os processos de pensamento, concreto e eficaz, surgem antes da formação dos conceitos e estes são produto de um processo longo e complexo de evolução do pensamento infantil.

Como já afirmamos, o conceito surge no processo de operação intelectual; não é o jogo de associações que leva à obstrução dos conceitos: em sua formação participam todas as funções intelectuais elementares em uma original combinação, sendo que o momento central de toda essa operação é o uso funcional da palavra como meio de orientação arbitrária da atenção, da abstração, da discriminação de atributos particulares e de sua síntese e simbolização com o auxílio do signo.

No processo das nossas experiências, tivemos várias oportunidades de observar como a função primária da palavra, que poderíamos denominar *função indicativa*, uma vez que a palavra indica determinado atributo, é uma função geneticamente mais precoce que a função significativa, que substitui uma série de impressões concretas e as significa. Uma vez que, nas condições do nosso experimento, o significado de uma palavra inicialmente sem sentido foi relacionado a uma situação concreta, podemos observar como surge pela primeira vez o significado de uma palavra, quando este significado é patente. Podemos estudar na forma viva essa referência da palavra a determinados atributos, observando como o percebido, ao destacar-se e sintetizar-se, torna-se sentido, significado da palavra, conceito, depois como esses conceitos se ampliam e se transferem para outras situações concretas e como posteriormente são assimilados.

A formação dos conceitos surge sempre no processo de solução de algum problema que se coloca para o pensamento do adolescente. Só como resultado da solução desse problema surge o conceito. Desse modo, os dados da nossa análise experimental mostram que a questão da dupla raiz da formação dos conceitos não foi corretamente levantada por Bühler.

Em realidade, os conceitos têm dois cursos básicos por onde transcorre o seu desenvolvimento.

Procuramos mostrar como a função de combinar e formar um complexo de vários objetos particulares do nome de família, por intermédio de objetos comuns a todo um grupo, ao desenvolver-se, constitui a forma basilar do pensamento infantil por complexos e como, paralelamente, conceitos potenciais que se baseiam na discriminação de alguns atributos comuns formam o segundo curso no desenvolvimento dos conceitos.

Essas duas formas são efetivamente as raízes duplas na formação dos conceitos. Aquilo de que fala Bühler não nos parece raízes verdadeiras mas apenas raízes aparentes dos conceitos pelos seguintes motivos. A preparação de um conceito em forma de grupos associativos e a preparação dos conceitos na memória são um processo natural desvinculado da palavra e vinculado ao pensamento por complexos, que se manifesta no pensamento concreto totalmente desvinculado de palavra. No nosso sonho ou no pensamento dos animais, encontramos analogias detalhadas desses complexos associativos de representações particulares, mas, como já mostramos anteriormente, não são essas combinações de noções que servem de base aos conceitos mas os complexos criados com base na aplicação da palavra.

Portanto, achamos que o primeiro erro de Bühler foi ignorar o papel da palavra naquelas combinações de complexos que antecedem os conceitos, tentar extrair os conceitos da forma meramente natural de elaboração de impressões, ignorar a natureza histórica do conceito, desconhecer o papel da palavra, omitir a diferença entre o complexo natural que surge na memória e o complexo representado nos conceitos concretos de Yensh, e entre os complexos que se formam com base em um pensamento verbal altamente desenvolvido.

Bühler comete o mesmo erro ao estabelecer a segunda raiz dos conceitos que ele encontra nos processos de juízo e pensamento.

Essa afirmação de Bühler, por um lado, nos leva de volta ao ponto de vista logicizante, segundo o qual o conceito surge com base no pensamento e é produto de juízo lógico. Por outro lado, ao falar do pensamento como raiz dos conceitos, Bühler torna a ignorar a diferença entre formas diversas de pensamento – particularmente entre os elementos biológicos e históricos, naturais e culturais, entre as formas inferiores e superiores, não-verbais e verbais de pensamento.

De fato, se o conceito surge do juízo, isto é, de um ato de pensamento, cabe perguntar o que distingue o conceito dos produtos do pensamento concreto ou prático-eficaz. Mais uma vez a palavra central para a formação dos conceitos é omitida por Bühler na análise dos fatores que participam da formação do conceito, e não se compreende de que modo dois processos tão diferentes como o juízo e a complexificação das noções levam à formação de conceitos.

Dessas premissas falsas Bühler tira inevitavelmente uma conclusão igualmente falsa, segundo a qual uma criança de três anos pensa por conceitos e no pensamento de um adolescente não há nenhum avanço essencial no desenvolvimento dos conceitos em comparação com uma criança de três anos.

Enganado pelas aparências, esse pesquisador não leva em conta a profunda diferença entre os vínculos dinâmico-causais e as relações que estão por trás dessa aparente semelhança externa entre dois tipos de pensamento inteiramente diversos em termos genéticos, funcionais e estruturais.

Os nossos experimentos nos levam a uma conclusão essencialmente distinta. Mostram como das imagens e vínculos sincréticos, do pensamento por complexos, dos conceitos potenciais e com base no uso da palavra como meio de formação de conceito surge a estrutura significativa original que podemos denominar de conceito na verdadeira acepção desta palavra.

6. Estudo do desenvolvimento dos conceitos científicos na infância
Experiência de construção de uma hipótese de trabalho

I

O desenvolvimento dos conceitos científicos na idade escolar é, antes de tudo, uma questão prática de imensa importância – talvez até primordial – do ponto de vista das tarefas que a escola tem diante de si quando inicia a criança no sistema de conceitos científicos. Por outro lado, o que sabemos sobre essa questão impressiona pela pobreza. É igualmente grande a importância teórica dessa questão, uma vez que o desenvolvimento dos conceitos científicos – autênticos, indiscutíveis, verdadeiros – não pode deixar de revelar no processo investigatório as leis mais profundas e essenciais de qualquer processo de formação de conceitos em geral. Neste sentido, surpreende que um problema que contém a chave de toda a história do desenvolvimento mental da criança e parecia ser o ponto de partida para o estudo do pensamento infantil quase não tenha sido estudado até hoje, de sorte que a presente investigação experimental, que citamos reiteradamente neste capítulo e tem nestas primeiras páginas a sua introdução, é praticamente a primeira experiência de estudo sistemático da questão.

Essa pesquisa, proposta por J. I. Chif, teve por fim o estudo comparado do desenvolvimento dos conceitos espontâneos e científicos na idade escolar. Seu objetivo principal foi verificar experimentalmente a nossa hipótese de trabalho aplicada à via original de desenvolvimento percorrida pelos conceitos científicos em comparação com os espontâneos. Nessa via colocava-se a questão de resolver a questão central da aprendizagem e do desenvolvimento nessa parte concreta. Essa tentativa de estudar o curso real do desenvolvimento do pensamento infantil no processo de aprendizagem escolar desviou-se das premissas segundo as quais os conceitos – significados das palavras – se desenvolvem, os conceitos científicos também se desenvolvem e não são assimilados em forma acabada, é ilegítimo transferir conclusões baseadas em conceitos espontâneos para conceitos científicos, e todo o problema deve passar por verificação experimental. Com vistas ao estudo experimental, elaboramos toda uma metodologia experimental, que consiste em colocar diante do sujeito experimental questões congêneres e estudá-las paralelamente com base em matéria espontânea e científica. Lançamos mão de uma metodologia experimental de contar histórias seguindo uma série de quadros, concluir orações interrompidas pelas palavras "porque", "embora", desenvolver palestras clínicas com a finalidade de revelar os níveis de assimilação das relações de causa e efeito e de seqüência com base em matéria espontânea e científica.

Uns quadros refletiram a seqüência dos acontecimentos – princípio, continuação e fim. Séries de quadros, que refletiam matérias programáticas lecionadas nas aulas de ciências sociais na escola, foram cotejadas com séries de quadros espontâneos. Pelo tipo de série espontânea de testes – por exemplo "Kólia foi ao cinema porque...", "O trem descarrilhou porque...", "Ólia ainda lê mal porque..." – foi construída uma série de textos científicos, que refletiram as matérias programáticas das turmas II e IV; em ambos os casos, cabia ao sujeito experimental concluir a oração.

Tomamos como procedimentos auxiliares observações desenvolvidas em aulas especialmente organizadas, a consideração dos conhecimentos, etc. O objeto do estudo foram crianças do 1º grau.

A seleção de todo o material levou a várias conclusões no plano das leis gerais do desenvolvimento na idade escolar e, na questão específica, a conclusões sobre as vias de desenvolvimento dos conceitos científicos. A análise comparada desses conceitos, aplicada a uma fase etária, mostrou que, quando há os respectivos momentos programáticos no processo educacional, o desenvolvimento dos conceitos científicos supera o desenvolvimento dos espontâneos. O quadro que se segue confirma essa conclusão.

Quadro Comparado da Solução de Testes Espontâneos e Científicos (em %)

	Turma II	Turma IV
Teste em "Porque"		
Científico	79,7	81,8
Espontâneo	59,0	81,3
Teste em "Embora"		
Científico	21,3	79,5
Espontâneo	16,2	65,5

O quadro mostra que, no campo dos conceitos científicos, ocorrem níveis mais elevados de tomada de consciência do que nos conceitos espontâneos. O crescimento contínuo desses níveis elevados no pensamento científico e o rápido crescimento no pensamento espontâneo mostram que o acúmulo de conhecimentos leva invariavelmente ao aumento dos tipos de pensamento científico, o que, por sua vez, se manifesta no desenvolvimento do pensamento espontâneo e redunda na tese do papel prevalente da aprendizagem no desenvolvimento do aluno escolar.

A categoria das relações adversativas, que amadurecem geneticamente mais tarde que a categoria de relações causais, apresenta na turma IV um quadro próximo daquele produzido pela categoria de relações causais na turma II, fato igualmente vinculado às peculiaridades da matéria programática.

Isso nos leva a uma hipótese teórica sobre um caminho um tanto específico do desenvolvimento dos conceitos científicos. Este caminho se deve ao fato de que o momento da reviravolta no seu desenvolvimento é determinado pela definição verbal primária que, nas condições de um sistema organizado, descende ao concreto, ao fenômeno, ao passo que a tendência do desenvolvimento dos conceitos espontâneos se verifica fora do sistema, ascendendo para as generalizações.

O curso do desenvolvimento do conceito científico nas ciências sociais transcorre sob as condições do processo educacional, que constitui uma forma original de colaboração sistemática entre o pedagogo e a criança, colaboração essa em cujo processo ocorre o amadurecimento das funções psicológicas superiores da criança com o auxílio e a participação do adulto. No campo do nosso interesse, isto se manifesta na sempre crescente relatividade do pensamento causal e no amadurecimento de um determinado nível de arbitrariedade do pensamento científico, nível esse criado pelas condições do ensino.

A essa colaboração original entre a criança e o adulto – momento central do processo educativo paralelamente ao fato de que os conhecimentos são transmitidos à criança em um sistema – deve-se o amadurecimento precoce dos conceitos científicos e o fato de que o nível de desenvolvimento desses conceitos entra na zona das possibilidades imediatas em relação aos conceitos espontâneos, abrindo-lhes caminho e sendo uma espécie de propedêutica do seu desenvolvimento.

Desse modo, no mesmo estágio de desenvolvimento encontramos na mesma criança diversos aspectos fracos e fortes dos conceitos espontâneos e científicos.

Segundo dados da nossa pesquisa, a fraqueza dos conceitos espontâneos se manifesta na incapacidade para a abstração, para uma operação arbitrária com esses conceitos, ao passo que a sua aplicação incorreta ganha validade. A debilidade do conceito científico é o seu verbalismo, que se manifesta como o principal perigo no caminho do desenvolvimento desses conceitos, na insuficiente saturação de concretitude; seu ponto forte é a habilidade de usar arbitrariamente a "disposição para agir". O quadro muda na turma IV, onde o verbalismo é substituído pela concretização, o que se manifesta também no desenvolvimento dos conceitos espontâneos, igualando as curvas do seu desenvolvimento (35).

Como se desenvolvem os conceitos científicos na mente de uma criança em processo de aprendizagem escolar? Em que relação se encontram aí os processos de ensino e aprendizagem de conhecimentos propriamente dita e os processos de desenvolvimento interior do conceito científico na consciência da criança? Coincidem entre si, sendo, essencialmente, apenas duas faces de um mesmo processo? O processo de desenvolvimento interior do conceito sucede o processo de aprendizagem, como sombra lançada pelo objeto, sem coincidir com ele mas reproduzindo com precisão e repetindo o seu movimento, ou entre ambos os processos existem relações infinitamente mais complexas e sutis que só podem ser estudadas por meio de investigações especiais?

A psicologia infantil contemporânea tem duas respostas para essas perguntas. Uma escola de pensamento acredita que os conhecimentos científicos não têm nenhuma história interna, isto é, não passam por nenhum processo de desenvolvimento, sendo absorvidos já prontos mediante um processo de compreensão e assimilação; esses conceitos chegam à criança em forma pronta ou ela os toma de empréstimo ao campo do conhecimento dos adultos, e o desenvolvimento dos conceitos científicos deve esgotar-se essencialmente no ensino do conhecimento científico à criança e na assimilação dos conceitos pela criança.

É esse o ponto de vista mais difundido, que vem sedimentando até ultimamente a construção da teoria do ensino escolar e a metodologia de certas disciplinas científicas.

A inconsistência dessa concepção não resiste a um exame mais aprofundado tanto teoricamente quanto em termos de suas aplicações práticas. Sabe-se que, a partir das investigações sobre o processo da formação de conceitos, um conceito é mais do que a soma de certos vínculos associativos formados pela memória, é mais do que um simples hábito mental; é um ato real e complexo de pensamento que não pode ser aprendido por meio de simples memorização, só podendo ser realizado quando o próprio desenvolvimento mental da criança já houver atingido o seu nível mais elevado. A investigação nos ensina que, em qualquer nível do seu desenvolvimento, o conceito é, em termos psicológicos, um ato de generalização. O resultado mais importante de todas as investigações nesse campo é a tese solidamente estabelecida segundo a qual os conceitos psicologicamente concebidos evoluem como significados das palavras. A essência do seu desenvolvimento é, em primeiro lugar, a transição de uma estrutura de generalização a outra. Em qualquer idade, um conceito expresso por uma palavra representa uma generalização. Mas os significados das palavras evoluem. Quando uma palavra nova, ligada a um determinado significado, é apreendida pela criança, o seu desenvolvimento está apenas começando; no início ela é uma generalização do tipo mais elementar que, à medida que a criança se desenvolve, é substituída por generalizações de um tipo cada vez mais elevado, culminando o processo na formação dos verdadeiros conceitos.

Esse processo de desenvolvimento dos conceitos ou significados das palavras requer o desenvolvimento de toda uma série de funções como a atenção arbitrária, a memória lógica, a abstração, a comparação e a discriminação, e todos esses processos psicológicos sumamente complexos não podem ser simplesmente memorizados, simplesmente assimilados. Por isso, do ponto de vista psicológico dificilmente poderia haver dúvida quanto à total inconsistência da concepção segundo a qual os conceitos são apreendidos pela criança em forma pronta no processo de aprendizagem escolar e assimilados da mesma maneira como se assimila uma habilidade intelectual qualquer. Mas a prática também mostra a cada passo o equívoco dessa concepção. Não menos que a investigação teórica, a experiência pedagógica nos ensina que o ensino direto de conceitos sempre se mostra impossível e pedagogicamente estéril. O professor que envereda por esse caminho costuma não conseguir senão uma assimilação vazia de palavras, um verbalismo puro e simples que estimula e imita a existência dos respectivos conceitos na criança mas, na prática, esconde o vazio. Em tais casos, a criança não assimila o conceito mas a palavra, capta mais de memória que de pensamento e sente-se impotente diante de qualquer tentativa de emprego consciente do conhecimento assimilado. No fundo, esse método de ensino de conceitos é a falha principal do rejeitado método puramente escolástico de ensino, que substitui a apreensão do conhecimento vivo pela apreensão de esquemas verbais mortos e vazios.

Tolstói, esse conhecedor profundo da natureza e do significado da palavra, percebeu com mais clareza e mais profundidade que os outros a impossibilidade de uma transmissão simples e direta do conceito pelo professor ao aluno, da transferência mecânica do significado de uma palavra de uma pessoa a outra com o auxílio de outras palavras, em suma, percebeu a impossibilidade em que ele mesmo esbarrara em sua experiência pedagógica. Falando de sua experiência de ensinar a linguagem a crianças traduzindo as palavras destas para a linguagem dos contos populares e a linguagem destes para um estágio superior, ele chega à conclusão de que, com explicações forçadas, memorizações e repetições, não se pode ensinar linguagem literária aos alunos da mesma forma como se ensina o francês. E Tolstói escreve:

> Temos que reconhecer que tentamos isto várias vezes nos últimos dois meses e sempre encontramos nos alunos uma aversão insuperável, mostrando que estávamos no caminho errado.

Esses experimentos me deixaram convencido apenas de que a explicação de uma palavra ou de uma linguagem é absolutamente impossível até mesmo para um mestre de talento, já sem falar das explicações preferidas de professores medíocres, para quem um ajuntamento é um sinédrio, etc. Quando se explica qualquer palavra, a palavra "impressão", por exemplo, coloca-se em seu lugar outra palavra igualmente incompreensível, ou toda uma série de palavras entre as quais os vínculos são tão ininteligíveis quanto a própria palavra (35, p. 143).

Nessa exposição categórica de Tolstói, verdade e mentira estão igualmente misturadas. A parte verdadeira da exposição é a conclusão, imediatamente derivada da experiência, e que é conhecida de todo professor que, como Tolstói e igualmente em vão, debate-se com a interpretação de uma palavra. A verdade dessa tese é exposta pelo próprio Tolstói:

O que é incompreensível não é tanto a própria palavra mas o fato de que o aluno não dispõe de nenhum conceito que a palavra exprime. A palavra está quase sempre pronta quando o conceito está pronto. Ademais, a relação da palavra com o pensamento e a formação de novos conceitos é um processo da alma tão complexo, misterioso e delicado que qualquer interferência é uma força bruta, misteriosa e desajeitada, que retém o processo de desenvolvimento (35, p. 143).

A verdade dessa tese consiste em que o conceito ou o significado da palavra evoluem e o próprio desenvolvimento é um processo complexo e delicado.

O aspecto falso dessa tese, diretamente ligado às concepções gerais de Tolstói sobre educação, consiste em que ele exclui qualquer possibilidade de intervenção grosseira nesse processo misterioso, procura deixar o processo de desenvolvimento dos conceitos à mercê das leis do seu próprio fluxo interno, negando, assim, o desenvolvimento dos conceitos a partir da aprendizagem e condenando o ensino à mais total passividade na questão do desenvolvimento dos conceitos científicos. Esse erro se manifesta com especial nitidez na formulação categórica segundo a qual "toda interferência é uma força bruta, desajeitada, que retém o processo de desenvolvimento".

Entretanto, o próprio Tolstói compreendia que nem toda interferência retém o processo de desenvolvimento dos conceitos; que, sozinha, a interferência grosseira e imediata – que age por linha reta como a distância mais curta entre dois pontos – na formação dos conceitos na mente da criança não pode trazer nada senão prejuízo. Métodos de ensino indiretos mais sutis e mais complexos acabam sendo uma interferência no processo de formação de conceitos infantis, que faz avançar e elevar-se esse processo de desenvolvimento. E Tolstói afirma:

> É necessário que se dê ao aluno a oportunidade de adquirir novos conceitos e novas palavras tiradas do sentido geral da linguagem. Quando ele ouve ou lê uma palavra desconhecida numa frase, de resto compreensível, e a lê novamente em outra frase, começa a ter uma idéia vaga do novo conceito: mais dia menos dia ela sentirá a necessidade de usar essa palavra e, uma vez que a tenha usado, a palavra e o conceito lhe pertencem. Há milhares de outros caminhos. Mas transmitir deliberadamente novos conceitos e novas formas ao aluno é, estou convencido, tão impossível e inútil quanto ensinar uma criança a andar segundo as leis do equilíbrio. Qualquer tentativa dessa espécie apenas desvia o aluno do objetivo proposto, como a força bruta do homem que, tentando ajudar uma flor a desabrochar, passasse a desenrolá-la pelas pétalas e amassasse tudo ao redor (35, p. 146).

Tolstói sabe que, além da via escolástica, existem milhares de outras vias para ensinar novos conceitos à criança. Ele só rejeita uma: a do desenrolamento grosseiro imediato e mecânico do novo conceito pelas pétalas. Isto é verdadeiro. É indiscutível. Isto é confirmado por toda a experiência da teoria e da prática. Mas Tolstói dá importância exagerada à espontaneidade, ao acaso, ao trabalho de um conceito e de uma sensibilidade vagos, ao aspecto interior da formação dos conceitos, fechado em si mesmo, superestima demais a possibilidade de influência direta sobre esse processo e distancia exageradamente aprendizagem e desenvolvimento. Neste caso, não nos interessa este aspecto equivocado do pensamento de Tolstói e o seu desmascaramento, mas um verdadeiro embrião da sua tese que se resume no seguinte: é impossível desenrolar um novo conceito pelas pétalas, o que é análogo à impossibilidade de ensinar a criança a andar segundo as leis do equilíbrio. O que nos interessa é a idéia que nos parece absolutamente verdadeira: o caminho entre o primeiro momento em que a criança trava conhecimento com o novo conceito e o momento em que a palavra e o conceito se tornam propriedade da criança é um complexo processo psicológico interior, que envolve a compreensão da nova palavra que se desenvolve gradualmente a partir de uma noção vaga, a sua aplicação propriamente dita pela criança e sua efetiva assimilação apenas como elo conclusivo. Em essência, procuramos exprimir anteriormente a mesma idéia quando dissemos que, no momento em que a criança toma conhecimento pela primeira vez do significado de uma nova palavra, o processo de desenvolvimento dos conceitos não termina mas está apenas começando.

Quanto ao primeiro aspecto, esta pesquisa, que teve por objetivo verificar na prática do estudo experimental a probabilidade e a fecundidade da hipótese de trabalho desenvolvida neste artigo, mostra não só as milhares de outras vias de que fala Tolstói; mostra, ainda, que o ensino consciente de novos conceitos e formas da palavra ao aluno não só é possível como pode ser fonte de um desenvolvimento superior dos conceitos propriamente ditos e já constituídos na criança, que é possível o trabalho direto com o conceito no processo de ensino escolar. Mas, como mostra a pesquisa, este trabalho não é o fim mas o início do desenvolvimento do conceito científico, e não só não exclui os processos propriamente ditos de desenvolvimento como lhes dá uma nova orientação e coloca os processos da aprendizagem e desenvolvimento em novas relações maximamente favoráveis do ponto de vista dos objetivos finais da escola.

Entretanto, para abordar essa questão é necessário elucidar primeiro uma circunstância: Tolstói fala o tempo todo de conceito em relação ao ensino da linguagem literária a crianças. Logo, ele tem em vista não os conceitos adquiridos pela criança no processo de assimilação do sistema de conhecimento científico mas palavras e conceitos da linguagem cotidiana desconhecidos da criança e entrelaçados no tecido de conceitos infantis já anteriormente constituídos. Isto se evidencia nos exemplos apresentados por Tolstói. Ele se refere à explicação e à interpretação de palavras como impressão ou instrumento, isto é, às palavras e conceitos que não subentendem a sua assimilação obrigatória em um sistema rigoroso e definido. Por outro lado, o objeto da nossa investigação é o problema do desenvolvimento dos conceitos científicos, que se forma precisamente no processo de ensino de um determinado sistema de conhecimento científico à criança. Surge naturalmente a questão de saber em que medida a tese aqui examinada pode ser igualmente estendida ao processo de formação de conceitos científicos. Para tanto é necessário elucidar como, em linhas gerais, relacionam-se entre si o processo de formação de conceitos científicos e aqueles conceitos que Tolstói tem em vista e que, por se originarem da experiência vital direta da criança, poderiam ser convencionalmente designados conceitos espontâneos.

Quando assim delimitamos os conceitos espontâneos e científicos, de maneira alguma decidimos de antemão se essa delimitação é legítima de um ponto de vista objetivo. Ao contrário, uma das metas centrais do presente estudo é precisamente elucidar se há uma diferença objetiva entre ambos os conceitos no processo de desenvolvimento, em que ela consiste, se ela existe em realidade e em função de que diferenças objetivas reais observáveis entre os processos de desenvolvimento dos conceitos espontâneos e científicos, se ambos os processos admitem estudo comparado. A tarefa deste capítulo – que é uma experiência de construção de uma hipótese de trabalho – é demonstrar que essa delimitação é empiricamente justificável, teoricamente consistente, heuristicamente fecunda e por isso deve ser considerada a pedra angular da nossa hipótese de trabalho. Cabe demonstrar que os conceitos científicos não se desenvolvem exatamente como os espontâneos, que o curso do seu desenvolvimento não repete as vias de desenvolvimento dos conceitos espontâneos. A investigação experimental, que é uma experiência de verificação fatual da nossa hipótese de trabalho, visa a confirmar de fato essa tese e a elucidar exatamente em que consistem as diferenças existentes entre esses dois processos.

Cabe antecipar que a dicotomização entre conceitos espontâneos e científicos, que adotamos como ponto de partida da nossa hipótese de trabalho e de toda a questão na nossa investigação, além de não ter aceitação universal na psicologia moderna, ainda está em contradição com as concepções desse problema amplamente divulgadas. Daí a necessidade de sua elucidação e seu reforço com provas.

Afirmamos anteriormente que, em nossos dias, há duas respostas à questão de como se desenvolvem os conceitos científicos na mente da criança em processo de aprendizagem escolar. Como já foi dito, a primeira resposta nega totalmente a existência do processo de desenvolvimento interior dos conceitos científicos assimilados na escola, e nós tentamos mostrar a sua inconsistência. Resta a segunda resposta, atualmente a mais divulgada, que consiste no seguinte: o desenvolvimento dos conceitos científicos na mente da criança-alvo do processo de ensino escolar em nada difere essencialmente do desenvolvimento de todos os demais conceitos que se formam no processo da experiência propriamente dita da criança; conseqüentemente, a própria delimitação de ambos os processos é inconsistente. Desse ponto de vista, o processo de desenvolvimento dos conceitos científicos simplesmente repete, nos traços essenciais, o curso do desenvolvimento dos conceitos espontâneos. Seria o caso de perguntar: em que se funda essa convicção?

Toda a literatura científica sobre essa questão mostra que os conceitos espontâneos sempre foram os objetos de quase todas as investigações dedicadas ao problema da formação de conceitos. Reiteramos que este trabalho é quase o primeiro passo de um estudo sistemático desse processo. Desse modo, todas as leis básicas do desenvolvimento dos conceitos infantis foram estabelecidas a partir de material dos próprios conceitos espontâneos da criança. Ademais, sem nenhuma verificação eles foram estendidos também ao campo do pensamento científico da criança, sendo transferidos imediatamente para outros campos de conceitos que surgem em condições interiores inteiramente diversas, simplesmente porque não ocorre aos estudiosos sequer questionar se é legítima essa interpretação tão difundida dos resultados das investigações restritas a um único campo dos conceitos infantis.

É verdade que alguns pesquisadores modernos dos mais perspicazes, como Piaget, não poderiam passar à margem dessa questão. Tão logo depararam com o problema, estabeleceram uma nítida dicotomia entre aquelas noções infantis de realidade, em cujo desenvolvimento cabe papel decisivo ao trabalho do pensamento infantil propriamente dito, e aquelas que surgiram sobre a influência determinante dos conhecimentos que a criança assimila das pessoas que a rodeiam. Piaget denomina *conceitos espontâneos* o primeiro grupo para distingui-lo do segundo.

Piaget estabelece que esses dois grupos de representações ou conceitos infantis têm muita coisa em comum: 1) ambos revelam resistência à sugestão; 2) ambos têm raízes profundas no pensamento da criança; 3) ambos revelam certa identidade entre as crianças da mesma idade; 4) ambos permanecem por muito tempo, durante vários anos, na consciência da criança e gradualmente vão dando lugar a novos conceitos em vez de desaparecerem num instante, como é próprio dos conceitos a elas sugeridos; 5) ambos se manifestam nas primeiras respostas corretas da criança. Todos esses indícios, comuns a ambos os grupos de conceitos infantis, difere-os de conceitos e respostas sugeridas que a criança produz sob influência da força sugestiva da pergunta.

Nessas teses, que basicamente já nos parecem corretas, há o pleno reconhecimento de que os conceitos científicos da criança, que pertencem indiscutivelmente ao segundo grupo e não surgem espontaneamente, passam por um autêntico processo de desenvolvimento. Isto fica evidente nos cinco indícios que mostramos acima. Piaget reconhece ainda que o estudo desse grupo de conceitos pode tornar-se objeto legítimo e independente de um estudo específico. Neste sentido, vai além e mais fundo do que qualquer outro estudioso dos conceitos infantis.

Ao mesmo tempo, Piaget comete erros que depreciam a parte correta do seu raciocínio. Estamos interessados principalmente em três momentos equivocados, inter-relacionados no pensamento do estudioso suíço. Primeiro: paralelamente ao reconhecimento da possibilidade de estudo independente dos conceitos infantis não espontâneos, paralelamente à afirmação de que esses conceitos têm profundas raízes no pensamento infantil, ainda assim Piaget tende a uma afirmação oposta, segundo a qual só os conceitos espontâneos da criança e as suas representações espontâneas podem servir como fonte de conhecimento imediato da originalidade qualitativa do pensamento infantil. Os conceitos não espontâneos da criança, que se formaram sob a influência dos adultos que a rodeiam, refletem não tanto as peculiaridades do pensamento infantil quanto o grau e o caráter de assimilação das idéias dos adultos. Aqui Piaget entra em contradição com sua própria idéia correta de que a criança, ao assimilar um conceito, reelabora-o, e nesse processo de reelaboração imprime nos conceitos as peculiaridades específicas do seu próprio pensamento. Entretanto, ele tende a vincular essa tese apenas aos conceitos espontâneos, negando-se a reconhecer que ela pode ser aplicada também aos conceitos não-espontâneos. Nessa conclusão absolutamente infundada reside o primeiro momento equivocado da teoria de Piaget.

Segundo: o segundo equívoco da teoria decorre diretamente do primeiro; uma vez reconhecido que os conceitos não-espontâneos da criança não refletem as peculiaridades do pensamento infantil como tal, que essas peculiaridades se encontram apenas nos conceitos espontâneos, somos forçados a reconhecer (como o faz Piaget) que entre os conceitos espontâneos e os não-espontâneos existe um limite intransponível, sólido e estabelecido de uma vez por todas, que exclui qualquer possibilidade de influência mútua de um grupo sobre o outro. Piaget apenas delimita os conceitos espontâneos e os não-espontâneos, sem perceber o que os une em um sistema único de conceitos que se forma no curso do desenvolvimento intelectual da criança. Ele vê apenas ruptura, mas não vínculo. Por isso concebe o desenvolvimento dos conceitos como mecanicamente constituído de dois processos particulares sem nada em comum entre si, e que transcorre como que por dois canais absolutamente isolados e divididos.

Terceiro: esses dois erros enredam inevitavelmente a teoria em uma contradição interior que leva a este terceiro erro. Por um lado, Piaget reconhece que os conceitos não-espontâneos da criança não refletem as peculiaridades do pensamento infantil, que esse privilégio pertence exclusivamente aos conceitos espontâneos; neste caso, ele tem de reconhecer que o conhecimento dessas peculiaridades do pensamento infantil praticamente não tem nenhuma importância, uma vez que os conceitos não-espontâneos são adquiridos fora de qualquer dependência de tais peculiaridades. Por outro lado, uma das teses básicas de sua teoria é o reconhecimento de que a essência do desenvolvimento intelectual da criança está na socialização progressiva do pensamento infantil. Uma das modalidades básicas e mais concentradas do processo de formação de conceitos não-espontâneos é a aprendizagem escolar, logo, o processo de socialização do pensamento mais importante para o desenvolvimento da criança, na forma em que se manifesta na aprendizagem, acaba como que desvinculado do próprio processo interior de desenvolvimento intelectual da criança. Por um lado, o conhecimento do processo de desenvolvimento interior do pensamento infantil carece de qualquer significado para explicar a sua socialização no curso da aprendizagem; por outro, a socialização do pensamento da criança, que ocupa o primeiro plano no processo de aprendizagem, de modo algum está vinculada ao desenvolvimento interior das noções e conceitos infantis.

Essa contradição, que forma o ponto mais fraco em toda a teoria de Piaget e ao mesmo tempo é ponto de partida de sua revisão crítica no presente estudo, deve ser examinada em maiores detalhes, pois tem os seus aspectos teórico e prático.

O aspecto teórico dessa contradição tem suas raízes na concepção piagetiana de aprendizagem e desenvolvimento. Em parte alguma Piaget desenvolve diretamente essa teoria, quase não se refere sequer a essa questão em observações passageiras mas, por outro lado, há alguma solução desse problema incluída no sistema das suas construções teóricas como postulado de importância primordial, no qual se mantém e se inviabiliza toda a teoria em seu conjunto. Tal solução está presente na teoria aqui examinada e nos cabe desenvolvê-la como momento ao qual podemos contrapor o ponto de partida correspondente da nossa hipótese.

Piaget concebe o desenvolvimento intelectual da criança como uma extinção gradual das propriedades do pensamento infantil na medida em que se aproxima o ponto conclusivo do desenvolvimento. Para ele, o desenvolvimento intelectual da criança se constitui do processo de repressão gradual das qualidades e propriedades originais do pensamento infantil pelo pensamento mais poderoso e mais forte dos adultos. Ele descreve o ponto de partida do desenvolvimento como um solipsismo da consciência infantil, o qual, na medida em que a criança se adapta ao pensamento dos adultos, dá lugar ao egocentrismo do pensamento infantil, que é um compromisso entre as peculiaridades da natureza da consciência infantil e as peculiaridades do pensamento adulto. O egocentrismo se manifesta tanto mais forte quanto mais tenra é a idade que observamos. Com o crescimento diminuem as peculiaridades do pensamento infantil deslocadas de uma área após a outra, até que finalmente desaparecem por completo. Assim, o processo de desenvolvimento não se configura como um surgimento incessante de novas propriedades superiores, mais complexas e mais próximas de um pensamento desenvolvido a partir de formas mais elementares e primárias, mas como uma repressão gradual e constante de umas formas por outras. A socialização do pensamento é vista como uma repressão externa e mecânica das peculiaridades individuais do pensamento da criança. Desse ponto de vista, o processo de desenvolvimento se assemelha integralmente a um processo de deslocamento de um líquido contido em um vaso por um líquido injetado de fora nesse vaso: se no início existe no vaso um líquido branco e nele se bombeia sem cessar líquido vermelho, isto deve chegar a uma situação em que o líquido branco, que simboliza as peculiaridades da própria criança e é predominante no início do processo, irá diminuir e ser deslocado do vaso pelo líquido vermelho, que passará a completá-lo cada vez mais até enchê-lo inteiramente no final do processo.

Assim, o desenvolvimento se reduz essencialmente à extinção. O novo no desenvolvimento surge de fora. As peculiaridades da criança não desempenham papel construtivo, positivo, progressivo e formador na história do seu desenvolvimento intelectual. Não é delas que surgem as formas superiores de pensamento; estas simplesmente assumem o lugar das anteriores.

Esta é a única lei do desenvolvimento intelectual da criança, segundo Piaget.

Se continuarmos o pensamento de Piaget de modo a que ele abranja a questão mais particular do desenvolvimento, poderemos, sem dúvida, afirmar que tal continuação imediata deve redundar no reconhecimento de que o antagonismo é o único nome adequado para as relações entre a aprendizagem e o desenvolvimento no processo de formação dos conceitos infantis. A forma de pensamento infantil se contrapõe desde os primórdios às formas de pensamento maduro. Umas não surgem das outras mas as excluem. Por isso é natural que todos os conceitos não-espontâneos, assimilados dos adultos pela criança, além de não terem nada em comum com os conceitos espontâneos produzidos pelo próprio desempenho do pensamento infantil, não devam se opor diametralmente a ele em vários sentidos, dos mais importantes. Entre eles não é possível nenhuma relação a não ser as relações de constante antagonismo, de conflito e deslocamento de uns por outros. Uns devem ir embora para que os outros ocupem o seu lugar. Assim, ao longo do desenvolvimento da criança devem coexistir dois grupos antagônicos de conceitos – os espontâneos e os não-espontâneos –, que mudam apenas em suas correlações quantitativas com a evolução da idade. No início predominam uns; com a passagem de uma fase etária a outra aumenta progressivamente o número dos outros. Na idade escolar, o processo letivo leva os conceitos não-espontâneos a deslocarem definitivamente os espontâneos entre os onze e os doze anos, de sorte que até a chegada dessa idade, como observa Piaget, o desenvolvimento intelectual da criança já está plenamente concluído e o ato mais importante, que resolve todo o drama do desenvolvimento e coincide com a época do amadurecimento, estágio superior do desenvolvimento intelectual – formação dos verdadeiros conceitos maduros –, desaparece da história do desenvolvimento intelectual como um capítulo supérfluo, inútil. Piaget afirma que, no campo do desenvolvimento dos conceitos infantis, esbarramos efetivamente a cada passo em conflitos reais entre o pensamento da criança e o pensamento daqueles que a cercam, conflitos esses que redundam na deformação sistemática daquilo que a mente da criança recebe dos adultos. Além do mais, para essa teoria, todo o conteúdo do desenvolvimento se reduz a um conflito constante entre as formas antagônicas de pensamento, a compromissos originais entre elas, que são estabelecidos em cada fase etária e medidos pelo grau de declínio do egocentrismo infantil.

O aspecto prático da contradição aqui examinada reside na impossibilidade de aplicação dos resultados do estudo dos conceitos espontâneos da criança ao processo de desenvolvimento de seus conceitos não-espontâneos. Como se vê, por um lado, os conceitos não-espontâneos da criança, particularmente os conceitos que se formam no processo de aprendizagem escolar, não têm nada em comum com o próprio processo de desenvolvimento do pensamento infantil; por outro lado, quando se resolve qualquer questão pedagógica pela ótica psicológica, tenta-se transferir a lei do desenvolvimento dos conceitos espontâneos para o ensino escolar. Daí o círculo vicioso que se observa no artigo de Piaget "O desenvolvimento da criança e o ensino de história", no qual o autor escreve:

> Se a educação da compreensão da história pela criança pressupõe a existência de um enfoque crítico ou objetivo, presume a compreensão da interdependência, das relações e da estabilidade, ninguém está em melhor situação para definir a técnica do ensino de história que o estudo psicológico das diretrizes intelectuais espontâneas das crianças, por mais ingênuas e insignificantes que possam parecer à primeira vista (37).

Mas, nesse mesmo artigo, o estudo dessas diretrizes intelectuais espontâneas das crianças leva o autor a concluir que o pensamento infantil desconhece precisamente o que constitui o objetivo principal do ensino de história – o enfoque crítico e objetivo, a compreensão da interdependência, das relações e da estabilidade. Desse modo, verifica-se que, por um lado, o desenvolvimento dos conceitos espontâneos nada nos pode explicar do problema da obtenção dos conhecimentos científicos e, por outro, não há nada mais importante para a técnica de lecionar do que o estudo das diretrizes espontâneas das crianças. Essa contradição prática é resolvida pela teoria de Piaget também com o auxílio do princípio do antagonismo existente entre o ensino e o desenvolvimento. Pelo visto, o conhecimento das diretrizes espontâneas é importante porque são precisamente aquilo que deve ser deslocado no processo de aprendizagem. Esse conhecimento é necessário como o conhecimento dos inimigos. O conflito permanente entre o pensamento maduro, em que se funda o ensino escolar, e o pensamento infantil é o que deve ser elucidado para que a técnica de lecionar possa tirar daí lições úteis.

Os objetivos da presente pesquisa e, particularmente, da construção da hipótese de trabalho e sua verificação experimental são, antes de tudo, superar os três referidos erros fundamentais de uma das teorias modernas mais fortes.

À primeira das referidas teses equivocadas poderíamos contrapor a seguinte tese de sentido contrário: deve-se esperar que o desenvolvimento dos conceitos não-espontâneos – particularmente dos conceitos científicos que estamos autorizados a considerar como o tipo de conceitos espontâneos superior, mais puro e mais importante em termos teóricos e práticos – revele em estudo especial todas as peculiaridades qualitativas básicas próprias do pensamento infantil em uma determinada fase da evolução etária. Lançamos esta hipótese com base na simples consideração, aqui já desenvolvida, de que os conceitos científicos não são assimilados nem decorados pela criança, não são memorizados mas surgem e se constituem por meio de uma imensa tensão de toda a atividade do seu próprio pensamento. Daí a inevitabilidade implacável de que o desenvolvimento dos conceitos científicos deva revelar em toda a plenitude as peculiaridades dessa natureza ativa do pensamento infantil. Sem nenhum exagero, os estudos experimentais confirmam plenamente essa hipótese.

À segunda tese equivocada de Piaget poderíamos contrapor a seguinte hipótese mais uma vez de sentido oposto: no processo de investigação, os conceitos científicos da criança, como o seu tipo mais puro de conceitos não-espontâneos, revelam não só traços opostos àqueles que conhecemos da investigação dos conceitos espontâneos, mas também traços afins a eles. O limite que separa ambos os conceitos se mostra sumamente fluido, e no curso real do desenvolvimento pode passar infinitas vezes para ambos os lados. O desenvolvimento dos conceitos espontâneos e científicos – cabe pressupor – são processos intimamente interligados, que exercem influências um sobre o outro. Por um lado – assim devemos desenvolver as nossas hipóteses –, o desenvolvimento dos conceitos científicos deve apoiar-se forçosamente em um determinado nível de maturação dos conceitos espontâneos, que não podem ser indiferentes à formação de conceitos científicos simplesmente porque a experiência imediata nos ensina que o desenvolvimento dos conceitos científicos só se torna possível depois que os conceitos espontâneos da criança atingiram um nível próprio do início da idade escolar. Por outro lado, cabe supor que o surgimento de conceitos de tipo superior, como o são os conceitos científicos, não pode deixar de influenciar o nível dos conceitos espontâneos anteriormente constituídos, pelo simples fato de que não estão encapsulados na consciência da criança, não estão separados uns dos outros por uma muralha intransponível, não fluem por canais isolados mas estão em processo de uma interação constante, que deve redundar, inevitavelmente, em que as generalizações estruturalmente superiores e inerentes aos conceitos científicos não resultem em mudança das estruturas dos conceitos científicos. Lançamos essa hipótese com base no seguinte: independentemente de falarmos do desenvolvimento dos conceitos espontâneos ou científicos, trata-se do desenvolvimento de um processo único de formação de conceitos, que se realiza sob diferentes condições internas e externas mas continua indiviso por sua natureza e não se constitui da luta, do conflito e do antagonismo entre duas formas de pensamento que desde o início se excluem. O estudo experimental, se tornarmos a antecipar os seus resultados, confirma plenamente também essa hipótese.

Contra a terceira hipótese, cujos erros e contradições procuramos mostrar anteriormente, poderíamos lançar a seguinte hipótese de sentido inverso: entre os processos de aprendizagem e de desenvolvimento na formação dos conceitos, devem coexistir não antagonismo mas relações de caráter infinitamente mais complexo e positivo. É de esperar, antecipadamente, que a aprendizagem venha a revelar-se em um processo de estudo especial como uma das principais fontes de desenvolvimento dos conceitos infantis e como poderosa força orientadora desse processo. Essa hipótese se baseia no fato amplamente conhecido de que a aprendizagem é, na idade escolar, o momento decisivo e determinante de todo o destino do desenvolvimento intelectual da criança, inclusive do desenvolvimento dos seus conceitos; baseia-se igualmente na suposição de que os conceitos científicos de tipo superior não podem surgir na cabeça da criança senão a partir de tipos de generalização elementares e inferiores preexistentes, nunca podendo inserir-se de fora na consciência da criança. A pesquisa, se mais uma vez anteciparmos os seus resultados finais, confirma também essa terceira e última hipótese e, assim, permite levantar a questão do emprego dos dados do estudo psicológico dos conceitos infantis em relação com os problemas do ensino e da aprendizagem de modo inteiramente diverso do que o faz Piaget.

Procuremos desenvolver todas essas teses de modo mais detalhado, mas antes de passar ao assunto é necessário estabelecer o que nos dá fundamento para delimitar os conceitos espontâneos, por um lado, e os não espontâneos, particularmente os científicos, por outro. Poderíamos simplesmente verificar às cegas e empiricamente se existe discrepância entre eles nos diferentes níveis de desenvolvimento, e só depois tentar interpretar esse fato na hipótese de ele ser indiscutível. Poderíamos, entre outras coisas, tomar como respaldo os resultados do estudo experimental apresentados neste livro, que mostram, de modo indiscutível, que ambos os conceitos se comportam de maneira diferente em tarefas idênticas que requerem operações lógicas idênticas; aqueles resultados mostram ainda que outros conceitos, tomados em um mesmo momento e à mesma criança, revelam diferentes níveis de seu desenvolvimento. Mas isto ainda seria pouco. Para construir uma hipótese de trabalho e para uma explicação teórica desse fato, devem-se examinar os dados que de antemão nos permitem esperar que seja real a dicotomização que efetuamos. Esses dados se dividem em três grupos.

Primeiro grupo. Aqui incluímos dados puramente empíricos, conhecidos a partir de experiência imediata. Em primeiro lugar, não se pode passar à margem do fato de que todas essas condições internas e externas em que transcorre o desenvolvimento dos conceitos vêm a ser diferentes para o mesmo círculo de conceitos. A relação dos conceitos científicos com a experiência pessoal da criança é diferente da relação dos conceitos espontâneos. Eles surgem e se constituem no processo de aprendizagem escolar por via inteiramente diferente que no processo de experiência pessoal da criança. As motivações internas, que levam a criança a formar conceitos científicos, também são inteiramente distintas daquelas que levam o pensamento infantil à formação de conceitos espontâneos. Outras tarefas surgem diante do pensamento da criança no processo de assimilação dos conceitos na escola, mesmo quando o pensamento está entregue a si mesmo. Resumindo, poderíamos dizer que os conceitos científicos, que se formam no processo de aprendizagem, distinguem-se dos espontâneos por outro tipo de relação com a experiência da criança, outra relação sua com o objeto desses ou daqueles conceitos, e por outras vias que eles percorrem do momento da sua germinação ao momento da enformação definitiva.

Em segundo lugar, considerações igualmente empíricas nos levam a reconhecer que a força e a fraqueza dos conceitos espontâneos e científicos no aluno escolar são inteiramente diversas: naquilo em que os conceitos científicos são fortes os espontâneos são fracos, e vice-versa, a força dos conceitos espontâneos acaba sendo a fraqueza dos científicos. Quem não sabe que a partir da comparação dos resultados das experiências mais simples de definição de conceitos espontâneos com a definição típica de conceitos científicos infinitamente mais complexos, definição que o aluno faz na aula de qualquer matéria, manifesta-se claramente a diferença de força e fraqueza de uns e de outros? É amplamente conhecido o fato de que a criança formula melhor o que é a lei de Arquimedes do que o que é irmão. Isto não só pode decorrer do fato de que os conceitos percorreram caminhos diferentes em seu desenvolvimento. A criança assimila o conceito sobre a lei de Arquimedes de modo diferente do que assimila o conceito de irmão. Ela sabia o que era irmão, e no desenvolvimento desse conceito percorreu muitos estágios antes que aprendesse a definir essa palavra, se é que alguma vez na vida se lhe apresentou essa oportunidade. O desenvolvimento do conceito de irmão não começou pela explicação do professor nem pela formulação científica do conceito. Em compensação, esse conceito é saturado de uma rica experiência pessoal da criança. Ele já transcorreu uma parcela considerável do seu caminho de desenvolvimento e, em certo sentido, já esgotou o conteúdo puramente fatual e empírico nele contido. Mas é precisamente estas últimas palavras que não podem ser ditas sobre o conceito lei de Arquimedes.

Segundo grupo. Nesse grupo incluem-se os dados de caráter teórico. Deve-se colocar em primeiro lugar a hipótese em que se baseia Piaget. Procurando demonstrar a originalidade dos conceitos infantis em geral, Piaget cita Stern, que mostrou que nem mesmo a fala é assimilada pela criança por meio de simples imitação e empréstimo de formas prontas. Seu princípio básico é o reconhecimento tanto da originalidade das leis específicas e da natureza da fala infantil quanto da impossibilidade de surgimento dessas peculiaridades pela simples via de assimilação da linguagem do ambiente adulto. Diz Piaget:

> Devemos fazer nosso esse princípio, ampliando o seu significado em função da maior originalidade do pensamento infantil. Na realidade, os pensamentos da criança são bem mais originais que a sua linguagem. Em todo caso, tudo o que diz Stern sobre a linguagem, tudo isso é ainda mais aplicável ao pensa-

mento em que o papel da imitação como fator formador é consideravelmente menor que no processo de desenvolvimento da linguagem.

Se é verdade que o pensamento da criança é ainda mais original do que a sua linguagem (e essa tese de Piaget nos parece indiscutível), então devemos admitir necessariamente que as formas mais elevadas de pensamento, inerentes à formação dos conceitos científicos, devem distinguir-se por uma originalidade ainda maior em comparação com aquelas formas de pensamento que participam da organização dos conceitos espontâneos, e que tudo o que Piaget disse a respeito dessas últimas também deve ser aplicável aos conceitos científicos. É difícil admitir a idéia de que a criança assimilou mas não reelaborou a seu modo os conceitos científicos, que estes lhe chegaram imediatamente aos lábios da forma mais tranqüila. Tudo consiste em entender que a formação dos conceitos científicos, na mesma medida que os espontâneos, não termina mas apenas começa no momento em que a criança assimila pela primeira vez um significado ou termo novo para ela, que é veículo de conceito científico. Essa é a lei geral do desenvolvimento do significado das palavras, à qual estão igualmente subordinados em seu desenvolvimento tanto os conceitos científicos quanto os espontâneos. A questão é apenas uma: os momentos iniciais em ambos os casos distinguem-se da maneira mais substancial. Para elucidar esse último pensamento, achamos de extrema utilidade citar uma analogia que, como mostrarão o posterior desenvolvimento da nossa hipótese e o curso da pesquisa, é algo mais que simples diferença entre conceitos científicos e espontâneos por sua própria natureza psicológica.

Como se sabe, a criança aprende na escola uma língua estrangeira de modo inteiramente diferente de como aprende a língua natal. Nesse processo, não se repete com a menor semelhança nenhuma das leis reais tão bem estudadas no desenvolvimento da língua materna. Piaget tem toda razão ao afirmar que a língua dos adultos não é para a criança aquilo que é para nós a língua estrangeira que estudamos, ou seja, não é um sistema de signos correspondente ponto por ponto aos conceitos já assimilados anteriormente. Em parte, graças a essa disponibilidade de significados das palavras já existentes, que apenas se traduzem para a língua estrangeira, ou melhor, em parte graças à própria existência de uma relativa maturidade da língua materna e ainda ao próprio fato de que a língua estrangeira é assimilada por um sistema de condições internas e externas inteiramente diverso, é que ela revela em seu desenvolvimento traços de uma diferença muito profunda com o processo de desenvolvimento da língua materna. Vias diferentes de desenvolvimento, que transcorrem em condições diferentes, não podem levar a resultados absolutamente idênticos. Seria um milagre se o desenvolvimento de uma língua estrangeira, quando lecionada na escola, repetisse ou reproduzisse o caminho de desenvolvimento da língua materna, há muito percorrido e em condições inteiramente diversas. Mas essas diferenças, por mais profundas que sejam, não devem empanar o fato de que ambos os processos de desenvolvimento das línguas materna e estrangeira têm entre si tanta coisa em comum quanto pertencem essencialmente à mesma classe de processos de desenvolvimento da linguagem, à qual se associa o processo também sumamente original de desenvolvimento da linguagem falada, que não repete nenhum dos anteriores mas é uma nova variante do mesmo processo único de desenvolvimento da linguagem. Além do mais, todos esses três processos – o desenvolvimento das línguas materna e estrangeira e o desenvolvimento da linguagem escrita – estão em uma interação extremamente complexa, o que, sem dúvida, sugere que pertencem à mesma classe de processos genéticos e mantêm entre si uma unidade interna. Reiterando o que dissemos anteriormente, o desenvolvimento de uma língua estrangeira é um processo original porque emprega todo o aspecto semântico da língua materna surgido no curso de uma longa evolução. Assim, o ensino de uma língua estrangeira a um aluno escolar se funda no conhecimento da língua materna como sua própria base. Menos evidente e menos conhecida é a dependência inversa entre ambos os processos, constituída pela influência inversa da língua estrangeira sobre a língua materna da criança. Goethe entendia perfeitamente a existência de tal dependência, ao afirmar que quem desconhece uma língua estrangeira desconhece a sua própria. As pesquisas confirmam plenamente essa idéia de Goethe, ao descobrirem que o domínio de uma língua estrangeira eleva a língua materna da criança ao nível superior quanto à tomada de consciência das formas lingüísticas, da generalização dos fenômenos da linguagem, de um uso mais consciente e mais arbitrário da palavra como instrumento de pensamento e expressão de conceito. Pode-se dizer que o domínio de uma língua estrangeira eleva tanto a língua materna da criança a um nível superior quanto o domínio da álgebra eleva ao nível superior o pensamento matemático, permitindo entender qualquer operação matemática como caso particular de operação de álgebra, facultando uma visão mais livre, mais abstrata e generalizada e, assim, mais profunda e rica das operações com números concretos. Como a álgebra liberta o pensamento da criança da prisão das dependências numéricas concretas e o eleva a um nível de pensamento mais generalizado, de igual maneira o domínio de uma língua estrangeira por outras vias bem diferentes liberta o pensamento lingüístico da criança do cativeiro das formas lingüísticas e dos fenômenos concretos.

Mas as pesquisas mostram que a língua estrangeira pode basear-se em seu desenvolvimento na língua materna da criança e, na medida em que se desenvolve, exercer influência inversa sobre ela por não repetir em seu desenvolvimento o caminho do desenvolvimento da língua materna e serem diferentes a força e a fraqueza das línguas materna e estrangeira.

Há todos os fundamentos para se supor que entre o desenvolvimento dos conceitos espontâneos e o dos científicos existem relações absolutamente análogas. Duas considerações sólidas favorecem esse reconhecimento: em primeiro lugar, o desenvolvimento dos conceitos tanto espontâneos quanto científicos é, no fundo, apenas uma parte do desenvolvimento da língua, exatamente o seu aspecto semântico, porque, em termos psicológicos, o desenvolvimento dos conceitos e o desenvolvimento dos significados da palavra são o mesmo processo apenas com nome diferente; por isso há fundamentos para esperar que o desenvolvimento do significado das palavras como parte do processo geral de desenvolvimento da língua venha a revelar as leis próprias da totalidade. Em segundo lugar, as condições internas e externas de estudo de uma língua estrangeira e da formação de conceitos científicos nos seus traços mais essenciais coincidem e, principalmente, distinguem-se da mesma forma das condições de desenvolvimento da língua materna e dos conceitos espontâneos, que também se revelam semelhantes entre si; aqui e lá a diferença se deve em primeiro lugar à linha do ensino como fator novo de desenvolvimento, de sorte que, da mesma forma como distinguimos conceitos espontâneos e não espontâneos, poderíamos falar de desenvolvimento espontâneo da linguagem para a língua materna e desenvolvimento não espontâneo para a língua estrangeira.

Se considerados os resultados da pesquisa exposta no presente livro e das investigações dedicadas ao estudo das línguas estrangeiras, eles confirmam inteira e concretamente a legitimidade da analogia que aqui defendemos.

Deve-se colocar em segundo lugar uma reflexão teórica igualmente importante, segundo a qual nos conceitos científicos e espontâneos existe outra relação com o objeto e outro ato de sua apreensão pelo pensamento. Logo, o desenvolvimento de ambos pressupõe a discriminação dos próprios processos intelectuais que lhes servem de base. No processo de ensino do sistema de conhecimentos, ensina-se à criança o que ela não tem diante dos olhos, o que vai além dos limites da sua experiência atual e da eventual experiência imediata. Pode-se dizer que a assimilação dos conceitos científicos se baseia igualmente nos conceitos elaborados no processo da própria experiência da criança, como o estudo de uma língua estrangeira se baseia na semântica da língua materna. Como neste último caso pressupõe-se a existência de um sistema de conhecimento das palavras já desenvolvido, no primeiro caso a apreensão do sistema de conhecimentos científicos pressupõe um tecido conceitual já amplamente elaborado e desenvolvido por meio da atividade espontânea do pensamento infantil. Como ocorre com a língua materna, a assimilação de uma nova língua não passa por um novo tratamento do mundo material nem pela repetição de um processo de desenvolvimento já percorrido uma vez, mas por outro sistema de linguagem anteriormente apreendido e situado entre a linguagem a ser reassimilada e o mundo dos objetos; de igual maneira, a assimilação do sistema de conhecimentos científicos também não é possível senão através dessa relação mediata com o mundo dos objetos, senão através de outros conceitos anteriormente elaborados. E essa formação de conceitos requer atos de pensamento inteiramente diversos, vinculados ao livre movimento no sistema de conceitos, à generalização de generalizações antes constituídas, a uma operação mais consciente e mais arbitrária com conceitos anteriores. A pesquisa confirma também essas expectativas do pensamento teórico.

Terceiro grupo. Neste grupo incluímos as reflexões de natureza predominantemente heurística. A investigação psicológica moderna conhece apenas duas modalidades de estudo de conceitos: uma delas se realiza através de métodos superficiais, mas em compensação opera com conceitos reais da criança. A outra pode aplicar procedimentos de análise e experimento infinitamente mais aprofundados, porém só a conceitos experimentais artificialmente criados e inicialmente designados por palavras sem sentido. Neste campo, uma questão metodológica nova é a passagem do estudo superficial dos conceitos reais e do estudo aprofundado dos conceitos experimentais para uma investigação aprofundada dos conceitos reais, que utiliza todos os resultados básicos dos dois métodos de análise do processo de formação de conceito que estão em vigor. Neste sentido, o estudo do desenvolvimento dos conceitos científicos, que, por um lado, são conceitos reais e, por outro, formam-se por via quase experimental diante dos nossos olhos, torna-se um meio insubstituível de solução do problema metodológico aqui esboçado. Os conceitos científicos formam um grupo especial que, sem dúvida, faz parte dos conceitos reais da criança, que se mantêm em todo o resto da vida mas, pelo próprio curso do seu desenvolvimento, aproximam-se demais da formação experimental de conceitos e, assim, combinam os méritos dos dois métodos ora existentes e permitem o emprego da análise experimental do nascimento e do desenvolvimento do conceito que de fato existe na consciência da criança.

Quarto grupo. Neste último grupo incluímos as reflexões de natureza prática. Já questionamos a idéia de que os conceitos científicos simplesmente são assimilados e decorados. Mas não há como desconsiderar o ensino e seu papel primordial no surgimento dos conceitos científicos. Quando dizemos que os conceitos não são apreendidos simplesmente como habilidades intelectuais, temos em vista apenas a idéia de que entre a aprendizagem e o desenvolvimento dos conceitos científicos existem mais relações complexas que entre a aprendizagem e a formação de habilidades. Contudo, descobrir essas relações mais complexas é o que constitui a tarefa imediata e, em termos práticos, importante da nossa investigação, para cuja solução a hipótese de trabalho que construímos deve descobrir uma via livre.

Só a descoberta dessas relações mais complexas entre a aprendizagem e o desenvolvimento dos conceitos científicos pode nos ajudar a encontrar a saída para a contradição em que se enredou o pensamento de Piaget, que, em meio a toda a riqueza dessas relações, não enxergou senão um conflito e um antagonismo entre ambos os processos.

A esta altura, esgotamos todas as reflexões mais importantes pelas quais nos orientamos na organização do presente estudo quando delimitamos os conceitos científicos e espontâneos. Como já se evidencia do que afirmamos até aqui, a questão central que esta investigação pretende resolver pode ser formulada de modo extremamente simples: o conceito de "irmão", que é um típico conceito espontâneo, através do qual Piaget conseguiu estabelecer toda uma série de peculiaridades do pensamento infantil, como a incapacidade para a tomada de consciência de relações, etc., e o conceito de "exploração", que a criança assimila na aprendizagem dos conceitos sociais, desenvolvem-se pelos mesmos caminhos ou por caminhos diferentes? O segundo conceito repetiria simplesmente o caminho de desenvolvimento do primeiro, revelando as mesmas peculiaridades, ou é um conceito que, por sua natureza psicológica, deve ser visto como pertencente a um tipo específico? Devemos levantar antecipadamente a hipótese – perfeitamente justificada pelos resultados da investigação fatual – de que ambos os conceitos se distinguem tanto pelas vias do seu desenvolvimento quanto pelo modo de funcionamento, o que, por sua vez, não pode deixar de revelar possibilidades novas e riquíssimas para o estudo da influência mútua dessas duas variantes de um único processo de formação de conceitos.

Se refutarmos – como fizemos anteriormente – a concepção que exclui inteiramente a existência de desenvolvimento dos conceitos científicos, nossa investigação irá deparar com dois problemas: 1) a verificação, pelos fatos obtidos no experimento, da legitimidade da opinião segundo a qual os conceitos científicos repetem em seu desenvolvimento as vias de formação dos conceitos espontâneos; 2) a verificação da legitimidade da tese segundo a qual os conceitos científicos não têm nada em comum com o desenvolvimento dos conceitos espontâneos e nada nos podem dizer sobre o caráter ativo do pensamento infantil em toda a sua originalidade. Cabe supor de antemão que a pesquisa dará uma resposta negativa a ambas as questões. Em realidade, porém, mostra que nenhuma das hipóteses se justifica no aspecto fatual e que, em realidade, existe uma espécie de terceira hipótese, que é a que determina as relações verdadeiras, complexas e bilaterais entre os conhecimentos científicos e os espontâneos.

Para descobrir essa terceira incógnita, real, não existe outro caminho a não ser a comparação dos conceitos científicos com os espontâneos, tão bem estudados em várias pesquisas, como caminho do conhecido ao desconhecido. Entretanto, a delimitação de ambos os grupos de conceitos é a condição prévia para esse estudo comparado dos conceitos científicos e espontâneos e o estabelecimento das suas verdadeiras relações. Relações em geral, e mais ainda aquelas relações sumamente complexas que supomos, só podem existir entre objetos que não coincidem entre si, uma vez que não é possível nenhuma relação do objeto consigo mesmo.

II

Para estudar as complexas relações entre o desenvolvimento dos conceitos científicos e dos espontâneos, é necessário ter consciência da própria amplitude com que pretendemos desenvolver a nossa comparação. Cabe-nos elucidar o que caracteriza os conceitos espontâneos da criança na idade escolar.

Piaget demonstrou que o mais peculiar dos conceitos e do pensamento em geral nessa idade é a incapacidade da criança para conscientizar as relações que, não obstante, ela é capaz de utilizar de modo espontâneo, automático e plenamente correto quando isto não lhe exige uma tomada de consciência especial. O que impede qualquer tomada de consciência do próprio pensamento é o egocentrismo infantil. Seu reflexo no desenvolvimento dos conceitos infantis pode ser visto a partir de um simples exemplo de Piaget, que perguntou a crianças entre sete e oito anos o que significa a palavra "porque" na seguinte frase: "Não vou amanhã à escola porque estou doente." A maioria das crianças respondeu: "Isto significa que ele está doente." Outras responderam: "Isto significa que ele não irá à escola." Para ser mais breve, essas crianças não têm nenhuma consciência da definição da palavra "porque", embora consigam operar espontaneamente com ela.

Essa incapacidade para tomar consciência do próprio pensamento e a incapacidade dele decorrente de a criança tomar consciência do estabelecimento de vínculos lógicos duram até os onze ou doze anos, isto é, até o término da primeira idade escolar. A criança descobre sua incapacidade para a lógica das relações e a substitui pela lógica egocêntrica. As raízes dessa lógica e as causas da dificuldade residem no egocentrismo do pensamento da criança até os sete ou oito anos e na inconsciência gerada por esse egocentrismo. Entre sete-oito e onze-doze anos essas dificuldades se transferem para o plano verbal, e então se refletem na lógica infantil as causas que atuaram até esse estágio.

Em termos funcionais, essa falta de consciência do próprio pensamento se manifesta em um fato fundamental, que caracteriza a lógica do pensamento infantil: a criança descobre a capacidade para toda uma série de operações lógicas quando estas surgem do fluxo espontâneo do seu próprio pensamento, mas é incapaz de executar operações absolutamente análogas quando se exige que elas sejam executadas não de maneira espontânea mas arbitrária e intencional. Limitemo-nos mais uma vez a uma só ilustração para elucidar outro aspecto do mesmo fenômeno da não-consciência do pensamento. Perguntaram a algumas crianças como se devia completar a frase "Esse homem caiu da bicicleta porque...", Crianças de idade inferior aos sete anos ainda não conseguem resolver essa frase. Nessa idade, as crianças freqüentemente completam essa frase da seguinte maneira: "Ele caiu da sua bicicleta porque caiu e porque ficou muito machucado"; ou: "O homem caiu da bicicleta porque estava doente, e por isso foi recolhido na rua"; ou: "Porque ele quebrou o braço, porque ele quebrou a perna". Vemos que crianças dessa idade não têm capacidade para um estabelecimento intencional e arbitrário do vínculo causal, ao passo que, na linguagem espontânea e arbitrária, usam o "porque" de modo plenamente correto, consciente e proposital, de sorte que ela não é capaz de tomar consciência de que a frase citada acima significa a causa da falta à escola e não a falta ou a doença tomadas em separado, embora a criança evidentemente compreenda o que significa essa frase. A criança compreende as causas e as relações mais simples porém não tem consciência dessa compreensão. Espontaneamente, ela usa de maneira correta a conjunção "porque" mas não consegue aplicá-la de modo intencional e arbitrário. Desse modo, por via puramente empírica se estabelece a dependência interna ou o vínculo entre esses dois fenômenos do pensamento infantil, a não-consciência de tal vínculo e a não-arbitrariedade, a compreensão inconsciente e a aplicação espontânea.

Por um lado, ambas essas peculiaridades estão da forma mais íntima ligadas ao egocentrismo do pensamento infantil e, por outro, levam a toda uma série de peculiaridades da lógica infantil, que se manifestam na incapacidade da criança para a lógica das relações. Na idade escolar, até o seu término, dura o domínio de ambos os fenômenos, e o desenvolvimento, que consiste na socialização do pensamento, redunda em um desaparecimento gradual e lento desses fenômenos, na libertação do pensamento infantil das vias do egocentrismo.

Como isso acontece? De que modo a criança chega com lentidão e dificuldade a tomar consciência e a dominar o próprio pensamento? Para explicar isto, Piaget cita duas leis psicológicas que propriamente não lhe pertencem mas nas quais ele baseia toda a sua teoria. A primeira é a lei da tomada de consciência, formulada por Claparède. Usando experiências bastante interessantes, Claparède mostrou que a tomada de consciência da semelhança aparece na criança bem depois da tomada de consciência da diferença.

De fato, a criança simplesmente se comporta da mesma forma em relação a objetos que podem ser semelhantes entre si se ela não sente necessidade de tomar consciência dessa unidade do seu comportamento. Por assim dizer, ela atua por semelhança antes de refletir sobre ela. Ao contrário, a diferença nos objetos cria a inabilidade para adaptar-se, que acarreta a tomada de consciência. Daí Claparède tirou a lei que chamou de *lei de tomada de consciência*, que estabelece: quanto mais usamos alguma relação tanto menos temos consciência dela. Ou noutros termos: tomamos consciência apenas na medida da nossa incapacidade de adaptação. Quanto mais usamos automaticamente alguma relação, tanto mais difícil é tomar consciência dela.

Mas essa lei não nos diz nada sobre como essa tomada de consciência se realiza. A lei da tomada de consciência é uma lei funcional, só indica quando o indivíduo precisa ou não tomar consciência. Resta um problema de estrutura: quais são os meios dessa tomada de consciência, quais são os obstáculos em que ela esbarra. Para responder a esta questão, cabe introduzir mais uma lei: a lei do deslocamento. De fato, tomar consciência de alguma operação significa transferi-la do plano da ação para o plano da linguagem, isto é, recriá-la na imaginação para que seja possível exprimi-la em palavras. Esse deslocamento da operação do plano da ação para o plano do pensamento conjuga-se com a repetição daquelas dificuldades e daquelas peripécias que acompanharam a assimilação dessa operação no plano da ação. Mudam apenas os prazos, porque o ritmo provavelmente continua o mesmo. A repetição das peripécias que se verificaram no processo de assimilação das operações no plano da ação constitui, na assimilação do plano verbal, a essência da segunda lei estrutural da tomada de consciência.

Cabe-nos examinar brevemente essas duas leis e elucidar qual é o efetivo significado e qual é a origem da não-conscientização e da não-arbitrariedade das operações com conceitos na idade escolar, e como a criança chega a essa tomada de consciência dos conceitos e ao seu emprego intencional e arbitrário.

Podemos limitar ao mínimo as nossas observações críticas a respeito dessas leis. O próprio Piaget mostra a inconsistência da lei da percepção de Claparède. Explicar o surgimento da consciência exclusivamente pelo surgimento da necessidade de ter essa consciência é, no fundo, o mesmo que explicar a origem das asas nos pássaros alegando que eles precisam delas para poder voar. Essa explicação não só nos remete ao longínquo passado pela escada histórica do desenvolvimento do pensamento científico, como ainda pressupõe que a necessidade tem a capacidade de criar os dispositivos necessários ao seu atendimento. Para a própria consciência pressupõe-se a ausência de qualquer desenvolvimento de sua disposição permanente para a ação, além da necessidade e, conseqüentemente, uma pré-formação.

Temos o direito de perguntar: será que não é pelo fato de perceber a diferença antes da semelhança que a criança, envolvida nas relações de diferença, esbarra antes no fato da inadaptabilidade e da necessidade de percepção e por isso a própria percepção da relação de semelhança exige uma estrutura de generalizações e conceitos mais tardia do que a percepção das relações de diferença? Nossa investigação especial destinada a elucidar essa questão nos leva a responder positivamente a esse questionamento. A análise experimental dos conceitos de semelhança e diferença em seu desenvolvimento mostra que a percepção da semelhança exige a formação de uma generalização primária ou de um conceito que abranja os objetos entre os quais existe tal relação. Por exemplo, a percepção da diferença não requer do pensamento uma formação obrigatória de um conceito que pode surgir por via inteiramente diversa. É isto que nos explica da maneira mais aproximada o fato estabelecido por Claparède: o desenvolvimento mais tardio da percepção da semelhança. O fato de que a seqüência no desenvolvimento desses conceitos é inversa em relação à seqüência do seu desenvolvimento no plano da ação é apenas um caso particular de outros fenômenos mais amplos da mesma ordem. Através do experimento conseguimos estabelecer que essa mesma seqüência inversa é inerente, por exemplo, ao desenvolvimento da percepção do sentido do objetivo e da ação[1]. A criança reage antes à ação que ao objeto discriminado, mas conscientiza o objeto antes que a ação: a ação se desenvolve na criança antes da percepção autônoma. Entretanto, a percepção do sentido antecipa no desenvolvimento a ação dos sentidos voltada para toda uma fase etária. Isto, como mostra a análise, se baseia em princípios *internos* relacionados à própria natureza dos conceitos infantis e do seu desenvolvimento.

Poderíamos aceitar essa argumentação. Poderíamos admitir que a lei de Claparède é apenas uma lei funcional e, a partir dela, não se pode questionar a explicação da estrutura do problema. Questiona-se apenas se ela explica satisfatoriamente o aspecto funcional do problema da consciência em relação aos conceitos na idade escolar da maneira como Piaget a emprega com esse fim. O sentido breve das longas reflexões de Piaget sobre esse tema está no quadro do desenvolvimento dos conceitos que ele traça para os limites etários dos sete aos doze anos. Nessa fase, em suas operações mentais a criança esbarra constantemente na inadaptabilidade do seu pensamento ao pensamento dos adultos, sofre constantes derrotas e fracassos, que revelam a inconsistência da sua lógica, bate constantemente com a cabeça na parede e os galos que recebe são, segundo sábia expressão de Rousseau, os seus melhores mestres, porque são constantes e abrem perante a criança o sésamo dos conceitos conscientizados e arbitrários.

Será que só dos fracassos e das derrotas surge o estágio superior no desenvolvimento dos conceitos, vinculado à sua percepção? Será que o constante bater com a cabeça na parede e os galos aí recebidos são mesmo os melhores mestres da criança

....
1. Os mesmos quadros foram apresentados a outros grupos de crianças pré-escolares da mesma faixa de idade e do mesmo nível de desenvolvimento. Um grupo representou o quadro, isto é, revelou o seu conteúdo na ação; as crianças do outro grupo narraram esse quadro, expondo a estrutura da percepção do seu sentido; enquanto na ação elas reproduziram integralmente o conteúdo do quadro, na transmissão verbalizada enumeraram detalhes particulares.

nesse caminho? A *fonte* das formas superiores de generalização, denominadas conceitos, serão a inadaptabilidade e a inconsistência dos atos do pensamento espontâneo executados automaticamente? Basta que se formulem essas questões para que se possa perceber que aqui só pode haver resposta negativa. Assim como é impossível explicar a partir da necessidade a origem da percepção, é igualmente impossível explicar as forças motrizes do desenvolvimento intelectual da criança pelo fracasso e a falência do seu pensamento, que ocorrem constantemente e a cada instante ao longo de toda a idade escolar.

A segunda lei que Piaget incorpora para explicar a tomada de consciência necessitaria de um exame especial, porque achamos que ela pertence ao tipo de explicações genéticas, que são extremamente difundidas e aplicam o princípio da repetição ou da reprodução em um estágio superior dos acontecimentos e leis que se verificaram em fase mais precoce do desenvolvimento do mesmo processo. Assim é, em essência, o princípio que se costuma aplicar à explicação das peculiaridades da linguagem escrita do aluno escolar, linguagem esta que, em sua evolução, repetiria as vias de desenvolvimento da linguagem falada percorridas pela criança em tenra infância. O aspecto duvidoso desse princípio explicativo decorre do fato de que, quando o aplicamos, perde-se de vista a diferença da natureza psicológica dos dois processos de desenvolvimento, um dos quais, segundo esse princípio, deve repetir e reproduzir o outro. Por isso, em função dos traços de semelhança reproduzidos e repetidos em processo mais tardio, perdem-se de vista os traços de diferença condicionados pelo transcurso de um processo mais tardio em um nível superior. Graças a isto, em vez do desenvolvimento em espiral obtém-se o movimento em círculo. Mas deixemos de lado esse princípio na sua essência, pois o que nos interessa é o seu valor explicativo aplicado ao problema da percepção por estar vinculado ao nosso tema. De fato, se o próprio Piaget reconhece a total impossibilidade de explicar alguma coisa a respeito de como ocorre a percepção segundo a lei de Claparède, impõe-se uma pergunta: até que ponto ela é superada neste sentido pela lei do deslocamento, a que Piaget recorre como um princípio explicativo?

Mas o próprio conteúdo desta lei evidencia que o seu valor explicativo é um pouco maior que o valor da primeira lei. No fundo, trata-se da lei da repetição e da reprodução, em um novo campo do desenvolvimento, das propriedades e peculiaridades do pensamento que ficaram para trás. Até mesmo admitindo-se que essa lei seja correta, no melhor dos casos ela não responde à questão para cuja solução foi incorporada. No melhor dos casos poderia explicar apenas por que os conceitos do escolar não são conscientizados e são não-arbitrários, assim como na idade pré-escolar seria não conscientizada e não-arbitrária a lógica de sua ação agora reproduzida em pensamento.

Mas esta lei de forma alguma está em condição de responder a uma questão levantada por Piaget: como ocorre a tomada de consciência, isto é, a passagem dos conceitos não conscientizados para os conscientizados. No fundo, neste sentido esta lei pode ser inteiramente equiparada à primeira lei. Assim como a outra, no melhor dos casos, pode explicar como a ausência de necessidade leva à ausência de consciência mas não pode explicar como o surgimento da necessidade pode desencadear magicamente a tomada de consciência, esta, no melhor dos casos, pode responder satisfatoriamente por que na idade escolar os conceitos não são conscientizados, mas não consegue apontar como se realiza a tomada de consciência dos conceitos. A questão está justamente aí, pois o desenvolvimento consiste nesta progressiva tomada de consciência dos conceitos e operações do próprio pensamento.

Como se vê, as duas leis não resolvem nem entram na questão. Não só explicam de forma incorreta e insuficiente como se desenvolve esta tomada de consciência; simplesmente não explicam o processo. Logo, fomos forçados a procurar no desenvolvimento intelectual do aluno escolar uma explicação independente e hipotética desse fato fundamental que, como veremos adiante, está imediatamente vinculado à questão central da nossa investigação experimental.

Para isso, porém, é necessário elucidar previamente até que ponto são corretas as explicações dadas por Piaget do ponto de vista dessas duas leis para uma outra questão: por que o aluno escolar não toma consciência dos seus conceitos? Essa questão está vinculada da maneira mais estreita ao modo como se realiza a tomada de consciência. Seria mais correto dizer que não se trata de duas questões particulares mas de dois aspectos do mesmo problema: como se realiza a transição dos conceitos não conscientizados para os conscientizados na idade escolar. Por isso, é evidente que tanto para a solução quanto para a correta colocação do problema de como se processa a tomada de consciência não pode ser indiferente a maneira pela qual se resolve o problema das causas da não-tomada de consciência dos conceitos. Se quisermos resolvê-lo à maneira de Piaget, segundo o espírito das suas duas leis, teremos de procurar a solução do segundo problema no mesmo plano teórico em que o faz o próprio Piaget. Se rejeitarmos a solução que nos propõe para o primeiro problema e conseguirmos esboçar ao menos hipoteticamente outra solução, tudo indica que será inteiramente diversa a orientação das nossas pesquisas no sentido de resolver o segundo problema.

Piaget deduz do passado a inconsciência dos conceitos na idade escolar. Segundo ele, no passado essa inconsciência ainda reinava durante muito tempo no pensamento da criança. Hoje, uma parte do psiquismo infantil está livre daquela inconsciência, enquanto a outra se encontra sob a sua influência cada vez mais determinante. Quanto mais descemos a escada do desenvolvimento tanto mais ampla é a área do psiquismo que temos de reconhecer como não-conscientizada. Inteiramente não-conscientizado é o mundo da criança pequena, cuja criação Piaget caracteriza como puro solipsismo. Na medida em que a criança se desenvolve, o solipsismo cede lugar sem combate nem resistência ao pensamento socializado, recuando sob o impacto do pensamento mais poderoso e mais forte nos adultos. Ele é substituído pelo egocentrismo do pensamento infantil, que sempre exprime um compromisso obtido em dado estágio de desenvolvimento entre a própria experiência da criança e a experiência dos adultos por ela assimilada.

Segundo Piaget, a ausência de consciência na criança em idade escolar é um resíduo do seu egocentrismo, que, embora em vias de desaparecer, ainda mantém a sua influência na esfera do pensamento verbal, que está começando a se formar exatamente nesse momento. Por isso, para explicar a não-consciência do conceito, Piaget incorpora o autismo residual da criança e a insuficiente socialização do seu pensamento, que redunda na incomunicabilidade. Resta explicar se é correto que a não-consciência dos conceitos infantis decorre imediatamente do caráter egocêntrico do pensamento da criança, que determina necessariamente a incapacidade do escolar para esta tomada de consciência. Esta tese nos parece mais do que duvidosa à luz do que conhecemos sobre o desenvolvimento intelectual da criança na idade escolar. Ela nos parece duvidosa, ainda, à luz da teoria, e a nossa investigação a rejeita francamente.

Contudo, antes de passar à análise crítica precisamos elucidar uma segunda questão de nosso interesse: desse ponto de vista, como se deve conceber o caminho pelo qual a criança chega a adquirir consciência dos seus conceitos? Porque de certa interpretação das causas da não-consciência dos conceitos decorre necessariamente apenas um modo determinado de explicação do próprio processo de tomada de consciência. Piaget não se refere a isto em parte alguma, uma vez que não vê aí nenhum problema. Mas, quando explica a não-consciência dos conceitos no aluno escolar, toda a sua teoria deixa perfeitamente claro como ele concebe esse caminho. É precisamente por isto que ele acha desnecessário abordar esta questão e não vê nenhum problema nas vias de tomada de consciência.

Segundo Piaget, a tomada de consciência ocorre por intermédio do deslocamento dos remanescentes do egocentrismo verbal pelo pensamento social maduro. A tomada de consciência não surge como um degrau superior e necessário no desenvolvimento a partir de conceitos não-conscientizados, mas é trazida de fora. Um modo de agir simplesmente desloca outro. Como a cobra lança fora a pele velha para cobrir-se de outra nova, a criança lança fora e abandona o modo anterior de pensar porque este dá lugar a um novo. Aí está em poucas palavras a essência da maneira pela qual se realiza a tomada de consciência. Como se vê, é dispensável citar quaisquer leis para explicar essa questão. Quem necessitou de explicação foi a não-consciência dos conceitos, uma vez que ela é condicionada pela própria natureza do pensamento infantil, ao passo que os conceitos conscientizados simplesmente existem fora, no clima de pensamento social que envolve a criança, e simplesmente são assimilados por ela em forma pronta quando isto não obstaculiza as tendências antagônicas do seu próprio pensamento.

Agora podemos examinar em conjunto esses dois problemas intimamente interligados: a não-conscientização inicial dos conceitos e a sua subseqüente tomada de consciência, que aparecem igualmente inconsistentes na solução de Piaget tanto em termos teóricos quanto práticos. Explicar a ausência de consciência dos conceitos e a impossibilidade do seu uso arbitrário, argumentando que a criança dessa idade é incapaz de tomada de consciência, é egocêntrica, já é impossível pelo simples fato de ser precisamente nesta idade que se projetam ao centro do desenvolvimento as funções psicológicas superiores, que têm como traços fundamentais e distintivos precisamente a intelectualização e a assimilação, ou melhor, a tomada de consciência e a arbitrariedade.

O centro da atenção na idade escolar é ocupado pela transição das funções inferiores de atenção e de memória para as funções superiores da atenção arbitrária e da memória lógica. Já tivemos oportunidade de esclarecer de modo bastante minucioso que estamos autorizados a falar tanto de atenção arbitrária quanto de pensamento arbitrário; de igual maneira, estamos autorizados a falar de memória lógica e de atenção lógica. Isto se deve ao fato de que a intelectualização das funções e a assimilação destas são dois momentos de um mesmo processo de transição para funções psicológicas superiores. Dominamos uma função na medida em que ela se intelectualiza. A arbitrariedade na atividade de alguma função sempre é o reverso da sua tomada de consciência. Dizer que a memória se intelectualiza na idade escolar é exatamente o mesmo que dizer que surge a atenção arbitrária; dizer que a atenção na idade escolar se torna arbitrária é o mesmo que dizer, segundo justa observação de Blonski, que ela depende cada vez mais dos pensamentos, isto é, do intelecto.

Observa-se, pois, que no campo da atenção e da memória o aluno escolar não só descobre a capacidade para a tomada de consciência e a arbitrariedade mas também que o desenvolvimento dessa capacidade é o que constitui o conteúdo principal de toda a idade escolar. Já por esse simples fato é impossível atribuir a não-consciência e a não-arbitrariedade nos conceitos do aluno escolar à incapacidade geral do seu pensamento para a tomada de consciência e a assimilação, isto é, ao egocentrismo.

Entretanto, um fato estabelecido por Piaget é inquestionável: o aluno escolar não tem consciência dos seus conceitos. A situação se complexifica ainda mais se cotejamos isto com outro fato que pareceria atestar o contrário: como explicar que uma criança em idade escolar descobre a capacidade para tomada de consciência no campo da memória e do pensamento, para assimilar essas duas funções intelectuais sumamente importantes, e ao mesmo tempo ainda não é capaz de apreender os processos do próprio pensamento e assimilá-los? Na idade escolar também se intelectualizam e se tornam arbitrárias todas as funções intelectuais básicas, exceto o próprio intelecto no sentido propriamente dito da palavra.

Para explicar esse fenômeno aparentemente paradoxal, é necessário examinar as leis básicas do desenvolvimento psicológico nessa fase. Já tivemos oportunidade de fundamentar minuciosamente e reforçar com provas fatuais a tese segundo a qual o desenvolvimento psicológico da criança não consiste tanto no desenvolvimento e no aperfeiçoamento de determinadas funções quanto na mudança dos vínculos e relações interfuncionais, e que o desenvolvimento de cada função psicológica particular depende dessa mudança. A consciência se desenvolve como um processo integral, modificando a cada nova etapa a sua estrutura e o vínculo entre as partes, e não como uma soma de mudanças particulares que ocorrem no desenvolvimento de cada função em separado. O destino de cada parte funcional no desenvolvimento da consciência depende da mudança do todo e não o contrário.

Em si mesma, a idéia de que a consciência é um todo único e suas funções particulares são indissoluvelmente interligadas não é, essencialmente, nenhuma novidade para a psicologia. Ou melhor, é tão velha quanto a psicologia científica. Quase todos os psicólogos lembram que as funções atuam numa relação indissolúvel entre si. A memorização pressupõe necessariamente a atividade da atenção, da percepção e da assimilação; a percepção compreende necessariamente a mesma função da atenção, da identificação ou memória e da compreensão. Contudo, tanto na velha quanto na moderna psicologia essa idéia – essencialmente verdadeira – da unidade funcional da consciência e do vínculo indissociável entre modalidades particulares de sua atividade sempre permaneceu na periferia sem que se tirassem dela conclusões corretas. Ademais, depois de adotar essa idéia indiscutível, a psicologia tirou dela conclusões diametralmente opostas àquelas que aparentemente deveriam decorrer dela. Estabelecendo a interdependência das funções e a unidade na atividade da tomada de consciência, a psicologia ainda assim continuou a estudar a atividade de funções particulares, desprezando os vínculos entre elas, e a considerar a consciência como um conjunto das suas partes funcionais. Esse caminho foi transferido da psicologia geral para a psicologia genética, na qual levou até o desenvolvimento da consciência infantil a ser interpretado como um conjunto de mudanças que ocorrem em determinadas funções. Aqui também permanece o primado da parte funcional sobre o conjunto da consciência como dogma principal. Para se entender como foram possíveis tais conclusões frontalmente contrárias às premissas, é necessário levar em conta aqueles postulados latentes que serviram de base à concepção sobre a interligação das funções e a unidade da consciência na antiga psicologia.

A velha psicologia ensinava que as funções sempre agem em unidade entre si, a percepção em unidade com a memória e a atenção, etc., e que só nessa vinculação se realiza a unidade da consciência. Mas enquanto levantava esta hipótese, completava sorrateiramente essa idéia com três postulados, dos quais, uma vez libertado, o pensamento psicológico estaria livre da análise funcional que o manietava: 1) esses vínculos das funções entre si são constantes, imutáveis, dados de uma vez por todas e imunes à evolução; 2) conseqüentemente, essas interligações das funções como grandeza constante, imutável, sempre equivalente a si mesma e co-participante da atividade de cada função em igual medida e do mesmo modo, podem ser colocadas entre parênteses e desprezadas no estudo de cada função particular; 3) esses vínculos não são essenciais e o desenvolvimento da consciência deve ser interpretado como derivado do desenvolvimento das suas partes funcionais, de sorte que, mesmo estando as funções interligadas, por força da constância desses vínculos elas mantêm plena autonomia e a independência do seu desenvolvimento e da mudança.

Esses três postulados são totalmente falsos, a começar pelo primeiro. Todos os fatos que conhecemos do campo do desenvolvimento psíquico nos ensinam que os vínculos e relações interfuncionais não só não são constantes, essenciais, e não podem ser deixados entre parênteses nos quais se processa a medição psicológica, como a mudança dos vínculos interfuncionais, isto é, *a mudança da estrutura funcional da consciência é o que constitui o conteúdo central e fundamental de todo o processo de desenvolvimento psicológico.* Se é assim, é necessário aceitar que a psicologia deve tornar problema o que antes era postulado. A velha psicologia partia do postulado de que as funções são interligadas e ficava nisto, sem tomar como objeto do seu estudo o próprio caráter dos vínculos funcionais e suas mudanças. Para a nova psicologia, a mudança dos vínculos e relações interfuncionais se torna questão central de todas as investigações, e sem a solução desse problema não se pode adotar nada no campo das mudanças dessa ou daquela função particular. É essa concepção da mudança da estrutura da consciência no processo de desenvolvimento que devemos incorporar à explicação do problema de nosso interesse: por que, na idade escolar, a atenção e a memória passam a ser conscientizadas e arbitrárias. A lei geral do desenvolvimento consiste em que a tomada de consciência e a assimilação não são inerentes apenas à fase superior de desenvolvimento de alguma função. Elas surgem mais tarde. Devem ser necessariamente antecedidas do estágio de funcionamento não conscientizado e não arbitrário desse tipo de atividade da consciência. Para tomar consciência é necessário que haja o que deve ser conscientizado. Para assimilar, é necessário dispor daquilo que deve ser subordinado à nossa vontade.

A história do desenvolvimento intelectual da criança nos ensina que o primeiro estágio do desenvolvimento da consciência na infância, caracterizado pela não-diferencialidade das funções particulares, é seguido de dois outros: a tenra infância e a idade escolar; na primeira, diferencia-se e realiza a sua via principal de desenvolvimento a percepção que domina no sistema de relações interfuncionais nessa idade, e define como função central dominante a atividade do desenvolvimento de toda a consciência restante; essa função central dominante é a memória, que nessa idade se projeta ao primeiro plano do desenvolvimento. Assim, uma certa maturidade da percepção e da memória já ocorre no limiar da idade escolar e faz parte do número de premissas básicas de todo o desenvolvimento psíquico ao longo de toda essa idade.

Se considerarmos que a atenção é uma função de estruturação do que deve ser percebido e representado pela memória, ficará fácil compreender que, já no limiar da idade escolar, a criança dispõe de uma atenção e uma memória relativamente maduras. Já tem o que deve conscientizar e o que deve assimilar. Fica compreensível por que as funções conscientizadas e arbitrárias da memória e da atenção são projetadas ao centro nessa idade.

Compreende-se igualmente por que os conceitos do aluno escolar continuam não conscientizados e não-arbitrários. Para tomar consciência de alguma coisa e apreender alguma coisa é necessário, antes de mais nada, dispor dessa coisa. Mas o conceito, ou melhor, o pré-conceito, como preferiríamos denominar esses conceitos do escolar não-conscientizados e que ainda não atingiram o nível superior de seu desenvolvimento, surge primeiro justamente na idade escolar e só amadurece ao longo dessa idade. Antes disso a criança pensa por noções gerais ou complexos, como em outra passagem denominamos essa estrutura mais precoce das generalizações que domina na idade pré-escolar. Mas se os pré-conceitos só surgem na idade escolar, seria um milagre se a criança pudesse tomar consciência deles e apreendê-los, pois isto significaria que a consciência pode não só conscientizar e apreender com suas funções como também pode criá-las a partir do nada, recriá-las muito antes que elas se desenvolvam.

São essas as conclusões teóricas que nos levam a rejeitar as explicações oferecidas por Piaget, segundo as quais os conceitos não são conscientizados. Mas devemos recorrer aos dados da pesquisa e identificar o que é o processo de tomada de consciência por sua natureza psicológica, para podermos elucidar como ocorre essa tomada de consciência da atenção e da memória, de onde decorre a não-conscientização dos conceitos, de que maneira a criança chega posteriormente a tomar consciência deles e por que a conscientização e a apreensão acabam sendo dois aspectos de um mesmo problema.

A pesquisa mostra que a tomada de consciência é um processo de tipo absolutamente especial, que agora vamos tentar esclarecer nas linhas mais gerais. É necessário levantar a primeira questão fundamental: o que significa *tomar consciência*? Esta expressão tem dois sentidos, e é pelo fato de Claparède e Piaget confundirem a terminologia de Freud e da psicologia geral que surge essa confusão. Quando Piaget fala da não-consciência do pensamento infantil, ele não concebe que a criança não toma consciência do que ocorre em sua consciência, que o pensamento da criança é inconsciente. Ele supõe que a consciência participa do pensamento da criança, mas não até o fim. No princípio, o pensamento inconsciente é um solipsismo da criança pequena, no final um pensamento socializado consciente e, no meio, uma série de etapas que Piaget designa como redução gradual do egocentrismo e aumento das formas sociais de pensamento. O próprio Piaget afirma que o conceito de "raciocínios inconscientes" é bastante escorregadio. A considerar-se o desenvolvimento da consciência como uma transição gradual do inconsciente em termos freudianos para a consciência plena, essa concepção é correta. Mas as próprias pesquisas de Freud estabeleceram que o inconsciente enquanto algo reprimido da consciência surge tarde e, em certo sentido, é uma grandeza derivada do desenvolvimento e da diferenciação da consciência. Daí a grande diferença entre inconsciente e não-conscientizado. O não-conscientizado ainda não é inconsciente em parte nem consciente em parte. Não significa um grau de consciência mas outra orientação da atividade da consciência. Eu dou um nó. Faço isto conscientemente. Entretanto, não posso dizer exatamente como o fiz. Minha ação consciente acaba sendo inconsciente porque a minha atenção estava orientada para o ato de dar o nó mas não na maneira como eu o faço. A consciência sempre representa algum fragmento de realidade. O objeto da minha consciência é o ato de dar o nó, o próprio nó e tudo o que acontece com ele, mas não aquelas ações que produzo ao dar o nó nem a maneira como o faço. O fundamento disto é o ato de consciência, do qual é objeto a própria atividade da consciência[2].

Os estudos de Piaget já mostraram que a introspecção começa a ter algum desenvolvimento apenas durante a idade escolar. Pesquisas posteriores mostraram que, no desenvolvimento da introspecção na idade escolar, ocorre algo análogo ao que acontece no desenvolvimento da percepção exterior e da observação no processo de transição da primeira infância à tenra infância. Como se sabe, a mais importante modificação da percepção externa nesse período acontece quando a criança passa de uma percepção primitiva e desprovida de palavras para uma percepção dos objetos orientada e expressa por palavras – percepção em termos de significado. O mesmo se deve dizer da introspecção no limiar da idade escolar. Aqui a criança passa das introspecções sem palavras para as introspecções verbalizadas. Desenvolve uma percepção interior do significado dos seus próprios processos típicos. Mas a percepção do significado, seja ela externa ou interior, não significa nada a não ser uma percepção generalizada. Logo, a passagem para a introspecção verbalizada não é senão uma generalização iniciante das formas típicas interiores de atividade. A passagem para um novo tipo de percepção interior significa passagem para um tipo superior de atividade psíquica interior. Porque perceber as coisas de modo diferente significa ao mesmo tempo ganhar outras possibilidades de agir em relação a elas. Como em um tabuleiro de xadrez: vejo diferente, jogo diferente. Ao generalizar meu próprio processo de atividade, ganho a possibilidade de outra relação com ele. *Grosso modo*, ele é destacado da atividade geral da consciência. Tenho consciência de que me lembro, isto é, faço da minha própria lembrança um objeto de consciência.

---

2. Pergunta-se a uma criança em idade pré-escolar: "Você sabe como se chama?" "Kólia", responde ela. Ela não tem consciência de que o centro da pergunta não é como ela se chama mas se ela sabe como se chama. Ela sabe o seu nome, mas não tem consciência do conhecimento do seu nome.

Surge a discriminação. Toda generalização escolhe de certo modo um objeto. É por isso que a tomada de consciência, entendida como generalização, conduz imediatamente à apreensão. Desse modo, a tomada de consciência se baseia na generalização dos próprios processos psíquicos, que redunda em sua apreensão. Nesse processo manifesta-se em primeiro lugar o papel decisivo do ensino. Os conceitos científicos – com sua relação inteiramente distinta com o objeto –, mediados por outros conceitos – com seu sistema hierárquico interior de inter-relações –, são o campo em que a tomada de consciência dos conceitos, ou melhor, a sua generalização e a sua apreensão parecem surgir antes de qualquer coisa. Assim surgida em um campo do pensamento, a nova estrutura da generalização, como qualquer estrutura, é posteriormente transferida como um princípio de atividade sem nenhuma memorização para todos os outros campos do pensamento e dos conceitos. Desse modo, a tomada de consciência passa pelos portões dos conceitos científicos.

Nesse sentido, são notórios dois momentos na teoria do próprio Piaget. É da própria natureza dos conceitos espontâneos não serem conscientizados. As crianças sabem operar espontaneamente com eles mas não tomam consciência deles. Foi o que vimos no exemplo do conceito infantil "porque". Tudo indica que, por si mesmo, o conceito espontâneo deve necessariamente não ser conscientizado, pois a atenção nele contida está sempre orientada para o objeto nele representado e não para o próprio ato de pensar que o abrange. Passa por todas as páginas de Piaget como motivo central a idéia – que ele não externa em parte alguma – de que, em relação aos conceitos, espontâneo é sinônimo de não-conscientizado. É por isso que Piaget, que limita a história do pensamento infantil ao desenvolvimento dos conceitos espontâneos, não consegue entender como os conceitos científicos não podem surgir senão de fora no reino do pensamento espontâneo da criança. Mas se é verdade que os conceitos espontâneos devem necessariamente ser não-conscientizados, de igual maneira os conceitos científicos, por sua própria natureza, pressupõem tomada de consciência. A isto se vincula um dos dois momentos acima referidos na teoria de Piaget. Ele tem a relação mais imediata, mais íntima, mais importante com o objeto da nossa análise. Todas as investigações de Piaget levam a concluir que o fato de serem os conceitos espontâneos dados fora do sistema representa a diferença mais decisiva entre eles e os conceitos não-espontâneos, particularmente os científicos. Se na experiência quisermos encontrar o caminho entre um conceito não-espontâneo emitido por uma criança e a noção espontânea que está por trás dele devemos, segundo a regra de Piaget, libertar esse conceito de qualquer vestígio de sistematicidade. Retirar o conceito do sistema no qual ele foi incluído e o vincular a todos os outros conceitos é o meio metodológico mais seguro recomendado por Piaget para libertar a diretriz intelectual da criança dos conceitos não-espontâneos; através desse recurso metodológico, Piaget demonstrou na prática que a dessistematização dos conceitos infantis é a via mais segura para obter das crianças aquelas respostas de que todos os seus livros estão cheios. É evidente que a existência de um sistema de conceitos não é algo neutro e indiferente para a vida e a estrutura de cada conceito em particular. O conceito se diferencia e muda inteiramente a sua natureza psicológica tão logo o tomam isoladamente, o arrancam do sistema e colocam a criança em relação mais simples e imediata com o objeto.

Isto já nos permite supor de antemão o que constitui o núcleo da nossa hipótese e nós vamos discutir mais adiante quando generalizarmos os resultados do estudo experimental: *só no sistema o conceito pode adquirir as potencialidades de conscientizáveis e a arbitrariedade. A potencialidade de conscientizável e a sistematicidade são, no sentido pleno, sinônimos em relação aos conceitos exatamente como a espontaneidade, a potencialidade de não conscientizável e a não-sistematicidade são três expressões diferentes para designar a mesma coisa na natureza dos conceitos infantis.*

No fundo, isso decorre da forma mais direta do que dissemos anteriormente. Se a tomada de consciência significa generalização, então é evidente que a generalização, por sua vez, não significa nada senão formação de um conceito superior (*Oberbegriff-übergeordneter Begriff*) em cujo sistema de generalização foi incluído um determinado conceito como caso puro. Mas se depois desse conceito surge um conceito superior, ele pressupõe necessariamente a existência não de um mas de uma série de conceitos co-subordinados, com os quais esse conceito está em relações determinadas pelo sistema do conceito superior, sem o que esse conceito superior não seria superior em relação ao outro. Esse mesmo conceito superior pressupõe, simultaneamente, uma sistematização hierárquica até dos conceitos inferiores àquele conceito e a ele subordinados com os quais ele torna a vincular-se através de um sistema de relações inteiramente determinado. Desse modo, a generalização de um conceito leva à localização de dado conceito em um determinado sistema de relações de generalidade, que são os vínculos fundamentais mais importantes e mais naturais entre os conceitos. Assim, generalização significa ao mesmo tempo tomada de consciência e sistematização de conceitos.

As palavras do próprio Piaget, que citamos em seguida, são uma prova de que o sistema não é algo indiferente em relação à natureza interior dos conceitos infantis. Piaget escreve:

> As observações mostram que a criança revela em seu pensamento pouca sistematicidade, pouca conexão, pouca dedução, que lhe é estranha qualquer necessidade de evitar contradições, que ela pressupõe afirmação em vez de sintetizá-las, e se contenta com esquemas sintéticos em vez de manter a análise. Noutros termos, o pensamento da criança é mais próximo do conjunto de diretrizes que decorrem simultaneamente da ação e do caráter contemplativo que do pensamento do adulto, que tem consciência de si mesmo e domina o sistema.

Mais tarde procuraremos mostrar que praticamente todas as leis estabelecidas por Piaget para a lógica infantil só vigoram dentro dos limites dos pensamentos não-sistematizados. Aplicam-se apenas aos conceitos tomados fora do sistema. Todos os fenômenos descritos por Piaget têm como causa comum exatamente essa circunstância: a a-sistematicidade dos conceitos, porque ser sensível à contradição, ser capaz não de seriar mas de sintetizar logicamente os juízos e dispor de possibilidades para dedução só é possível em um determinado sistema de relações de identidade entre os conceitos. Na ausência de tal sistema, todos esses conceitos devem necessariamente surgir como um disparo depois que se aperta o gatilho de uma arma carregada.

Mas neste momento só nos interessa uma coisa: demonstrar que o sistema e a tomada de consciência a ele vinculada não são trazidos de fora para o campo dos conceitos infantis, deslocando o modo próprio da criança de informar e de empregar conceitos, mas que esse sistema e essa tomada de consciência já pressupõem a existência de conceitos infantis bastante ricos e maduros, sem os quais a criança não dispõe daquilo que deve tornar-se objeto de sua tomada de consciência e de sua sistematização; demonstrar, ainda, que o sistema primário que surge no campo dos conceitos científicos é transferido estruturalmente também para o campo dos conceitos espontâneos, reconstruindo-os e modificando-lhes a natureza interna como que de cima para baixo. Ambas as coisas (a dependência dos conceitos científicos em face dos espontâneos e a influência inversa daqueles sobre estes) decorrem da relação original desse conceito científico com o objeto, relação esta que, como já dissemos, tem como peculiaridade ser mediada por outro conceito e incorporar, simultaneamente com a relação com o objeto, também a relação com outro conceito, isto é, incorporar os elementos primários do sistema de conceitos.

Desse modo, por ser científico pela própria natureza, o conceito científico pressupõe seu lugar definido no sistema de conceitos, lugar esse que determina a sua relação com outros conceitos. Marx definiu com profundidade a essência de todo conceito científico: "Se a forma da manifestação e a essência das coisas coincidissem imediatamente, toda ciência seria desnecessária." Nisto reside a essência do conceito científico. Este seria desnecessário se refletisse o objeto em sua manifestação externa como conceito empírico. Por isso o conceito científico pressupõe necessariamente outra relação com objetos, só possível no conceito, e esta outra relação com o objeto, contida no conceito científico, por sua vez pressupõe necessariamente a existência de relações entre os conceitos, ou seja, um sistema de conceitos. Desse ponto de vista, poderíamos dizer que todo conceito deve ser tomado em conjunto com todo o sistema de suas relações de generalidade, sistema esse que determina a medida de generalidade própria desse conceito, da mesma forma que uma célula deve ser tomada com todas as suas ramificações através das quais ela se entrelaça com o tecido comum. Por outro lado, fica claro que, do ponto de vista lógico, a delimitação de conceitos infantis espontâneos e não-espontâneos coincide com a delimitação de conceitos empíricos e científicos.

Ainda teremos oportunidade de voltar a esta questão, razão por que nos limitaremos agora a um exemplo concreto para ilustrar o nosso pensamento. Sabe-se que na criança os conceitos mais gerais surgem freqüentemente antes dos mais particulares. Assim, uma criança costuma aprender a palavra "flor" antes da palavra "rosa". Mas neste caso o conceito "flor" não é na criança mais genérico que a palavra "rosa", é apenas mais amplo. É claro que quando a criança dispõe apenas de um conceito a sua relação com o objeto é diferente de quando ela dispõe de um segundo conceito. Mas também depois disso o conceito "flor" continua durante muito tempo ao lado do conceito "rosa", e não sobreposto a ele. Não incorpora o conceito mais particular nem o subordina a si mesmo, mas o substitui e o dispõe em uma série consigo mesmo. Quando surge a generalização do conceito "flor", modifica-se também a relação entre "flor" e "rosa" assim como entre outros conceitos subordinados. Nos conceitos surge um sistema.

Voltemos ao início das nossas reflexões, à questão inicial levantada por Piaget: como se processa a consciência. Anteriormente procuramos elucidar como os conceitos do aluno escolar não são conscientizados e como se tornam conscientizados e arbitrários. Descobrimos que a causa da não-conscientização dos conceitos não está no egocentrismo mas na ausência de sistematicidade dos conceitos científicos que, em decorrência disto, devem ser não-conscientizados e não-arbitrários. Descobrimos que a tomada de consciência dos conceitos se realiza através da formação de um sistema de conceitos, baseado em determinadas relações recíprocas de generalidade, e que tal tomada de consciência dos conceitos os torna arbitrários. E é por sua própria natureza que os conceitos científicos subentendem um sistema. Os conceitos científicos são os portões através dos quais a tomada de consciência penetra no reino dos conceitos infantis. Assim, fica claro para nós por que toda a teoria de Piaget acaba impotente para responder como se processa a tomada de consciência. Isto ocorre porque nessa teoria foram omitidos os conceitos científicos e refletidas as leis do movimento dos conceitos fora do sistema. Piaget ensina que, para fazer do conceito da criança objeto de investigação psicológica, é necessário livrá-lo de todo vestígio de sistematicidade. Mas assim ele bloqueia seu próprio caminho para a explicação de como se realiza a tomada de consciência e, ainda mais, exclui qualquer possibilidade para essa explicação no futuro, uma vez que a tomada de consciência se realiza através de um sistema e a eliminação de qualquer vestígio de sistematicidade é o alfa e o ômega de toda a teoria de Piaget, cuja importância se restringe aos limites dos conceitos a-sistemáticos. Para resolver a questão de como se processa a tomada de consciência, é necessário colocar no centro o que Piaget abandona no limiar: o sistema.

III

Depois de tudo o que se disse até agora, esboça-se claramente diante de nós o enorme significado dos conceitos científicos para todo o desenvolvimento do pensamento da criança.

É precisamente nesse campo que o pensamento ultrapassa o limite que separa o pré-conceito dos verdadeiros conceitos. Sondamos o ponto frágil em todo o processo de desenvolvimento dos conceitos infantis, ao qual procuramos aplicar as nossas investigações. Ao mesmo tempo, porém, colocamos o nosso estreito problema em um contexto de questões mais gerais, o qual devemos esboçar ainda que seja nos contornos mais genéricos.

No fundo, o problema dos conceitos não-espontâneos e, particularmente, dos conceitos científicos é uma questão de ensino e desenvolvimento, uma vez que os conceitos espontâneos tornam possível o próprio fato do surgimento desses conceitos a partir da aprendizagem, que é a fonte do seu desenvolvimento. Por isso o problema dos conceitos espontâneos e não-espontâneos é um caso particular de um estudo mais geral da questão da aprendizagem e do desenvolvimento, fora do qual nem o nosso problema particular pode ser colocado corretamente. Assim, o estudo dedicado à análise comparada do desenvolvimento dos conceitos espontâneos e científicos resolve, em um caso particular, também a questão geral, levando à verificação prática as concepções gerais acerca da relação entre esses dois processos na forma como se constituíram durante a elaboração da nossa hipótese. É por isso que a importância da nossa hipótese de trabalho e do estudo experimental que a gerou vai muito além dos limites de um simples estudo de conceitos e, em certo sentido, projeta-se além desses limites estreitos para o campo do ensino e do desenvolvimento.

Sem abordar todas as diversas soluções dessa questão, já empreendidas na história da nossa ciência, gostaríamos de examinar apenas aquelas três tentativas principais de resolver esse problema, que até hoje têm importância na psicologia soviética.

A primeira teoria, mais difundida entre nós até hoje, considera a aprendizagem e o desenvolvimento como dois processos independentes entre si. O desenvolvimento da criança é visto como um processo de maturação sujeito às leis naturais, enquanto a aprendizagem é vista como aproveitamento meramente exterior das oportunidades criadas pelo processo de desenvolvimento. Uma expressão típica dessa teoria é o empenho de separar minuciosamente, na análise do desenvolvimento intelectual da criança, o produto do desenvolvimento do produto do ensino, de tomar os resultados de ambos os processos em forma pura e isolada. Como nenhum pesquisador até hoje conseguiu fazê-lo, costuma-se atribuir a causa à imperfeição dos procedimentos metodológicos aplicados com esse fim e procura-se compensar a insuficiência de tais procedimentos com esforços de abstração, mediante a qual se processa essa divisão das características intelectuais da criança entre aquelas produzidas pelo desenvolvimento e aquelas produzidas pelo ensino. Costuma-se imaginar a questão da seguinte maneira: o desenvolvimento pode processar-se normalmente e atingir seu nível mais alto sem nenhum ensino; logo, as crianças que não passaram pelo ensino escolar desenvolvem todas as formas superiores de pensamento, acessíveis ao homem, e revelam toda a plenitude das possibilidades intelectuais na mesma medida que as crianças que passaram pela aprendizagem na escola.

Contudo, essa teoria é mais freqüentemente modificada para levar em conta a relação existente entre o desenvolvimento e a aprendizagem: o primeiro cria as potencialidades, o segundo as realiza. Neste caso, a relação entre ambos os processos é concebida em analogia com as relações que o pré-formismo estabelece entre as aptidões e o desenvolvimento: as aptidões contêm potências realizáveis no desenvolvimento. Aqui também se concebe que o desenvolvimento gera toda a plenitude de possibilidades que se realizam no processo de aprendizagem. É como se a aprendizagem se edificasse sobre a maturação. Sua relação com o desenvolvimento é como a do consumo com o produto. Alimenta-se dos produtos do desenvolvimento e os utiliza aplicando-os na vida. Assim se reconhece a dependência unilateral entre desenvolvimento e aprendizagem. Este depende do desenvolvimento, o que é evidente. Mas o desenvolvimento de forma alguma se modifica sob influência do ensino. Essa teoria se baseia em um raciocínio muito simples: toda aprendizagem requer como premissa indispensável certo grau de maturidade de funções psíquicas particulares.

Não se pode ensinar uma criança de um ano a ler. Não se pode começar a ensinar uma criança de três anos a escrever. Assim, a análise do processo psicológico de ensino consiste em elucidar o tipo de função e o grau de sua maturação necessários para viabilizar o ensino. Se essas funções se desenvolveram na criança no devido grau, se a sua memória atingiu um nível que lhe permite memorizar os nomes das letras do alfabeto, se a atenção se desenvolveu a tal ponto que ela pode concentrá-la durante certo período em um assunto desinteressante para ela, isto significa que o pensamento amadureceu para que ela entenda a relação entre os sinais escritos e os sons que eles simbolizam, que se tudo isso se desenvolveu na devida proporção o ensino da escrita pode começar.

Embora sobre essa concepção se reconheça a dependência unilateral da aprendizagem em relação ao desenvolvimento, ainda assim essa dependência é concebida como puramente externa, excluindo qualquer interpenetração interna e entrelaçamento de ambos os processos, razão pela qual podemos considerar essa teoria como uma variante particular – mais tardia e mais próxima da realidade – das teorias que se fundam no postulado da independência entre ambos os processos. Isto acontece na medida em que o embrião de verdade contido nessa variante submerge entre os fundamentos dessa teoria, que são falsos em sua própria raiz.

O essencial para essa concepção da independência entre o processo de desenvolvimento e o processo de aprendizagem é o momento que, a nosso ver, mereceu pouca atenção até agora e é central: trata-se da freqüência que existe entre o desenvolvimento e a aprendizagem. Imaginamos dizer efetivamente tudo o que essas teorias contêm se afirmarmos que elas resolvem a questão da seqüência que vincula ambos os processos no sentido de que a aprendizagem é caudatária do desenvolvimento.

O desenvolvimento deve completar determinados ciclos, deve concluir determinados estágios para que a aprendizagem se torne viável.

Nessa teoria existe uma certa dose de verdade, que consiste no seguinte: certas premissas são efetivamente necessárias no desenvolvimento da criança para que a aprendizagem se torne possível. Por isso, a aprendizagem se encontra indiscutivelmente na dependência de certos ciclos do desenvolvimento infantil já percorridos. Isto é verdade, pois realmente existe um baixo limiar de aprendizagem além do qual ela se torna impossível. Mas, como veremos oportunamente, essa dependência não é principal mas subordinada, e a tentativa de apresentá-la como principal e mais ainda como integral leva a vários mal-entendidos e equívocos. É como se a aprendizagem colhesse os frutos do amadurecimento da criança, mas em si mesma a aprendizagem continua indiferente ao desenvolvimento. A memória, a atenção e o pensamento da criança já se desenvolveram a um nível que lhe permite aprender linguagem escrita e aritmética; mas tendo ela aprendido essas duas disciplinas, será que sua memória, sua atenção e seu pensamento mudam? A velha psicologia responde assim: mudam na medida em que nós os exercitemos, ou seja, mudam como resultado do exercício, mas nada irá mudar no curso do seu desenvolvimento. Nada de novo surgiu no desenvolvimento intelectual da criança pelo fato de ter ela aprendido a ler e escrever. Ela será a mesma criança, só que alfabetizada. Essa concepção, que determinava inteiramente toda a velha psicologia pedagógica, inclusive o famoso trabalho de Meumann, foi levada ao extremo lógico na teoria de Piaget. Para este, o pensamento da criança passa necessariamente por determinadas fases e estágios independentemente de estar essa criança em processo de aprendizagem ou não. Se ela está aprendendo, isto é um fato puramente externo e ainda não está em unidade com os próprios processos de pensamento da criança. Por isso, a pedagogia deve levar em conta essas peculiaridades autônomas do pensamento infantil como o limiar inferior que determina a viabilidade da aprendizagem. Quando na criança desabrocharem outras potencialidades do pensamento, será possível também outra aprendizagem. Para Piaget, o indicador do nível do pensamento infantil não é o que a criança sabe, não é o que ela é capaz de apreender, mas a maneira como essa criança pensa em um campo onde ela não tem nenhum conhecimento. Aqui se contrapõem da forma mais acentuada a aprendizagem e o desenvolvimento, o conhecimento e o pensamento. Partindo daí, Piaget faz perguntas à criança já precavido de que a criança pode ter algum conhecimento do que lhe estão perguntando. E se fizermos esse tipo de pergunta à criança, não obtemos resultados do pensamento mas resultados do conhecimento. Por isso os conceitos espontâneos, que surgem no processo de desenvolvimento da criança, são vistos como indicadores para seu pensamento, ao passo que os conceitos científicos, que surgem como produto da aprendizagem, não possuem esse indicador. Por isso mesmo, uma vez que a aprendizagem e o desenvolvimento se contrapõem acentuadamente, chegamos necessariamente à tese básica de Piaget segundo a qual os conceitos científicos antes deslocam os espontâneos e ocupam seu lugar do que são gerados por eles, transformando-os.

A segunda concepção sobre o problema de nosso interesse é diametralmente oposta à que acabamos de expor. Essas teorias fundem aprendizagem e desenvolvimento, tornando idênticos os dois processos. A concepção foi inicialmente exposta por William James, que procurou mostrar que o processo de formação de associações e habilidades serve igualmente de base tanto à aprendizagem quanto ao desenvolvimento mental. Mas se a essência de ambos os processos é absolutamente idêntica, não há nenhum fundamento para que se continue distinguindo um do outro. Assim, estamos a apenas um passo de proclamar a famosa fórmula: aprendizagem é desenvolvimento. Aprendizagem é sinônimo de desenvolvimento.

Essa teoria se funda na concepção básica de toda uma psicologia velha e moribunda: o associacionismo. Seu renascimento na psicologia pedagógica é hoje representado pelo último dos moicanos – Thorndike e a reflexologia –, corrente que traduziu a doutrina do associacionismo para a linguagem da fisiologia. Quando se pergunta o que representa o processo de desenvolvimento do intelecto da criança, a reflexologia responde que este não passa de acumulação gradual de reflexos condicionados. Mas a reflexologia dá a mesma resposta quando se pergunta em que consiste a aprendizagem. Assim, ela chega às mesmas conclusões a que chegou Thorndike. Aprendizagem e desenvolvimento são sinônimos. A criança se desenvolve na medida em que aprende. Uma criança é desenvolvida nas mesmas proporções em que é ilustrada. Desenvolvimento é aprendizagem, aprendizagem é desenvolvimento.

Se na primeira teoria o nó da questão sobre a relação entre aprendizagem e desenvolvimento não é desatado mas cortado, uma vez que entre ambos os processos não se reconhece nenhuma relação, na segunda teoria esse nó é inteiramente eliminado ou omitido, de sorte que, em linhas gerais, não há como perguntar que relações existem entre aprendizagem e desenvolvimento se um e outro são a mesma coisa.

Existe um terceiro grupo de teorias, que exerce especial influência na psicologia infantil européia. Essas teorias tentam colocar-se acima dos extremos de ambos os pontos de vista acima expostos. Tentam passar entre Cila e Caribde. Aí acontece o que costuma acontecer com as teorias que ocupam posição intermediária entre dois pontos de vista extremos. Não se colocam acima das duas teorias mas entre elas, superando um extremo exatamente na mesma proporção em que caem em outro. Superam uma teoria incorreta cedendo parcialmente à outra, superam a outra fazendo concessões à primeira. Em suma, estamos diante de teorias duais: ocupando uma posição entre dois pontos de vista opostos, em realidade levam a uma certa unificação desses pontos de vista.

É essa a concepção de Koffka, segundo quem desde o início o desenvolvimento sempre apresenta um duplo caráter; em primeiro lugar, é necessário distinguir o desenvolvimento enquanto maturação e, em segundo, distingui-lo como aprendizagem. Mas é isto que significa reconhecer essencialmente as duas concepções extremadas anteriores, uma após a outra, ou fundi-las. A primeira concepção estabelece que os processos de desenvolvimento e aprendizagem são independentes entre si. É ela que Koffka repete ao afirmar que o desenvolvimento é maturação, independente da aprendizagem em suas leis internas. A segunda concepção estabelece que a aprendizagem é desenvolvimento, e é essa concepção que Koffka repete literalmente.

Dando continuidade à nossa comparação figurada, podemos dizer que a primeira teoria corta e não desata o nó, a segunda elimina ou contorna esse nó, a teoria de Koffka aperta ainda mais esse nó, de sorte que, em realidade, a posição de Koffka diante de ambos os pontos de vista não só não resolve como ainda confunde mais a questão, porque promove a princípio aquilo que é o erro básico na própria colocação do problema que gerou os dois primeiros grupos de teorias. Ela parte de uma concepção radicalmente dualista do próprio desenvolvimento. Este não é um processo indiviso: desenvolvimento como maturação é que é desenvolvimento como aprendizagem. Apesar de tudo, comparada às duas anteriores, essa teoria nos faz avançar em três sentidos.

1. Para que a fusão dos dois pontos de vista opostos seja possível, devemos recorrer à hipótese segundo a qual entre ambas as modalidades de desenvolvimentos – a maturação e a aprendizagem – deve existir uma interdependência. É essa a dimensão que Koffka introduz em sua teoria. Baseado em vários fatos, ele estabelece que a maturação depende do funcionamento do órgão e, conseqüentemente, do aperfeiçoamento das suas funções no processo de aprendizagem. Em sentido inverso, o próprio processo de maturação faz avançar a aprendizagem, abrindo diante dela novas possibilidades. A aprendizagem influencia de certo modo a maturação, e esta também influencia de certo modo a aprendizagem. Mas esse "de certo modo" não é deco-

dificado de maneira nenhuma nessa teoria, que vai além desse reconhecimento geral. Em vez de fazer desse "de certo modo" um objeto de investigação, ela se contenta com o postulado da existência da interdependência entre ambos os processos.

2. A terceira teoria introduz uma nova concepção do processo de aprendizagem. Enquanto Thorndike vê a aprendizagem como um processo mecânico não conscientizado, que através de provas e erros dá resultados positivos, a psicologia estrutural vê o processo de aprendizagem como o surgimento de novas estruturas e o aperfeiçoamento das antigas. Uma vez que o processo de formação de estruturas é reconhecido como processo primário que não surge como decorrência mas é premissa de qualquer aprendizagem, esta adquire desde o início um caráter estrutural consciente nessa nova teoria. A característica principal de toda estrutura é a sua independência em relação aos seus elementos constituintes, ao material concreto de que se forma, bem como a possibilidade de ser estendida a qualquer outro material. Se a criança forma alguma estrutura no processo de educação, assimila alguma operação, nós descobrimos em seu desenvolvimento não só a possibilidade de reproduzir a referida estrutura como ainda lhe damos possibilidades bem maiores, inclusive no campo de outras estruturas. Nós lhe demos um fênigue de educação e ela ganhou um marco de desenvolvimento. Um passo de aprendizagem pode significar cem passos de desenvolvimento. É nisto que consiste o momento mais positivo da nova teoria, que nos ensina a ver a diferença entre uma educação que só dá o que dá e outra que dá mais do que dá imediatamente. Se aprendemos datilografia, na estrutura da nossa consciência pode não haver nenhuma mudança. Mas se aprendemos, digamos, um novo método de pensamento, um novo tipo de estruturas, isto nos dá a possibilidade não só de desenvolver a mesma atividade que fora objeto de aprendizagem imediata mas nos dá muito mais: dá a possibilidade de ir além dos limites daqueles resultados imediatos a que a aprendizagem conduziu.

3. O terceiro momento está imediatamente vinculado ao que acabamos de apontar e deriva diretamente dele. Trata da seqüência que vincula aprendizagem e desenvolvimento. O problema das relações temporais entre aprendizagem e desenvolvimento já distingue substancialmente as duas primeiras teorias da terceira.

Como vimos, a primeira teoria ocupa posição bem definida na questão das relações temporais entre aprendizagem e desenvolvimento: a aprendizagem é caudatária do desenvolvimento – primeiro desenvolvimento, depois aprendizagem. Do ponto de vista da segunda teoria, nem se poderia colocar o problema da seqüência de ambos os processos, uma vez que estes se identificam e se fundem. Em termos práticos, porém, essa teoria sempre parte da hipótese segundo a qual a aprendizagem e o desenvolvimento transcorrem como dois processos paralelos em sincronia ou sincronizados, coincidindo no tempo; o desenvolvimento segue passo a passo atrás da aprendizagem, como a sombra atrás do objeto que a projeta. A terceira teoria evidentemente mantém estas duas concepções sobre a relação temporal entre aprendizagem e desenvolvimento, uma vez que combina os dois pontos de vista e distingue maturação e aprendizagem. Mas ela as completa com algo essencialmente novo, decorrente daquilo de que falamos anteriormente: da concepção da aprendizagem como processo estrutural e conscientizado. A aprendizagem pode produzir mais no desenvolvimento que aquilo que contém em seus resultados imediatos. Aplicada a um ponto no campo do pensamento infantil, ela se modifica e refaz muitos outros pontos. No desenvolvimento ela pode surtir efeitos de longo alcance e não só aqueles de alcance imediato. Conseqüentemente, a aprendizagem pode ir não só atrás do desenvolvimento, não só passo a passo com ele, mas pode superá-lo, projetando-o para a frente e suscitando nele novas formações. Isto tem uma importância e um valor infinitos. Redime muitos defeitos desta teoria eclética, e reconhece como igualmente possíveis e importantes todas as três modalidades logicamente concebíveis de seqüência que vinculam ambos os processos.

A primeira teoria, que desvincula aprendizagem e desenvolvimento, e a segunda, que os identifica, a despeito de tudo o que as opõe chegam à mesma conclusão: a aprendizagem não muda nada no desenvolvimento. A terceira teoria nos coloca diante de um problema absolutamente novo e especialmente importante do ponto de vista da hipótese que estamos desenvolvendo. Mesmo sendo novo, esse problema representa essencialmente, em nova fase histórica de desenvolvimento da ciência, a retomada de uma questão muito antiga e hoje quase esquecida. Evidentemente, essa retomada não significa a ressurreição de velhas teorias que há muito se revelaram inconsistentes. Mas, como é freqüente na história do pensamento científico que se desenvolve dialeticamente, do ponto de vista do apogeu atingido pela ciência em dado momento, a revisão de alguma teoria acarreta o restabelecimento de algumas teses corretas de teorias bem mais antigas do que aquela que está sendo objeto de revisão.

Temos em vista a velha teoria da disciplina formal, que costuma ser vinculada ao nome de Herbart. O conceito de disciplina formal compreende a concepção de que existem matérias de ensino que não só fornecem os conhecimentos e habilidades contidos no próprio objeto como ainda desenvolvem as faculdades mentais gerais da criança. Nessa ótica desenvolveram-se as matérias mais e menos importantes. Essa idéia, em si mesma progressista, levou na prática pedagógica às mais reacionárias formas de educação, como os liceus clássicos russos e alemães. Se nesses estabelecimentos de ensino atribuía-se imensa importância ao estudo do latim e do grego, isto não se fazia porque se consideravam essas disciplinas vitalmente importantes mas porque se achava que o seu estudo, em função da sua importância enquanto disciplinas formais, contribuía para o desenvolvimento intelectual geral da criança. A mesma importância se dava à matemática nos estabelecimentos reais de ensino. Considerava-se que a matemática propiciava o mesmo desenvolvimento das faculdades intelectuais, necessárias no campo das disciplinas reais, como o grego antigo no campo das ciências humanas.

A falta de elaboração da própria teoria das disciplinas formais, principalmente pelo fato de sua concretização prática não satisfazer às tarefas da moderna pedagogia burguesa, levaram ao seu fracasso total na teoria e na prática. Aqui o ideólogo foi Thorndike, que numa série de pesquisas procurou mostrar que a disciplina formal era um mito, uma lenda, que a aprendizagem não sofria nenhuma influência distante do desenvolvimento nem surtia nenhum efeito distante sobre ele. Como resultado da sua investigação, Thorndike chega a negar totalmente a própria existência daquelas dependências entre aprendizagem e desenvolvimento que a teoria da disciplina formal pressentira corretamente mas caricaturara extremamente. Entretanto, as teses de Thorndike convencem apenas na medida em que se referem aos exageros caricaturais e às deformações produzidas por essa teoria. Mas não tocam e menos ainda destroem o núcleo dessa teoria. Os argumentos de Thorndike não convencem porque ele não soube colocar-se acima da falsa abordagem do problema contida na teoria de Herbart e seus seguidores. Ele procurou vencê-los assumindo a mesma posição e usando as mesmas armas, e por isso não refutou a própria idéia que alimentava o núcleo dessa velha teoria mas se limitou à sua casca.

De fato, Thorndike levanta o problema da disciplina formal do ponto de vista da influência que tudo exerce sobre tudo na educação. Ele quer saber se o estudo da tabuada pode influenciar a escolha correta de um casamento ou o desenvolvimento da capacidade de compreender melhor uma piada. Respondendo negativamente a esse questionamento, Thorndike não demonstra nada senão o que já se conhecia de antemão, ou seja, que na aprendizagem e no desenvolvimento tudo não pode influenciar tudo, as influências não podem ser universais nem vincular pontos absurdamente combinados do desenvolvimento e da aprendizagem, que não tenham entre si nada em comum por sua natureza psicológica. Por isso ele não tem nenhuma razão quando, a partir dessa tese correta de que nem tudo pode influenciar tudo, conclui que nada pode influenciar nada. Ele demonstrou apenas que a aprendizagem, que envolve funções que não têm nada em comum com as funções interessadas inteiramente em outros tipos de atividade e pensamento e sem nenhuma relação consciente com estes, não pode exercer a mínima influência sobre esses outros tipos de atividade vinculados a funções absolutamente heterogêneas. Isto é imutável. Mas fica em aberto a seguinte questão: será que as diferentes matérias de ensino não tocam, ao menos em alguma parte, as funções idênticas, cognatas ou ao menos próximas por sua natureza psicológica, e será que o aprendizado de alguma matéria não pode exercer uma influência que facilite ou propicie o desenvolvimento de um determinado sistema de funções e o ensino de outra matéria fundada em processos psicológicos semelhantes ou próximos dos primeiros? Assim a tese de Thorndike, que nega a própria idéia da disciplina formal, mantém sua força exclusivamente nos limites da combinação absurda de quaisquer funções entre si – das funções que participam do estudo da tabuada, da escolha do casamento e da compreensão de uma piada.

Impõe-se perguntar o que dá a Thorndike o direito de estender as suas conclusões, efetivas apenas para as combinações absurdas, a todo o campo da aprendizagem e do desenvolvimento da criança. Por que do fato de que nem tudo pode influenciar tudo ele conclui que nada influencia nada? Isto se deve à concepção teórica geral de Thorndike, segundo a qual não existem outras combinações da atividade da consciência além das combinações absurdas. Thorndike reduz toda a aprendizagem e o desenvolvimento a uma formação mecânica de vínculos associativos. Logo, todas as atividades da consciência estão interligadas de modo uniforme, de uma única maneira: a assimilação da tabuada está ligada à compreensão da piada assim como a formação de conceitos algébricos está ligada à compreensão das leis da física. Mas nós sabemos que não é assim, que na atividade da consciência dominam vínculos e relações estruturais conscientes e que a existência de vínculos absurdos é antes uma exceção que uma regra. Basta que adotemos essa concepção, indiscutível para a psicologia moderna, para que todos os raios e trovões, que em sua crítica Thorndike tenta descarregar sobre a teoria da disciplina formal, desabem sobre sua própria teoria. Em certo sentido, Koffka teve de retomar – sem que o percebesse – o reconhecimento das idéias da disciplina formal justamente por ser o representante da psicologia estrutural, que negava radicalmente a concepção associacionista da aprendizagem e do desenvolvimento intelectual da criança.

Entretanto, o segundo momento equivocado da crítica da teoria da disciplina formal passou à margem também de Koffka. Esse equívoco consiste em que, no esforço para refutar a concepção de Herbart, Thorndike pesquisou experimentalmente as funções mais restritas, as mais especializadas e as mais rudimentares. Em seus experimentos, ele ensinou os sujeitos a distinguir os comprimentos relativos das linhas, e depois tentou verificar se essa prática aumentava ou não a sua habilidade para distinguir as dimensões dos ângulos. Naturalmente, nenhuma influência poderia ser aí descoberta. Isto se deve a duas causas. Primeira: Thorndike não ensinou a seus sujeitos experimentais o que é típico do ensino escolar; porque ninguém jamais afirmou que aprender a andar de bicicleta, a nadar ou a jogar golfe – modalidades sumamente complexas de atividade se comparadas à distinção da magnitude dos ângulos – pode exercer a mínima influência sobre o desenvolvimento geral da mente infantil; isto se afirmara apenas em relação ao estudo de disciplinas como aritmética, a língua materna, etc., isto é, matérias complexas que abrangem conjuntos imensos e integrais de funções psíquicas. É fácil admitir que, se a distinção do comprimento das linhas de modo algum influencia diretamente a distinção dos ângulos, já o estudo da língua materna e o desenvolvimento geral do aspecto consciente da linguagem e dos conceitos a ela vinculados pode ter certa ligação com o estudo da aritmética. Thorndike demonstrou apenas que existem dois tipos de aprendizagem: o treinamento estritamente especializado em alguma habilidade, como, por exemplo, a datilografia, que envolve a formação de hábitos e exercícios e é encontrado mais freqüentemente em escolas profissionalizantes para adultos; e a outra aprendizagem, típica da idade infantil, que abrange complexos conjuntos de funções psíquicas, que mobilizam grandes áreas do pensamento infantil e envolvem necessariamente, nos diferentes aspectos e matérias em que se divide, processos psíquicos próximos, familiares ou até idênticos. Para o primeiro tipo de aprendizagem, a disciplina formal deve ser antes uma exceção que uma regra; para o segundo, parece ser uma das suas leis básicas.

Em segundo lugar, como já mostramos, Thorndike toma como objeto do ensino atividades vinculadas a funções mais baixas, mais elementares e mais simples pela estrutura, ao mesmo tempo em que o ensino escolar opera com funções psíquicas superiores que não só se distinguem por uma estrutura mais complexa como ainda constituem formações absolutamente novas, sistemas funcionais complexos. À luz do que sabemos sobre a natureza das funções psíquicas superiores, podemos vaticinar antecipadamente que a possibilidade da disciplina formal no campo dos processos superiores, que surgem no curso do desenvolvimento cultural da criança, deve ser, em princípio, diferente daquela observada no campo dos processos elementares. Disto nos convencem a unilateralidade da estrutura e a unidade da origem de todas as funções psíquicas superiores, que foram reveladas reiteradas vezes em investigações experimentais. Já tivemos a oportunidade de afirmar que todas as funções superiores têm uma base similar e se tornam superiores em função da sua tomada de consciência e da sua apreensão. Reiterando o que já dissemos, é igualmente legítimo afirmar que a memória lógica é arbitrária tanto quanto é arbitrária a atenção lógica. Acrescentemos que, diferentemente das formas concretas de memória e atenção, ambas as funções podem ser denominadas abstratas exatamente nas mesmas proporções com que distinguimos o pensamento abstrato e o concreto. Mas a idéia da distinção qualitativa entre os processos superiores e inferiores é ainda mais estranha à concepção de Thorndike que a idéia de estruturalidade. Ele confunde as duas como sendo idênticas pela natureza e por isso se considera autorizado a tomar os exemplos de um ensino inteiramente assentado em processos elementares para resolver o problema da disciplina formal no campo de uma aprendizagem escolar intimamente vinculada à atividade das funções superiores.

Preparamos todo o material teórico de que necessitamos e agora podemos tentar formular esquematicamente a solução do problema que até agora examinamos predominantemente no aspecto crítico. Para desenvolver esta parte da nossa hipótese de trabalho, partimos de quatro séries de investigações que nos levam a uma concepção única do problema da aprendizagem e do desenvolvimento. Para começar, indiquemos que partimos da tese segundo a qual os processos de aprendizagem e desenvolvimento não são dois processos independentes ou o mesmo processo, e existem entre eles relações complexas. Tentamos tornar tais relações objeto de uma série de investigações específicas, cujo resultado nos cabe expor com o intuito de fundamentarmos concretamente a nossa hipótese.

Todas as investigações foram unificadas em torno da questão central da aprendizagem e do desenvolvimento e tiveram como objetivo descobrir as complexas relações de reciprocidade entre aprendizagem e desenvolvimento em áreas concretas do trabalho escolar como ensinar às crianças ler e escrever, gramática, aritmética, ciências naturais, ciências sociais. Elas abrangeram várias questões: as peculiaridades da apreensão do sistema decimal em relação com o desenvolvimento do conceito de número; a consciência que a criança tem das suas operações ao resolver problemas matemáticos; a elaboração e solução de problemas por parte dos alunos de primeira série. Elas revelaram várias peculiaridades no desenvolvimento das linguagens falada e escrita na primeira idade escolar, mostraram os graus de desenvolvimento da compreensão dos sentidos figurados, forneceram material para estudar a influência exercida pela assimilação das estruturas gramaticais sobre o curso do desenvolvimento psíquico, iluminaram a compreensão das relações no estudo das ciências naturais e sociais na escola. Essas investigações visaram a descobrir e elucidar os diferentes aspectos do problema da aprendizagem e do desenvolvimento, e cada investigação resolveu esse ou aquele aspecto dessa questão única.

Foram centrais os problemas do nível de maturidade das funções psíquicas no início da aprendizagem escolar, da influência da aprendizagem sobre o desenvolvimento, da correlação temporal entre aprendizagem e desenvolvimento, da essência e da importância da zona de desenvolvimento imediato e, por último, da importância da aprendizagem dessas ou daquelas matérias do ponto de vista da análise da teoria da disciplina formal (38).

1. A primeira série dos nossos estudos examinou o nível de maturidade das funções psíquicas em que se baseia o ensino de matérias escolares básicas como leitura, escrita, aritmética e ciências naturais. Todas essas investigações mostraram uniformemente que, até o momento de início da aprendizagem, as crianças que as haviam estudado com muito sucesso não demonstraram o menor indício de maturidade naquelas premissas psicológicas que, segundo a primeira teoria, deveriam anteceder o próprio início da aprendizagem. Vamos esclarecer isto com o exemplo da escrita.

Por que a escrita é difícil para o escolar e tão menos desenvolvida que a fala, a ponto de haver uma diferença de seis a oito anos na idade verbal entre as duas modalidades de linguagem em alguns estágios da aprendizagem? Isto costuma ser atribuído ao fato de que a escrita, enquanto função nova, repete em sua evolução as etapas básicas outrora desenvolvidas pela fala e que, conseqüentemente, a escrita de uma criança de oito anos deve necessariamente lembrar a fala de uma criança de dois. Chegou-se até a propor que se medisse a idade da escrita a partir do início da aprendizagem e se estabelecesse uma correspondência paralela da escrita às respectivas idades da fala.

Mas essa explicação é claramente insatisfatória. Entendemos por que uma criança de dois anos usa um pequeno acervo de palavras e estruturas sintáticas primitivas: ela ainda possui um vocabulário extremamente pobre e ainda não domina estruturas sintáticas complexas. Mas o vocabulário da escrita do aluno escolar não é mais pobre que o vocabulário da fala, uma vez que se trata do mesmo vocabulário. A sintaxe e as formas gramaticais da escrita e da fala são as mesmas. A criança já as domina. Logo, a causa que nos sugere o primitivismo da linguagem escrita na idade de dois anos (pobreza de vocabulário e sintaxe não desenvolvida) deixa de agir em relação à escrita do aluno escolar, e já por isso a analogia com a fala é inconsistente enquanto princípio explicativo da nossa questão, da imensa defasagem entre a escrita do aluno e a sua fala.

Nossa investigação mostra que a escrita, nos traços essenciais do seu desenvolvimento, não repete minimamente a história da fala, que a semelhança entre ambos os processos é mais de aparência que de essência. A escrita tampouco é uma simples tradução da linguagem falada para signos escritos, e a apreensão da linguagem escrita não é uma simples apreensão da técnica da escrita. Neste sentido, deveríamos esperar que, com o domínio do mecanismo da escrita, a linguagem escrita viesse a ser tão rica e desenvolvida quanto a linguagem falada e que se assemelhasse a ela como uma tradução ao original. Mas nem isso se verifica na evolução da escrita.

A escrita é uma função específica de linguagem, que difere da fala não menos como a linguagem interior difere da linguagem exterior pela estrutura e pelo modo de funcionamento. Como mostra a nossa investigação, a linguagem escrita requer para o seu transcurso pelo menos um desenvolvimento mínimo de um alto grau de abstração. Trata-se de uma linguagem sem o seu aspecto musical, entonacional, expressivo, em suma, sonoro. É uma linguagem de pensamento, de representação, mas uma linguagem desprovida do traço mais substancial da fala – o som material.

Esse momento, sozinho, já modifica inteiramente todo o conjunto de condições psicológicas observado na linguagem falada. Até essa idade, através de uma linguagem de sons, a criança já atingiu um estágio bastante elevado de abstração em relação ao mundo material. Agora ela tem pela frente uma nova tarefa: deve abstrair o aspecto sensorial da sua própria fala, passar a uma linguagem abstrata, que não usa palavras mas representações de palavras. Neste sentido, a linguagem escrita difere da falada da mesma forma que o pensamento abstrato difere do pensamento concreto. É natural que, em decorrência disto, a linguagem escrita não possa repetir as etapas da evolução da linguagem falada, não possa corresponder ao nível de desenvolvimento da linguagem falada. Como mostram as investigações, é exatamente este lado abstrato da escrita, o fato de que esta linguagem é apenas pensada e não pronunciada que constitui uma das maiores dificuldades com que se defronta a criança no processo de apreensão da escrita. Quem continua a achar que a maior dificuldade são o atraso dos pequenos músculos e outros momentos relacionados com a técnica da escrita enxerga as raízes da dificuldade não lá onde elas efetivamente existem, e admitem como central e fundamental o que de fato tem um significado de terceira ordem.

Como mostra a nossa investigação, a linguagem escrita é ainda mais abstrata que a falada em mais um sentido. É uma linguagem sem interlocutor, produzida em uma situação totalmente inusual para a conversa infantil. A situação da escrita é uma situação em que o destinatário da linguagem ou está totalmente ausente ou não está em contato com aquele que escreve. É uma linguagem-monólogo, uma conversa com a folha de papel em branco, com um interlocutor imaginário ou apenas representado, ao passo que qualquer situação de linguagem falada é, por si mesma e sem nenhum esforço por parte da criança, uma situação de conversação. A situação da escrita é uma situação que requer da criança uma dupla abstração: do aspecto sonoro da linguagem e do interlocutor. Nossa investigação mostra que aí reside a segunda daquelas dificuldades basilares com que defronta o aluno escolar no processo de apreensão da escrita. É natural que a linguagem sem um som real, que é apenas concebível, que requer uma simbolização dos símbolos sonoros, ou melhor, uma simbolização de segunda ordem, deve ser igualmente mais difícil que a linguagem falada; a álgebra é mais difícil do que a aritmética para a criança. A linguagem escrita é a álgebra da escrita. Entretanto, da mesma forma que a apreensão da álgebra não repete o estudo da aritmética mas representa um plano novo e superior de desenvolvimento do pensamento matemático abstrato, que reconstrói e projeta para o nível superior o pensamento aritmético anteriormente constituído, de igual maneira a álgebra da escrita ou linguagem escrita introduz a criança no plano abstrato mais elevado da linguagem, reconstruindo, assim, o sistema psicológico da linguagem falada anteriormente constituído.

A nossa investigação nos levou ainda a concluir que os motivos que mobilizam a criança para a linguagem escrita ainda lhe são pouco acessíveis no momento em que ela apenas começa a estudar a escrita. Por outro lado, a motivação para a fala e a necessidade de falar, como em qualquer nova espécie de atividade, estão sempre no início do desenvolvimento dessa atividade. A história da evolução da linguagem escrita mostra muito bem que a necessidade de comunicação verbal se desenvolve ao longo de toda a infância e é uma das premissas mais importantes para o surgimento da primeira palavra assimilada.

Se essa necessidade não está madura, observa-se um retardamento no desenvolvimento da linguagem. Mas até o início da aprendizagem escolar a necessidade de escrita é totalmente imatura no aluno escolar. Pode-se até afirmar com base em dados da investigação que esse aluno, ao se iniciar na escrita, além de não sentir necessidade dessa nova função de linguagem, ainda tem uma noção extremamente vaga da utilidade que essa função pode ter para ele.

A afirmação segundo a qual a motivação antecede a atividade é correta não só em relação ao plano ontogenético mas também a cada conversação, a cada frase. Cada frase, cada conversa é antecedida do surgimento do motivo da fala: por que eu falo, de que fonte de motivações e necessidades afetivas alimenta-se essa atividade. A situação de linguagem falada cria a cada minuto a motivação de cada nova flexão da fala, da conversa, do diálogo. A necessidade de alguma coisa e o pedido, a pergunta e a resposta, a enunciação e a objeção, a incompreensão e a explicação e uma infinidade de outras relações semelhantes entre o motivo e a fala determinam inteiramente a situação da fala efetivamente sonora. Na linguagem falada não há necessidade de criar motivação para a fala. Neste sentido, a linguagem falada é regulada em seu fluxo por uma situação dinâmica, que decorre inteiramente dela e transcorre segundo o tipo de processos motivados pela situação e condicionados pela situação. Na linguagem escrita nós mesmos somos forçados a criar a situação, ou melhor, a representá-la no pensamento. Em certo sentido, o emprego da linguagem escrita pressupõe uma relação com a situação basicamente diversa daquela observada na linguagem falada, requer um tratamento mais independente, mais arbitrário e mais livre dessa situação.

A investigação revela ainda em que consiste a outra relação com a situação exigida da criança na escrita. A primeira peculiaridade dessa relação consiste em que, na escrita, a criança deve agir voluntariamente, em que a linguagem escrita é mais arbitrária que a falada. Este é o motivo central de toda a escrita. A forma sonora da palavra, que na fala é pronunciada automaticamente, sem decomposição em sons particulares, tem de ser decomposta na escrita. Ao pronunciar qualquer palavra, a criança não se dá conta dos sons que emite nem realiza nenhuma operação ao pronunciar cada som separadamente. Na escrita, ao contrário, ela deve ter consciência da estrutura sonora da palavra, desmembrá-la e restaurá-la voluntariamente nos sinais escritos. É absolutamente idêntica a atividade que a criança desenvolve ao formar frases na escrita. Ela também forma voluntariamente as frases como arbitrária e intencionalmente recria com letras isoladas uma palavra sonora. Sua sintaxe é tão arbitrária na linguagem escrita quanto em sua fonética. Por último, a estrutura semântica da linguagem escrita também exige trabalho arbitrário com os significados das palavras e o seu desdobramento em uma determinada seqüência, como a sintaxe e a fonética. Isto se deve ao fato de que a linguagem escrita tem com a linguagem interior uma relação diferente da linguagem falada. Se a linguagem externa aparece na evolução antes da interna, a escrita, por sua vez, aparece depois da linguagem interior, já pressupondo a sua existência. Segundo James e Head, a escrita é a chave para a linguagem interior. Entretanto, a passagem da linguagem interior para a escrita exige aquilo que durante a nossa investigação denominamos de semântica arbitrária e que pode ser vinculado à fonética arbitrária da escrita. A gramática do pensamento não coincide na linguagem interior e na escrita, a sintaxe do significado da linguagem escrita é bem diferente da sintaxe da linguagem escrita e da falada. Nesta sintaxe dominam absolutamente as leis da construção do todo e das unidades de significação. Em certo sentido, pode-se dizer que a sintaxe da linguagem interior é diametralmente oposta à sintaxe da escrita. Entre esses dois pólos situa-se a sintaxe da fala.

A linguagem interior é uma linguagem estenográfica reduzida e abreviada no máximo grau. A escrita é desenvolvida no grau máximo, formalmente mais acabada até mesmo que a fala. Nela não há elipses, ao passo que a linguagem interior é cheia delas. Por sua estrutura sintática, a linguagem interior é quase exclusivamente predicativa. Como na linguagem falada, em que a nossa sintaxe se torna predicativa naqueles casos em que o sujeito e os termos integrantes da oração a ele relacionados são conhecidos dos interlocutores, a linguagem interior, na qual o sujeito e a situação de conversação são sempre conhecidos do próprio ser pensante, é constituída quase exclusivamente de predicados. Nunca nos cabe comunicar a nós mesmos de que se trata. Isto está sempre subentendido e forma o campo da consciência. Resta-nos apenas dizer que é daí que decorre a predicação da linguagem interior. Esta, mesmo se ouvida por um estranho, continuaria incompreensível exceto para o próprio falante, uma vez que ninguém conhece o campo psíquico em que ela transcorre. Por isso a linguagem interior é cheia de idiotismos. O contrário que acontece com a linguagem escrita: aqui a situação deve ser restaurada em todos os detalhes para que se torne inteligível ao interlocutor, mas desenvolvida, e, por isso, o que se omite na linguagem falada deve necessariamente ser lembrado na escrita. Trata-se de uma linguagem orientada no sentido de propiciar o máximo de inteligibilidade ao outro. Nela tudo deve ser dito até o fim. A passagem da linguagem interior abreviada no máximo grau, da linguagem para si, para a linguagem escrita desenvolvida no grau máximo, linguagem para o outro, requer da criança operações sumamente complexas de construção arbitrária do tecido semântico.

A segunda peculiaridade da linguagem escrita está relacionada à sua arbitrariedade; é o mais alto grau de consciência da linguagem escrita em comparação com o falada. Wundt já mostrou que a linguagem escrita é muito intencional e consciente, e isto são traços de importância capital que a distinguem da linguagem falada. Diz Wundt:

> A diferença essencial entre o desenvolvimento da linguagem e o desenvolvimento da escrita consiste apenas em que, desde o início, a escrita orienta a consciência e a intenção, razão pela qual pode surgir facilmente aqui o sistema absolutamente arbitrário de signos como, por exemplo, na escrita cuneiforme, ao passo que o processo que modifica a linguagem e seus elementos permanece sempre inconsciente.

Na nossa investigação, conseguimos estabelecer em relação à ontogênese da escrita aquilo em que Wundt via a peculiaridade essencial do desenvolvimento filogenético da escrita. A consciência e a intenção também orientam desde o início a linguagem escrita da criança. Os signos da linguagem escrita e o seu emprego são assimilados pela criança de modo consciente e arbitrário, ao contrário do emprego e da assimilação inconscientes de todo o aspecto sonoro da fala. A escrita leva a criança a agir de modo mais intelectual. Leva-a a ter mais consciência do próprio processo da fala. Os motivos da escrita são mais abstratos, mais intelectualísticos e mais distantes do emprego.

Resumindo a nossa breve exposição dos resultados das nossas investigações no campo da psicologia da escrita, podemos dizer que, do ponto de vista da natureza psicológica das funções que a constituem, ela é um processo inteiramente diverso da fala. Ela é uma álgebra da fala, uma forma mais difícil e complexa de linguagem intencional e consciente. Esta conclusão nos permite formular duas outras de nosso interesse: 1) ela nos explica por que o aluno escolar apresenta tamanha divergência entre a sua linguagem falada e a linguagem escrita; essa divergência é determinada e medida pela divergência de níveis de desenvolvimento da atividade espontânea, não arbitrária e inconsciente, por um lado, e da atividade abstrata, arbitrária e consciente, por outro; 2) quanto ao problema da relativa maturidade das funções vinculadas à escrita até o momento em que ela começa a ser estudada, vemos no primeiro ponto de vista uma coisa impressionante: até o momento de iniciar-se o estudo da escrita, todas as funções psíquicas básicas em que ela se assenta ainda não concluíram ou sequer iniciaram o verdadeiro processo de seu desenvolvimento; a aprendizagem se apóia em processos psíquicos imaturos, que apenas estão iniciando o seu círculo primeiro e básico de desenvolvimento.

Esse fato é confirmado também por outras investigações: o aprendizado da aritmética, da gramática, das ciências naturais, etc., não começa no momento em que as respectivas funções estão maduras. Ao contrário, a imaturidade das funções no momento em que se inicia o aprendizado é lei geral e fundamental a que levam unanimemente as investigações em todos os campos do ensino escolar. Essa imaturidade se manifesta de maneira mais nítida quando se analisa a psicologia do aprendizado da gramática em função de algumas de suas peculiaridades. Por isso vamos examinar esta questão apenas a título de conclusão, omitindo outras matérias de ensino escolar como a aritmética, etc., e deixando para o capítulo seguinte o exame do ensino vinculado à aquisição de conceitos científicos como objeto imediato desta investigação.

O estudo da gramática é uma das questões mais complexas do ponto de vista metodológico e psicológico, uma vez que a gramática é aquele objeto específico que pareceria pouco necessário e pouco útil para a criança. A aritmética propicia novas habilidades à criança. Sem saber somar ou dividir, graças ao conhecimento da aritmética a criança aprende a fazê-lo. Mas poderia parecer que a gramática não propicia nenhuma habilidade nova à criança. Antes de ingressar na escola, a criança já sabe declinar e conjugar. O que a gramática lhe ensina de novo?

Como se sabe, com base neste raciocínio surgiu a idéia que deu fundamento ao movimento agramático e consiste em que a gramática deve ser eliminada do sistema de disciplinas escolares por ser inútil, pois, no campo da fala, ela não propicia nenhuma habilidade que a criança já não tivesse, antes de ingressar na escola. Entretanto, a análise do aprendizado da gramática, como a análise da escrita, mostra a imensa importância da gramática em termos de desenvolvimento geral do pensamento infantil.

A essência é a seguinte: é claro que a criança já sabe conjugar muito antes de ingressar na escola, e nesse período já domina praticamente toda a gramática da língua materna. Ela conjuga e declina mas não sabe o que conjuga nem declina. Essa atividade foi assimilada de forma puramente estrutural, tal como a composição fonética das palavras. Se pedirmos a uma criança pequena que produza uma combinação de sons, *sc*, por exemplo, descobriremos que ela não o fará porque a articulação arbitrária é difícil para ela; mas dentro de uma estrutura como, por exemplo, na palavra *Moscou*, ela pronuncia livre e involuntariamente os mesmos sons. Fora dessa articulação não consegue produzi-los. Assim, a criança consegue pronunciar um som, mas não consegue fazê-lo voluntariamente. Este é um fato central que diz respeito a todas as outras operações da criança com a linguagem, este é um fato fundamental com que deparamos no limiar da idade escolar.

Conseqüentemente, a criança domina certas habilidades no campo da linguagem mas não sabe que as domina. Essas operações são inconscientes. Isto se manifesta no fato de que ela domina tais operações espontaneamente, em determinadas situações, automaticamente, isto é, domina-as quando a situação, em suas grandes estruturas, a mobiliza para revelar essas habilidades; entretanto, fora de uma determinada estrutura, a criança não consegue fazer de forma arbitrária, consciente e intencional o que faz de modo não arbitrário. Logo, ela está limitada, é limitada para aplicar as suas habilidades.

A não-consciência e a não-arbitrariedade são duas partes de um todo único. Isto se aplica integralmente às habilidades gramaticais da criança, às suas declinações e conjugações. A criança emprega o caso correto e a forma verbal correta na estrutura de uma determinada frase, mas não se dá conta de quantas formas semelhantes existem, não está em condições de declinar uma palavra e conjugar um verbo. A criança de idade pré-escolar já domina todas as formas gramaticais e sintáticas. Na escola, no processo de aprendizagem da língua materna, não adquire novas experiências com formas e estruturas gramaticais e sintáticas. Desse ponto de vista, a aprendizagem da gramática é efetivamente uma coisa inútil. Mas na escola a criança aprende, particularmente graças à escrita e à gramática, a tomar consciência do que faz e a operar voluntariamente com as suas próprias habilidades. Suas próprias habilidades se transferem do plano inconsciente e automático para o plano arbitrário, intencional e consciente. Depois do que já sabemos sobre a natureza consciente e arbitrária da escrita, sem esclarecimento algum podemos concluir sobre a importância primordial que para a apreensão da escrita têm essa tomada de consciência e o domínio da própria linguagem. Pode-se dizer francamente que, sem o conhecimento desses dois momentos, a escrita é impossível. Como na escrita a criança toma consciência pela primeira vez de que a palavra *Moscou* é formada pelos sons *m-o-s-c-o-u*, ela toma conhecimento de sua própria atividade na produção de sons e começa a pronunciar arbitrariamente cada elemento isolado da estrutura sonora, de igual maneira, quando está aprendendo a escrever, ela começa a fazer arbitrariamente a mesma coisa que antes fazia não arbitrariamente no campo da linguagem falada. Desse modo, tanto a gramática quanto a escrita dão à criança a possibilidade de projetar-se a um nível superior no desenvolvimento da linguagem.

Examinamos apenas duas matérias – a escrita e a gramática –, mas poderíamos citar resultados de investigações sobre todas as outras disciplinas básicas da escola, e elas nos mostrariam a mesma coisa: a imaturidade do pensamento no início do processo de aprendizagem. Entretanto, poderíamos tirar neste momento uma conclusão mais substancial a partir das nossas investigações. Vemos que toda aprendizagem escolar, tomada no aspecto psicológico, gira sempre em torno do eixo das novas formações básicas da idade escolar: a tomada de consciência e a apreensão. Poderíamos estabelecer que os mais diversos objetos de estudo têm como que uma base comum na psicologia da criança, e que essa base comum se desenvolve e amadurece como nova formação fundamental da idade escolar durante o processo da própria aprendizagem, mas não conclui o ciclo do seu desenvolvimento antes do início desse processo. O desenvolvimento da base psicológica da aprendizagem das disciplinas principais não antecede o seu início mas se realiza em indissolúvel vínculo interior com ele, no curso do seu desenvolvimento ascensional.

2. Nossa segunda série de investigações centrou-se na relação temporal entre os processos de aprendizagem e desenvolvimento na sua base psicológica. Descobrimos que a aprendizagem está sempre adiante do desenvolvimento, que a criança adquire certos hábitos e habilidades numa área específica antes de aprender a aplicá-los de modo consciente e arbitrário. A investigação mostra que sempre há discrepâncias e nunca paralelismo entre o processo de aprendizagem escolar e o desenvolvimento das funções correspondentes.

O processo letivo tem a sua própria seqüência, sua lógica e sua organização, segue um currículo e um horário, e seria o maior dos equívocos supor que as leis externas da estruturação desse processo coincidem inteiramente com as leis internas de estruturação dos processos de desenvolvimento desencadeados pela aprendizagem. Seria incorreto pensar que se a criança teve êxito em um determinado ponto de aritmética em um semestre, conseqüentemente no semestre interior do seu desenvolvimento ela alcançaria os mesmos êxitos. Se tentarmos representar simbolicamente a seqüência do processo letivo sob a forma de curva, fazendo o mesmo com a curva de desenvolvimento das funções psíquicas que participam diretamente da aprendizagem, como tentamos fazer em nossas experiências, veremos que essas curvas nunca coincidem e ainda revelam correlações muito complexas.

É costume começar a ensinar a somar antes de ensinar a dividir. Existe certa seqüência interior na exposição de todos os conhecimentos e dados aritméticos. Mas, do ponto de vista do desenvolvimento, momentos isolados e etapas isoladas desse processo podem ter valores inteiramente diversos. Pode acontecer que a primeira, a segunda, a terceira e a quarta etapas da aprendizagem de aritmética tenham importância secundária para o desenvolvimento do pensamento aritmético, e só aí pela quinta etapa verifique-se alguma coisa decisiva para o desenvolvimento. Aqui a curva subiu acentuadamente e talvez tenha avançado em comparação com toda uma série de etapas subseqüentes do processo de aprendizagem, que já serão apreendidas de modo inteiramente diverso das anteriores. Neste ponto da aprendizagem ocorreu uma reviravolta no desenvolvimento. Se o curso do desenvolvimento coincidisse inteiramente com o curso da aprendizagem, então cada momento dessa aprendizagem teria idêntica importância para o desenvolvimento e as duas curvas coincidiriam. Cada ponto da curva da aprendizagem teria seu reflexo especular na curva do desenvolvimento. Nossa investigação mostra o contrário: a aprendizagem e o desenvolvimento têm os seus pontos fulcrais, que dominam sobre toda uma série de pontos antecedentes e conseqüentes. Esses pontos fulcrais da reviravolta não coincidem em ambas as curvas mas revelam inter-relações internas sumamente complexas, que só são possíveis em decorrência da discrepância entre eles. Se ambas as curvas se fundissem em uma, nenhuma relação entre aprendizagem e desenvolvimento seria impossível.

O desenvolvimento se realiza por outros ritmos – se é cabível a expressão – que a aprendizagem. Aqui ocorre o que se verifica sempre e invariavelmente quando se estabelece, numa investigação científica, relações entre dois processos interligados, cada um dos quais medido por sua própria medida. O ritmo de desenvolvimento da tomada de consciência e da arbitrariedade não pode coincidir com o ritmo de desenvolvimento do programa de gramática. Nem os prazos mais grosseiros podem coincidir em um e outro caso. Não se pode admitir nem de antemão que o prazo de domínio do programa de assimilação da declinação de substantivos coincida com o prazo necessário para o desenvolvimento interior da tomada de consciência da própria linguagem e sua apreensão em alguma parte desse processo. O desenvolvimento não se subordina ao programa escolar, tem sua própria lógica. Até hoje ninguém demonstrou que cada aula de aritmética pode corresponder a cada passo no desenvolvimento, digamos, da atenção arbitrária, embora, em linhas gerais, a aprendizagem de aritmética exerça indiscutivelmente uma influência substancial sobre a passagem da atenção do campo das funções psíquicas inferiores para o das funções superiores. Seria um milagre se houvesse plena correspondência entre um e outro processo. Nossa investigação mostra o contrário: que ambos os processos são, em certo sentido, incomensuráveis na acepção direta desta palavra. Porque na escola não se ensina o sistema decimal como tal à criança. Ensina-se a copiar números, somar, multiplicar, resolver exemplos e tarefas, e como resultado de tudo isso ela acaba desenvolvendo algum conceito de sistema decimal.

Um resumo geral da segunda série das nossas investigações pode ser formulado da seguinte maneira: no momento da assimilação de alguma operação aritmética, de algum conceito científico, o desenvolvimento dessa operação e desse conceito não termina mas apenas começa, a curva do desenvolvimento não coincide com a curva do aprendizado do programa escolar; no fundamental a aprendizagem está à frente do desenvolvimento.

3. Na terceira série das nossas investigações, procuramos elucidar uma questão semelhante ao problema desenvolvido por Thorndike em seus estudos experimentais, que visaram refutar a teoria da disciplina formal. Acontece, porém, que desenvolvemos os nossos experimentos no campo das funções superiores, e não no das funções elementares da aprendizagem escolar, em vez do ensino de coisas como a distinção entre partes de linhas e da magnitude dos ângulos. Para simplificar, transferimos o nosso experimento para um campo em que seria possível esperar uma vinculação consciente entre as matérias do ensino e as funções delas participantes.

As experiências mostraram que as diferentes matérias do ensino escolar interagem no processo de desenvolvimento da criança. O desenvolvimento se processa de uma forma bem mais coesa do que se poderia supor com base nas experiências de Thorndike, à luz das quais o desenvolvimento adquire caráter atomístico. As experiências de Thorndike mostraram que o desenvolvimento de cada conhecimento particular e da habilidade consiste em formar uma cadeia autônoma de associações, que de forma alguma pode facilitar o surgimento de outras cadeiras associativas. Todo o desenvolvimento acabou sendo independente, isolado e autônomo, transcorrendo de modo absolutamente idêntico segundo as leis da associação. As nossas pesquisas mostraram que o desenvolvimento intelectual da criança não é distribuído nem realizado pelo sistema de matérias. Não se verifica que a aritmética desenvolve isolada e independentemente umas funções enquanto a escrita desenvolve outras. Em alguma parte diferentes matérias têm freqüentemente um fundamento psicológico comum. A tomada de consciência e a apreensão ocupam o primeiro plano no desenvolvimento de igual maneira na aprendizagem da gramática e da escrita. Poderíamos encontrá-las no ensino da aritmética, e elas ocupariam o centro da nossa atenção quando analisássemos os conceitos científicos. O pensamento abstrato da criança se desenvolve em todas as aulas, e esse desenvolvimento de forma alguma se decompõe em cursos isolados de acordo com as disciplinas em que se decompõe o ensino escolar.

Poderíamos dizer assim: existe um processo de aprendizagem; ele tem a sua estrutura interior, a sua seqüência, a sua lógica de desencadeamento; e no interior, na cabeça de cada aluno que estuda, existe uma rede subterrânea de processos que são desencadeados e se movimentam no curso da aprendizagem escolar e possuem a sua lógica de desenvolvimento. Uma das tarefas fundamentais da psicologia da aprendizagem escolar é descobrir esta lógica interna, esse código interior de processos de desenvolvimento desencadeados por esse ou aquele processo de aprendizagem. O experimento estabelece indubitavelmente três fatos: a) uma identidade significativa da base psicológica da aprendizagem de diferentes matérias que, por si só, assegura a possibilidade de influência de uma disciplina sobre a outra, conseqüentemente, sobre uma disciplina formal de qualquer matéria; b) influência inversa da aprendizagem sobre o desenvolvimento das funções psíquicas superiores, desenvolvimento esse que vai muito além dos limites do conteúdo específico e do material de uma dada disciplina e, conseqüentemente, volta a sugerir a existência de uma disciplina formal, diferente para matérias diferentes mas que, em regra, é inerente a todas elas; a criança que apreende os casos está aprendendo uma estrutura que, em seu pensamento, transfere-se para outros campos imediatamente desvinculados dos casos e inclusive da gramática em sua totalidade; c) interdependência e interligação entre funções psíquicas isoladas, envolvidas predominantemente quando se estuda essa ou aquela disciplina; assim, graças a uma base comum a todas as funções psíquicas de tipo superior, o desenvolvimento da atenção arbitrária e da memória lógica, do pensamento abstrato e da imaginação científica transcorre como um processo complexo e uno; a tomada de consciência e a apreensão são essa base comum a todas as funções psíquicas superiores cujo desenvolvimento constitui a nova formação básica da idade escolar.

4. A quarta série das nossas investigações estudou uma questão nova para a psicologia moderna, que achamos ter importância central para todo o problema da aprendizagem e do desenvolvimento na idade escolar.

As investigações psicológicas vinculadas ao problema da aprendizagem limitaram-se a estabelecer o nível de desenvolvimento intelectual da criança. Mas achamos insuficiente determinar o estado de desenvolvimento da criança através desse nível. Como se costuma definir esse nível? O meio para a sua definição são os testes, ou seja, os problemas que a criança deve resolver sozinha. Através deles ficamos sabendo do que a criança dispõe e o que ela sabe no dia de hoje, uma vez que só se dá atenção aos problemas que ela resolve sozinha: é evidente que com esse método podemos estabelecer apenas o que a criança já amadureceu para o dia de hoje. Definimos apenas o nível do seu desenvolvimento atual. Mas o estado do desenvolvimento nunca é determinado apenas pela parte madura. Como um jardineiro que, para definir o estado de todo o jardim, não pode resolver avaliá-lo apenas pelas macieiras que já amadureceram e deram frutos, mas deve considerar também as árvores em maturação, o psicólogo que avalia o estado do desenvolvimento também deve levar em conta não só as funções já maduras mas aquelas em maturação, não só o nível atual mas também a zona de desenvolvimento imediato. Como fazê-lo?

Quando se define o nível de desenvolvimento atual, aplicam-se testes que exigem solução autônoma e só são exemplares em relação às funções já constituídas e maduras. Mas tentemos aplicar um novo procedimento metodológico. Suponhamos que nós definimos a idade mental de duas crianças que verificamos ser equivalente a oito anos. Se não nos detemos neste ponto mas tentamos esclarecer como ambas as crianças resolvem testes destinados a crianças das idades seguintes – que elas não estão em condição de resolver sozinhas – e se as ajudamos com demonstrações, perguntas sugestivas, início de solução, etc., verificamos que uma das crianças pode, com ajuda, em cooperação e por sugestão, resolver problemas elaborados para uma criança de doze anos, ao passo que a outra não consegue ir além da solução de problemas para crianças de nove anos. Essa discrepância entre a idade mental real ou nível de desenvolvimento atual, que é definida com o auxílio dos problemas resolvidos com autonomia, e o nível que ela atinge ao resolver problemas sem autonomia, em colaboração com outra pessoa, determina a zona de desenvolvimento imediato da criança. Em nosso exemplo, esta zona é de quatro anos para a primeira criança e de um para a segunda. Podemos afirmar que o nível de desenvolvimento mental das duas crianças é o mesmo e que o estado do seu desenvolvimento coincide? Nossa pesquisa mostra que, na escola, entre essas crianças haverá muito mais diferenças, condicionadas pela discrepância entre as suas zonas de desenvolvimento imediato, que semelhança gerada pelo mesmo nível do seu desenvolvimento atual. Isto se manifesta, em primeiro lugar, na dinâmica do seu desenvolvimento mental no processo de aprendizagem e no seu rendimento relativo. A pesquisa mostra que a zona de desenvolvimento imediato tem, para a dinâmica do desenvolvimento intelectual e do aproveitamento, mais importância que o nível atual do desenvolvimento dessas crianças.

Para explicar esse fato estabelecido na investigação, podemos citar uma tese amplamente conhecida e indiscutível segundo a qual a criança orientada, ajudada e em colaboração sempre pode fazer mais e resolver tarefas mais difíceis do que quando sozinha. No caso dado, temos apenas um exemplo particular dessa tese geral. Mas a explicação deve ir além, descobrindo as causas em que se funda esse fenômeno. Na velha psicologia e no senso comum, consolidou-se a opinião segundo a qual a imitação é uma atividade puramente mecânica. Desse ponto de vista, costuma-se considerar que, quando a criança resolve um problema ajudada, essa solução não ilustra o desenvolvimento do seu intelecto. Considera-se que se pode imitar qualquer coisa. O que eu posso fazer por imitação ainda não diz nada a respeito da minha própria inteligência e não pode caracterizar de maneira nenhuma o estado do seu desenvolvimento. Mas essa concepção é totalmente falsa.

Pode considerar-se como estabelecido na psicologia moderna que a criança só pode imitar o que se encontra na zona das suas próprias potencialidades intelectuais. Assim, se eu não sei jogar xadrez, isto é, se até mesmo o melhor enxadrista me mostrar como ganhar uma partida, eu não vou conseguir fazê-lo. Se eu sei aritmética mas tenho dificuldade de resolver algum problema complexo, a mostra da solução pode me levar imediatamente à minha própria solução, mas se eu não sei matemática superior a mostra da solução de uma equação diferencial não fará meu próprio pensamento dar um passo nesta direção. Para imitar, é preciso ter alguma possibilidade de passar do que eu sei fazer para o que não sei.

Assim, podemos fazer um adendo novo e essencial ao que dissemos anteriormente sobre o trabalho em colaboração e imitação. Afirmamos que em colaboração a criança sempre pode fazer mais do que sozinha. No entanto, cabe acrescentar: não infinitamente mais, porém só em determinados limites, rigorosamente determinados pelo estado do seu desenvolvimento e pelas suas potencialidades intelectuais. Em colaboração, a criança se revela mais forte e mais inteligente que trabalhando sozinha, projeta-se ao nível das dificuldades intelectuais que ela resolve, mas sempre existe uma distância rigorosamente determinada por lei, que condiciona a divergência entre a sua inteligência ocupada no trabalho que ela realiza sozinha e a sua inteligência no trabalho em colaboração. As nossas investigações mostraram que pela imitação a criança não resolve todos os testes até então não resolvidos. Ela chega até um certo limite, que é diferente para crianças diferentes. No nosso exemplo com uma criança, esse limite foi muito baixo e acusou o atraso de apenas um ano em relação ao nível do seu desenvolvimento. Em outra criança esse atraso foi de quatro anos. Se fosse possível imitar qualquer coisa, independentemente do estado do desenvolvimento, as duas crianças resolveriam com igual facilidade todos os testes calculados para todas as idades infantis. Em realidade, não só isso não ocorre como se verifica que, em colaboração com outra pessoa, a criança resolve mais facilmente tarefas situadas mais próximas do nível de seu desenvolvimento, depois a dificuldade da solução cresce e finalmente se torna insuperável até mesmo para a solução em colaboração. A possibilidade maior ou menor de que a criança passe do que sabe fazer sozinha para o que sabe fazer em colaboração é o sintoma mais sensível que caracteriza a dinâmica do desenvolvimento e o êxito da criança. Tal possibilidade coincide perfeitamente com a sua zona de desenvolvimento imediato.

Em suas famosas experiências com chimpanzés, Köhler já esbarrou no seguinte problema: podem os animais imitar os atos intelectuais de outros animais? Será que as operações racionais dos macacos foram simplesmente assimiladas por imitação das soluções de problemas que em si mesmos são totalmente inacessíveis ao intelecto desses animais? As investigações mostraram que a imitação do animal está rigorosamente limitada às suas próprias possibilidades intelectuais. Noutros termos, o macaco (chimpanzé) pode, por imitação, fazer apenas aquilo que é capaz de fazer sozinho. A imitação não o faz avançar no campo das suas potencialidades intelectuais. É verdade que o macaco pode ser treinado para executar operações infinitamente mais complexas a que não chegaria por sua própria inteligência. Neste caso, porém, a operação seria executada simplesmente de forma automática e mecânica como habilidade sem sentido e não como solução racional e pensada. A psicologia animal estabeleceu vários sintomas, que permitem distinguir a imitação intelectual consciente da cópia automática. No primeiro caso, a solução é assimilada automaticamente, de uma vez por todas, dispensa repetições, a curva dos erros é abrupta e logo cai de cem por cento para zero, a solução logo revela todos os indícios básicos próprios da solução intelectual autônoma dos macacos: ocorre através da captação da estrutura do campo e das relações entre os objetos. No adestramento a assimilação se dá pela via das provas e erros, a curva das soluções erradas cai lentamente e pouco a pouco a assimilação exige inúmeras repetições, o processo de aprendizagem não revela nenhuma consciência, nenhuma compreensão das relações estruturais, realiza-se de forma cega e não estrutural.

Esse fato tem importância fundamental para toda a psicologia da aprendizagem dos animais e do homem. Cabe notar que em todas as três teorias da aprendizagem, que examinamos neste capítulo, não se traça nenhuma diferença de princípio entre educação dos animais e educação do homem. Todas as três teorias adotam o mesmo princípio explicativo para o adestramento e a aprendizagem. Mas o fato anteriormente citado já deixa claro em que consiste a diferença radical entre eles. O animal, inclusive o mais inteligente, é incapaz de desenvolver as suas faculdades intelectuais através da imitação ou da aprendizagem. Ele não é capaz de assimilar nada de essencialmente novo em comparação com o que já sabe. É capaz apenas de decorar através do adestramento. Neste sentido, é possível afirmar que o animal não pode ser ensinado, se entendermos o ensino no sentido específico do homem.

Na criança, ao contrário, o desenvolvimento decorrente da colaboração via imitação, que é a fonte do surgimento de todas as propriedades especificamente humanas da consciência, o desenvolvimento decorrente da aprendizagem é o fato fundamental. Assim, o momento central para toda a psicologia da aprendizagem é a possibilidade de que a colaboração se eleve a um grau superior de possibilidades intelectuais, a possibilidade de passar daquilo que a criança consegue fazer para aquilo que ela não consegue por meio da imitação. Nisto se baseia toda a importância da aprendizagem para o desenvolvimento, e é isto o que constitui o conteúdo do conceito de zona de desenvolvimento imediato. A imitação, se concebida em sentido amplo, é a forma principal em que se realiza a influência da aprendizagem sobre o desenvolvimento. A aprendizagem da fala, a aprendizagem na escola se organiza amplamente com base na imitação. Porque na escola a criança não aprende o que sabe fazer sozinha mas o que ainda não sabe e lhe vem a ser acessível em colaboração com o professor e sob sua orientação. O fundamental na aprendizagem é justamente o fato de que a criança aprende o novo. Por isso a zona de desenvolvimento imediato, que determina esse campo das transições acessíveis à criança, é a que representa o momento mais determinante na relação da aprendizagem com o desenvolvimento.

A investigação demonstra sem margem de dúvida que aquilo que está situado na zona de desenvolvimento imediato em um estágio de certa idade realiza-se e passa ao nível do desenvolvimento atual em uma segunda fase. Noutros termos, o que a criança é capaz de fazer hoje em colaboração conseguirá fazer amanhã sozinha. Por isso nos parece verossímil a idéia de que a aprendizagem e o desenvolvimento na escola estão na mesma relação entre si que a zona de desenvolvimento imediato e o nível de desenvolvimento atual. Na fase infantil, só é boa aquela aprendizagem que passa à frente do desenvolvimento e o conduz. Mas só se pode ensinar à criança o que ela já for capaz de aprender. A aprendizagem é possível onde é possível a imitação. Logo, a aprendizagem deve orientar-se nos ciclos já percorridos de desenvolvimento, no limiar inferior da aprendizagem; entretanto, ela não se apóia tanto na maturação quanto nas funções amadurecidas. Ela sempre começa daquilo que ainda não está maduro na criança. As possibilidades da aprendizagem são determinadas da maneira mais imediata pela zona do seu desenvolvimento imediato. Retomando o nosso exemplo, poderíamos dizer que nas duas crianças incorporadas ao experimento as possibilidades de aprendizagem são diferentes apesar de ser idêntica a sua idade mental, uma vez que as zonas do seu desenvolvimento imediato divergem acentuadamente. As investigações já referidas mostraram que todo objeto de aprendizagem escolar sempre se constrói sobre um terreno ainda não amadurecido.

Que conclusão podemos tirar daí? Pode-se raciocinar assim: se a escrita requer arbitrariedade, abstração e outras funções ainda não amadurecidas no aluno, é necessário adiar a aprendizagem dessa escrita até o momento em que essas funções estejam amadurecidas. Mas a experiência mundial demonstrou que a aprendizagem da escrita é uma das matérias mais importantes da aprendizagem escolar em pleno início da escola, que ela desencadeia para a vida o desenvolvimento de todas as funções que ainda não amadureceram na criança. De sorte que, quando dizemos que a aprendizagem deve apoiar-se na zona de desenvolvimento imediato, nas funções ainda não amadurecidas, não estamos propriamente passando uma nova receita para a escola mas simplesmente nos libertando do velho equívoco segundo o qual o desenvolvimento deve necessariamente percorrer os seus ciclos, preparar inteiramente o solo em que a aprendizagem irá construir o seu edifício. Em face disto, modifica-se a questão de princípios sobre as conclusões pedagógicas a serem tiradas das investigações psicológicas.

Antes se perguntava: será que a criança já amadureceu para aprender a ler e contar? A questão das funções amadurecidas permanece em vigor. Cabe definir sempre o limiar inferior da aprendizagem. Mas a questão não termina aí, e devemos ter a capacidade para definir também o limiar superior da aprendizagem. Só nas fronteiras entre esses dois limiares a aprendizagem pode ser fecunda. Só entre elas se situa o período de excelência do ensino de uma determinada matéria. A pedagogia deve orientar-se não no ontem mas no amanhã do desenvolvimento da criança. Só então ela conseguirá desencadear no curso da aprendizagem aqueles processos de desenvolvimento que atualmente se encontram na zona de desenvolvimento imediato.

Esclareçamos esse fenômeno com um exemplo simples. Como se sabe, durante o domínio do sistema de ensino escolar conjunto entre nós, esse sistema recebia fundamentação pedológica. Afirmava-se que o sistema conjunto correspondia às peculiaridades do pensamento infantil. Havia um equívoco fundamental: a abordagem da questão era falsa. Derivava da concepção segundo a qual o ensino devia orientar-se no dia de ontem do desenvolvimento, naquelas peculiaridades do pensamento infantil já amadurecidas para o hoje. Propunha-se aos pedólogos reforçar, através do sistema conjunto, aquilo que no desenvolvimento da criança deveria ficar para trás quando ela ingressava na escola. Eles se orientavam naquilo que a criança podia fazer sozinha em seu pensamento, e não levavam em conta a possibilidade de que ela pudesse passar do que sabia para o que não sabia. Eles subestimavam o estado do desenvolvimento como um jardineiro tolo: só pelos frutos já maduros. Não levavam em conta que o ensino deve fazer o desenvolvimento avançar. Ignoravam a zona de desenvolvimento imediato, tomavam como orientação a linha do menor esforço, a fraqueza e não a força da criança.

A situação se inverte quando começamos a entender que é precisamente porque a criança, ao ingressar na escola com as funções já amadurecidas na idade pré-escolar, revela uma tendência para formas de pensamento que encontra correspondência no sistema conjunto; é precisamente porque, em termos pedológicos, esse sistema não passa de uma transferência, para a escola, do sistema de educação adaptado ao período pré-escolar, não passa de um reforço dos pontos frágeis do pensamento pré-escolar nos quatro primeiros anos de ensino escolar. Esse é o sistema que segue a reboque do desenvolvimento da criança, quando lhe cabia conduzi-lo.

Agora podemos concluir a exposição das nossas principais investigações, tentando generalizar brevemente a solução positiva do problema da aprendizagem e do desenvolvimento a que essas investigações nos levaram.

Vimos que a aprendizagem e o desenvolvimento não coincidem imediatamente mas são dois processos que estão em complexas inter-relações. A aprendizagem só é boa quando está à frente do desenvolvimento. Neste caso, ela motiva e desencadeia para a vida toda uma série de funções que se encontravam em fase de amadurecimento e na zona de desenvolvimento imediato. É nisto que consiste o papel principal da aprendizagem no desenvolvimento. É isto que distingue a educação da criança do adestramento dos animais. É isto que distingue a educação da criança, cujo objetivo é o desenvolvimento multilateral da educação especializada, das habilidades técnicas como escrever à máquina, andar de bicicleta, etc., que não revelam nenhuma influência substancial sobre o desenvolvimento. A disciplina formal de cada matéria escolar é o campo em que se realiza essa influência da aprendizagem sobre o desenvolvimento. O ensino seria totalmente desnecessário se pudesse utilizar apenas o que já está maduro no desenvolvimento, se ele mesmo não fosse fonte de desenvolvimento e surgimento do novo.

Por isso a aprendizagem só é mais frutífera quando se realiza nos limites de um período determinado pela zona de desenvolvimento imediato. Muitos pedagogos modernos, como Fortuni, Montessori e outros, denominam *sensível* esse período. Como se sabe, por via experimental o biólogo Debries estabeleceu os períodos do desenvolvimento da ontogênese, em que o organismo se mostra especialmente sensível a determinadas influências. É aí que certas influências exercem efeito sensível sobre todo o curso do desenvolvimento, provocando nele mudanças de variadas profundidades. Em períodos diferentes, as mesmas condições podem vir a ser neutras ou até mesmo exercer influência inversa sobre o curso do desenvolvimento. Os períodos sensíveis coincidem plenamente com aquilo que denominamos prazos optimais de aprendizagem, com uma diferença que se manifesta em dois momentos: 1) naquele em que tentamos determinar não só por via empírica mas também experimental e teórica a natureza desses períodos e encontramos a explicação para a sensibilidade específica desses períodos a um determinado tipo de ensino na zona de desenvolvimento imediato, o que nos permitiu elaborar o método de definição desses períodos; 2) naquele em que Montessori e outros autores constroem a sua teoria dos períodos sensíveis por analogia biológica direta entre os dados sobre os períodos sensíveis no desenvolvimento dos animais inferiores, descobertos por Debries, e entre processos de desenvolvimento tão complexos como o desenvolvimento da escrita.

As nossas investigações mostraram que, nesse período, operamos com a natureza puramente social dos processos de desenvolvimento das funções psíquicas superiores, que surgem a partir do desenvolvimento cultural da criança cuja fonte são a colaboração e a aprendizagem. Entretanto, os próprios fatos descobertos por Montessori conservam todo o seu poder de convencimento e todo o vigor. Ela conseguiu mostrar que, em diferentes processos de aprendizagem da escrita de crianças entre quatro e meio e cinco anos, observa-se um emprego frutífero, rico e espontâneo da escrita, que nunca se observa nas idades posteriores, o que deu a ela o motivo para concluir que é precisamente nessa idade que se concentram os prazos optimais de aprendizagem da escrita, os seus períodos sensíveis. Montessori denominou *escrita explosiva* as manifestações abundantes da linguagem escrita infantil nesse período, que se revelam como que por explosão.

O mesmo ocorre com qualquer matéria de ensino que também tem a sua fase sensível. Cabe-nos apenas esclarecer definitivamente a natureza desta fase sensível. Compreende-se que, desde o início, certas condições como, por exemplo, uma espécie de aprendizagem, só podem influenciar o desenvolvimento quando os respectivos ciclos desse desenvolvimento ainda não foram concluídos. Tão logo se concluem, aquelas mesmas condições já podem se revelar neutras. Se o desenvolvimento já pronunciou sua última palavra em determinada área, a fase sensível já está concluída para tais condições. O inacabamento de determinados processos de desenvolvimento é condição indispensável para que essa fase possa ser sensível em relação a determinadas condições. Isto coincide perfeitamente com o real estado de coisas estabelecido nas nossas investigações.

Quando observamos o curso do desenvolvimento da criança na idade escolar e o processo de sua aprendizagem, vemos efetivamente que toda matéria de ensino sempre exige da criança mais do que ela pode dar hoje, ou seja, na escola a criança desenvolve uma atividade que a obriga a colocar-se acima de si mesma. Isto sempre se refere a um sadio ensino escolar. A criança começa a aprender a escrever quando ainda não possui todas as funções que lhe assegurem a linguagem escrita. É precisamente por isso que a aprendizagem da escrita desencadeia e conduz o desenvolvimento dessas funções. Esse real estado de coisas sempre ocorre quando a aprendizagem é fecunda. Uma criança analfabeta em um grupo de crianças alfabetizadas irá atrasar-se em seu desenvolvimento e em seu aproveitamento relativo tanto quanto uma criança alfabetizada em um grupo de não-alfabetizados, embora para uma o avanço no desenvolvimento e no aproveitamento seja dificultado pelo fato de que, para ela, a aprendizagem é difícil demais, enquanto é fácil demais para a outra. Essas condições contrárias levam a um único resultado: em ambos os casos, a aprendizagem se realiza fora da zona de desenvolvimento imediato, embora uma vez ela esteja abaixo e outra acima dessa zona. Ensinar uma criança o que ela não é capaz de aprender é tão estéril quanto ensiná-la a fazer o que ela já faz sozinha.

Poderíamos ainda estabelecer em que consistem as peculiaridades específicas da aprendizagem e do desenvolvimento precisamente na idade escolar, uma vez que esses dois processos não se manifestam pela primeira vez quando a criança ingressa na escola. A aprendizagem ocorre em todas as fases do desenvolvimento da criança mas, como veremos no próximo capítulo, em cada faixa etária ela tem não só formas específicas mas uma relação totalmente original com o desenvolvimento. Poderíamos nos limitar a generalizar os dados da investigação já referidos. Vimos nos exemplos da escrita e da gramática e veremos ainda nos conceitos científicos que o aspecto psicológico da aprendizagem das principais disciplinas escolares revela um aspecto comum no conjunto dessas disciplinas.

Todas as funções básicas envolvidas na aprendizagem escolar giram em torno do eixo das novas formações essenciais da idade escolar: da tomada de consciência e da arbitrariedade. Como já mostramos, esses dois momentos são os traços distintivos essenciais de todas as funções superiores que se formam nessa idade. Desse modo, poderíamos concluir que a idade escolar é o período optimal de aprendizagem ou a fase sensível em relação a disciplinas que se apóiam ao máximo nas funções conscientizadas e arbitrárias. Assim, a aprendizagem dessas disciplinas assegura as melhores condições para o desenvolvimento das funções psíquicas superiores que se encontram na zona de desenvolvimento imediato. A aprendizagem pode interferir no curso do desenvolvimento e exercer influência decisiva porque essas funções ainda não estão maduras até o início da idade escolar e a aprendizagem pode, de certo modo, organizar o processo sucessivo de seu desenvolvimento e determinar o seu destino.

Mas o mesmo se refere inteiramente ao nosso problema central: ao desenvolvimento dos conceitos científicos na idade escolar. Já observamos que a aprendizagem escolar é a fonte desse desenvolvimento. Por isso, a questão da aprendizagem e do desenvolvimento é o centro da análise da origem e da formação dos conceitos científicos.

IV

Comecemos pela análise do fato central, estabelecido no estudo comparado dos conceitos espontâneos e científicos do aluno escolar. Para elucidar a originalidade dos conceitos científicos e dar os primeiros passos nesse campo, seria natural que escolhêssemos a via do estudo comparado dos conceitos, cotejando aqueles adquiridos pela criança na escola com os seus conceitos espontâneos, ou melhor, o caminho do conhecido ao desconhecido. Conhecemos uma variedade de peculiaridades descobertas durante o estudo dos conceitos espontâneos do escolar. Seria natural a vontade de examinar como se observam essas mesmas peculiaridades em relação aos conceitos científicos. Para tanto foi necessário distribuir tarefas experimentais estruturalmente idênticas, uma levada a cabo no campo dos conceitos científicos e outra no campo dos conceitos espontâneos do escolar. O fato fundamental, a cujo estabelecimento conduz a investigação, consiste em que ambos os conceitos, como esperávamos de antemão, não apresentam um nível idêntico de desenvolvimento. O estabelecimento das relações e dependências de causa e efeito, assim como das relações de seqüência nas operações com conceitos científicos e espontâneos, mostrou-se acessível à criança em diferentes medidas. A análise comparada dos conceitos espontâneos e científicos em uma faixa etária mostrou que, havendo os momentos programáticos correspondentes no processo de educação, o desenvolvimento dos conceitos científicos supera o desenvolvimento dos espontâneos. No campo dos conceitos científicos, encontramos um nível mais elevado de pensamento que nos conceitos espontâneos. A curva das soluções dos testes (os términos das frases interrompidas com as palavras "porque" e "embora") com conceitos científicos esteve sempre acima da curva das soluções dos mesmos testes com conceitos espontâneos (figura 2). Este é o primeiro fato que precisa ser esclarecido.

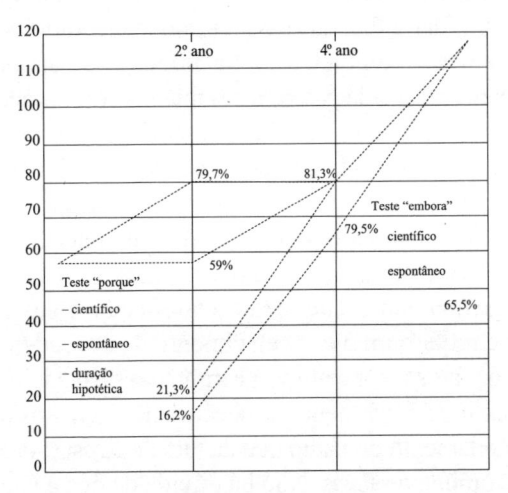

Figura 2 – Curva do desenvolvimento dos conceitos espontâneos e científicos

A que se pode atribuir essa elevação do nível de solução da mesma tarefa tão logo ela é transferida para o campo dos conceitos científicos? De saída devemos abandonar no limiar a primeira explicação que se impõe naturalmente. Poder-se-ia pensar que o estabelecimento das dependências de causa e efeito no campo dos conceitos científicos é mais acessível à criança simplesmente porque aí ela recebe a ajuda dos conhecimentos escolares, ao passo que a insuficiência de tarefas análogas no campo dos conceitos espontâneos tem como causa a insuficiência de conhecimentos. Mas essa hipótese se inviabiliza por si mesma desde o início, levando-se em conta que o procedimento básico da investigação excluiu qualquer possibilidade de influência dessa causa. Piaget já selecionou o material dos seus testes de modo a que a insuficiência de conhecimentos nunca pudesse impedir que a criança resolvesse corretamente a respectiva tarefa. Nas experiências de Piaget e nas nossas, tratou-se de fatos e relações que a criança indiscutivelmente já conhecia bem. Caberia à criança concluir frases baseadas na linguagem do seu próprio dia-a-dia, que haviam sido interrompidas ao meio e precisavam ser completadas. Na linguagem espontânea da criança aparecem a cada passo frases inteiras corretamente construídas. Essa explicação se afigura inconsistente sobretudo se levarmos em conta o fato de que os conceitos científicos apresentaram uma curva mais alta de soluções. É difícil admitir que a criança tenha resolvido pior a tarefa com conceitos espontâneos (o ciclista caiu da bicicleta porque..., ou, o barco afundou com a carga no mar porque...) que a tarefa com conceitos científicos, que requeriam o estabelecimento de dependências causais entre os fatos e conceitos do campo das ciências sociais, só porque a criança tinha menos conhecimento da queda do ciclista e do afundamento do navio que da luta de classes, da exploração e da Comuna de Paris. Não há dúvida de que a supremacia da experiência e dos conhecimentos estava exatamente do lado dos conceitos espontâneos, e por tudo isso a criança teve maior dificuldade de resolver as operações com eles. É evidente que essa explicação não nos pode satisfazer.

Para uma explicação correta procuremos elucidar por que para a criança é difícil concluir um teste como o acima mencionado. Achamos que esta pergunta só pode ter uma resposta: é difícil porque exige que a criança faça de forma consciente e arbitrária o que faz de forma espontânea e não arbitrária várias vezes todos os dias. Em certas situações a criança emprega corretamente a palavra "porque". Se uma criança dos oito aos nove anos vê na rua um ciclista caindo, nunca irá dizer que ele caiu e quebrou a perna porque foi levado ao hospital, embora as crianças digam isto ou coisa parecida quando resolvem os testes. Já esclarecemos as diferenças que efetivamente existem entre a execução arbitrária e não-arbitrária de alguma operação. Mas eis que uma criança que, em sua linguagem espontânea, emprega com uma correção irrepreensível a palavra "porque", ainda não tomou consciência do próprio conceito "porque". Ela emprega esta relação antes de ter consciência dela. Não lhe é acessível o emprego arbitrário daquelas estruturas que apreendeu em situação correspondente. Conseqüentemente, sabemos o que falta à criança para uma solução correta do problema: consciência e arbitrariedade no emprego dos conceitos.

Vejamos alguns testes no campo das ciências sociais. Que operações esses testes exigem da criança. Uma criança assim conclui uma frase que lhe foi apresentada: "Na União Soviética é possível desenvolver a economia de forma planejada porque não existe propriedade privada: todas as terras, fábricas, usinas e centrais elétricas estão nas mãos dos operários e camponeses." A criança conhece a causa que ela estudou bem na escola e a questão foi trabalhada conforme o programa. Mas é verdade que ela também sabe a causa que levou o navio a afundar ou o ciclista a cair. O que fará ela, ao responder à pergunta? Achamos que a operação que o aluno escolar realiza ao resolver estes testes pode ser explicada da seguinte maneira: a operação tem sua história, não se constituiu no momento em que foi feita a experiência, esta é uma espécie de etapa conclusiva que só pode ser entendida se relacionada com as etapas precedentes. Ao trabalhar o tema com o aluno, o professor explicou, comunicou conhecimentos, fez perguntas, corrigiu, levou a própria criança a explicar. Todo esse trabalho com conceitos, todo o processo da sua formação foi elaborado pela criança em colaboração com um adulto, no processo de aprendizagem. E quando a criança resolve agora a questão, o que o teste exige dela? Habilidades para imitar, para resolver esta questão com ajuda do professor, mesmo que no momento da solução não tenhamos a situação atual e a colaboração. Elas estão no passado. Desta vez a criança deve utilizar-se sozinha dos resultados da sua colaboração anterior.

Achamos que a diferença essencial entre o primeiro teste com conceitos espontâneos e o segundo teste com conceitos sociais é o fato de que a criança deve resolver a tarefa com ajuda do professor. Porque quando afirmamos que a criança age por imitação, isto não quer dizer que ela olhe outra pessoa nos olhos e imite. Se eu vi alguma coisa hoje e faço a mesma coisa amanhã, eu o faço por imitação. Quando em casa uma criança resolve problemas depois de ter visto a amostra em sala de aula, ela continua a agir em colaboração, embora nesse momento o professor não esteja ao seu lado. Do ponto de vista psicológico, estamos autorizados a ver a solução do segundo teste – por analogia com a solução dos deveres de casa – como solução com a ajuda do professor. Essa ajuda, esse momento de colaboração está presente, está contido de forma aparentemente autônoma na resolução da criança.

Se admitirmos que no teste do primeiro tipo – com conceitos espontâneos – e do segundo – com conceitos científicos – foram exigidas da criança diferentes operações, isto é, da primeira vez ela teve de fazer voluntariamente o que facilmente aplica espontaneamente e, da segunda, teve de fazer em colaboração com o professor o que ela mesma não conseguiria espontaneamente, veremos com clareza que a divergência nas soluções dos mesmos testes não pode ter outra explicação a não ser a que acabamos de dar. Sabemos que, em colaboração, a criança pode fazer mais do que sozinha. Se é verdade que a solução dos testes de ciências sociais é, em forma latente, uma resolução em colaboração, fica compreensível por que essa resolução antecipa a solução dos testes espontâneos.

O segundo fato a ser examinado consiste no seguinte: a solução dos testes com a conjunção "embora" apresenta na respectiva classe um quadro inteiramente diverso, no qual confluem as curvas das soluções dos testes com conceitos espontâneos e científicos. Os conceitos científicos não revelam supremacia sobre os espontâneos. Isto não pode ter outra explicação a não ser a de que a categoria de relações adversativas, que amadurecem posteriormente que a categoria de relações causais, manifesta-se mais tarde no pensamento espontâneo da criança. Tudo indica que, nesse campo, os conceitos espontâneos ainda não amadureceram o suficiente para que os conceitos científicos pudessem sobrepor-se a eles. Só se pode tomar consciência do que existe. Só se pode subordinar a si mesmo uma função atuante. Se até essa idade a criança já elaborou a aplicação espontânea do "porque", em colaboração ela pode tomar consciência dele e aplicá-lo voluntariamente. Se nem mesmo no pensamento espontâneo ela ainda não domina as relações expressas pela conjunção "embora", é natural que no pensamento científico não possa tomar consciência do que não possui nem dominar funções ausentes. Por isso a curva dos conceitos científicos, neste caso, também deve ser tão baixa quanto a curva dos testes com conceitos espontâneos e inclusive confluir com eles.

O terceiro fato estabelecido pelas investigações é o seguinte: a solução dos testes com conceitos espontâneos revela um rápido crescimento, a curva da solução desses testes não pára de crescer, aproxima-se cada vez mais da curva das soluções dos testes científicos e acaba confluindo com ela. Os conceitos espontâneos como que alcançam os conceitos científicos que os haviam ultrapassado e lhe superam o nível. A explicação mais provável desse fato é a hipótese de que o domínio de um nível mais elevado no campo dos conceitos científicos não deixa de influenciar nem mesmo os conceitos espontâneos da criança anteriormente constituídos. Tal domínio leva à elevação do nível dos conceitos espontâneos, que são reconstruídos sob a influência do fato de que a criança passou a dominar conceitos científicos. Isto é ainda mais provável porque não podemos imaginar o processo de formação e desenvolvimento dos conceitos senão em termos estruturais, e isto significa que, se a criança apreendeu alguma estrutura superior, correspondente à tomada de consciência e ao domínio no campo de uns conceitos, ela não deve tornar a fazer o mesmo trabalho em relação a cada conceito espontâneo anteriormente constituído e, apoiada nas leis estruturais básicas, transfere diretamente a estrutura uma vez constituída para os conceitos anteriormente elaborados.

Encontramos a confirmação desta explicação no quarto fato estabelecido pelas investigações, que consiste no seguinte: a relação entre os conceitos espontâneos e os científicos, que pertencem à categoria de relações adversativas, apresenta na quarta classe um quadro semelhante àquele produzido pela categoria das relações causais na segunda classe. Aqui, as curvas de solução dos testes das duas modalidades, que antes confluíam, separam-se bruscamente e a curva de soluções científicas torna a ultrapassar a curva de soluções dos testes com conceitos espontâneos. Em seguida, esta última apresenta um rápido crescimento, uma rápida aproximação com a primeira curva e finalmente conflui com ela. Deste modo, pode-se dizer que, nas operações com a conjunção "embora", as curvas dos conceitos científicos e espontâneos revelam as mesmas leis e a mesma dinâmica das suas relações de reciprocidade verificadas nas curvas dos conceitos científicos e espontâneos quando das operações com a conjunção "porque", mas só dois anos depois. Isto confirma integralmente a nossa idéia de que, no desenvolvimento desses ou daqueles conceitos, as leis acima descritas são leis gerais independentemente do ano em que se manifestam e das operações a que estão vinculadas.

Achamos que todos esses fatos permitem elucidar com maior probabilidade um dos momentos mais importantes para as questões do nosso interesse: a correlação dos conceitos científicos e espontâneos nos primeiros momentos de desenvolvimento do sistema de conhecimentos de alguma matéria. Eles nos permitem elucidar o ponto fulcral do desenvolvimento desses ou daqueles conceitos com suficiente precisão, de sorte que, partindo desse ponto fulcral e apoiados nos fatos que conhecemos sobre a natureza desses ou daqueles conceitos, podemos conceber hipoteticamente as curvas do desenvolvimento dos conceitos espontâneos e não espontâneos. Achamos que a análise dos fatos citados já nos permite concluir que, no ponto fulcral inicial, o desenvolvimento dos conceitos científicos segue por uma via oposta àquela pela qual transcorre o desenvolvimento do conceito espontâneo da criança. Em certo sentido, essas vias são inversas entre si. À pergunta que antes colocamos – como se relacionam em seu desenvolvimento conceitos como "irmão" e "exploração"? – poderíamos dar neste momento a seguinte resposta: eles se desenvolvem em sentido inverso.

Nisto consiste o ponto cardinal de toda a nossa hipótese.

Como se sabe, em seus conceitos espontâneos a criança chega relativamente tarde a tomar consciência do conceito, da definição verbal do conceito, da possibilidade de outras palavras lhe propiciarem uma formulação verbal, do emprego arbitrário desse conceito no estabelecimento de relações lógicas complexas entre os conceitos. A criança já conhece essas coisas, tem um conceito do objeto, mas para ela ainda continua vago o que representa esse conceito. Tem o conceito do objeto e a consciência do próprio objeto representado nesse conceito, mas não tem consciência do próprio conceito, do ato propriamente dito de pensamento através do qual concebe esse objeto. Mas o desenvolvimento do conceito científico começa justamente pelo que ainda não foi plenamente desenvolvido nos conceitos espontâneos ao longo de toda a idade escolar. Começa habitualmente pelo trabalho com o próprio conceito como tal, pela definição verbal do conceito, por operações que pressupõem a aplicação não espontânea desse conceito.

Portanto, podemos concluir que os conceitos científicos começam sua vida pelo nível que o conceito espontâneo da criança ainda não atingiu em seu desenvolvimento.

O trabalho com novos conceitos científicos exige, no processo de educação, exatamente aquelas operações e correlações em face das quais, como mostrou Piaget, até um conceito como "irmão" revela a sua inconsistência entre os onze e os doze anos de idade.

As investigações mostram que, em função da diferença de nível entre um e outro conceito nessa ou naquela criança em idade escolar, a força e a fraqueza dos conceitos científicos e espontâneos são diferentes nesta criança. Aquilo em que é forte o conceito de "irmão", que percorreu um longo caminho de desenvolvimento e esgotou grande parte do seu conteúdo empírico, acaba sendo o lado fraco do conceito científico e, ao contrário, aquilo em que é forte o conceito científico, como o conceito da lei de Arquimedes ou da "exploração", acaba sendo o ponto fraco do conceito espontâneo. A criança sabe muito bem o que significa irmão, esse conhecimento está saturado de uma grande experiência, mas quando precisa resolver um problema abstrato sobre o irmão do irmão, como nas experiências de Piaget, ela se confunde. Está acima das suas forças operar com esse conceito em situação não-concreta, com um conceito abstrato, com um significado abstrato, e Piaget já elucidou tão minuciosamente essa questão que simplesmente podemos nos basear em suas pesquisas.

Mas quando a criança apreende um conceito científico, com relativa brevidade começa a dominar precisamente aquelas operações em que se manifesta a fraqueza do conceito "irmão". Ela define facilmente o conceito, aplica-o em diferentes operações lógicas e descobre a sua relação com outros conceitos. Mas o conceito científico da criança revela a sua fraqueza justamente no campo em que o conceito "irmão" se revela forte, isto é, no campo do emprego espontâneo do conceito, da sua aplicação a uma infinidade de operações concretas, da riqueza do seu conteúdo empírico e da sua vinculação com a experiência pessoal. A análise do conceito espontâneo da criança nos convence de que a criança tomou consciência do objeto em proporções bem maiores do que do próprio conceito; a análise do conceito científico nos convence de que, desde o início, a criança toma consciência do conceito bem melhor do que do objeto nele representado.

Por isso, muda inteiramente o perigo que ameaça o bom desenvolvimento dos conceitos espontâneo e científico.

Os nossos exemplos confirmam essas afirmações. Depois de trabalhados os temas das revoluções russas de 1905 e 1917 e de se perguntar "o que é revolução?" aos alunos da terceira série no segundo semestre do ano, eles responderam: "revolução é uma guerra em que a classe dos oprimidos combate contra a classe dos opressores", "ela se chama guerra civil. Os cidadãos de um país combatem uns contra os outros".

Nestas respostas reflete-se o desenvolvimento da consciência da criança. Nelas existe um critério de classe. Mas a *tomada de consciência* desse material difere qualitativamente pela profundidade e pela plenitude da sua compreensão pelos adultos.

O exemplo seguinte elucida ainda mais as teses que lançamos: "Denominamos servos aqueles camponeses que eram propriedade do latifundiário."

— Como vivia o latifundiário no regime servil?
— Muito bem. Todos eram ricos. Tinham casas de dez andares, muitos quartos, todos andavam bem vestidos. A luz elétrica estava sempre acesa, etc.

Nesses exemplos percebemos a compreensão original, ainda que simplificada, da essência do regime servil pela criança. É mais uma noção figurada que um conceito científico propriamente dito. Bem diferente é o que ocorre com o conceito "irmão". Por outro lado, a incapacidade de colocar-se acima do significado dessa palavra na situação concreta, a incapacidade de enfocar o conceito "irmão" como conceito abstrato, a impossibilidade de evitar contradições lógicas na operação com esses conceitos, em suma, tudo isso são perigos dos mais reais e mais freqüentes no caminho do desenvolvimento dos conceitos espontâneos.

Para efeito de clareza, poderíamos conceber esquematicamente o caminho do desenvolvimento dos conceitos espontâneos e científicos da criança sob a forma de duas linhas de sentidos opostos, uma das quais se projetando de cima para baixo, atingindo um determinado nível no ponto em que a outra se aproxima ao fazer o movimento de baixo para cima. Se designássemos convencionalmente como inferiores as propriedades do conceito mais simples, mais elementares, que amadurecem mais cedo, designando como superiores aquelas propriedades mais complexas, vinculadas à tomada de consciência e à arbitrariedade e que se desenvolvem mais tarde, poderíamos dizer convencionalmente que o conceito espontâneo da criança se desenvolve de baixo para cima, das propriedades mais elementares e inferiores às superiores, ao passo que os conceitos científicos se desenvolvem de cima para baixo, das propriedades mais complexas e superiores para as mais elementares e inferiores. Essa diferença está vinculada à referida relação distinta dos conceitos científico e espontâneo com o objeto.

A primeira gestação do conceito espontâneo costuma estar vinculada ao choque imediato da criança com estes ou aqueles objetos, é bem verdade que com objetos que encontram simultaneamente explicação por parte dos adultos; seja como for, trata-se de objetos vivos reais. E só depois de um longo desenvolvimento a criança chega a tomar consciência do objeto, do próprio conceito e das operações abstratas com ele. A gestação de um conceito científico, ao contrário, não começa pelo choque imediato com os objetos mas pela relação mediata com os objetos. Se lá a criança caminha do objeto para o conceito, aqui é forçada constantemente a fazer o caminho inverso do conceito para o objeto. Por isso não surpreende que aquilo em que se reflete a força de um conceito é justamente o ponto fraco do outro. Já nas primeiras aulas, a criança aprende a estabelecer relações lógicas entre conceitos, mas o movimento desses conceitos parece transcorrer crescendo para dentro, abrindo caminho para o objeto, vinculando-se à experiência que, neste sentido, a criança tem, e incorporando-a. Os conceitos científicos e espontâneos se encontram, na mesma criança, aproximadamente nos limites do mesmo nível, no sentido de que, no pensamento infantil, não se podem separar os conceitos adquiridos na escola dos conceitos adquiridos em casa. Mas, em termos de dinâmica, eles têm uma história inteiramente diversa: um conceito atingiu esse nível depois de percorrer de cima para baixo certo trecho do seu desenvolvimento, enquanto o outro atingiu o mesmo nível depois de percorrer o trecho inferior do seu desenvolvimento.

Desse modo, o desenvolvimento dos conceitos científico e espontâneo segue caminhos dirigidos em sentido contrário, ambos os processos estão internamente e da maneira mais profunda inter-relacionados. O desenvolvimento do conceito espontâneo da criança deve atingir um determinado nível para que a criança possa apreender o conceito científico e tomar consciência dele. Em seus conceitos espontâneos, a criança deve atingir aquele limiar além do qual se torna possível a tomada de consciência.

Desse modo, os conceitos históricos da criança começam a sua via de desenvolvimento só quando está devidamente diferenciado o seu conceito espontâneo de passado, quando a sua vida e a vida dos seus próximos estão situadas em sua consciência nos limites da generalização primária do "antes e agora".

Por outro lado, porém, as experiências acima citadas e os conceitos espontâneos dependem, em seu desenvolvimento, do conceito científico. Se é verdade que o conceito científico percorreu a área de desenvolvimento que os conceitos espontâneos da criança ainda terão de percorrer, isto é, se pela primeira vez ele tornou possível para a criança uma série de operações que para um conceito de "irmão" nem de longe são possíveis, isto significa que o fato de ter o conceito científico da criança percorrido esse caminho não pode ficar indiferente para a parte restante dos conceitos espontâneos. O conceito espontâneo, que passou de baixo para cima por uma longa história em seu desenvolvimento, abriu caminho para que o conceito científico continuasse a crescer de cima para baixo, uma vez que criou uma série de estruturas indispensáveis ao surgimento de propriedades inferiores e elementares do conceito. De igual maneira, o conceito científico, que percorreu certo trecho do seu caminho de cima para baixo, abriu caminho para o desenvolvimento dos conceitos espontâneos, preparando de antemão uma série de formações estruturais indispensáveis à apreensão das propriedades superiores do conceito. Os conceitos científicos crescem de cima para baixo através dos espontâneos. Estes abrem caminho para cima através dos científicos. Fazendo esta afirmação, apenas generalizamos as leis que descobrimos nas experiências. Lembremos os fatos: o conceito espontâneo deve atingir certo nível de seu desenvolvimento espontâneo para que seja possível descobrir a supremacia do conceito científico sobre ele; verificamos isto pelo fato de que o conceito "porque", já na segunda série, cria essas condições, enquanto o conceito "embora" cria essa possibilidade apenas na quarta série, depois de atingir o nível que "porque" atingiu na segunda. Mas os conceitos espontâneos percorrem rapidamente o trecho superior do seu caminho aberto pelos conceitos científicos, transformando-se em conformidade com as estruturas preparadas pelos conceitos científicos. Isto nós verificamos pelo fato de que a curva dos conceitos espontâneos, situada anteriormente bem abaixo da curva dos científicos, sobe bruscamente até atingir o nível em que se encontram os conceitos científicos da criança.

Agora poderíamos tentar generalizar o que descobrimos. Poderíamos dizer que a força dos conceitos científicos se manifesta naquele campo inteiramente determinado pelas propriedades superiores dos conceitos, como a tomada de consciência e a arbitrariedade; é justamente aí que revelam a sua fragilidade os conceitos espontâneos da criança, que são fortes no campo da aplicação espontânea circunstancialmente conscientizada e concreta, no campo da experiência e do empirismo. O desenvolvimento dos conceitos científicos começa no campo da consciência e da arbitrariedade e continua adiante, crescendo de cima para baixo no campo da experiência pessoal e da concretude. O desenvolvimento dos conceitos científicos começa no campo da concretude e do empirismo e se movimenta no sentido das propriedades superiores dos conceitos: da consciência e da arbitrariedade. O vínculo entre o desenvolvimento dessas duas linhas diametralmente opostas revela indiscutivelmente a sua verdadeira natureza: é o vínculo da zona de desenvolvimento imediato e do nível atual de desenvolvimento.

Estudo do desenvolvimento dos conceitos científicos na infância

É absolutamente indubitável, indiscutível e irrefutável o fato de que a tomada de consciência e a arbitrariedade dos conceitos, propriedades não inteiramente desenvolvidas dos conceitos espontâneos do aluno escolar, situam-se inteiramente na zona do seu desenvolvimento imediato, ou seja, revelam-se e tornam-se eficazes na colaboração com o pensamento do adulto. Isto nos explica tanto o fato de que o desenvolvimento dos conceitos científicos pressupõe um certo nível de elevação dos espontâneos, no qual a tomada de consciência e a arbitrariedade se manifestam na zona de desenvolvimento imediato, quanto o fato de que os conceitos científicos transformam e elevam ao nível superior os espontâneos, concretizando a zona de desenvolvimento imediato destes: porque o que a criança hoje é capaz de fazer em colaboração, amanhã estará em condições de fazer sozinha.

Vemos, assim, que a curva do desenvolvimento dos conceitos científicos não coincide com a curva do desenvolvimento dos espontâneos, mas, ao mesmo tempo, e precisamente em função disto, revela as mais complexas relações de reciprocidade com ela. Essas relações seriam impossíveis se os conceitos científicos simplesmente repetissem a história do desenvolvimento dos conceitos espontâneos. A relação entre esses dois processos e a enorme influência que um exerce sobre o outro são possíveis precisamente porque o desenvolvimento desses e daqueles conceitos transcorre por diferentes caminhos.

Poderíamos levantar a seguinte questão: se o caminho do desenvolvimento dos conceitos científicos repetisse, no essencial, o caminho do desenvolvimento dos espontâneos, o que trariam de novo a aquisição e o sistema de conceitos científicos ao desenvolvimento intelectual da criança? Só o aumento, só a ampliação do círculo de conceitos, só o enriquecimento do seu vocabulário. Mas se os conceitos científicos, como mostram as experiências e como ensina a teoria, melhoram alguma área do desenvolvimento não percorrida pela criança, se a apreensão de um conceito científico antecipa o caminho do desenvolvimento, isto é, transcorre em uma zona em que a criança ainda não tem amadurecidas as respectivas possibilidades, neste caso começamos a entender que a aprendizagem dos conceitos científicos pode efetivamente desempenhar um papel imenso e decisivo em todo o desenvolvimento intelectual da criança.

Antes de começarmos a explicar esta influência dos conceitos científicos sobre o curso geral do desenvolvimento intelectual da criança, queremos abordar a já referida analogia desse processo com os processos de aprendizado de uma língua estrangeira, uma vez que essa analogia mostra de forma indubitável que a via hipotética, que traçamos para o desenvolvimento dos conceitos científicos, é apenas um caso particular de um grupo mais vasto de processos de desenvolvimento vinculados a um desenvolvimento cuja fonte é a aprendizagem sistemática.

A questão se torna mais clara e mais convincente se abordamos uma série de histórias análogas do desenvolvimento. Este nunca ocorre em todos os campos segundo um único esquema, suas vias são muito diversas. O que aqui enfocamos é muito semelhante ao desenvolvimento de uma língua estrangeira na criança em comparação com o desenvolvimento da língua materna. A criança aprende na escola a língua estrangeira em um plano bem diferente do da língua materna. Pode-se afirmar que o aprendizado de uma língua estrangeira segue um caminho diametralmente oposto àquele por onde se desenvolve a língua materna. A criança nunca aprende uma língua materna começando pelo estudo do alfabeto, pela leitura e a escrita, pela construção consciente intencional de frases, pela definição verbal do significado da palavra, pelo estudo da gramática, mas tudo isso faz parte do início do aprendizado de uma língua estrangeira. A criança aprende a língua materna de forma inconsciente e não intencional, ao passo que começa a estudar a língua estrangeira pela tomada de consciência e a intenção. Daí ser possível dizer que o desenvolvimento da língua materna transcorre de baixo para cima, ao passo que o da língua estrangeira transcorre de cima para baixo. No primeiro caso, surgem antes as propriedades elementares inferiores da fala, e só mais tarde se desenvolvem as suas formas complexas, vinculadas à tomada de consciência da estrutura fonética da língua, das suas formas gramaticais e da construção arbitrária da linguagem. No segundo caso, desenvolvem-se antes as propriedades superiores e complexas da fala, vinculadas à tomada de consciência e à intenção, e só mais tarde surgem as propriedades elementares vinculadas ao emprego livre e espontâneo da linguagem alheia.

Neste sentido, poder-se-ia dizer que as teorias intelectualistas do desenvolvimento da linguagem infantil, como a teoria de Stern, que pressupõem que o desenvolvimento da linguagem decorre desde o início do aprendizado do princípio da língua e é uma relação entre o signo e o significado, só são corretas para os casos de aprendizado da língua e só se aplicam a eles. Mas o aprendizado de uma língua estrangeira e o seu desenvolvimento de cima para baixo revelam o que descobrimos também na relação dos conceitos: aquilo em que se manifesta a força da língua estrangeira na criança é a fraqueza da língua materna e, ao contrário, no campo em que a língua materna revela toda a sua força a língua estrangeira se mostra fraca. Assim, a criança usa com perfeição todas as formas gramaticais da língua materna mas não tem consciência delas. Ela declina e conjuga mas não tem consciência do que faz. Constantemente não consegue definir o gênero, o caso, a forma gramatical que utiliza corretamente na respectiva frase. Mas na língua estrangeira, desde o início, ela difere as palavras dos gêneros masculinos e femininos, tem consciência das declinações e das modificações gramaticais.

O mesmo ocorre em relação à fonética. Usando de modo irrepreensível o aspecto sonoro da língua materna, a criança não se dá conta dos sons que pronuncia nessa ou naquela palavra. Por isso, na escrita ela soletra com grande dificuldade a palavra, com dificuldade decompõe os seus sons particulares. Numa língua estrangeira ela faz a mesma coisa com facilidade. Sua escrita na língua materna é muito atrasada em comparação com a fala, mas na língua estrangeira ela não apresenta essa divergência e muito amiúde ultrapassa a fala. Assim, os pontos frágeis da língua materna são precisamente os pontos fortes da estrangeira. Mas o inverso também é verdade: os pontos fortes da língua materna acabam sendo os pontos fracos da estrangeira. O uso espontâneo da fonética, isto é, a pronúncia, é a maior dificuldade para o aluno que estuda uma língua estrangeira. Uma fala fluida, viva e espontânea – com aplicação rápida e correta das estruturas gramaticais – é conseguida com enormes dificuldades e só em pleno final do desenvolvimento. Se o desenvolvimento da língua materna começa pelo uso livre e espontâneo da fala e termina na tomada de consciência das formas de linguagem e na assimilação destas, o desenvolvimento da língua estrangeira começa pela tomada de consciência da língua e por seu aprendizado arbitrário e termina numa linguagem livre e espontânea. Ambas as vias se orientam em sentidos contrários.

Contudo, entre essas vias de desenvolvimento de sentidos contrários existe uma interdependência, exatamente como existe entre o desenvolvimento dos conceitos espontâneos e científicos. O aprendizado consciente e intencional de uma língua estrangeira se apóia com toda evidência em um determinado nível de desenvolvimento da língua materna. A criança aprende a língua estrangeira já dominando o sistema de significados na língua materna e transferindo-o para a esfera da outra língua. Mas o contrário também acontece: o aprendizado da língua estrangeira abre caminho ao domínio das formas superiores da língua materna. Permite à criança entender a língua materna como um caso particular de um sistema lingüístico, logo, dá a ela a possibilidade de generalizar os fenômenos da língua materna, e isto significa tomar consciência das suas próprias operações lingüísticas e dominá-las. Como na álgebra existem a generalização e as conseqüentes tomadas de consciência e apreensão das operações aritméticas, de igual maneira o desenvolvimento da língua estrangeira no campo da língua materna é uma generalização dos fenômenos lingüísticos e uma tomada de consciência das operações de linguagem, isto é, uma tradução desses fenômenos para o plano superior da linguagem consciente e arbitrária. É precisamente neste sentido que se deve entender a sentença de Goethe, segundo a qual "quem não conhece nenhuma língua estrangeira não conhece integralmente a sua própria língua".

Nós nos detivemos nessa analogia por três considerações. Em primeiro lugar, ela nos ajuda a elucidar e mais uma vez a confirmar a idéia de que, em termos psicofuncionais, a via de desenvolvimento de duas estruturas, que pareceriam idênticas em diferentes idades e diferentes condições reais de desenvolvimento, pode e deve ser inteiramente outra. Em essência, existem apenas duas possibilidades – que se excluem mutuamente – para explicar como ocorre numa faixa etária superior o desenvolvimento de um sistema estrutural análogo em comparação com aquele sistema que se desenvolveu em idade mais tenra em outro campo. Existem apenas duas vias para explicar as relações entre o desenvolvimento da linguagem escrita e da falada, da língua materna e da língua estrangeira, da lógica da ação e da lógica do pensamento, da lógica do pensamento concreto e da lógica do pensamento verbal. Um caminho para a explicação é constituído pela lei do deslocamento, pela lei da repetição ou reprodução, em um nível superior, dos processos de desenvolvimentos anteriormente percorridos, lei essa que, em uma esfera superior do desenvolvimento, está relacionada com o retorno das principais peripécias de um desenvolvimento mais precoce. Essa via foi aplicada reiteradamente na psicologia para a solução de todos os problemas concretos aqui referidos. Ultimamente, Piaget a renovou e a pôs em jogo como sua última carta. Outro caminho para a explicação são a lei da zona de desenvolvimento imediato, que desenvolvemos na nossa hipótese, a lei do direcionamento inverso do desenvolvimento de sistemas análogos nas esferas superior e inferior, a lei da interdependência entre os sistemas superior e inferior no desenvolvimento, a lei que descobrimos e confirmamos com base nos fatos do desenvolvimento dos conceitos espontâneos e científicos, nos fatos do desenvolvimento da língua materna e da língua estrangeira, nos fatos do desenvolvimento das linguagens falada e escrita, que vamos aplicar adiante aos fatos obtidos por Piaget na análise comparada da lógica do pensamento concreto e do pensamento verbal, bem como à teoria do sincretismo verbal. Nestes termos, o experimento com o desenvolvimento dos conceitos científicos e espontâneos é, no pleno sentido desta palavra, um *experimentum crucis*, que permitirá resolver a controvérsia entre duas possíveis explicações mutuamente excludentes com uma clareza definitiva e indiscutível. Daí ter sido importante para nós mostrar que a apreensão do conceito científico difere da apreensão do conceito espontâneo mais ou menos da mesma forma que o aprendizado de uma língua estrangeira na escola difere do aprendizado da língua materna; por outro lado, o desenvolvimento de uns conceitos também está mais ou menos relacionado ao desenvolvimento de outros, assim como o estão os processos de desenvolvimento da língua materna e da língua estrangeira. Para nós foi importante mostrar que, em outra situação, os conceitos científicos também se revelam inconsistentes como os espontâneos em situação científica, e que isto coincide plenamente com o fato de que a língua estrangeira se mostra fraca em situações em que se manifesta a força da língua materna e forte onde a língua materna revela a sua fraqueza.

A segunda consideração que nos detém nessa analogia consiste no seguinte: tal analogia não se baseia na coincidência fortuita de dois processos de desenvolvimento que só formalmente são semelhantes mas internamente não têm nada em comum; baseia-se na mais profunda semelhança entre os processos de desenvolvimento que tornamos análogos, semelhança essa que é capaz de nos explicar a imensa coincidência que estabelecemos em toda a dinâmica do desenvolvimento de tais processos. Em essência, nossa analogia trata sempre do desenvolvimento de dois aspectos de um mesmo processo de natureza psicológica: o pensamento verbal. Em um caso, o da língua estrangeira, projeta-se ao primeiro plano o aspecto externo, sonoro e físico do pensamento verbal, em outro – o caso do desenvolvimento dos conceitos científicos – projeta-se o aspecto semântico desse mesmo processo. Neste caso, o aprendizado da língua estrangeira evidentemente requer, ainda que em menores proporções, o domínio do aspecto semântico da fala do outro, assim como o desenvolvimento dos conceitos científicos exige, ainda que em menores proporções, esforços de assimilação da linguagem científica, da simbólica científica, que se manifesta com nitidez especial no processo de assimilação da terminologia e dos sistemas simbólicos como, por exemplo, da aritmética. Por isso seria natural esperar desde o início que aqui se manifestasse a analogia que desenvolvemos. Mas como sabemos que o desenvolvimento do aspecto físico e o desenvolvimento do aspecto semântico da fala não repetem um ao outro mas transcorrem por vias originais, é natural esperar que a nossa analogia seja incompleta como qualquer analogia, que a assimilação de uma língua estrangeira em comparação com a língua materna revele semelhança com o desenvolvimento dos conceitos científicos em comparação com os espontâneos apenas em determinadas situações, revelando profundas diferenças em outras.

Isto nos leva imediatamente a uma terceira reflexão, que nos detém nessa analogia. Como se sabe, o aprendizado de uma língua estrangeira na escola pressupõe um sistema já constituído de conhecimentos da língua materna. No aprendizado da língua estrangeira, a criança não é levada a tornar a desenvolver a semântica da língua ou a formar outra vez os significados das palavras, a assimilar novos conceitos sobre objetos. Deve aprender novas palavras, correspondentes ponto por ponto ao sistema de conceitos já adquirido. Graças a isto surge uma relação inteiramente nova da palavra com o objeto, diferente daquela existente na língua materna. A palavra estrangeira, aprendida pela criança, não se relaciona com o objeto nem direta nem indiretamente, mas de forma mediatizada pela palavra da língua materna. Até este ponto a analogia que desenvolvemos mantém-se em vigor. O mesmo observamos no desenvolvimento dos conceitos científicos, que não se refere ao seu objeto diretamente mas de forma mediatizada por outros conceitos anteriormente constituídos. A analogia pode continuar até o ponto seguinte. Graças a esse papel mediador desempenhado pelas palavras da língua materna no estabelecimento das relações entre as palavras estrangeiras e os objetos, as palavras da língua materna ganham um considerável desenvolvimento no aspecto semântico. O significado da palavra ou do conceito, uma vez que pode ser expresso por duas diferentes palavras em uma e na outra língua, como que se separa da sua vinculação imediata com a forma sonora da palavra na língua materna, adquire uma relativa independência, diferencia-se do aspecto sonoro da fala e, conseqüentemente, é conscientizado como tal. O mesmo observamos nos conceitos espontâneos da criança, que medeiam a relação entre o novo conceito científico e o objeto a que tal conceito se refere. Como veremos adiante, o conceito espontâneo, ao colocar-se entre o conceito científico e o seu objeto, adquire toda uma variedade de novas relações com outros conceitos e ele mesmo se modifica em sua própria relação com o objeto. Aqui também a analogia se mantém em vigor. Contudo, posteriormente ela dá lugar ao seu oposto. Enquanto no processo de apreensão da língua estrangeira o sistema de significados prontos é dado antecipadamente na língua materna e forma a premissa para o estabelecimento de um novo sistema, no processo de desenvolvimento dos conceitos científicos o sistema surge junto com o seu desenvolvimento e exerce a sua influência transformadora sobre os conceitos espontâneos. Neste ponto, a diferença é bem mais substancial que a semelhança em todos os outros casos, uma vez que reflete o específico contido no desenvolvimento dos conceitos científicos diferentemente de novas formas de linguagem como a língua estrangeira ou a lin-

Estudo do desenvolvimento dos conceitos científicos na infância **359**

guagem escrita. A questão do sistema é ponto central em toda a história do desenvolvimento dos conceitos reais da criança, problema esse que a investigação dos conceitos artificiais experimentais não conseguiu captar.

Para concluir este capítulo, examinemos a questão central e última da nossa investigação. Todo conceito é uma generalização. Isto é indubitável. Mas até agora operamos em nossa investigação com alguns conceitos isolados. Enquanto isso, surge por si mesma a questão de saber em que relação se encontram os conceitos entre si. Como um conceito isolado, esta célula que arrancamos da totalidade e do tecido foi entrelaçada e implantada no sistema de conceitos infantis, o único em que ela pode surgir, viver e desenvolver-se. Porque os conceitos não surgem na mente da criança como ervilhas espalhadas em um saco. Eles não se situam um ao lado do outro ou sobre o outro, fora de qualquer vínculo e sem quaisquer relações. De outro modo seria impossível qualquer operação intelectual que exigisse a correlação dos conceitos, seria impossível uma visão de mundo da criança, em suma, seria impossível toda a vida complexa do seu pensamento. Ademais, sem nenhuma relação definida com outras conceitos, seria impossível até mesmo a coexistência de cada conceito em particular, uma vez que a própria essência do conceito e da generalização pressupõe, a despeito da doutrina da lógica formal, não o empobrecimento mas o enriquecimento da realidade representada no conceito em comparação com a percepção sensorial e indireta e com a contemplação dessa realidade. Mas se a generalização enriquece a percepção imediata da realidade, é evidente que isto não pode ocorrer por outra via psicológica a não ser pela via do estabelecimento de vínculos complexos, de dependências e relações entre os objetos representados no conceito e a realidade restante. Deste modo, a própria natureza de cada conceito particular já pressupõe a existência de um determinado sistema de conceitos, fora do qual ele não pode existir.

O estudo dos conceitos da criança em cada faixa etária mostra que a generalidade (as diferenças e relações de generalidade

– planta, flor, rosa) é a relação mais substancial e natural entre os significados (conceitos) nos quais a sua natureza se manifesta com mais plenitude. Se cada conceito é uma generalização, é evidente que a relação entre um conceito e outro é uma relação de generalidade. O estudo dessas relações de generalidade entre os conceitos há muito tempo vem se constituindo em um dos problemas centrais da lógica. Pode-se afirmar que o aspecto lógico dessa questão foi elaborado e estudado com suficiente plenitude. Mas o mesmo não pode ser dito em relação aos problemas genéticos e psicológicos vinculados a essa questão. Foi estudada habitualmente a relação entre o geral e o particular nos conceitos. É necessário estudar a relação genética e psicológica entre esses tipos de conceitos. Aqui se revela diante de nós a própria organização conclusiva do problema da nossa investigação.

Sabe-se que, no desenvolvimento dos seus conceitos, a criança não percorre a via lógica dos mais particulares para os mais gerais. Ela assimila a palavra "flor", que é mais genérica, antes da palavra "rosa", que é mais particular. Mas quais são as leis desse movimento dos conceitos do geral ao particular e do particular ao geral no processo do seu desenvolvimento e do funcionamento no pensamento vivo e real da criança? Até recentemente essa questão não tinha recebido o menor esclarecimento. No estudo dos conceitos reais da criança procuramos nos aproximar do estabelecimento das leis fundamentais que existem nesse campo.

Antes de mais nada, conseguimos estabelecer que a generalidade (a sua diferenciação) não coincide com a estrutura da generalização e com os seus diferentes estágios, que estabelecemos na investigação experimental da formação dos conceitos: os sincréticos, os complexos, os pré-conceitos e os conceitos.

Em primeiro lugar, conceitos de generalidades diferentes são possíveis na mesma estrutura da generalização. Por exemplo, na estrutura dos conceitos complexos é possível a existência de conceitos de generalidade diferente: flor e rosa. É verdade que logo devemos ressalvar que, aí, a relação de generalidade "flor/rosa" será outra em cada estrutura da generalização, por exemplo, na estrutura complexa e pré-conceitual.

Em segundo lugar, pode haver conceitos da mesma generalidade em diferentes estruturas da generalização. Por exemplo, na estrutura complexa e conceitual, a mesma "flor" pode ser um significado comum para todas as espécies e referir-se a todas as flores. É verdade que cabe uma ressalva: em diferentes estruturas das generalizações, essa generalidade pode ser idêntica só nos sentidos lógico e concreto mas não no sentido psicológico, ou melhor, a relação de generalidade "flor/rosa" é outra nas estruturas complexa e conceitual. Na criança de dois anos essa relação será mais concreta; um conceito mais geral está como que ao lado de um mais particular e o substitui, enquanto em uma criança de oito anos um conceito se sobrepõe aos outros e incorpora o mais particular.

Assim, podemos estabelecer que as relações de generalidade não coincidem direta e imediatamente com a estrutura da generalização assim como não são estranhas nem desvinculadas entre si. Entre elas existe uma complexa interdependência que, cabe dizer, seria totalmente impossível e inacessível ao nosso estudo se não pudéssemos preestabelecer que as relações de generalidade e diferença nas estruturas da generalização não coincidem imediatamente entre si. Se coincidissem, nenhuma relação seria possível entre elas. O nosso exame mostra que não há coincidência entre as relações de generalidade e estrutura da generalização, mas essa falta de coincidência não é absoluta e só ocorre em uma determinada parte: embora nas diferentes estruturas da generalização possa haver conceitos de generalidade única e, ao contrário, na mesma estrutura da generalização possam coincidir conceitos de estrutura vária, ainda assim essas relações de generalidade são diferentes em cada estrutura da generalização: tanto onde são logicamente idênticas quanto onde são diferentes.

A investigação mostra, como seu resultado principal, que as relações de generalidades entre os conceitos estão vinculadas à estrutura da generalização, ou seja, aos níveis de desenvolvimento dos conceitos na forma como foram estudados por nós na investigação experimental do processo de formação de conceitos, cabendo ressaltar que essa vinculação é a mais estreita: a cada estrutura da generalização (*sincret* [sic!]*, complexo, pré-conceito, conceito) correspondem o seu sistema específico de generalidade e relações de generalidade entre os conceitos gerais e os particulares, a sua medida de unidade, abstrata e concreta, que determina a forma concreta de dado movimento dos conceitos, de determinada operação de pensamento nesse ou naquele estágio de desenvolvimento dos significados das palavras.

Expliquemos isto através de exemplos. Em nossos experimentos uma criança muda aprendeu, sem muita dificuldade, as palavras *mesa*, *cadeira*, *escrivaninha*, *sofá*, *estante*, etc. Essa série poderia ser consideravelmente alongada, uma vez que cada palavra nova não representou grande dificuldade para ela. Mas a criança não conseguiu assimilar como sexta palavra da série o vocábulo *mobília*, que é um conceito mais genérico em relação às cinco palavras já estudadas, embora assimilasse sem nenhuma dificuldade qualquer palavra da mesma série de conceitos subordinados de generalidade idêntica. Ficou evidente que a palavra *mobília* significou para a criança não só o acréscimo de uma sexta palavra às cinco já existentes como algo basicamente novo: significou assimilar a relação de generalidade, adquirir o primeiro conceito superior que incluía toda uma série de conceitos particulares a ele subordinados, apreender horizontal e verticalmente uma nova forma de movimento dos conceitos.

A mesma criança que foi capaz de assimilar as palavras *camisa*, *chapéu*, *casaco*, *sapato*, *calças* não consegue sair dessa série, que ela poderia prolongar muito no mesmo sentido, e assimilar a palavra *roupa*. Descobrimos que, em certa fase do

....
* Vigotski emprega esta abreviação latina como categoria do processo de formação de conceitos. (N. do T.).

desenvolvimento do significado das palavras infantis, esse movimento pela vertical, essas relações de generalidade entre os conceitos são inacessíveis à criança. Todos esses conceitos representam apenas conceitos de uma série, subordinados, desprovidos de relações hierárquicas diretamente vinculadas ao objeto e delimitadas entre si exatamente à imagem e semelhança da delimitação dos objetos neles representados. Isto se observa na linguagem autônoma da criança, que é uma fase transitória entre a sua linguagem pré-intelectual e balbuciada e a apreensão da linguagem dos adultos.

Não estará claro que na construção de um sistema de conceitos entre os quais só sejam possíveis as relações existentes entre os vínculos dos objetos imediatamente refletidos neles – e nunca outras relações – no pensamento verbal da criança deva dominar a lógica do pensamento concreto? É mais correto afirmar que nenhum pensamento verbal é possível, uma vez que os conceitos nunca podem ser colocados em nenhuma relação entre si que não seja uma relações concreta. Nessa fase, o pensamento verbal só é possível como aspecto dependente do pensamento concreto direto. É por isso que essa construção absolutamente específica de conceitos e a sua correspondente esfera limitada de operações de pensamento acessíveis dá todos os fundamentos para se destacar essa fase como fase pré-sincrética especial no desenvolvimento dos significados das palavras infantis. É por isso que o surgimento do primeiro conceito superior, sobreposto à série de conceitos anteriormente constituídos, da primeira palavra do tipo *mobília* ou *roupa*, não é um sintoma menos importante no progresso do desenvolvimento do aspecto semântico da linguagem infantil que o surgimento da primeira palavra consciente. Ademais, nos estágios seguintes do desenvolvimento dos conceitos começam a constituir-se relações de generalidade, mas em cada fase essas relações formam um sistema de relações absolutamente específico.

Estamos diante de uma lei geral. Nela está a chave para o estudo das relações genéticas e psicológicas entre o geral e o particular nos conceitos infantis. Existe um sistema de relações e de generalidade para cada fase da generalização; segundo a estrutura desse sistema, dispõem-se em ordem genética os conceitos gerais e particulares, de forma que o movimento do geral ao particular e do particular ao geral no desenvolvimento dos conceitos vem a ser diferente em cada fase do desenvolvimento dos significados, em função da estrutura de generalização dominante nessa fase. Na passagem de uma fase a outra modificam-se o sistema de generalidade e toda a ordem genética do desenvolvimento dos conceitos superiores e inferiores.

Só nas fases superiores do desenvolvimento dos significados das palavras e, conseqüentemente, das relações de generalidade surge um fenômeno de importância primordial para todo o nosso pensamento e que é determinado pela lei da equivalência dos conceitos.

Essa lei estabelece: todo conceito pode ser designado por uma infinidade de meios por intermédio de outros conceitos. Essa lei precisa ser esclarecida.

Durante as nossas investigações, esbarramos na necessidade de introduzir conceitos para generalizar e apreender os fenômenos descobertos, pois sem esses conceitos não teríamos condições de entender a própria existência de conceitos em interdependência.

Se imaginamos convencionalmente que todos esses conceitos estão dispostos à semelhança de todos os pontos da superfície terrestre, situados entre os pólos Norte e Sul, em um certo grau de longitude entre os pólos da abrangência imediata, sensorial e direta do objeto e do conceito maximamente generalizado e sumamente abstrato, então, como longitude desse conceito podemos definir o lugar por ele ocupado entre os pólos do pensamento sumamente concreto e sumamente abstrato sobre o objeto. Os conceitos irão distinguir-se por sua longitude em função da medida em que está representada a unidade do concreto e do abstrato em cada conceito dado. Se imaginarmos que a esfera do globo terrestre pode simbolizar para nós toda a plenitude e toda a diversidade da realidade representada em conceitos, poderemos designar como latitude do conceito o lugar por este ocupado entre outros conceitos da mesma longitude mas relacionados a outros pontos da realidade da mesma forma com que a latitude da geografia designa um ponto da superfície terrestre em graus de paralelos terrestres.

Desse modo, a latitude do conceito irá caracterizar primordialmente a natureza do próprio ato de pensar, da própria abrangência dos objetos no conceito do ponto de vista da unidade do abstrato e do concreto contida em tal conceito. A latitude do conceito irá caracterizar primordialmente as suas relações com o objeto, o ponto de sua aplicação a um determinado ponto da realidade. Juntas, a longitude e a latitude do conceito devem produzir uma noção definitiva da sua latitude sob a ótica de dois momentos: do ato de pensamento nele contido e do objeto nele representado. Assim, elas devem conter o entroncamento de todas as relações de generalidade existentes no campo de dado conceito nos planos tanto horizontal quanto vertical, isto é, tanto em relação aos conceitos subordinados quanto aos superiores e inferiores pelo grau de generalidade. Chamamos de *medida de generalidade desse conceito* esse lugar do conceito no sistema de todos os conceitos, determinado pelas suas longitude e latitude, esse entroncamento de relações com outros conceitos contido na concepção do próprio conceito.

O emprego forçado de designações metafóricas, tomadas de empréstimo à geografia, requer uma ressalva sem a qual essas designações podem provocar substanciais mal-entendidos. Enquanto, na geografia, entre as linhas de longitude e latitude, entre os meridianos e os paralelos existem relações lineares de tal forma que ambas as linhas só se cruzam em um ponto que determina simultaneamente a posição dessas linhas no meridiano e no paralelo, no sistema de conceitos essas relações são mais complexas e não podem ser traduzidas na linguagem das relações lineares. Um conceito superior pela longitude é ao mesmo tempo mais amplo por seu conteúdo; abrange toda uma área de linhas de latitude de conceitos a ela subordinados, área essa que precisa de uma série de pontos para ser definida.

Graças à existência da medida de generalidade, para cada conceito surge a sua relação com todos os demais conceitos, a possibilidade de transição de uns conceitos a outros, o estabelecimento de relações entre eles por vias inúmeras e infinitamente diversas, surge a possibilidade de equivalência entre os conceitos.

Para elucidar esse pensamento, tomemos dois exemplos extremos: por um lado, a linguagem autônoma da criança, em que não podem existir relações de generalidade entre os conceitos, e, por outro, os conceitos científicos desenvolvidos, digamos, os conceitos de número, na forma que assumem como resultado do estudo da aritmética. No primeiro caso, é óbvio que cada conceito só pode ser expresso por si próprio, nunca por outros conceitos. No segundo caso, qualquer número pode ser expresso de inúmeras formas, devido à infinidade de números e ao fato de o conceito de qualquer número conter, também, todas as suas relações com todos os outros números. Uma unidade, por exemplo, pode ser expressa como 1.000.000 menos 999.999 ou, em geral, como a diferença entre dois números consecutivos, ou como qualquer número dividido por si próprio, e ainda por meio de inúmeras outras formas. Esse é o exemplo puro de equivalência de conceitos.

Entretanto, na linguagem autônoma da criança, o conceito só pode ser expresso de um único modo, não tem equivalentes por não ter relações de generalidade com outros conceitos. Isto só é possível porque existem longitude e latitude de conceitos, existem diferentes medidas de generalidade dos conceitos que admitem a passagem de um conceito a outro.

Essa lei da generalidade de conceitos é diferente e específica em cada fase do desenvolvimento da generalização. Na medida em que a equivalência depende das relações de generalidade entre os conceitos, e estes são específicos de cada estrutura de generalização, é evidente que cada uma dessas estruturas determina a equivalência de conceitos possível em sua esfera.

Como mostra a investigação, a medida de generalidade é o momento primeiro e fundamental em qualquer funcionamento de qualquer conceito, assim como no vivenciamento do conceito, como se pode ver pela análise fenomenológica. Quando nos mencionam algum conceito, por exemplo, "mamífero", nós o vivenciamos da seguinte maneira: fomos colocados em um determinado ponto da rede de linhas de latitude e longitude, ocupamos uma posição para o nosso pensamento, recebemos o ponto inicial de orientação, experimentamos a disposição de nos movimentarmos em qualquer direção a partir desse ponto. Isto se manifesta no fato de que qualquer conceito que surge isoladamente na consciência forma uma espécie de grupo de prontidões, grupo de predisposição para determinados movimentos do pensamento. Por isso, na consciência todo conceito está representado como uma figura no campo das relações de generalidade que lhe correspondem. Nesse campo nós escolhemos a via do movimento necessário ao nosso pensamento. Por isso, a medida de generalidade determina funcionalmente todo o conjunto de eventuais operações do pensamento com um determinado conceito. Como mostra o estudo das definições dos conceitos dadas pelas crianças, essas definições são uma expressão direta da lei da equivalência de conceitos dominante em uma determinada fase do desenvolvimento dos significados das palavras. De igual maneira, qualquer operação – como, por exemplo, uma comparação, o estabelecimento de diferença e identidade de duas idéias –, qualquer juízo ou conclusão pressupõe determinado movimento estrutural na rede de linhas de latitude e longitude dos conceitos. Em caso de perda da memória provocada por doença, perturba-se a medida de generalidade, ocorre uma desintegração da unidade do concreto e do abstrato no significado da palavra. Os conceitos perdem a sua medida de generalidade, suas relações com outros conceitos, com o superior, o inferior e toda a sua série, o movimento do pensamento começa a realizar-se por linhas quebradas, irregulares e salteadas, o pensamento se torna alógico e irreal, uma vez que o ato de abrangência dos objetos dos conceitos e da relação do conceito com o objeto deixa de formar uma unidade. No processo de desenvolvimento, as relações de generalidade, que se modificam a cada nova estrutura da generalização, provocam mudanças em todas as operações de pensamento acessíveis à criança em uma determinada fase. Entre outras coisas, a dependência da memorização do pensamento em relação às palavras, há muito estabelecida por experimentos como uma das peculiaridades fundamentais do nosso pensamento, cresce na medida em que se desenvolve a relação de generalidade e equivalência de conceitos. A criança de tenra idade está inteiramente ligada à expressão literal do sentido que ela assimila. O aluno escolar já transmite um complexo conteúdo semântico, até certo ponto com independência da expressão verbal com que o assimilou. Na medida em que se desenvolvem as relações de generalidade, amplia-se a independência do conceito em face da palavra, do sentido, da sua expressão, e surge uma liberdade cada vez maior das operações semânticas em si e em sua expressão verbal.

Procuramos, durante muito tempo e inutilmente, um índice seguro para qualificar as estruturas de generalização nos significados reais das palavras infantis e, com isto, a possibilidade de estabelecer uma ponte entre os conceitos experimentais e os reais. Só o estabelecimento de um vínculo entre a estrutura de generalização e as relações de generalidade nos forneceria a chave para a solução desse problema. Estudando a relação de generalidade de algum conceito, sua medida de generalidade, obtemos o critério mais seguro da estrutura da generalização dos conceitos reais. Ser significado é o mesmo que estar em determinadas relações de generalidade com outros significados, isto é, significa uma medida específica de generalidade. Deste modo, a natureza do conceito – sincrética, complexa, pré-conceitual – se revela de forma mais completa nas relações específicas de dado conceito com outros conceitos. Assim, o estudo dos conceitos reais da criança, por exemplo, conceitos como "burguês", "capitalista", "latifundiário", "camponês rico", etc., que nos levou ao estabelecimento das relações específicas de generalidade que dominam em cada fase do conceito, do *sincret* ao verdadeiro conceito, permitiu não só lançar uma ponte entre a investigação dos conceitos experimentais e os conceitos reais mas também elucidar aspectos essenciais das estruturas fundamentais da generalização, que poderiam nem ser estudadas em experimento artificial.

O máximo que um experimento artificial poderia dar seria um esquema genético comum que abrangesse as fases fundamentais do desenvolvimento dos conceitos. A análise dos conceitos reais da criança nos ajudou a estudar propriedades pouco conhecidas dos *sincrets*, dos complexos, dos pré-conceitos, e a estabelecer em cada uma dessas esferas do pensamento a existência de outra relação com o conceito e de outro ato de abrangência do objeto no pensamento, isto é, dois momentos fundamentais que caracterizam os conceitos e revelam a diferença entre estes na transição de uma fase a outra. É por isso que a natureza desses conceitos e todas as suas propriedades são diferentes: de outra relação com o objeto decorrem, em cada esfera, outros eventuais vínculos e relações entre os objetos que se estabelecem no pensamento; de outro ato de abrangência decorrem outros vínculos de pensamentos, outro tipo de operações psicológicas. Dentro de cada uma dessas esferas revelam-se outras propriedades determinadas pela natureza do conceito: a) outra relação com o objeto e com o significado da palavra; b) outras relações de generalidade; c) outro círculo de operações eventuais.

Entretanto, devemos ao estudo dos conceitos reais da criança algo ainda maior que a simples eventualidade da transição de significados experimentais para significados reais das palavras e as descobertas das suas novas propriedades que conseguimos estabelecer em conceitos artificialmente construídos. Devemos a essa nova investigação o fato de que ela nos levou a preencher a mais importante lacuna da investigação anterior e, assim, a rever a sua importância teórica.

Em nossa investigação anterior, tornamos a repetir em cada fase (de *sincrets*, dos complexos, dos conceitos) a relação da palavra com o objeto, ignorando que qualquer nova fase no desenvolvimento da generalização se baseia na generalização das fases antecedentes. A nova fase de generalização não surge senão com base na anterior. A nova estrutura da generalização só pode surgir da generalização dos objetos que o pensamento tornou a fazer, da generalização dos objetos generalizados na estrutura anterior. Surge como generalização das generalizações, mas não simplesmente como um novo modo de generalização de objetos singulares. O trabalho anterior do pensamento, traduzido nas generalizações dominantes na fase antecedente, não é anulado nem desaparece inutilmente, mas se incorpora ao novo trabalho do pensamento e passa a integrá-lo como premissa indispensável[3].

Por isso, a nossa primeira investigação não pôde estabelecer o real como automovimento no desenvolvimento dos conceitos, nem o vínculo interior entre determinadas fases do desenvolvimento. Fomos censurados do contrário: de que não apresentamos o automovimento dos conceitos, ao mesmo tempo que se deve deduzir cada nova fase do conceito de uma causa externa e sempre nova. Em realidade, a fraqueza da nossa investigação anterior consiste na ausência de um automovimento real, de uma ligação entre as fases do desenvolvimento. Essa falha deve-se à própria natureza do experimento que, por sua estrutura, excluiu a possibilidade de: a) elucidação dos vínculos entre as fases no desenvolvimento dos conceitos e da transição de uma fase para outra, e b) revelação das relações de generalidade, uma vez que, pela própria metodologia do experimento, cabe ao sujeito experimental, depois de uma solução

---

3. O desenvolvimento potencial dos conceitos históricos a partir do sistema de generalizações primárias do "antes e agora" e o desenvolvimento gradual dos conceitos sociológicos a partir do sistema de observações "entre nós e entre eles" ilustram essa tese.

incorreta do problema, anular o trabalho realizado, destruir as generalizações antes constituídas e recomeçar o trabalho pelas generalizações dos objetos singulares. Uma vez que os conceitos escolhidos para o experimento estavam no mesmo nível de desenvolvimento que a linguagem autônoma da criança, eles podiam correlacionar-se só horizontalmente mas não distinguir-se pela longitude. Por isto fomos forçados a dispor as fases como uma série de círculos que se distanciam para a frente em um plano, em vez de distribuí-los como uma espiral de círculos vinculados por uma série e ascendentes.

A investigação dos conceitos reais em seu desenvolvimento nos levou, desde os primeiros momentos, à possibilidade de preencher essa lacuna. A análise do desenvolvimento das noções gerais na idade pré-escolar, que corresponde ao que chamamos de complexos nos conceitos experimentais, mostrou que as noções gerais, como fase superior no desenvolvimento e no significado das palavras, não surgem de noções singulares generalizáveis mas de percepções generalizadas, isto é, de generalizações que dominam na fase anterior. Essa conclusão fundamental, que podemos tirar com base em investigação experimental, resolve, na essência, toda a questão. Estabelecemos relações análogas de novas generalizações com as anteriores no estudo dos conceitos aritméticos e algébricos. Aqui conseguimos estabelecer na relação de transição dos pré-conceitos do aluno escolar para os conceitos do adolescente o mesmo que, na investigação anterior, conseguimos estabelecer na relação de passagem das percepções generalizadas para as noções gerais, isto é, dos *sincrets* para os complexos.

Como ali se verificou ser impossível atingir o novo estágio no desenvolvimento das generalizações a não ser pela via da transformação e nunca da anulação do estágio anterior, pela via da generalização de objetos já generalizados no sistema anterior de objetos, também aqui a investigação mostrou que a passagem dos pré-conceitos (cujo exemplo típico é o conceito aritmético do aluno escolar) para os verdadeiros conceitos do adolescente (cujo exemplo típico são os conceitos algébricos) se realiza pela via da generalização das matérias anteriormente generalizadas.

O pré-conceito é uma abstração do número a partir do objeto e uma generalização nela fundada das propriedades numéricas do objeto. O conceito é uma abstração a partir do número e uma generalização nela fundada das outras relações entre os números. A abstração e a generalização da minha idéia diferem da abstração e da generalização dos objetos. Não se trata de um movimento subseqüente na mesma direção, não é a sua conclusão mas o início de um novo sentido, a transição para o plano novo e superior de pensamento. A generalização das minhas próprias operações e dos meus pensamentos é algo superior e novo em comparação com a generalização das propriedades numéricas dos objetos no conceito aritmético. Mas um novo conceito, uma nova generalização não surge senão com base no conceito ou generalização anterior. Isto se manifesta nitidamente no fato de que, paralelamente ao aumento das generalizações algébricas, ocorre o aumento da liberdade de operações. Libertar-se da vinculação ao campo numérico é operação diferente de libertar-se da vinculação ao campo visual. A explicação do aumento da liberdade proporcional ao aumento das generalizações algébricas está na possibilidade de um movimento inverso do estágio superior para o inferior, contido na generalização superior: a operação inferior já é vista como caso particular da superior.

Uma vez que os conceitos algébricos se conservam inclusive quando aprendemos álgebra, surge naturalmente a questão de saber o que distingue o conceito aritmético do adolescente, que domina álgebra, do conceito do aluno escolar. A investigação mostra: que há por trás dele um conceito algébrico; que o conceito aritmético é considerado como caso particular de um conceito mais geral; que a operação com ele é mais livre, por partir da fórmula geral por força da qual ela é independente de uma expressão aritmética determinada.

No escolar, esse conceito aritmético é um estágio conclusivo. Por trás dele não há nada. Por isso o movimento no plano desses conceitos está totalmente vinculado às condições da situação aritmética; o escolar não pode colocar-se acima da situação, já o adolescente pode. Essa possibilidade lhe é proporcionada pelo conceito algébrico situado em plano superior. Podemos observar tal fato nas experiências com a passagem do sistema decimal para outro sistema de cálculo. A criança aprende a atuar no plano do sistema decimal antes de tomar consciência dele, porque ela não domina o sistema mas é tolhida por ele.

A tomada de consciência do sistema decimal, isto é, a generalização, que redunda na sua compreensão como caso particular de qualquer sistema de cálculo, leva à possibilidade de ação arbitrária nesse e em outro sistema. O critério de tomada de consciência reside na possibilidade de passagem para qualquer outro sistema, pois isto significa generalização do sistema decimal, formação de um conceito geral sobre os sistemas de cálculo. Por isso, a passagem para qualquer sistema é um indicador direto da generalização do sistema decimal. A criança traduz do sistema decimal para um sistema baseado no número cinco, de modo diferente antes da fórmula geral e depois da fórmula geral. Assim, a investigação mostra que sempre existem vínculos da generalização superior com a inferior e, através desta, com o objeto.

Ainda nos resta dizer que a investigação dos conceitos reais nos levou a expor também o último elo de toda a cadeia das relações de transição de um estágio para outro. Já nos referimos ao vínculo entre os complexos e os *sincrets* no processo de transição da tenra idade para a idade pré-escolar e à ligação dos pré-conceitos com os conceitos na transição da idade escolar para a adolescência. O presente estudo dos conceitos científicos e espontâneos revela um elo intermediário que aí está faltando: como veremos abaixo, ele permite elucidar a mesma dependência na transição das noções gerais do aluno pré-escolar para os seus pré-conceitos. Deste modo, verifica-se que está plenamente resolvido o problema dos vínculos e das transições entre determinados estágios de desenvolvimento do conceito, isto é, o problema do automovimento dos conceitos em desenvolvimento, que não conseguimos resolver na primeira investigação.

Entretanto, a investigação dos conceitos reais da criança nos deu ainda mais. Permitiu elucidar não só o movimento entre os estágios no desenvolvimento dos conceitos mas também o movimento dentro do próprio estágio, baseado nas transições dentro de um determinado estágio da generalização, por exemplo, nas passagens de um tipo de generalizações por complexos a outro tipo superior. O princípio da generalização das generalizações continua em vigor também aqui, mas com outra expressão. Nas passagens dentro de um estágio, conserva-se na etapa superior uma relação com o objeto mais próxima da etapa anterior, não se reconstrói de forma tão acentuada todo o sistema de relações de generalidade. Na passagem de um estágio a outro, observam-se um salto e uma brusca reconstrução da relação do conceito com o objeto e das relações de generalidade entre os conceitos.

Essas investigações nos levam a rever a maneira como se realiza a própria transição de um estágio de desenvolvimento dos significados para outro. Se, como imaginávamos antes, à luz da primeira investigação uma nova estrutura de generalização simplesmente anula a primeira e a substitui, reduzindo a nada todo o trabalho anterior do pensamento, a passagem para o novo estágio não pode significar nada a não ser a reconstituição de todas as palavras antes existentes em outra estrutura de significação. Um trabalho de Sísifo!

Entretanto, a nova investigação mostra que a passagem se realiza por outra via: a criança forma uma nova estrutura de generalização primeiro com uns poucos conceitos, habitualmente readquiridos, por exemplo, no processo de aprendizagem; quando já domina essa nova estrutura, por força disto recons-

Estudo do desenvolvimento dos conceitos científicos na infância 375

trói e transforma a estrutura de todos os conceitos anteriores. Deste modo, não se inviabiliza o trabalho anterior do pensamento, os conceitos não são recriados em cada novo estágio, cada significado isolado não deve por si mesmo executar todo o trabalho de reconstrução da estrutura. Isto se realiza – como todas as operações estruturais do pensamento – por intermédio da apreensão de um novo princípio em uns poucos conceitos, que posteriormente já são disseminados e transferidos a todo o campo dos conceitos por força das leis estruturais.

Verificou-se que a nova estrutura da generalização, à qual a criança chega no processo de aprendizagem, cria a possibilidade para que os seus pensamentos passem a um plano novo e mais elevado de operações lógicas. Ao serem incorporados a essas operações de pensamento de tipo superior em comparação com o anterior, os velhos conceitos se modificam por si mesmos em sua estrutura.

Por último, a investigação dos conceitos reais da criança nos levou a resolver mais uma questão nada secundária, há muito colocada perante a teoria do pensamento. Desde os trabalhos da Escola de Würzburg, sabe-se que os vínculos não-associativos determinam o movimento e o fluxo dos conceitos, a ligação e a concatenação das idéias. Bühler mostrou, por exemplo, que a memorização e a reprodução de idéias não se realizam segundo as leis da associação mas por uma vinculação semântica. Entretanto, até hoje não se resolveu quais precisamente os vínculos que determinam o fluxo dos pensamentos. Esses vínculos foram descritos magistral e extrapsicologicamente, por exemplo, como vínculos entre o fim e os meios de atingi-lo. A psicologia estrutural tentou definir esses vínculos como vínculos das estruturas, mas essa definição apresenta duas falhas essenciais:

1. Os vínculos do pensamento se apresentam aí como vínculos absolutamente análogos da percepção, da memória e de todas as outras funções que, em iguais proporções com o pensamento, estão subordinadas às leis estruturais; conseqüentemente, os vínculos do pensamento não contêm nada de novo,

superior e específico, em comparação com os vínculos das percepções e da memória, e não se entende como no pensamento são possíveis o movimento e a concatenação de conceitos de outra espécie e outro tipo diferentes das concatenações estruturais das percepções e imagens da memória. No fundo, a psicologia estrutural, que repete de forma integral e absoluta o erro da psicologia associativa, uma vez que parte da identidade de vínculos da percepção, da memória e do pensamento e não percebe a especificidade do pensamento na série desses processos fazendo exatamente como a antiga psicologia, que partia desses mesmos princípios; o novo consiste apenas na substituição do princípio da associação pelo princípio da estrutura, embora o modo de explicação permaneça o mesmo. Neste sentido, a psicologia estrutural não só não avançou no problema do pensamento como ainda retrocedeu nesta questão em comparação com a Escola de Würzburg, que estabeleceu que as leis do pensamento não são idênticas às leis da memória e que, conseqüentemente, o pensamento é uma atividade de tipo especial, subordinada às suas próprias leis; já para a psicologia estrutural, o pensamento não tem leis específicas e é passível de explicação do ponto de vista das leis que regem o campo da percepção e da memória.

2. A redução dos vínculos no pensamento a vínculos estruturais e sua identificação com os vínculos da percepção e da memória excluem inteiramente qualquer possibilidade de desenvolvimento do pensamento e da compreensão do pensamento como tipo superior e original de atividade e consciência, em comparação com a percepção e a memória. Essa identificação das leis do movimento dos pensamentos com as leis da concatenação das imagens da memória está em contradição inconciliável com um fato que estabelecemos: o do surgimento de vínculos novos e de tipo superior entre os pensamentos em cada novo estágio de desenvolvimento dos conceitos.

Verificou-se que, no primeiro estágio, na linguagem autônoma da criança ainda não existem relações de generalidade entre os conceitos, razão pela qual são possíveis entre eles apenas aqueles vínculos que podem ser estabelecidos na percepção, isto é, nesse estágio é impossível o pensamento como atividade autônoma e independente da percepção. Na medida em que se desenvolve a estrutura da generalização e surgem entre os conceitos relações de generalidade cada vez mais complexas, tornam-se possíveis o pensamento como tal e a ampliação gradual dos vínculos e relações que o constituem, como a passagem para tipos novos e superiores de vínculo e transições antes impossíveis entre os conceitos. Esse fato é inexplicável do ponto de vista da teoria estrutural e por si mesmo é argumento suficiente para ser refutado.

Que vínculos específicos do pensamento determinam o movimento e a concatenação dos conceitos? O que é um vínculo pelo seu sentido?

Para responder a essa pergunta, é necessário passar do estudo do conceito, isolado como célula particular, para a investigação dos tecidos do pensamento. Então se descobrirá que os conceitos não são concatenados pelos fios associativos segundo o tipo de conjunto nem segundo o princípio das estruturas das imagens percebidas ou representadas, mas segundo a própria essência da sua natureza, segundo o princípio da relação com a generalidade.

Toda operação de pensamento – definição de conceito, comparação e discriminação de conceito, estabelecimento de relações lógicas entre conceitos, etc. – não se realiza senão por linhas que vinculam entre si os conceitos e as relações de generalidade e determinam as vias eventuais de movimento de um conceito a outro. A definição de um conceito se baseia na lei de equivalência dos conceitos e pressupõe a possibilidade de movimento de uns conceitos a outros, no qual a longitude inerente a um determinado conceito e a latitude, sua medida de generalidade que lhe determina o conteúdo do ato de pensamento e a sua relação com o objeto, podem ser expressas pela concatenação dos acontecimentos de outra longitude e outra latitude e de outra medida de generalidade, que contêm outros atos de pensamento e outro tipo de abrangência do objeto e, no conjunto, são equivalentes a um determinado conceito pela longitude e a latitude. De igual maneira, a comparação ou a discriminação dos conceitos pressupõem necessariamente a sua generalização, o movimento pela linha das relações de generalidade com o conceito superior que subordina ambos os conceitos-objeto de comparação. Da mesma forma, o estabelecimento de relações lógicas entre os conceitos nos juízos e conclusões requer necessariamente um movimento pelas mesmas linhas da relação de generalidade e pelas horizontais e verticais de todo o sistema de conceitos.

Esclareçamos essa questão com o exemplo do pensamento produtivo. Wertheimer mostrou que um silogismo comum, como é apresentado nos manuais de lógica formal, não pertence ao tipo de pensamento produtivo. Acabamos achando o que conhecíamos desde o início. A conclusão não contém nada de novo em comparação com as premissas. Para que surja o verdadeiro ato de pensamento produtivo, que leve o pensamento a um ponto absolutamente novo e à descoberta do "A-vivenciamento", é necessário que X, que constitui o problema da nossa reflexão e integra a estrutura de A, inesperadamente passe a integrar a estrutura de B; logo, a destruição da estrutura em que surge primordialmente o ponto problemático X e a transferência deste ponto para uma estrutura inteiramente outra são as condições básicas do pensamento produtivo. Mas como é possível que X, que integra a estrutura A, passe a integrar ao mesmo tempo a estrutura B? Tudo indica que, para se chegar a tal coisa, é necessário ir além dos limites das dependências estruturais, arrancar o ponto problemático da estrutura em que ele é dado ao nosso pensamento e incluí-lo em uma nova estrutura. Nossa investigação mostra que isto se realiza através do movimento pela linha das relações de generalidade, através da medida superior de generalidade, do conceito superior que está acima das estruturas de A e B e as subordina. É como se o projetássemos sobre o conceito A e em seguida descêssemos ao conceito B. Essa superação original das dependências estruturais só se torna possível devido à existência de determinadas relações de generalidade entre os conceitos.

Entretanto, sabe-se que a cada estrutura da generalização corresponde o seu sistema de relações de generalidade, uma vez que as generalizações de estrutura diferente não podem encontrar-se em diferentes sistemas de relações de generalidade entre si. Logo, a cada estrutura da generalização corresponde também o seu sistema específico de operações lógicas de pensamento, possíveis nessa estrutura. Essa lei das mais importantes de toda a psicologia dos conceitos significa, em essência, a unidade da estrutura e da função do pensamento, a unidade do conceito e das operações possíveis para ele.

Neste ponto podemos concluir a exposição dos resultados básicos da nossa investigação e passar à elucidação de como, à luz desses resultados, revela-se a natureza vária dos conceitos espontâneos e científicos. Depois de tudo o que foi dito, podemos formular antecipadamente o ponto central que determina inteiramente a diferença de natureza psicológica entre esses conceitos. Esse ponto central é *a ausência ou a existência do sistema*. Fora do sistema, os conceitos mantêm com o objeto uma relação diferente daquela que mantêm ao ingressarem em um determinado sistema. A relação da palavra "flor" com o objeto, na criança que ainda desconhece as palavras "rosa", "violeta", "lírio" e na criança que as conhece, acaba sendo inteiramente diversa. Fora do sistema, nos conceitos só são possíveis vínculos que se estabelecem entre os próprios objetos, isto é, vínculos empíricos. Daí o domínio da lógica da ação e dos vínculos sincréticos causados pela impressão em tenra idade. A par com o sistema surgem as relações dos conceitos entre si, a relação imediata dos conceitos com os objetos através de suas relações com outros conceitos, surge outra relação dos conceitos com o objeto: nos conceitos tornam-se possíveis vínculos supra-empíricos.

Em uma pesquisa especial seria possível mostrar que todas as peculiaridades do pensamento infantil, descritas por Piaget (tais como o sincretismo, a justaposição, a insensibilidade para a contradição), ocorrem fora da sistematicidade dos conceitos espontâneos da criança. O próprio Piaget entende que o ponto central da diferença entre o conceito espontâneo na criança e o conceito do adulto reside na falta de sistematicidade da criança e na sistematicidade do adulto, razão pela qual ele sugere libertar a enunciação da criança de qualquer vestígio de sistema com o objetivo de descobrir os conceitos espontâneos que ela contém. Trata-se de um princípio verdadeiro e indiscutível. Por sua própria natureza, os conceitos espontâneos são extra-sistêmicos. Como diz Piaget, a criança é pouco sistêmica, seu pensamento não é suficientemente concatenado, dedutivo, em geral é alheio à necessidade de fugir às contradições, apresenta a tendência para a justaposição dos juízos em vez da síntese e se contenta com juízos sintéticos em vez da análise. Noutros termos, o pensamento da criança está mais próximo do conjunto de diretrizes – que decorre simultaneamente da ação e do devaneio – que do pensamento do adulto, que é sistêmico e consciente. Desta forma, o próprio Piaget tende a ver na ausência de sistema o traço essencial dos conceitos espontâneos. Ele não percebe apenas que a falta de sistematicidade é um dos indícios do pensamento infantil na série de outros indícios, é uma espécie de raiz de onde medram todas as peculiaridades do pensamento infantil que ele enumera.

Seria possível mostrar que todas essas peculiaridades decorrem direta e imediatamente da falta de sistematicidade dos conceitos espontâneos; poder-se-ia explicar cada uma dessas peculiaridades em separado e todas em conjunto, a partir de três relações de generalidade que dominam no sistema complexo de conceitos espontâneos. Neste sistema específico de relações de generalidade, próprio da estrutura complexa dos conceitos do aluno escolar, está a chave para todos os fenômenos estudados e descritos por Piaget.

Embora isto seja tema de um estudo especial que desenvolvemos, ainda assim tentaremos explicar esquematicamente essa tese com base naquelas peculiaridades do pensamento infantil referidas por Piaget. A insuficiente concatenação do pensamento infantil é expressão direta do desenvolvimento insuficiente das relações de generalidade entre os conceitos. Entre outras coisas, a insuficiência de dedução decorre diretamente do atraso no desenvolvimento dos vínculos entre os conceitos pela variante longitudinal e pelas linhas verticais da relação de generalidade. A ausência da necessidade de evitar contradições, como é fácil mostrar em exemplos simples, deve surgir necessariamente em um pensamento no qual os conceitos isolados não estejam subordinados a um conceito superior e único, situado acima deles.

Para que a contradição possa ser sentida como obstáculo ao pensamento, é necessário que dois juízos opostos sejam vistos como casos particulares de um conceito geral único. Mas é precisamente isto que não há nem pode haver nos conceitos fora do sistema.

Nos experimentos de Piaget, uma criança diz que uma bola se dissolveu na água porque era pequena, e em outro que ela se dissolveu porque era grande. Se esclarecermos o que acontece no nosso pensamento quando percebemos uma nítida contradição entre os juízos gerais, compreenderemos o que está faltando ao pensamento infantil para captar a contradição. Como mostra a nossa investigação, a contradição é percebida quando ambos os conceitos, a respeito dos quais foi emitido o juízo contraditório, passam a integrar a estrutura de um conceito único e superior situado acima deles. É quando percebemos que emitimos sobre a mesma coisa dois juízos opostos. Mas, ainda por força do atraso no desenvolvimento das relações de generalidade, a criança ainda não têm a possibilidade de combinar ambos os conceitos na estrutura única do conceito superior, razão pela qual ela emite, do ponto de vista do próprio juízo, dois juízos que se excluem mutuamente e não referem uma mesma coisa mas duas coisas únicas. Na lógica do seu pensamento, só são possíveis entre os conceitos aquelas relações que sejam possíveis entre os próprios objetos. Os juízos da criança são de natureza puramente empírica e constatatória. A lógica da percepção geralmente desconhece a contradição. Do ponto de vista dessa lógica, a criança emite dois juízos igualmente corretos, que são contraditórios do ponto de vista do adulto; mas do ponto de vista da criança essa contradição existe para a lógica dos pensamentos mas não para a lógica da percepção. Para confirmar que o seu enunciado é absolutamente correto, a criança poderia basear-se na evidência e na irrefutabilidade dos fatos. Nas nossas experiências, as crianças que tentamos colocar diante dessa contradição respondiam freqüentemente: "Eu mesmo vi". Ela realmente viu que uma bola pequena se dissolveu uma vez e uma grande se dissolveu outra. No essencial, o pensamento contido no juízo dessa criança significa apenas o seguinte: eu vi a bola pequena se dissolver; eu vi a bola grande se dissolver; o seu "porque", que aparece em resposta à pergunta do experimentador, não significa essencialmente o estabelecimento de uma dependência causal incompreensível para a criança, mas pertence à classe daqueles "porquês" inconscientes e imprestáveis ao emprego arbitrário que encontramos na solução do teste de conclusão de frases interrompidas.

De igual maneira, a justaposição deve surgir inevitavelmente onde inexiste o movimento do pensamento entre os conceitos superiores, pela medida de generalidade, e os inferiores. Os esquemas sincréticos são também expressões típicas do domínio dos vínculos empíricos e da lógica da percepção no pensamento da criança. Por isso a criança confunde o vínculo entre as suas impressões com o vínculo entre os objetos.

Como mostra a investigação, os conceitos científicos da criança não apresentam esses fenômenos nem se subordinam a essas leis, mas os reconstroem. A estrutura da generalização, que domina em cada fase do desenvolvimento dos conceitos, determina o respectivo sistema de relações de generalidade entre eles e, deste modo, todo o círculo de operações típicas do pensamento viáveis nessa fase. Por essa razão, a descoberta da fonte comum da qual decorrem todos os fenômenos do pensamento infantil, descritos por Piaget, acarreta necessariamente uma revisão radical de toda a explicação piagetiana desses fenômenos. Verifica-se que a fonte de todas essas peculiaridades não é o egocentrismo do pensamento infantil, esse compromisso entre a lógica do sonho e a lógica da ação, mas aquelas relações originais de generalidade entre os conceitos, que existem em um pensamento urdido de conceitos espontâneos. Os movimentos originais de pensamento, descritos por Piaget, não surgem na criança porque os conceitos infantis estão mais distantes dos objetos reais que os conceitos dos adultos e ainda são alimentados pela lógica autônoma do pensamento autístico, mas porque estão em outra relação mais próxima e imediata com o objeto que os conceitos do adulto.

Por isso, as leis que regem esse movimento original do pensamento só são reais no campo dos conceitos espontâneos. Desde o início do seu surgimento, os conceitos científicos da mesma criança revelam outros traços que testemunham outra natureza. Ao surgirem de cima, das entranhas de outros conceitos, eles nascem com a ajuda das relações de generalidade entre os conceitos estabelecidos no processo de ensino. Pela própria natureza, eles trazem em si alguma coisa dessas relações, alguma coisa do sistema. A disciplina formal desses conceitos científicos reflete-se na reconstrução de todo o campo dos conceitos espontâneos da criança. Nisto consiste a sua importância grandiosa na história do desenvolvimento intelectual da criança.

No fundo, tudo isso está latente na teoria de Piaget, de sorte que a adoção das suas teses não só nos deixa perplexos diante dos fatos por ele descobertos como, pela primeira vez, nos permite apresentar para tais fatos um enfoque adequado e autêntico. Pode-se dizer que, dessa forma, todo o pensamento de Piaget é implodido pela força gigantesca dos fatos nele implantados e tolhidos pela prensa de um pensamento equivocado. O próprio

Piaget se baseia na lei da percepção de Claparède, segundo a qual quanto mais os conceitos se adaptam a uma aplicação espontânea tanto menos são conscientizados. Conseqüentemente, pela própria natureza e por serem tornados espontâneos, estes conceitos não devem ser conscientizados nem se prestar à aplicação arbitrária. Como vimos, inconsciência significa ausência de generalização, ou melhor, atraso no desenvolvimento do sistema de relações de generalidade. Deste modo, espontaneidade e não-consciência do conceito, espontaneidade e ausência de sistema são sinônimos. Ao contrário, os conceitos não espontâneos, pela própria natureza e por serem tornados não espontâneos, desde o início devem ser conscientizados, devem ter um sistema. Nesta questão, discordamos de Piaget apenas em um ponto: os conceitos sistêmicos reprimiriam os não sistêmicos e lhes tomariam o lugar pelo princípio do deslocamento ou, ao se desenvolverem com base nos conceitos extra-sistêmicos, acabariam transformando estes segundo seu próprio tipo e criando antecipadamente um sistema na esfera dos conceitos da criança? Deste modo, o sistema é o ponto cardinal em torno do qual – como em torno de um centro – gira toda a história dos conceitos na idade escolar. Esse sistema é o novo que surge no pensamento da criança com o desenvolvimento dos seus conhecimentos científicos e projeta o seu desenvolvimento intelectual a um nível cada vez mais elevado.

À luz dessa importância central do sistema, introduzido no pensamento da criança pelo desenvolvimento dos conceitos científicos, fica clara também a questão teórica geral sobre as relações entre o desenvolvimento do pensamento e a aquisição de conhecimentos, entre a aprendizagem e o desenvolvimento. Como se sabe, Piaget esfrangalha ambos os conceitos apreendidos pela criança na escola, por não representarem nenhum interesse para ele do ponto de vista da teoria das peculiaridades do pensamento infantil. Tais peculiaridades foram aqui dissolvidas nas peculiaridades do pensamento maduro. Por isso, o estudo do pensamento em Piaget se constrói fora dos processos de aprendizagem. Ele parte da premissa de que nada do que surge na criança no processo de aprendizagem pode interessar ao estudo do desenvolvimento das idéias. Em sua teoria, a aprendizagem e o desenvolvimento são processos incomensuráveis. São dois processos independentes um do outro. Não há relação entre o fato de a criança estudar e o fato de desenvolver-se.

Isso se baseia no divórcio historicamente surgido entre os estudos da estrutura e da função do pensamento.

Nos primeiros momentos do estudo do pensamento, em psicologia, ele se resumia à análise do conteúdo desse pensamento. Supunha-se que uma pessoa intelectualmente mais desenvolvida se distinguia da menos desenvolvida antes de tudo pelo número e pela qualidade das noções de que dispunha, pelo número de vínculos existentes entre essas noções, mas esqueciam que as operações de pensamento são idênticas nos estágios inferiores e superiores do pensamento. Mais recentemente, o livro de Thorndike sobre a mudança do intelecto foi uma tentativa grandiosa de defender a tese segundo a qual o desenvolvimento do pensamento consiste, principalmente, na formação de novos elementos de ligação entre determinadas noções e se pode construir uma curva constante que irá simbolizar toda a escada do desenvolvimento intelectual da minhoca ao estudante americano. Entretanto, hoje em dia há pouca gente propensa a defender esse ponto de vista.

Como é freqüente, a reação a esse ponto de vista foi a inversão não menos exagerada do problema em um sentido oposto. Passou-se a dar atenção ao fato de que as representações, enquanto material de pensamento, não desempenham nenhum papel no pensamento e a concentrar a atenção nas próprias operações de pensamento, nas suas funções, no processo que se realiza na cabeça do homem enquanto ele pensa. A Escola de Würzburg levou ao extremo esse ponto de vista e concluiu que o pensamento é um processo em que os objetos, que representam a realidade exterior, inclusive a palavra, não desempenham nenhum papel, sendo um ato puramente espiritual de captação extra-sensorial meramente abstrata de relações abstratas. Como se sabe, o aspecto positivo desse trabalho foi o fato de os seus realizadores terem lançado toda uma série de teses práticas com base na análise experimental e enriquecido as nossas noções da efetiva originalidade das operações intelectuais. Mas foi totalmente eliminada da psicologia a maneira como a realidade está representada, refletida e generalizada no pensamento. Contudo, considerando o momento atual, pode-se dizer que tornamos a presenciar como esse ponto de vista se comprometeu definitivamente, revelou a sua unilateralidade e sua esterilidade, e como surge um novo interesse por aquilo que antes constituía o único objeto de investigação. Fica claro que as funções do pensamento dependem da estrutura das idéias operante. Porque todo pensamento estabelece uma ligação entre alguma imagem representada na consciência por partes da realidade. Logo, a maneira como essa realidade está representada na consciência não pode ser indiferente para eventuais operações de pensamento. Noutros termos, as diferentes funções do pensamento não podem independer do que funciona, do que se movimenta, do que é o fundamento desse processo.

Em termos mais simples, a função do pensamento depende da estrutura do próprio pensamento: da maneira como está construído o próprio pensamento operante depende o caráter das operações acessíveis a cada intelecto. O trabalho de Piaget é a expressão máxima desse interesse pela estrutura do próprio pensamento. Ele levou ao extremo esse interesse unilateral pela estrutura, como o fez a psicologia estrutural moderna, ao afirmar que as funções no desenvolvimento não se modificam: modificam-se as estruturas e, como decorrência, as funções adquirem um novo caráter. A retomada da análise da própria constituição do pensamento infantil, da sua estrutura interna e do seu preenchimento com conteúdo é o que constitui a tendência fundamental dos trabalhos de Piaget.

Mas Piaget também não resolve a questão, eliminando inteiramente dos seus trabalhos o divórcio entre a estrutura e a função do pensamento; é isto que causa o divórcio entre aprendizagem e desenvolvimento. A exclusão de um aspecto em proveito de outro redunda inevitavelmente na inviabilização do problema da aprendizagem escolar para a investigação psicológica. Se o conhecimento antecipado é visto como algo incomensurável com o pensamento, bloqueia-se de antemão o caminho para qualquer tentativa de encontrar a relação entre aprendizagem e desenvolvimento. Mas se tentarmos – como fizemos neste trabalho – vincular conjuntamente ambos os aspectos da investigação do pensamento – o estrutural e o funcional –, se aceitarmos que o que funciona determina até certo ponto como funciona, essa questão se tornará não só acessível mas também solucionável.

Se o próprio significado da palavra pertence a um determinado tipo de estrutura, logo, só um determinado círculo de operações se torna viável nos limites de dada estrutura, enquanto outro círculo de operações se viabiliza nos limites de outra estrutura. No desenvolvimento do pensamento operamos com alguns processos muito complexos de caráter interno, que modificam a estrutura interior do próprio tecido do pensamento. Existem dois aspectos com os quais sempre esbarramos no estudo do pensamento, e ambos têm importância primordial.

Primeiro: o crescimento e o desenvolvimento dos conceitos infantis ou significados das palavras. O significado de uma palavra é uma generalização. A estrutura diferente dessas generalizações significa um modo diferente de reflexo da realidade no pensamento. Isto, por sua vez, já não pode significar diferentes relações de generalidade entre os conceitos. Segundo: as diferentes relações de generalidade determinam também os diferentes tipos e operações possíveis para o pensamento. Dependendo do que funciona e da maneira como foi construído o que funciona, determinam-se o modo e o caráter do próprio funcionamento. É isto que constitui o segundo aspecto de qualquer investigação do pensamento. Esses aspectos são interiormente interligados, e em todas as partes em que excluímos um aspecto em proveito do outro nós o fazemos em detrimento da plenitude da nossa investigação.

A reunião de ambos esses aspectos em uma investigação possibilita perceber a vinculação, a dependência e a unidade onde o estudo exclusivo e unilateral de apenas um aspecto vê contradição metafísica, antagonismo, conflito permanente e, no melhor dos casos, possibilidade de compromisso entre dois extremos incompatíveis. À luz da nossa investigação, os conceitos espontâneos e científicos se revelam interligados por complexos vínculos internos. Ademais, os conceitos espontâneos da criança, quando sua análise é levada até o fim, também são, até certo ponto, análogos aos conceitos científicos, de sorte que, no futuro, haverá a possibilidade de uma única linha de investigação de ambas as modalidades de conceitos. A aprendizagem não começa só na idade escolar, ela existe também na idade pré-escolar. Uma investigação futura provavelmente mostrará que os conceitos espontâneos da criança são um produto da aprendizagem pré-escolar tanto quanto os conceitos científicos são um produto da aprendizagem escolar. Hoje já sabemos que em cada idade existe o seu tipo específico de relações entre aprendizagem e desenvolvimento. Não só o desenvolvimento muda de caráter em cada idade, não só a aprendizagem em cada estágio muda inteiramente a organização específica, o conteúdo original, mas também, o que é mais importante, a relação entre aprendizagem e desenvolvimento é especialmente própria de cada idade. Em outro trabalho tivemos oportunidade de desenvolver essa idéia em maiores detalhes. Afirmemos apenas uma coisa: uma investigação futura deverá revelar que a natureza original dos conceitos espontâneos da criança depende inteiramente da relação entre aprendizagem e desenvolvimento, dominante na idade pré-escolar, e que definimos como *tipo transitório espontâneo-respondente* de aprendizagem, que organiza a transição do tipo espontâneo de aprendizagem em tenra idade para o tipo respondente de aprendizagem em idade escolar.

Não entremos em conjecturas do que pode descobrir esse estudo futuro. Estamos apenas dando um passo em uma nova direção, e justifiquemos esse passo afirmando o seguinte: por mais que o concebamos como um passo que complexifica extremamente as nossas noções dos problemas da aprendizagem e do desenvolvimento, que pareceriam simples, e dos conceitos espontâneos e científicos, ele não pode deixar de parecer uma grosseira simplificação se comparado à verdadeira e grandiosa complexidade do real estado de coisas a ser descoberto nessa investigação futura.

V

O estudo comparado dos conceitos espontâneos e científicos (dos conceitos das ciências sociais) e do seu desenvolvimento na idade escolar, realizado por J. I. Chif, tem duplo significado à luz de tudo o que afirmamos anteriormente. Sua meta imediata e primeira foi verificar experimentalmente a parte concreta da nossa hipótese de trabalho referente à via original de desenvolvimento percorrida pelos conceitos científicos em comparação com os espontâneos. A investigação se propôs, como segunda meta, a solução acessória do problema geral das relações entre aprendizagem e desenvolvimento. Consideramos que essas questões foram resolvidas inicialmente e de modo plenamente satisfatório no plano do trabalho experimental.

Paralelamente a essas duas questões, não poderiam deixar de surgir outras duas em cujo único campo aquelas outras podem ser levantadas no plano da investigação.

Essas questões são as seguintes: em primeiro lugar, a questão da natureza dos conceitos espontâneos da criança, que até então eram considerados o único objeto exclusivamente digno de estudo pela investigação psicológica, e, em segundo, o problema geral do desenvolvimento psicológico do aluno escolar, fora do qual nenhuma investigação particular dos conceitos infantis pode ser viável. Essas questões, evidentemente, não puderam ocupar o mesmo lugar na investigação: estavam em sua periferia e não no centro. Por isso, podemos falar apenas dos dados indiretos que a investigação nos propicia para resolver aqueles problemas. Entretanto, achamos que esses dados estão mais para confirmar que para nos levar a rejeitar as suposições que levantamos em nossa hipótese sobre essas duas questões.

Aos nossos olhos, porém, o significado mais importante dessa investigação consiste no seguinte: ela acarreta uma nova abordagem do problema do desenvolvimento do conceito na idade escolar; fornece uma hipótese de trabalho que explica perfeitamente todos os fatos descobertos nas investigações anteriores e se confirma nos novos fatos estabelecidos nesta investigação por via experimental; elaborou o método de investigação dos conceitos reais da criança, particularmente dos conceitos científicos, e, assim, não só lançou uma ponte entre o estudo dos conceitos experimentais e a análise dos conceitos espontâneos reais da criança como abriu um novo campo de importância praticamente infinita e teoricamente fecundo de investigação, campo esse que, por sua importância, chega quase a ser central para toda a história do desenvolvimento intelectual do aluno escolar. A investigação mostrou como é possível estudar cientificamente o desenvolvimento dos conceitos científicos.

Por último, a importância prática da investigação foi ter descoberto para a psicologia infantil possibilidades de análise efetivamente psicológica, isto é, de análise orientada sempre pelo princípio e pelo ponto de vista do desenvolvimento no campo da aprendizagem do sistema de conceitos científicos. Com isto, a investigação leva a uma série de conclusões imediatamente pedagógicas sobre o ensino de ciências sociais, iluminando, por ora, apenas nos traços mais grosseiros, gerais e esquemáticos, o que se realiza na cabeça de cada aluno no processo de aprendizagem das ciências sociais.

Na mesma investigação, nós mesmos percebemos três falhas essenciais que, infelizmente, não conseguimos superar na nossa primeira experiência, desenvolvida sob a nova orientação. Primeira: os conceitos das ciências sociais da criança foram tomados no aspecto mais genérico que específico. Eles nos serviram mais como um protótipo de qualquer conceito científico em sentido geral que como um tipo determinado e original de modalidade específica de conceitos científicos. Isto se deveu ao fato de que, inicialmente, no novo campo foi necessário delimitar os conceitos científicos e os espontâneos, revelar o que é inerente aos conceitos sociais enquanto caso particular de conceitos científicos. Já as diferenças existentes dentro de determinadas modalidades de conceitos científicos (aritméticos, conceitos das ciências naturais, das ciências sociais) não podiam tornar-se objeto de investigação antes que fosse traçada uma linha demarcatória separando os conceitos científicos dos espontâneos. Essa é a lógica da investigação científica: primeiro se descobrem os traços genéricos e demasiado amplos para um determinado círculo de fenômenos, depois descobrem-se as diferenças específicas dentro de cada círculo.

Deve-se a essa circunstância o fato de que o círculo de conceitos, introduzidos na investigação, não representa nenhum sistema de conceitos radicais básicos, constituintes da lógica do próprio objeto; é mais provável que esse círculo tenha sido constituído de uma série de conceitos particulares e diretamente desvinculados entre si, que foram selecionados empiricamente com base no material programático. Isso também explica o fato de que a investigação produz bem mais em termos de leis gerais do desenvolvimento dos conceitos científicos, em comparação com os espontâneos, que as leis específicas dos conceitos das ciências sociais enquanto tais: explica, ainda, que os conceitos das ciências sociais foram objeto de comparação com os conceitos espontâneos retirados de outros campos e não do mesmo campo da vida social.

A segunda falha que achamos evidente e está no trabalho é mais uma vez a seguinte: estudo demasiado genérico, sumário, não diferenciado e indivisível da estrutura dos conceitos, das relações de generalidade inerentes a essa estrutura, e das funções que são determinadas por essa estrutura e essas relações de generalidade. Como, em decorrência da primeira falha do trabalho, a ligação interna entre os conceitos das ciências sociais – essa questão sumamente importante do sistema de conceitos em desenvolvimento – continuou sem a devida elucidação, de igual maneira a segunda falha impediu fatalmente que se elaborasse a contento a questão do sistema de conceitos, das relações de generalidade, central para toda a idade escolar e a única capaz de lançar uma ponte entre o estudo dos conceitos experimentais e sua estrutura e o estudo dos conceitos reais com sua unidade da estrutura e das funções de generalização, da operação de pensamento. Essa simplificação inevitável nos primeiros momentos, que nós cometemos na própria colocação da investigação experimental e foi ditada pela necessidade de colocar o problema de forma mais restrita, provocou, por sua vez, e em outras condições, uma simplificação inadmissível da análise daquelas operações intelectuais que nós introduzimos no experimento. Por exemplo, nas tarefas que realizamos não dividimos as diferentes modalidades de dependências de causa e efeito – os "porquês" empíricos, psicológicos e lógicos, como o fez Piaget –, que neste caso ficam em uma posição de superioridade colossal – e isto, por si mesmo, levou à obnubilação das fronteiras etárias dentro da idade escolar sumariamente tomada. Mas tínhamos de perder conscientemente em sutileza e decomposição da análise psicológica para termos alguma chance de ganhar com precisão e definição da resposta à questão central: a do caráter original do desenvolvimento dos conceitos científicos.

A terceira e última falha desse trabalho é, a nosso ver, a falta de um minucioso estudo experimental das duas questões já referidas e colocadas de passagem perante a investigação: a natureza dos conceitos espontâneos e a estrutura do desenvolvimento psicológico na idade escolar. A pesquisa não resolveu por via experimental nem colocou como tarefa a ser resolvida no experimento o problema da relação entre a estrutura do pensamento infantil, conforme descrita por Piaget, e os traços essenciais que caracterizam a própria natureza dos conceitos espontâneos (a extra-sistematicidade e a arbitrariedade), por um lado, e a questão do desenvolvimento da tomada de consciência e da arbitrariedade a partir do sistema emergente, questão central de todo o desenvolvimento intelectual do escolar. Isto se deveu ao seguinte fato: para que passassem por um mínimo de elaboração, essas duas questões necessitariam de uma investigação especial. Mas isto impediria inevitavelmente que a crítica às teses básicas de Piaget, desenvolvida no presente trabalho, fosse suficientemente respaldada pela lógica do experimento e, por isto, tivesse a devida contundência.

Abordamos tão minuciosamente as falhas evidentes deste trabalho porque elas nos permitem traçar todas as perspectivas básicas que se abrem após a última página da nossa investigação; permitem, ainda, estabelecer a única relação correta com esse trabalho como o primeiro passo sumamente modesto em um campo da psicologia do pensamento infantil, que é infinitamente fecundo em termos teóricos e práticos.

Resta-nos apenas dizer que, durante todo o processo de pesquisa, a nossa hipótese de trabalho e a investigação experimental se constituíram de modo diferente ao que aparece aqui. No curso vivo do trabalho investigatório, a questão nunca se apresenta como em sua forma literária acabada. A construção da hipótese de trabalho não antecedeu a investigação experimental e esta não pôde apoiar-se desde o início em uma hipótese definitivamente pronta. Segundo expressão de Kurt Lewin, a hipótese e o experimento são dois pólos de uma totalidade dinâmica que se formaram, se desenvolveram e cresceram juntos, fecundando-se mutuamente e um fazendo o outro avançar.

Para nós, a prova mais importante da verossimilhança e da fecundidade da nossa hipótese de trabalho são os resultados não só combinados mas totalmente únicos a que nos levaram a investigação experimental e a hipótese teórica que se constroem em conjunto. Elas mostraram o que é o ponto central, o eixo básico e a idéia condutora de todo o nosso trabalho: no momento da assimilação da nova palavra, o processo de desenvolvimento do conceito correspondente não só não se conclui como está apenas começando. Quando está começando a ser apreendida, a nova palavra não está no fim mas no início do seu desenvolvimento. Nesse período ela é sempre uma palavra imatura. O gradual desenvolvimento interno do seu significado redunda também no amadurecimento da própria palavra. Aqui, como em toda parte, o desenvolvimento do aspecto semântico é o processo básico e decisivo do desenvolvimento do pensamento e da linguagem da criança. Como diz Tolstói, a palavra quase sempre está pronta quando o conceito está pronto; isto quando se costumava supor que o conceito estivesse sempre pronto quando a palavra estava pronta.

7. Pensamento e palavra

> Esqueci a palavra que pretendia dizer,
> e meu pensamento, privado de sua substância,
> volta ao reino das sombras*.

I

Começamos o nosso estudo pela tentativa de elucidar a relação interior entre o pensamento e a palavra nos estágios mais primários do desenvolvimento filogenético e ontogenético. Descobrimos que o início do desenvolvimento do pensamento e da palavra, período pré-histórico na existência do pensamento e da linguagem, não revela nenhuma relação e dependência definidas entre as raízes genéticas do pensamento e da palavra. Deste modo, verifica-se que essas relações, incógnitas para nós, não são uma grandeza primordial e dada antecipadamente, premissa, fundamento ou ponto de partida de todo um ulterior desenvolvimento, mas surgem e se constituem unicamente no processo do desenvolvimento histórico da consciência humana, sendo, elas próprias, um produto e não uma premissa da formação do homem.

Até mesmo no ponto supremo da evolução animal – entre os antropóides – a linguagem, perfeitamente semelhante à do homem em termos fonéticos, não revela nenhum vínculo com

---

* Palavras de um poema de Óssip Mandelstam, segundo o organizador da edição americana resumida de *Pensamento e linguagem*. (N. do T.)

o intelecto, também semelhante ao do homem. Também no estágio inicial do desenvolvimento da criança, poderíamos, sem dúvida, constatar a existência de um estágio pré-intelectual no processo de formação da linguagem e de um estádio pré-linguagem no desenvolvimento do pensamento. O pensamento e a palavra não estão ligados entre si por um vínculo primário. Este surge, modifica-se e amplia-se no processo do próprio desenvolvimento do pensamento e da palavra.

Entretanto, como procuramos demonstrar desde o início da nossa investigação, seria incorreto conceber o pensamento e a linguagem como dois processos em relação externa entre si, como duas forças independentes que fluem e atuam paralelamente uma à outra ou se cruzam em determinados pontos da sua trajetória, entrando em interação mecânica. A ausência de um vínculo primário entre o pensamento e a palavra não significa, de maneira nenhuma, que esse vínculo só possa surgir como ligação externa entre dois tipos essencialmente heterogêneos de atividade da nossa consciência. Ao contrário, como procuramos mostrar desde o início do nosso trabalho, a falha metodológica principal da imensa maioria de investigações do pensamento e da linguagem – falha essa que determinou a esterilidade deste trabalho – está justamente naquela concepção das relações entre pensamento e palavra que considera esses dois processos como dois elementos autônomos, independentes e isolados, cuja unificação externa faz surgir o pensamento verbalizado com todas as suas propriedades inerentes.

Procuramos mostrar que o método de análise daí decorrente estava antecipadamente condenado ao fracasso por uma simples razão: para explicar as propriedades do pensamento discursivo como uma totalidade, ele decompunha essa totalidade nos seus elementos constituintes – em pensamento e linguagem, que não contêm propriedades inerentes a essa totalidade – e, desta forma, fechava antecipadamente o caminho para a explicação dessas propriedades. Nós assemelhamos o pesquisador que aplicava esse método a uma pessoa que, ao tentar explicar por que a água apaga o fogo, iria tentar decompor a água em oxigênio e hidrogênio e ficaria surpresa ao perceber que o oxigênio mantém a combustão enquanto o hidrogênio é inflamável. Procuramos mostrar, ainda, que essa análise, baseada no método da decomposição em elementos, não é propriamente uma análise do ponto de vista da sua aplicação à solução de problemas concretos em algum campo definido dos fenômenos. Trata-se mais de uma projeção ao geral do que de uma decomposição interna e de uma divisão do particular contida no fenômeno suscetível de explicação. Por sua própria essência, esse método leva mais à generalização que à análise. Em realidade, afirmar que a água é formada de oxigênio e hidrogênio significa dizer que a mesma coisa se aplica a toda a água em geral e igualmente a todas as suas propriedades: ao grande oceano nas mesmas proporções que a uma gota de chuva, à propriedade que tem a água de apagar o fogo na mesma proporção que à lei de Arquimedes. De igual maneira, afirmar que o pensamento verbal contém os processos intelectuais e as funções propriamente verbais significa afirmar uma coisa que diz respeito a todo o pensamento verbal e a todas as suas propriedades e, assim, implica não dizer nada sobre cada problema concreto que se coloca diante da investigação do pensamento discursivo.

Por tudo isso, desde o início procuramos assumir outro ponto de vista, dando a todo o problema outro enfoque e aplicando à pesquisa outro método de análise. Procuramos substituir a análise que aplica o método da decomposição em elementos pela análise que desmembra a unidade complexa do pensamento discursivo em unidades várias, entendidas estas como produtos da análise que, à diferença dos elementos, não são momentos primários constituintes em relação a todo o fenômeno estudado mas apenas a alguns dos seus elementos e propriedades concretas, os quais, também diferentemente dos elementos, não perdem as propriedades inerentes à totalidade e são suscetíveis de explicação mas contêm, em sua forma primária e simples, aquelas propriedades do todo em função das quais se empreende a análise. A unidade a que chegamos na análise contém, na forma mais simples, as propriedades inerentes ao pensamento discursivo enquanto unidade.

Encontramos no *significado* da palavra essa unidade que reflete da forma mais simples a unidade do pensamento e da linguagem. O significado da palavra, como tentamos elucidar anteriormente, é uma unidade indecomponível de ambos os processos e não podemos dizer que ele seja um fenômeno da linguagem ou um fenômeno do pensamento. A palavra desprovida de significado não é palavra, é um som vazio. Logo, o significado é um traço constitutivo indispensável da palavra. É a própria palavra vista no seu aspecto interior. Deste modo, parece que temos todo o fundamento para considerá-la como um fenômeno de discurso. Mas, como nos convencemos reiteradas vezes, ao longo de toda nossa investigação, do ponto de vista psicológico o significado da palavra não é senão uma generalização ou conceito. Generalização e significado da palavra são sinônimos. Toda generalização, toda formação de conceitos é o ato mais específico, mais autêntico e mais indiscutível de pensamento. Conseqüentemente, estamos autorizados a considerar o significado da palavra como um fenômeno de pensamento.

Assim, o significado da palavra é, ao mesmo tempo, um fenômeno de discurso e intelectual, mas isto não significa a sua filiação puramente externa a dois diferentes campos da vida psíquica. O significado da palavra só é um fenômeno de pensamento na medida em que o pensamento está relacionado à palavra e nela materializado, e vice-versa: é um fenômeno de discurso apenas na medida em que o discurso está vinculado ao pensamento e focalizado por sua luz. É um fenômeno do pensamento discursivo ou da palavra consciente, é a *unidade* da palavra com o pensamento.

Achamos que esta tese fundante de toda a nossa investigação dificilmente necessitaria de novas confirmações depois de tudo o que afirmamos. Nossos estudos experimentais confirmaram inteiramente e justificaram esta tese, mostrando que, ao operar com o significado da palavra como unidade do pensamento discursivo, nós efetivamente descobrimos a possibilidade real de estudo concreto do desenvolvimento discursivo e da explicação das suas mais importantes peculiaridades nos diferentes estágios. Entretanto, o resultado principal de todas as nossas investigações não é essa tese em si mas o que descobrimos posteriormente como o resultado mais importante e central de toda a nossa pesquisa. O novo e essencial que essa investigação introduz na teoria do pensamento e da linguagem é a descoberta de que os significados das palavras *se desenvolvem*. A descoberta da mudança dos significados das palavras e do seu desenvolvimento é a nossa descoberta principal, que permite, pela primeira vez, superar definitivamente o postulado da constância e da imutabilidade do significado da palavra, que servira de base a todas as teorias anteriores do pensamento e da linguagem. Do ponto de vista da velha psicologia, a ligação entre a palavra e o significado é uma simples ligação associativa, que se estabelece em função da reiterada coincidência, na consciência, da impressão deixada pela palavra e da impressão deixada pelo objeto designado por essa palavra. A palavra lembra o seu significado da mesma forma que o casaco de um homem conhecido lembra esse homem ou o aspecto externo de um edifício lembra os seus moradores. Desse ponto de vista, o significado da palavra, uma vez estabelecido, não pode deixar de desenvolver-se e sofrer modificações. A associação que vincula a palavra ao significado pode ser reforçada ou debilitada, pode ser enriquecida por uma série de vínculos com outros objetos da mesma espécie, pode, pela aparência ou a contigüidade, estender-se a um círculo mais amplo de objetos ou, ao contrário, pode restringir esse círculo. Noutros termos, pode sofrer uma série de mudanças quantitativas e externas mas não pode mudar a sua natureza psicológica interior, uma vez que, para tanto, deveria deixar de ser o que é, ou seja, uma associação.

É natural que, do ponto de vista do desenvolvimento do aspecto fonético da fala, o desenvolvimento do significado das palavras se torne inexplicável e impossível. Isto se manifestou tanto na lingüística quanto na psicologia da linguagem da criança e do adulto. A semasiologia, a área da lingüística que estuda o aspecto semântico da linguagem, assimilou a concepção associativa da palavra e até hoje considera o significado como uma associação entre a forma sonora da palavra e o seu conteúdo concreto. Por isso, todas as palavras – das mais concretas às mais abstratas – são igualmente construídas no aspecto semântico e não contêm nada de específico do discurso como tal, uma vez que o vínculo associativo, que une palavra e significado, constitui a base psicológica do discurso consciente na mesma medida em que constitui a base de processos como aquele em que um homem se lembra de outro só ao ver o seu casaco. A palavra nos infunde a lembrança do seu significado como qualquer coisa nos faz lembrar outra coisa. Por isso, não surpreende que a semântica, não encontrando nada de específico no vínculo da palavra com o significado, tenha sido incapaz de levantar a questão do desenvolvimento do aspecto semântico da linguagem, a questão do desenvolvimento dos significados das palavras. Reduziu todo o desenvolvimento exclusivamente à mudança dos vínculos associativos entre palavras isoladas e objetos isolados: antes a palavra podia significar um objeto, depois ser vinculada a outro por associação. Assim, o casaco, depois de passar de um dono a outro, pode lembrar antes uma pessoa e depois outra. O desenvolvimento do aspecto semântico do discurso se esgota, para a lingüística, nas mudanças do conteúdo concreto das palavras, mas essa disciplina continua a ignorar a idéia de que, no processo do desenvolvimento histórico da língua, modificam-se a estrutura semântica dos significados das palavras e a natureza psicológica desses significados, a ignorar que o pensamento lingüístico passa das formas inferiores e primitivas de generalização a formas superiores e mais complexas, que encontram expressão nos conceitos abstratos, e, finalmente, que no curso do desenvolvimento histórico da palavra modificam-se tanto o conteúdo concreto da palavra quanto o próprio caráter da representação e da generalização da realidade na palavra.

De igual maneira, o ponto de vista associativo leva à impossibilidade e à inexplicabilidade do desenvolvimento do aspecto semântico da linguagem na idade infantil. O desenvolvimento do significado da palavra da criança pode reduzir-se a mudanças puramente externas e quantitativas dos vínculos associativos que unificam palavra e significado, e ao enriquecimento e consolidação desses vínculos, e só. É inexplicável o ponto de vista associativo segundo o qual a própria estrutura e a natureza do vínculo entre a palavra e o significado podem modificar-se e efetivamente se modificam no curso do desenvolvimento da linguagem infantil.

Por último, desse mesmo ponto de vista, no funcionamento do pensamento discursivo de um homem maduro não podemos descobrir nada senão um movimento linear contínuo, que transcorre em uma superfície por vias associativas entre a palavra e o seu significado e entre o significado e a palavra. A compreensão da linguagem consiste numa cadeia de associações, que surgem na mente sob a influência das imagens semióticas das palavras. A expressão do pensamento na palavra é um movimento inverso, pelas mesmas vias associativas, dos objetos representados no pensamento às designações verbais desses mesmos objetos. A associação sempre assegura esse vínculo bilateral entre duas representações: uma vez o casaco pode lembrar o homem que o usa, outra vez a aparência do homem pode fazer lembrar o seu casaco. Na interpretação da linguagem e na expressão do pensamento na palavra não há, conseqüentemente, nada de novo e nada de específico em comparação a qualquer ato de memorização e vinculação associativa.

Apesar de a inconsistência da teoria associativa ter sido percebida, demonstrada por via experimental e teórica há muito tempo, isto não se refletiu de nenhuma maneira no destino da concepção associativa da natureza da palavra e do significado. A Escola de Würzburg, que teve como objetivo principal demonstrar a irredutibilidade do pensamento ao fluxo associativo das representações, a impossibilidade de explicar o movimento, a concatenação e a memorização de idéias do ponto de vista das leis da associação, e demonstrar a existência de leis específicas que regem o fluxo dos pensamentos, além de não ter feito nada em termos de revisão das concepções associativas da natureza da relação entre palavra e significado, nem chegou a cogitar da necessidade dessa revisão. Ela dividiu pensamento e linguagem e, dando a Deus o que é de Deus e a César o que é de César, libertou o pensamento dos grilhões do figurado e do sensível, do poder das leis associativas, transformou-o em ato puramente espiritual e, assim, retomou as fontes da concepção espiritualista pré-científica de Santo Agostinho e Descartes e acabou em um idealismo subjetivo extremado na teoria do pensamento, indo além de Descartes e declarando pelos lábios de Kuelpe: "Nós não só afirmamos 'penso, logo existo' mas também 'o mundo existe como o estabelecemos e definimos'" (35, p. 81). Deste modo, o pensamento foi dado a Deus como o que era de Deus. A psicologia do pensamento passou a tomar abertamente o caminho das idéias de Platão, como o reconheceu o próprio Kuelpe.

Ao mesmo tempo, depois de libertar o pensamento dos grilhões de tudo o que era sensível e transformá-lo em ato espiritual puramente estéril, esses psicólogos o dissociaram da linguagem, deixando-a inteiramente à mercê das leis do associacionismo. O vínculo entre a palavra e o seu significado continuou a ser visto como uma simples associação, inclusive depois dos trabalhos da Escola de Würzburg. Assim, a palavra deixou de ser a expressão externa do pensamento, a sua veste, isenta de qualquer participação em sua vida interior. Nunca o pensamento e a linguagem haviam estado tão dissociados e tão separados um do outro na interpretação dos psicólogos quanto na época da Escola de Würzburg. A superação do associacionismo no campo do pensamento levou a um fortalecimento ainda maior da concepção associacionista de linguagem. Ela foi dada a César como o que era de César.

Os psicólogos dessa corrente, que foram os seguidores dessa linha, além de não terem conseguido modificá-la ainda continuaram a aprofundá-la e desenvolvê-la. Zeltz, por exemplo, que mostrou toda a inconsistência do constelacionismo, em suma, dessa teoria também associacionista do pensamento produtivo, lançou em seu lugar uma nova teoria, que aprofundou e reforçou o divórcio entre o pensamento e a palavra, divórcio esse que se definiu desde o início dos trabalhos dessa corrente. Zeltz continuou a abordar o pensamento em si, divorciado da linguagem, e chegou à conclusão segundo a qual existe uma identidade de princípio entre o pensamento produtivo do homem e as operações intelectuais do chimpanzé. Nesse enfoque, percebe-se o quanto a palavra não introduziu nenhuma mudança na natureza do pensamento, o quanto é grande a independência do pensamento em relação à linguagem.

Nem Ach, que foi o primeiro a fazer do significado da palavra objeto direto de um estudo especial e o primeiro a enveredar pelo caminho da superação do associacionismo na teoria dos conceitos, conseguiu ir além de reconhecer tendências determinantes no processo de formação dos conceitos paralelamente com as tendências associativas. Uma vez surgido, o significado da palavra continua imutável e constante. Concluída a formação do significado da palavra, o caminho de seu desenvolvimento está concluído. Mas isso não foi levado em conta por aqueles psicólogos cujos pontos de vista Ach combateu. A diferença entre eles e seus adversários é apenas uma: eles esboçam de diferentes maneiras esse momento inicial na formação do significado da palavra, mas tanto para ele quanto para os outros esse momento inicial é igual e simultaneamente o ponto final de todo o desenvolvimento do conceito.

A mesma situação criou-se na moderna psicologia estrutural no campo da teoria do pensamento e da linguagem. Essa teoria tentou com mais profundidade, mais coerência e mais princípio que as outras superar a psicologia associacionista como um todo. Por isso, não se limitou a uma solução paliativa do problema como os seus antecessores. Tentou libertar o pensamento e a linguagem do poder das leis do associacionismo e subordinar ambos às leis da formação estrutural. Mas, para surpresa, essa corrente, a mais progressista em toda a psicologia atual, além de não avançar mais na teoria do pensamento e da linguagem, ainda deu um grande passo atrás em comparação com suas antecessoras.

Antes de mais nada, ela manteve na íntegra o mais profundo divórcio entre pensamento e linguagem, concebendo a sua relação à luz da nova teoria como simples analogia, como redução de ambos os fenômenos a um denominador estrutural comum. A origem das primeiras palavras conscientes na criança foi vista pelos representantes dessa corrente em analogia com as operações do chimpanzé de Köhler. Segundo eles, a palavra passa a integrar a estrutura do objeto e adquire certo significado funcional, como a vara para o macaco entra na estrutura da situação de obtenção do fruto e adquire o valor funcional de instrumento de trabalho. Deste modo, o vínculo entre a palavra e o significado não é mais concebido como simples vínculo associativo e sim como vínculo estrutural. É um grande passo adiante. Mas, se examinarmos atentamente o que nos faculta a nova concepção dos objetos, não será difícil nos convencermos de que esse passo adiante é mera ilusão e que, no fundo, continuamos onde estávamos: a ver navios da psicologia associacionista.

De fato, a palavra e o objeto que ela nomeia formam uma estrutura única. Mas essa estrutura é absolutamente análoga a qualquer vínculo estrutural entre as duas coisas. Não contém nada de específico da palavra como tal. Quaisquer coisas, seja uma vara, um fruto, a palavra ou o objeto que ela nomeia, confluem em uma estrutura una segundo as mesmas leis. Mais uma vez a palavra não é outra coisa senão um objeto ao lado de outros objetos. No entanto, permanece fora do campo de visão dos pesquisadores o que distingue a palavra de qualquer outra coisa e a estrutura da palavra de qualquer outra estrutura, como a palavra representa o objeto na consciência, o que torna a palavra palavra. A negação da especificidade da palavra e da sua relação com os significados, bem como a diluição dessas relações no mar de todos e quaisquer vínculos estruturais, se mantêm integralmente na nova psicologia tanto quanto na antiga.

Em essência, para esclarecer as idéias da psicologia estrutural sobre a natureza da palavra, poderíamos reproduzir o mesmo exemplo com que tentamos esclarecer a idéia da psicologia associacionista sobre a natureza do vínculo entre palavra e significado. Ali se afirmava que a palavra lembra o seu significado tanto quanto o casaco lembra o homem em quem nos habituamos a vê-lo. Esta tese mantém todo o seu vigor também para a psicologia estrutural, uma vez que, para esta, o casaco e o homem que o veste formam uma estrutura una como a palavra e a coisa que ela nomeia. O fato de o casaco poder nos lembrar o seu dono como o avistar o homem pode nos lembrar o seu casaco também se deve às leis estruturais, segundo a nova psicologia. Assim, o princípio da associação é substituído pelo princípio da estrutura, mas este se estende de modo tão universal e não diferenciado a todas as relações entre os objetos quanto o velho princípio. Os representantes dessa corrente nos dizem que o vínculo entre a palavra e o seu significado se constitui da mesma forma que o vínculo entre a vara e o fruto. Por acaso não se trata do mesmo vínculo que citamos no nosso exemplo? A essência da questão é a seguinte: na nova psicologia como na velha, exclui-se de antemão qualquer possibilidade de explicação das relações específicas da palavra com o significado. Conclui-se de antemão que essa relação não difere essencialmente em nada de nenhuma outra relação eventual entre os objetos. Todos os gatos acabam pardos no escuro da estruturalidade universal, como antes todos acabavam pardos no escuro do associacionismo universal.

Ach tentou superar a associação com o auxílio da tendência determinante, enquanto a nova psicologia o fazia por intermédio do princípio da estrutura, mas em ambos os casos mantinham-se integralmente os dois momentos basilares da velha doutrina: em primeiro lugar, o reconhecimento da identidade de princípio do vínculo da palavra e do significado com o vínculo de quaisquer outros dois objetos e, em segundo, o reconhecimento de que o significado da palavra não se desenvolve. Como para a antiga psicologia, para a nova mantém-se em vigor a mesma tese segundo a qual o desenvolvimento do significado da palavra termina no momento em que este surge. É por isso que a alternância de diferentes tendências em psicologia, que fizeram avançar tanto capítulos da psicologia como a teoria da percepção e da memória, deixa a impressão de um cansativo e monótono chover no molhado quando se trata do problema do pensamento e da linguagem. Um princípio substitui o outro. O novo aparece como radicalmente diferente do anterior. Mas na teoria do pensamento e da linguagem tais postulados se assemelham. Como diz um provérbio francês, quanto mais a coisa muda tanto mais continua a mesma.

Se na teoria da linguagem a nova psicologia continua na velha posição e mantém integralmente a concepção de que o pensamento é independente da palavra, no campo da teoria do pensamento ela dá um considerável passo atrás. Isto se manifesta, antes de tudo, em que a nova psicologia tende a negar a existência de leis específicas do pensamento como tal e a dissolvê-las nas leis gerais da estrutura. A Escola de Würzburg promoveu o pensamento à categoria de ato puramente espiritual e deixou a palavra à mercê das associações sórdidas e sensuais. Nisto reside a sua falha principal, mas, apesar de tudo, ela conseguiu distinguir as leis específicas da concatenação, do movimento e do fluxo dos pensamentos das leis mais elementares da concatenação e do fluxo das representações e percepções. Neste sentido, ela esteve acima da nova psicologia. Esta, por sua vez, levou a um denominador estrutural comum as percepções de uma galinha, as operações intelectuais do chimpanzé, a primeira palavra consciente da criança e o desenvolvido pensamento produtivo do homem; não só apagou toda e qualquer fronteira entre a estrutura da palavra conscientizada e a estrutura da vara e do fruto como ainda apagou a fronteira entre o pensamento nas suas formas mais avançadas e a percepção mais elementar.

Se tentarmos resumir o resultado desse breve apanhado crítico das principais correntes modernas do pensamento e da linguagem, poderemos facilmente reduzir a duas teses básicas o postulado comum a todas essas correntes do pensamento psicológico. Primeiro: nenhuma dessas correntes consegue captar na natureza psicológica da palavra aquele elemento fundamental e central que faz da palavra palavra e sem o qual a palavra deixa de ser o que é: a generalização nela contida como modo absolutamente original de representação da realidade na consciência. Segundo: todas essas doutrinas consideram a palavra e o significado fora do desenvolvimento. Ambos esses momentos são interiormente vinculados entre si, porque só uma noção adequada da natureza psicológica da palavra pode nos levar a entender a possibilidade do desenvolvimento da palavra e do seu significado. Ambos os momentos se mantêm em todas as correntes que se alternam, na medida em que, no fundamental, elas se repetem. Por isso, a luta e a alternância de certas correntes na psicologia moderna no campo da teoria do pensamento e da linguagem lembram um poema humorístico de Heine sobre o reino de um velho e honroso Chavão, que era fiel a si mesmo e, certa vez, foi mortalmente atingido pelo punhal dos que se revoltavam contra ele:

> Quando em triunfo os herdeiros
> dividiram o reino e o trono,
> sobre o novo Chavão se ouviu –
> parece o velho Chavão

A descoberta da inconstância e da mutabilidade dos significados das palavras e do seu desenvolvimento é a descoberta principal e única capaz de tirar do impasse a teoria do pensamento e da linguagem. O significado da palavra é inconstante. Modifica-se no processo do desenvolvimento da criança. Modifica-se também sob diferentes modos de funcionamento do pensamento. É antes uma formação dinâmica que estática. O estabelecimento da mutabilidade dos significados só se tornou possível quando foi definida corretamente a natureza do próprio significado. Esta se revela antes de tudo na generalização, que está contida como momento central, fundamental, em qualquer palavra, tendo em vista que qualquer palavra já é uma generalização. Contudo, uma vez que o significado da palavra pode modificar-se em sua natureza interior, modifica-se também a relação do pensamento com a palavra. Para entender a mutabilidade e a dinâmica das relações entre o pensamento e a palavra, é indispensável que, no esquema genético de mudança dos significados que desenvolvemos na nossa investigação basilar, se introduza uma espécie de corte transversal. É necessário elucidar o papel funcional do significado da palavra no ato de pensamento. Ao longo de todo o nosso trabalho, ainda não tivemos uma única oportunidade de nos determos em todo o processo do pensamento verbal. Entretanto, já reunimos todos os dados necessários para concebermos como esse processo se realiza nas linhas mais gerais. Procuremos imaginar, no seu aspecto integral, a complexa estrutura de qualquer processo real de pensamento e o seu fluxo complexo do momento mais vago de germinação do pensamento até a sua conclusão final na formulação verbal. Para tanto, devemos passar do plano genético para o plano funcional e esboçar não o processo de desenvolvimento dos significados e a mudança da sua estrutura mas o processo de funcionamento dos significados no curso vivo do pensamento verbal. Se o fizermos, conseguiremos mostrar que, em cada fase do desenvolvimento, existe não só a sua estrutura peculiar de significado verbal mas também a sua relação específica entre pensamento e linguagem, determinada por essa estrutura. Como se sabe, porém, as questões funcionais se resolvem mais facilmente quando o estudo opera com formas superiores desenvolvidas de algum tipo de atividade, em que toda a grandiosa complexidade da estrutura funcional é representada em forma desmembrada e madura. Por essa razão, deixaremos por algum tempo de lado os problemas do desenvolvimento e examinaremos o estudo das relações do pensamento e da palavra na consciência desenvolvida.

Mal começamos a pôr este propósito em prática, logo se revela diante de nós o quadro grandioso, sumamente complexo e delicado que, pela sutileza da sua arquitetônica, supera tudo o que a respeito poderiam imaginar os esquemas das imaginações mais ricas dos pesquisadores. Confirmam-se as palavras de Tolstói, segundo quem "a relação da palavra com o pensamento e a formação de novos conceitos é esse processo complexo, misterioso e delicado da alma".

Antes de passar à descrição esquemática desse processo e antecipando o resultado da futura exposição, digamos a respeito da idéia básica e diretriz que toda a investigação subseqüente deve desenvolver e elucidar o seguinte: a relação entre o pensamento e a palavra é, antes de tudo, não uma coisa mas um processo, é um movimento do pensamento à palavra e da palavra ao pensamento. À luz da análise psicológica, essa relação é vista como um processo em desenvolvimento, que passa por uma série de fases e estágios, sofrendo todas as mudanças que, por todos os seus traços essenciais, podem ser suscitadas pelo desenvolvimento no verdadeiro sentido desta palavra. Naturalmente não se trata de um desenvolvimento etário e sim funcional, mas o movimento do próprio processo de pensamento da idéia à palavra é um desenvolvimento. O pensamento não se exprime na palavra mas nela se realiza. Por isto, seria possível falar de formação (unidade do ser e do não-ser) do pensamento na palavra. Todo pensamento procura unificar alguma coisa, estabelecer uma relação entre coisas. Todo pensamento tem um movimento, um fluxo, um desdobramento, em suma, o pensamento cumpre alguma função, executa algum trabalho, resolve alguma tarefa. Esse fluxo de pensamento se realiza como movimento interno, através de uma série de planos, como uma transição do pensamento para a palavra e da palavra para o pensamento. Por essa razão, a tarefa primordial da análise que deseje estudar a relação do pensamento com a palavra como movimento do pensamento em direção à palavra é o estudo daquelas fases de que se constitui esse movimento, a discriminação dos vários planos por que passa o pensamento, que se materializa na palavra. Aqui se revela ao pesquisador muito daquilo com que "nem os sábios sonharam".

Em primeiro lugar, a nossa análise nos leva a distinguir dois planos na própria linguagem. Mostra que o aspecto semântico interior da linguagem e o aspecto físico e sonoro exterior, ainda que constituam uma unidade autêntica, têm cada um as suas leis de desenvolvimento. A unidade da linguagem é uma unidade complexa e não homogênea. Antes de mais nada, a existência do seu movimento nos aspectos semântico e físico da linguagem revela-se a partir de toda uma série de fatos relativos ao campo do desenvolvimento da linguagem da criança. Apontemos apenas os dois fatos mais importantes.

Sabe-se que o aspecto externo da linguagem se desenvolve na criança a partir de uma palavra no sentido da concatenação de duas ou três palavras, depois no sentido de uma frase simples e da concatenação de frases para redundar, mais tarde, em proposições complexas e numa linguagem coordenada e formada pela série desenvolvida de orações. Desse modo, ao assimilar o aspecto fásico da linguagem a criança caminha das partes para o todo. Sabe-se igualmente que, por seu significado, a primeira palavra da criança é uma frase inteira: uma oração lacônica. No desenvolvimento do aspecto semântico da linguagem, a criança começa pelo todo, por uma oração, e só mais tarde passa a apreender as unidades particulares e semânticas, os significados de determinadas palavras, desmembrando em uma série de significados verbais interligados o seu pensamento lacônico e expresso em uma oração lacônica. Desse modo, abrangendo-se os momentos inicial e final no desenvolvimento dos aspectos semântico e fásico da linguagem, podemos nos convencer facilmente de que esse desenvolvimento transcorre em sentidos opostos. O aspecto semântico transcorre em seu desenvolvimento do todo para a parte, da oração para a palavra, ao passo que o aspecto externo transcorre da parte para o todo, da palavra para a oração.

Em si mesmo esse fato ainda é insuficiente para nos convencer da necessidade de distinguir os movimentos dos planos semântico e sonoro da linguagem. Em ambos os planos os movimentos não coincidem, fundem-se em uma linha mas podem transcorrer por linhas de sentido diametralmente oposto, como nos mostra o caso que examinamos. Ao contrário, a distinção de ambos os planos é o passo primeiro e indispensável para o estabelecimento de uma unidade inferior dos dois planos da linguagem. A unidade dos dois pressupõe a existência do seu movimento em cada uma das partes da linguagem e a existência de relações complexas entre os movimentos de ambas. Entretanto, só é possível estudar as relações em que se funda a unidade da linguagem depois que a análise nos permite distinguir aqueles aspectos entre os quais é unicamente possível a existência dessas relações complexas. Se os dois aspectos da linguagem representassem a mesma coisa, coincidissem entre si e se fundissem em uma linha, seria impossível falar de quaisquer relações na estrutura interior da linguagem, pois são impossíveis quaisquer relações do objeto consigo mesmo. No nosso exemplo, essa unidade interior de ambos os aspectos da linguagem, que apresentam sentido oposto no processo do desenvolvimento da criança, manifesta-se com tanta clareza quanto a discrepância entre eles. O pensamento da criança surge inicialmente como um todo confuso e inteiro, e precisamente por isso deve encontrar na linguagem a sua expressão em uma palavra isolada. É como se a criança escolhesse para o seu pensamento uma veste de linguagem sob medida. O pensamento da criança se desmembra e passa a construir a partir de unidades particulares na medida em que ela caminha das partes para o todo desmembrado em sua linguagem. Ocorre também o contrário: na medida em que, em sua linguagem, a criança passa das unidades para o todo decomposto na oração, no pensamento ela pode passar do todo não decomposto para as partes. Deste modo, desde o início o pensamento e a palavra não se estruturam, absolutamente, pelo mesmo modelo. Em certo sentido, pode-se dizer que entre eles existe antes uma contradição que uma concordância. Por sua estrutura, a linguagem não é um simples reflexo especular da estrutura do pensamento, razão por que não pode esperar que o pensamento seja uma veste pronta. A linguagem não serve como expressão de um pensamento pronto. Ao transformar-se em linguagem, o pensamento se reestrutura e se modifica. O pensamento não se expressa mas se realiza na palavra. Por isto, os processos de desenvolvimento dos aspectos semântico e sonoro da linguagem, de sentidos opostos, constituem a autêntica unidade justamente por força do seu sentido oposto.

Outro fato, igualmente capital, vincula-se a um período mais tardio do desenvolvimento. Piaget estabeleceu que a criança domina antes uma estrutura complexa de oração subordinada com as conjunções "porque", "apesar de", "uma vez que", "embora" que as estruturas semânticas correspondentes a essas formas sintáticas. No desenvolvimento da criança a gramática está adiante da sua lógica. A criança que emprega de modo correto e adequado as conjunções que explicam relações de causa e efeito, temporais, adversativas, condicionais e outras, em situações equivalentes em sua linguagem espontânea, vividas ao longo de toda a idade escolar, ainda não demonstra ter consciência do aspecto semântico dessas conjunções e não consegue empregá-las de forma arbitrária. Isto significa que os movimentos dos aspectos semântico e fásico da palavra não coincidem em termos de desenvolvimento no processo de assimilação das estruturas sintáticas complexas. A análise da palavra poderia mostrar que essa discrepância entre a gramática e a lógica no desenvolvimento da linguagem infantil, como no caso anterior, não só não exclui a sua unidade como, ao contrário, é a única a viabilizar essa unidade interna do significado e da palavra, que traduz relações lógicas complexas.

De modo menos direto, porém mais relevante, manifesta-se a discrepância entre os aspectos semântico e fásico no funcionamento do pensamento desenvolvido. Para descobri-lo, devemos transferir o seu exame do plano genético para o plano funcional. Antes, porém, devemos observar que os fatos por nós ressaltados na gênese da linguagem já permitem algumas conclusões essenciais também em termos funcionais. Se, como observamos, o desenvolvimento dos aspectos semântico e sonoro da linguagem transcorre em sentidos opostos ao longo de todo o desenvolvimento da tenra idade, é perfeitamente claro que nunca possa haver plena coincidência entre eles em cada momento dado, seja qual for o ponto em que examinemos a correlação desses dois planos da linguagem. Contudo, são bem mais ilustrativos os fatos que decorrem diretamente da análise funcional da linguagem: eles são bem conhecidos da atual lingüística de orientação psicológica. De todos os fatos aqui discutidos relacionados ao tema, deve ser colocada em primeiro lugar a discrepância entre o sujeito gramatical e psicológico e o predicado. Diz Vossler:

> É pouco provável que exista uma via mais incorreta para interpretar o sentido espiritual de algum fenômeno lingüístico que a via da interpretação gramatical. Por esta via surgem inevitavelmente erros de interpretação, determinados pela discrepância entre a articulação psicológica e a articulação gramatical do discurso. No prólogo de sua peça *O duque Ernst von Schwaben*, Uhland diz: "Uma cena grave irá descortinar-se diante de vós." Do ponto de vista da estrutura gramatical, "uma cena grave" é o sujeito, e "irá descortinar-se" é o predicado. Mas, do ponto de vista da estrutura psicológica da frase, daquilo que quis dizer o poeta, "irá descortinar-se" é o sujeito e "uma cena grave" o predicado. O poeta quis dizer isto com as palavras: o que vai acontecer diante de vós é uma tragédia. A primeira coisa que o espec-

tador teve em mente foi que diante dele se passaria uma cena. É isto que diz a frase, isto é, o sujeito psicológico. A novidade acrescentada a este sujeito é a noção da tragédia, que é o verdadeiro predicado psicológico.

Uma discrepância ainda mais nítida do sujeito gramatical e psicológico com o predicado pode ser demonstrada no seguinte exemplo. Tomemos a frase "o relógio caiu", na qual "relógio" é o sujeito e "caiu" é o predicado, e imaginemos que essa frase seja pronunciada duas vezes em situações diferentes e, conseqüentemente, exprima em uma mesma forma dois sentidos diferentes. Noto que o relógio está parado, pergunto como aconteceu, e ouço a resposta: "O relógio caiu." Neste caso, antes eu tinha na consciência uma representação do relógio, o relógio aqui é o sujeito psicológico, aquilo de que se fala. A segunda representação que me surgiu foi a de que ele caiu. "Caiu" é, nesse caso, o predicado psicológico, aquilo que se diz do sujeito. Neste caso, as articulações gramatical e psicológica da frase coincidem mas podem não coincidir.

Trabalhando em minha escrivaninha ouço o ruído do objeto que caiu e pergunto o que caiu. A resposta vem pela mesma frase: o relógio caiu. Neste caso, antes não havia na consciência a representação do que caíra. "Caiu" é aquilo de que se fala nesta frase, isto é, o sujeito psicológico. Aquilo que se diz deste sujeito, deste segundo, surge na consciência, é uma representação: é o relógio, que, neste caso, é o predicado psicológico. Em essência, esta idéia poderia ser expressa assim: o que caiu foi o relógio. Neste caso, tanto o predicado psicológico quanto o gramatical estariam coincidindo, ao passo que não coincidem no exemplo anterior. A análise demonstra que, numa frase complexa, qualquer termo integrante da oração pode tornar-se predicado psicológico. Neste caso, ele assume o acento lógico cuja função semântica é precisamente destacar o predicado psicológico. Diz Herman Paul:

A categoria gramatical é, até certo ponto, uma petrificação da psicológica e por isto precisa ser vivificada com ajuda do acento lógico, que revela a sua estrutura semântica.

Herman Paul mostrou como a mesma estrutura gramatical pode esconder a opinião mais sincera. Talvez a correspondência entre a estrutura gramatical e a estrutura psicológica da linguagem não seja tão freqüente quanto supomos. É mais provável que nós apenas a postulemos e que raramente ou nunca se realize na prática. Em toda parte – na fonética, na morfologia, no léxico e na semântica, até mesmo no ritmo, na métrica e na música – as categorias gramaticais ou formais escondem categorias psicológicas. Se em um caso parecem encobrir uma a outra, em outros tornam a separar-se. Pode-se falar não só sobre os elementos psicológicos da forma e os significados, sobre os sujeitos e os predicados psicológicos, e com a mesma legitimidade falar do número psicológico, do gênero, do caso, do pronome, do termo integrante, do superlativo, do tempo futuro, etc. Ao lado dos conceitos gramaticais e formais de sujeito, predicado, gênero, teve-se de admitir a existência dos seus duplos psicológicos ou protótipos. O que pode ser um erro do ponto de vista da língua pode ter valor artístico se vem de uma natureza original. O seguinte terceto de Púchkin tem um significado mais profundo do que se costuma imaginar:

> Como a boca dos rosados sem sorriso,
> sem erro de gramática
> não gosto da fala russa

A completa eliminação das discrepâncias a favor da expressão geral indiscutivelmente correta só se atinge além da língua e de suas habilidades na matemática. Descartes parece ter sido o primeiro a ver na matemática um pensamento derivado da língua mas que a supera. Pode-se dizer apenas uma coisa: a nossa costumeira linguagem coloquial, em razão das suas próprias vacilações e discrepâncias de natureza gramatical e psicológica, vive em uma situação de equilíbrio móvel entre os ideais da harmonia matemática e fantástica e um movimento contínuo que chamamos de evolução.

Se arrolamos todos esses exemplos para demonstrar a discrepância entre os aspectos fásico e semântico da linguagem, eles mostram ainda que essa discrepância da palavra não só não exclui a unidade e ambos os aspectos como, ao contrário, a pressupõe necessariamente. Porque essa discrepância, além de não impedir a concretização do pensamento na palavra, ainda é condição necessária para que o movimento entre o pensamento e a palavra possa desenvolver-se. Expliquemos com dois exemplos como as mudanças da estrutura formal e gramatical acarretam uma mudança profundíssima de todo o sentido da linguagem, para podermos elucidar essa dependência interna entre os seus dois planos. Ao traduzir a fábula *A cigarra e a formiga*, Krilov* substituiu a cigarra de La Fontaine por libélula, dando-lhe o epíteto de *saltadeira*, que não se aplicaria à cigarra. Cigarra em francês é do gênero feminino e perfeitamente adequada para encarnar em sua imagem a frivolidade e a despreocupação femininas. Mas em russo essa nuance semântica da representação da frivolidade desaparece inevitavelmente, e por isso em Krilov o gênero gramatical predominou sobre o significado real: a cigarra se tornou libélula, conservando, ainda assim, todos os traços da cigarra (saltava, cantava), embora a libélula não pule nem cante. À transmissão adequada de toda a plenitude do sentido exigiu a manutenção obrigatória também da categoria gramatical de gênero feminino para a heroína da fábula. O oposto aconteceu com a tradução do poema de Heine *O pinheiro e a palmeira*. No alemão, pinheiro é masculino. Graças a isto toda a história ganha um sentido simbólico de amor pela mulher. Para

....

* Krilov, Ivan Andrêievitch (1769-1844). Escritor russo muito versátil, mais conhecido por suas fábulas e suas traduções – adaptações de La Fontaine, foi também prosador dotado de um corrosivo estilo satírico. (N. do T.)

conservar essa nuance semântica do texto alemão, Tiúttchev substituiu pinheiro por cedro: o cedro aparece sozinho. Ao traduzir esse mesmo poema com exatidão, Liérmontov o privou dessa nuance semântica e lhe deu um sentido essencialmente diferente: mais abstrato e genérico. Assim, a mudança de um detalhe que pareceria gramatical acarreta, nas respectivas condições, a mudança de todo o aspecto semântico do discurso. Um resumo do conhecimento que nos deu a análise dos dois planos da linguagem permitiria afirmar que a discrepância entre esses dois planos, a existência de um segundo plano interior da linguagem que está por trás das palavras, a autonomia da gramática do pensamento e da sintaxe dos significados verbais nos levam a perceber, no mais simples enunciado discursivo, não uma relação imóvel e constante, dada de uma vez por todas entre os aspectos semântico e sonoro da linguagem, mas um movimento, uma transição da sintaxe dos significados para a sintaxe da palavra, a transformação da gramática do pensamento em gramática das palavras, a modificação da estrutura semântica com a sua materialização em palavras.

Se, porém, os aspectos fásico e semântico da linguagem não coincidem, evidentemente o enunciado discursivo não pode surgir imediatamente em toda a sua plenitude, uma vez que as sintaxes da semântica e da palavra não surgem em simultaneidade e em conjunto mas pressupõem uma transição e um movimento de uma para a outra. Mas esse processo complexo de transição dos significados para os sons se desenvolve, gerando uma das linhas básicas no aperfeiçoamento do pensamento discursivo. Essa decomposição da linguagem em semântica e fonologia não é dada imediatamente e desde o início mas surge apenas no processo de desenvolvimento: a criança deve diferenciar ambos os aspectos da linguagem, tomar consciência da sua diferença e da natureza de cada um deles para tornar possível aquele descenso pelos estágios que se pressupõe naturalmente no processo vivo da palavra conscientizada. A princípio encontramos na criança a não-consciência das formas e dos significados das palavras, bem como a não-diferenciação de uns e de outros. A criança percebe a palavra em sua estrutura sonora como parte do objeto ou como uma propriedade sua inseparável de outras propriedades. Tudo indica tratar-se de um fenômeno inerente a toda a consciência lingüística primitiva.

Humboldt cita a seguinte anedota: ouvindo estudantes de astronomia conversando sobre estrelas, pessoas simples lhes perguntaram: "A gente entende que, com o auxílio de toda sorte de instrumentos, os homens conseguiram medir a distância entre a Terra e os astros mais distantes e descobrir a sua distribuição e o seu movimento. Mas a gente gostaria de saber como descobriram os nomes das estrelas." Quem perguntou supunha que só dos próprios astros seria possível saber os seus nomes. Experiências simples com crianças mostram que, antes da idade escolar, a criança explica os nomes dos objetos pelas suas propriedades: "vaca" se chama "vaca" porque tem chifres, "bezerro" se chama "bezerro" porque tem os chifres ainda pequenos, "cavalo" se chama "cavalo" porque não tem chifres, "cachorro" se chama "cachorro" porque não tem chifres e é pequeno, "automóvel" se chama "automóvel" porque não é animal.

Quando se pergunta se é possível substituir o nome de um objeto por outro, por exemplo, chamar uma vaca de tinta e tinta de vaca, as crianças respondem que isso é totalmente impossível, porque com tinta se escreve e a vaca dá leite. A transferência do nome como que significa a transferência das propriedades de um objeto para outro, tão estreita e indissoluvelmente ligadas entre si estão as propriedades do objeto e o seu nome. O grau de dificuldade que experimenta a criança para transferir o nome de um objeto a outro pode ser visto pelas experiências em que, por instrução, dão-se convencionalmente aos objetos nomes não-verdadeiros. Na experiência são substituídos os nomes de "vaca" por "cão" e "janela" por "tinta".

– Se o cachorro tem chifres, ele dá leite? – pergunta-se a uma criança.

– Dá.

– A vaca tem chifres?
– Tem.
– A vaca é um cachorro, por acaso o cachorro tem chifres?
– É claro, se o cachorro é vaca, se se chama vaca, então deve ter chifres. Já que se chama vaca, então também deve ter chifres. O cachorro que se chamar vaca deve ter uns chifrinhos sem dúvida.

Esse exemplo mostra o quanto à criança é difícil separar o nome das propriedades do objeto e como, nas transferências, as propriedades vêm logo depois do nome como um bem depois do dono. Obtemos os mesmos resultados nas perguntas relativas às propriedades da tinta e da janela na transferência dos seus nomes. No começo as respostas corretas aparecem com grande dificuldade, mas quando se pergunta se a tinta é transparente a resposta é uma só: não. "Mas tinta é janela, janela é tinta." "Então a tinta é tinta e mesmo assim não é transparente."

Com esse exemplo, quisemos apenas ilustrar a tese segundo a qual os aspectos sonoro e semântico da palavra ainda são, para a criança, uma unidade imediata, não diferenciada nem conscientizada. Uma das linhas básicas do desenvolvimento verbal da criança consiste precisamente em que essa unidade começa a diferenciar-se e a ser conscientizada. Deste modo, no início do desenvolvimento ocorrem a fusão de ambos os planos da linguagem e a sua divisão gradual, de sorte que a distância entre eles cresce com a idade, e a cada estágio no desenvolvimento e na tomada de consciência dos significados das palavras correspondem a sua relação específica entre os aspectos semântico e fásico da linguagem e a sua via específica de transição do significado para o som. A insuficiente delimitação de ambos os planos da linguagem está vinculada às limitações da possibilidade da expressão do pensamento e da sua compreensão em tenra idade. Se levarmos em conta o que foi dito no início da nossa pesquisa sobre a função comunicativa dos significados, ficará claro que a comunicação da criança através da linguagem está diretamente vinculada à diferenciação dos significados das palavras em sua linguagem e à tomada de consciência desses casos.

Para elucidar essa idéia, devemos examinar uma peculiaridade essencial na construção do significado das palavras, que já mencionamos quando analisamos os resultados dos nossos experimentos. Ali distinguimos na estrutura semântica da palavra a sua referencialidade concreta e o seu significado, e procuramos mostrar que os dois não coincidem. No aspecto funcional, isto nos levou a distinguir as funções indicativa e nominativa da palavra, por um lado, e a sua função significativa, por outro. Se compararmos essas relações estruturais e funcionais no início, no meio e no final do desenvolvimento, conseguiremos nos convencer da existência da seguinte lei genética: ao iniciar-se o desenvolvimento, na estrutura da palavra existe a sua referencialidade concreta exclusiva e, dentre as funções, existem apenas as funções indicativa e nominativa. O significado, independente da referencialidade concreta, e a significação, independente da indicação e da nomeação do objeto, surgem posteriormente e se desenvolvem por aquelas vias que procuramos observar e esboçar neste trabalho.

Mas aqui se verifica que, desde o início, essas peculiaridades estruturais e funcionais da palavra sofrem um desvio para os lados opostos na criança em comparação com o adulto. Por um lado, a referencialidade concreta da palavra se manifesta de modo bem mais nítido e intenso na criança que no adulto: para a criança, a palavra é parte do objeto, uma de suas propriedades, está mais estreita e indissoluvelmente ligada ao objeto que a palavra do adulto. É isto que assegura um peso específico bem maior da referencialidade concreta na palavra da criança. Por outro lado, é precisamente por estar a palavra vinculada ao objeto na criança mais estreitamente que em nós que ela representa uma espécie de parte do objeto, mas que no adulto pode facilmente separar-se do objeto, substituí-lo nos pensamentos e levar uma vida autônoma. Assim, a insuficiente diferenciação da referencialidade concreta e do significado da palavra redunda em que a palavra da criança está ao mesmo tempo mais próxima da realidade e mais distante dela que a palavra do adulto. Inicialmente, a criança não diferencia o significado verbal e o objeto, o significado e a forma sonora da palavra. No processo de desenvolvimento, essa diferenciação ocorre na medida em que se desenvolve a generalização, e no final do desenvolvimento, quando já encontramos conceitos verdadeiros, surgem aquelas relações complexas entre os planos decompostos da linguagem a que já nos referimos.

Essa diferenciação dos dois planos da palavra, que cresce com o passar dos anos, é acompanhada ainda do desenvolvimento da via que o pensamento percorre no curso da transformação da sintaxe dos significados em sintaxe das palavras. O pensamento imprime a marca do acento lógico em uma das palavras de uma frase, destacando o predicado psicológico sem o qual qualquer frase se torna incompreensível. O ato de falar requer a transição do plano interior para o plano exterior, enquanto a compreensão pressupõe o movimento inverso do plano externo da linguagem para o plano interno.

Entretanto, devemos dar mais um passo pela via que traçamos e penetrar ainda mais fundo na estrutura interna da linguagem. Seu plano semântico não é apenas um plano inicial e idêntico dentre todos os planos internos. Por trás dele e diante do pesquisador descortina-se o plano da linguagem interior*. Em uma correta compreensão da natureza psicológica da linguagem interior, não há nem pode haver nenhuma possibilidade de elucidar a relação do pensamento com a palavra em toda a sua

....
* Vamos manter o termo "linguagem interior" por uma questão de coerência, uma vez que, neste livro, ele está inicialmente ligado à categoria de linguagem egocêntrica desenvolvida por Piaget e discutida por Vigotski. Entretanto, a reflexão de Vigotski, especialmente a partir desta página, não só distingue o conceito das suas interpretações e aplicações anteriores como lhe dá um novo sentido e uma nova dimensão teórica e prática, que justifica tranqüilamente a sua substituição por *discurso interior*, termo, a meu ver, bem mais amplo e mais específico que linguagem interior. (N. do T.)

complexidade real. Mas esse problema chega a ser quase o mais confuso entre todos os problemas relativos ao estudo do pensamento e da linguagem. Por isto, merece um estudo absolutamente específico, mas não podemos deixar de apresentar alguns dados fundamentais desse estudo especial da linguagem interior, uma vez que sem eles não poderíamos conceber a relação entre pensamento e palavra.

A confusão começa pela imprecisão terminológica. O termo *linguagem interior* ou *endofasia* vem sendo aplicado na literatura aos mais diversos fenômenos. Daí surge toda uma série de mal-entendidos, uma vez que os estudiosos discutem freqüentemente sobre diferentes objetos mas os nomeiam com mesmo termo. É impossível enquadrar em algum sistema os nossos conhecimentos sobre a natureza da linguagem interior se antes não tentarmos introduzir clareza terminológica nesta questão. Uma vez que até hoje ninguém realizou esse trabalho, não surpreende que nenhum autor tenha feito uma única exposição com um mínimo de sistematicidade nem sequer de simples dados fatuais sobre a natureza da linguagem interior. Pelo visto, o significado inicial desse termo era a concepção de linguagem interior como memória verbal. Eu posso declamar de memória um poema decorado mas só posso reproduzi-lo na memória. A palavra pode ser ainda substituída pela representação sobre ela ou por uma imagem de memória, como acontece com qualquer outro objeto. Neste caso, a linguagem interior se distingue da exterior exatamente como a representação de um objeto difere do objeto real. É precisamente neste sentido que entendiam a linguagem interior os autores franceses, quando estudavam em que imagens da memória – acústicas, ópticas, motoras ou sintéticas – se realiza a memorização das palavras. A memória verbal é um dos momentos determinantes da natureza da linguagem interior. Mas é evidente que ela, em si mesma, além de não esgotar o conceito, ainda não coincide diretamente com ele. Nos autores antigos encontramos sempre o sinal de igualdade entre reprodução das palavras de memória e linguagem interior. Em realidade, trata-se de dois diferentes processos que devem ser distinguidos.

O segundo significado de linguagem interior costuma vincular-se à redução do ato habitual de fala. Neste caso, chama-se linguagem interior a linguagem não pronunciada, sem som, muda, isto é, linguagem menos o som, segundo célebre definição de Müller. Para Watson, ela é a mesma linguagem exterior, apenas não levada até o fim. Békhteriev a definiu como reflexo verbal não revelado em sua parte motora. Siétchenov, como reflexo interrompido em dois terços do seu caminho. E essa concepção de linguagem interior pode ser inserida como um dos momentos subordinados no conceito científico de linguagem interior mas, como a primeira, não só não esgota esse conceito como não coincide absolutamente com ele. O ato de pronunciar alguma palavra sem som ainda não significa processo de linguagem interior. Ultimamente Schilling propôs delimitar terminologicamente linguagem interior e fala interior, distinguindo por fala o conteúdo que os autores que acabamos de citar aplicavam ao conceito de linguagem interior. Esse conceito difere quantitativamente de linguagem interior por só ter em vista processos ativos e não processos passivos de linguagem, diferindo qualitativamente por ter em vista uma atividade inicialmente motora da função da fala. Desse ponto de vista, a fala interior é uma função particular da linguagem interior, um ato motriz de fala de caráter inicial, cujos impulsos não encontram expressão nos movimentos articulatórios ou se manifestam em movimentos vagamente expressos e surdos mas que acompanham, reforçam e inibem a função de pensar.

A terceira e última concepção de linguagem interior – e também mais vaga – amplia extremamente o tema. Deixando de lado a sua história, o nosso exame desta última concepção ficará limitado ao estado atual que encontramos nos trabalhos de muitos autores.

Goldstein chama de *linguagem interior* tudo o que precede ao ato motor de falar, a todo o aspecto interior da linguagem em que ele distingue dois momentos: primeiro, a forma interior de discurso do lingüista ou os motivos do discurso de Wundt; segundo, a presença de uma vivência extremamente indefinível, não sensorial ou motora mas especificamente discursiva, que é tão conhecida de cada um quanto impossível de ser caracterizada com precisão. Fundindo no conceito de linguagem interior todo o aspecto interior de qualquer linguagem, mesclando em um todo a linguagem interior de autores franceses e a palavra-conceito dos alemães, Goldstein coloca esse aspecto no centro de toda a linguagem. Aqui é correto o aspecto negativo da definição, precisamente a sugestão de que os processos sensoriais e motores têm na linguagem interior uma importância submissa, mas é muito confuso e por isso incorreto o aspecto positivo. É impossível não contestar a identificação do ponto central de toda a linguagem com uma vivência que se apreende por via intuitiva, não se presta a nenhuma análise funcional, estrutural ou nenhuma análise objetiva, assim como é impossível não contestar a identificação dessa vivência com a linguagem interior, na qual planos estruturais particulares, que podem ser bem distinguidos através da análise psicológica, se diluem sem deixar vestígio. Esse vivenciamento central do discurso é comum a qualquer modalidade de linguagem e, por esta simples razão, já não se presta, de maneira alguma, à discriminação daquela função discursiva específica e original, que é a única a merecer o nome de linguagem interior. Em essência, se formos coerentes e levarmos o ponto de vista de Goldstein às últimas conseqüências, teremos de reconhecer que a sua linguagem interior não é nenhuma linguagem mas uma atividade pensante e afetivo-volitiva, uma vez que incorpora motivos de discurso e pensamento expresso em palavra. No melhor dos casos, esse ponto de vista abrange, em forma não desarticulada, todos os processos interiores que se desenvolvem até o momento da fala, isto é, todo o aspecto interior da linguagem exterior.

Uma concepção correta da linguagem interior deve partir da tese segundo a qual a linguagem interior é uma formação particular por sua natureza psicológica, uma modalidade específica de linguagem dotada de particularidades absolutamente específicas e situada em uma relação complexa com as outras modalidades de linguagem. Para estudar essas relações da linguagem interior com o pensamento, por um lado, e com a palavra, por outro, é necessário, antes de tudo, descobrir as diferenças específicas que distinguem a linguagem interior tanto do pensamento quanto da palavra e elucidar a sua função absolutamente específica. A linguagem interior é uma linguagem para si. A linguagem exterior é uma linguagem para os outros. Não se pode admitir nem por antecipação que essa diferença radical e fundamental de funções dessa ou daquela linguagem possa não ter conseqüências para a natureza estrutural de ambas as funções discursivas. Por isso achamos incorreto considerar, como o fazem Jackson e Head, a linguagem interior como uma linguagem que se distingue da exterior pelo grau e não pela natureza. Aqui não se trata de vocalização. A própria existência ou inexistência de vocalização não é causa que nos explique a natureza da linguagem interior mas conseqüência dessa natureza. Em certo sentido, pode-se dizer que a linguagem interior não é só aquilo que antecede a linguagem exterior ou a reproduz na memória mas é oposta à linguagem exterior. Este é um processo de transformação do pensamento em palavra, é a sua materialização e sua objetivação. Aqui temos o outro processo de sentido oposto, que caminha de fora para dentro, um processo de evaporação da linguagem no pensamento. Daí a sua estrutura com todas as diferenças que a distinguem da linguagem exterior. A linguagem interior chega a ser quase a área mais difícil de investigação da psicologia. É por isso mesmo que, na sua teoria, esbarramos em um imenso número de hipóteses absolutamente arbitrárias e construções especulativas, e não dispomos de nenhum dado fatual possível. Nesta questão só se fez experimento a título de ilustração. Os pesquisadores têm procurado captar, na articulação e na respiração, a existência de mudanças motoras concomitantes, quase imperceptíveis, no melhor dos casos de terceiro grau pela importância, mas ao menos situadas fora do núcleo central da linguagem interior. Essa questão permaneceu quase inacessível a experimentos enquanto não se conseguiu aplicar a ela o método genético. Também aqui, o desenvolvimento foi a chave para a compreensão de uma das mais complexas funções interiores da consciência humana. Por isto, a descoberta do método adequado de investigação da linguagem interior fez, efetivamente, toda a questão sair do ponto morto. Por essa razão, abordaremos o método em primeiro lugar.

Pelo visto, foi Piaget o primeiro a perceber a função especial da linguagem egocêntrica da criança e a conseguir apreciar-lhe a importância teórica. Seu mérito foi o de não ter passado à margem desse fato, que se repete diariamente e é conhecido de cada um que já tenha visto uma criança, mas de haver tentado estudá-lo e apreendê-lo teoricamente. Mas ele permaneceu inteiramente cego ao mais importante que a linguagem egocêntrico traz implícito: a sua semelhança genética e os seus vínculos com a linguagem interior e, como conseqüência, produziu uma falsa interpretação da própria natureza dessa linguagem nos aspectos funcional, estrutural e genético. Em nossas investigações da linguagem interior, nós nos afastamos de Piaget e colocamos no centro precisamente as relações da linguagem egocêntrica com a linguagem interior. Achamos que isto nos deu, pela primeira vez, a possibilidade de estudar experimentalmente a natureza da linguagem interior com uma plenitude jamais alcançada.

Já expusemos todas as reflexões básicas que nos permitem concluir que a linguagem egocêntrica é uma série de estágios anteriores ao desenvolvimento da linguagem interior. Lembremos que essas reflexões são de um tríplice caráter: funcional (descobrimos que a linguagem egocêntrica desempenha funções intelectuais semelhantes à linguagem interior), estrutural (descobrimos que a linguagem egocêntrica se aproxima estruturalmente da interior) e genético (comparamos o fato da extinção da linguagem egocêntrica no início da idade escolar, descoberto por Piaget, com uma série de fatos que nos levam a inserir nesse momento o início do desenvolvimento da linguagem interior, e daí concluímos que, em realidade, no limiar da idade escolar ocorre, não a extinção da linguagem egocêntrica, mas a sua transição e transformação em linguagem interior). Essa nova hipótese de trabalho sobre a estrutura, a função e o destino da linguagem egocêntrica nos permitiu não só reconstruir radicalmente toda a teoria da linguagem egocêntrica como ainda penetrar fundo na questão da natureza da linguagem interior. Se é confiável a nossa hipótese de que a linguagem egocêntrica é constituída de formas precoces de linguagem interior, com isto se resolve o problema do método de investigação da linguagem interior.

Neste caso, a linguagem egocêntrica é a chave para a investigação da linguagem interior. Isto porque ela é uma linguagem ainda vocalizada, sonora, isto é, uma linguagem exterior pelo modo de sua manifestação e, ao mesmo tempo, uma linguagem interior por suas funções e estrutura. Quando estudamos os processos interiores para experimentar e objetivar o processo interior observado, somos levados a criar experimentalmente o seu aspecto externo, vinculando-o a alguma atividade externa, a levá-lo para fora a fim de possibilitar a sua análise objetivo-funcional baseada nas observações do aspecto externo do processo interno. No caso da linguagem egocêntrica, operamos com uma espécie de experimento natural construído segundo esse tipo. Trata-se da linguagem interior acessível à observação direta e à experimentação, isto é, de um processo interior por natureza e exterior por manifestação. É por este motivo que o estudo da linguagem egocêntrica é, para nós, o método fundamental de estudo da linguagem interior.

A segunda vantagem desse método é permitir que se estude a linguagem egocêntrica não de modo estático mas dinâmico no processo de seu desenvolvimento, de declínio gradual de umas peculiaridades e lenta ascensão de outras. Graças a isto surge a possibilidade de julgar as tendências do desenvolvimento da linguagem interior, de analisar não só o que é secundário e se extingue no processo de desenvolvimento mas também o que é essencial, o que se reforça e cresce nesse processo. Por último, o estudo dessas tendências genéticas da linguagem interior permite concluir, com o auxílio dos métodos de interpolação, o que é esse movimento da linguagem egocêntrica para a linguagem interior, ou melhor, qual é a natureza da linguagem interior.

Antes de expormos os resultados básicos que o método nos propiciou, examinemos brevemente a concepção original da natureza da linguagem egocêntrica para elucidar, de uma vez por todas, o fundamento teórico do nosso método, enfatizando as diferenças entre a teoria de Piaget e a nossa. Piaget argumenta que a linguagem egocêntrica da criança é uma expressão direta do egocentrismo do seu pensamento, o qual, por sua vez, é um compromisso entre o autismo primitivo do pensamento infantil e a sua socialização gradual, compromisso específico de cada fase etária, por assim dizer, um compromisso dinâmico, no qual, à medida que a criança cresce, o autismo desaparece e a socialização evolui, levando gradualmente a zero o egocentrismo no seu pensamento e na sua linguagem.

Dessa concepção da natureza da linguagem egocêntrica decorre o ponto de vista piagetiano sobre a estrutura, a função e o destino dessa modalidade de linguagem. Na linguagem egocêntrica, a criança não deve adaptar-se ao pensamento do adulto; por isso o seu pensamento continua egocêntrico ao máximo, fato que se manifesta na incompreensão da linguagem egocêntrica para o interlocutor, na sua redução e em outras peculiaridades estruturais. Neste caso, por sua função, a linguagem egocêntrica não pode ser senão um simples acompanhamento da melodia central da atividade infantil, que nada modifica nessa melodia. É mais um fenômeno concomitante que um fenômeno de importância funcional independente. Essa linguagem não desempenha nenhuma função no comportamento da criança. Por último, sendo uma expressão do egocentrismo infantil, e estando este condenado à extinção no curso do desenvolvimento da criança, é natural que o seu destino genético seja extinguir-se concomitantemente com o egocentrismo infantil. Por isso, o desenvolvimento da linguagem egocêntrica segue uma curva descendente, cujo ponto culminante está situado no início do desenvolvimento e decresce até chegar a zero no limiar da idade escolar. Assim, pode-se afirmar sobre o egocentrismo o que List disse sobre os meninos prodígios: seu futuro está no passado. Essa linguagem não tem futuro. Não surge nem se desenvolve com a criança mas se atrofia e se extingue, sendo antes um processo involutivo por natureza que evolutivo. Se, deste modo, o desenvolvimento da linguagem egocêntrica se realiza por uma curva em contínua extinção, é natural que, em cada etapa do desenvolvimento da criança, essa linguagem derive da insuficiente socialização da linguagem infantil, inicialmente individual, sendo expressão direta do grau dessa insuficiência de socialização.

Segundo uma teoria oposta, a linguagem egocêntrica da criança é uma das manifestações da transição das funções interpsicológicas para as intrapsicológicas, isto é, das formas de atividade social coletiva da criança para as funções individuais. Essa transição é uma lei geral – como mostramos em um dos nossos estudos anteriores (40, pp. 483 ss.) – do desenvolvimento das funções psíquicas superiores, que surgem inicialmente como formas de atividade em colaboração e só depois são transferidas pela criança para o campo das suas formas psicológicas de atividade. A linguagem para si surge pela diferenciação da função inicialmente social da linguagem para outros. A estrada real do desenvolvimento da criança não é a socialização gradual introduzida de fora mas a individualização gradual que surge com base na sociabilidade interior da criança. Em função disto modificam-se também as nossas concepções sobre a estrutura, a função e o destino da linguagem egocêntrica. Achamos que sua estrutura se desenvolve paralelamente ao isolamento das suas funções e em conformidade com essas funções. Noutros termos, ao adquirir uma nova função, a linguagem naturalmente se transforma também em sua estrutura, em consonância com as novas funções. Adiante analisaremos detalhadamente essas peculiaridades estruturais. Por ora queremos dizer apenas que essas peculiaridades não se extinguem nem se atenuam, não se reduzem a zero nem involuem, mas se intensificam e crescem, evoluem com o crescimento da criança, de sorte que o seu desenvolvimento, como aliás o desenvolvimento de toda linguagem egocêntrica, segue por linha ascendente e não descendente.

Os resultados dos nossos experimentos mostram que a função da linguagem egocêntrica é semelhante à da linguagem interior: é menos um acompanhamento, é uma melodia independente, uma função autônoma que serve aos objetivos da orientação intelectual, da tomada de consciência da superação das dificuldades e dos obstáculos, da reflexão e do pensamento, em suma, é uma linguagem para si, que da forma mais íntima serve o pensamento da criança. Por último, o destino genético da linguagem egocêntrica nos parece menos parecido àquele esboçado por Piaget. A linguagem egocêntrica não se desenvolve por uma linha de extinção mas por uma linha ascendente. Seu desenvolvimento não é uma involução mas uma verdadeira evolução. O que ele menos lembra são os processos involutivos bem conhecidos em biologia e pediatria, que se manifestam na extinção, como os processos de cicatrização da veia do umbigo ou da sua queda no recém-nascido. Essa linguagem está mais para os processos de desenvolvimento da criança, que estão voltados para o futuro e, por sua natureza, são processos de desenvolvimento construtivos, criativos e plenos de significado positivo. Nossa hipótese vê a linguagem egocêntrica como uma linguagem interior por sua função psicológica e exterior por sua estrutura. Seu destino é transformar-se em linguagem interior.

Achamos que a nossa hipótese tem diversas vantagens sobre a de Piaget: em termos teóricos, permite explicar melhor e mais adequadamente a estrutura, a função e o destino da linguagem egocêntrica; combina-se melhor com os nossos fatos experimentais – inexplicáveis do ponto de vista da teoria de Piaget – sobre o crescimento do coeficiente de linguagem egocêntrica quando há dificuldades na atividade que exigem tomada de consciência e reflexão. Mas a sua vantagem principal e decisiva é oferecer uma explicação satisfatória para o estado de coisas paradoxal descrito pelo próprio Piaget e inexplicável de outro modo. De fato, a teoria de Piaget postula que a linguagem egocêntrica se extingue com o crescimento, declinando quantitativamente na medida em que a criança se desenvolve. Entretanto, deveríamos esperar que as suas peculiaridades estruturais também devessem decrescer e não crescer com a sua extinção, pois é difícil imaginar que a extinção abranja só o aspecto quantitativo do processo e não tenha nenhum reflexo em sua estrutura interior. Na passagem dos três para os sete anos, isto é, do ponto superior para o inferior no desenvolvimento da linguagem egocêntrica, o egocentrismo do pensamento infantil declina em imensas proporções. Se as peculiaridades estruturais da linguagem egocêntrica radicam precisamente no egocentrismo, é natural esperar que tais peculiaridades, cuja expressão sumária é a ininteligibilidade dessa linguagem para os outros, também venham a extinguir-se e reduzir-se gradualmente a zero como as próprias manifestações dessa linguagem. Em suma, caberia esperar que o processo de extinção da linguagem egocêntrica encontrasse sua expressão também na extinção das suas peculiaridades estruturais internas, isto é, que essa linguagem, também por sua estrutura interna, viesse a se aproximar mais da linguagem socializada e, especialmente, se tornasse mais compreensível. O que dizem os fatos a respeito? Que linguagem é mais incompreensível – a de uma criança de três ou de sete anos? Um dos resultados fatuais da nossa investigação, mais importantes e decisivos pelo seu significado, é o estabelecimento do seguinte fato: as peculiaridades estruturais da linguagem egocêntrica, que traduzem os seus desvios em relação à linguagem social e determinam a sua ininteligibilidade para os outros, não declinam mas crescem com o desenvolvimento, são mínimas aos três anos de idade e máximas aos sete; não se extinguem mas evoluem; revelam leis inversas de desenvolvimento em comparação com o coeficiente de linguagem egocêntrica. Enquanto esta última declina sem cessar no processo de desenvolvimento, chegando a zero no limiar da idade escolar, aquelas peculiaridades estruturais passam por um desenvolvimento em sentido contrário, subindo de um patamar quase zero aos três anos de idade para atingir quase 100% de originalidade estrutural no conjunto das suas diferenças estruturais.

Esse fato não é só inexplicável do ponto de vista de Piaget, uma vez que não há como conceber de que modo os processos de extinção do egocentrismo infantil, da própria linguagem egocêntrica e de suas peculiaridades internas podem crescer tanto; ao mesmo tempo, porém, ele também nos permite elucidar o único fato que Piaget toma como pedra angular e sobre o qual constrói toda a sua teoria da linguagem egocêntrica, ou seja, o fato da extinção do coeficiente de linguagem egocêntrica com o crescimento da criança.

No fundo, o que significa esse declínio do coeficiente de linguagem egocêntrica? As peculiaridades estruturais da linguagem interior e a sua diferenciação funcional em relação à linguagem exterior aumentam com a idade. O que então declina? O declínio da linguagem egocêntrica não diz nada mais a não ser que declina exclusivamente uma única peculiaridade dessa linguagem: exatamente a sua vocalização, o seu som. Podemos concluir daí que a extinção da vocalização e do som equivale à extinção de toda linguagem egocêntrica? Isto nos parece inadmissível, porque, neste caso, fica absolutamente inexplicável o desenvolvimento de suas peculiaridades estruturais e funcionais. Ao contrário, à luz desse fator torna-se absolutamente compreensível o próprio declínio do coeficiente de linguagem egocêntrica. A contradição entre o declínio célere de um sintoma da linguagem egocêntrica (a vocalização) e o aumento igualmente célere de outros sintomas (as diferenciações estrutural e funcional) acaba sendo uma contradição aparente, ilusória.

Raciocinemos a partir de um fato indiscutível, que estabelecemos por via experimental. As peculiaridades estruturais e funcionais da linguagem egocêntrica aumentam com o desenvolvimento da criança. Aos três anos, é quase igual a zero a diferença entre essa linguagem e a linguagem comunicativa da criança. Aos sete anos verificamos uma linguagem que difere em 100% da linguagem social de uma criança de três anos, por suas peculiaridades funcionais e estruturais. Neste fato, manifestam-se a diferenciação das duas funções discursivas – que progride com a idade – e o isolamento da linguagem para si e da linguagem para os outros em face da função social não articulada, função essa que desempenha em tenra idade essas duas atribuições de modo quase inteiramente idêntico. Isto é indubitável. Isto é um fato e, como se sabe, é difícil discutir com os fatos.

Se isso é assim, todo o restante se torna compreensível por si mesmo. Se as peculiaridades estruturais e funcionais da linguagem egocêntrica – a sua estrutura interior e o modo de sua atividade – se desenvolvem cada vez mais e a isolam da linguagem exterior, na exata proporção em que aumentam essas peculiaridades específicas da linguagem egocêntrica seu aspecto externo e sonoro deve extinguir-se, sua vocalização deve diluir-se e anular-se, suas manifestações externas devem cair para zero, o que irá manifestar-se no declínio do coeficiente de linguagem egocêntrica no período dos três aos sete anos. Na medida em que se isola a função da linguagem egocêntrica, dessa linguagem para si, em iguais proporções a sua vocalização se torna funcionalmente inútil e sem sentido (sabemos a nossa frase pensada antes de pronunciá-la) e na medida em que aumentam as peculiaridades estruturais da linguagem egocêntrica a sua vocalização se torna impossível nas mesmas proporções. A linguagem para si, totalmente diferente por sua estrutura, não pode encontrar expressão na estrutura – totalmente heterogênea por natureza – da linguagem exterior; totalmente específica por sua estrutura, a modalidade de linguagem que surge nesse período deve, necessariamente, ter a sua forma específica de expressão, uma vez que o seu aspecto fásico deixa de coincidir com o aspecto fásico da linguagem exterior. O aumento das peculiaridades funcionais da linguagem egocêntrica, seu isolamento como função discursiva independente, a constituição gradual e a formação de sua natureza interna original levam inevitavelmente a que essa linguagem se torne cada vez mais pobre em suas manifestações externas, distanciando-se cada vez mais da linguagem exterior, perdendo cada vez mais a sua vocalização. E em certo momento do desenvolvimento, quando esse isolamento da linguagem egocêntrica atinge o limite necessário, quando a linguagem para si se separa definitivamente da linguagem para os outros, ela deve necessariamente deixar de ser sonora e, conseqüentemente, criar a ilusão do seu desaparecimento e da sua total extinção. Mas isto é precisamente uma ilusão. Considerar o declínio do coeficiente de linguagem egocêntrica até zero como sintoma de sua extinção é o mesmo que considerar como extinção do cálculo o momento em que a criança deixa de usar os dedos para contar e deixa de contar em voz alta para contar de memória. No fundo, por trás desse sintoma da extinção, desse sintoma negativo e involutivo, esconde-se um conteúdo absolutamente positivo. O declínio do coeficiente de linguagem egocêntrica e a redução de sua vocalização estão estreitamente vinculados ao crescimento interior e ao isolamento dessa nova modalidade de linguagem infantil, e só aparentemente são sintomas negativos, involutivos. Em essência, são sintomas evolutivos de um desenvolvimento ascendente. Porque por trás deles não se esconde a extinção mas a germinação de uma nova forma de linguagem.

O declínio das manifestações externas da linguagem egocêntrica deve ser visto: como manifestação de uma abstração que se desenvolve a partir do aspecto sonoro da linguagem, aspecto esse que é um dos principais traços constitutivos da linguagem interior; como diferenciação progressiva da linguagem egocêntrica em relação à linguagem comunicativa; como traço da crescente capacidade da criança para pensar e imaginar as palavras em vez de pronunciá-las, para operar com a imagem da palavra em vez da própria palavra. Nisto reside o sentido positivo do sintoma do declínio do coeficiente de linguagem egocêntrica. Porque esse declínio é de natureza perfeitamente definida: realiza-se em um determinado sentido, inclusive no mesmo sentido em que se realiza o desenvolvimento das generalizações funcionais e estruturais da linguagem egocêntrica, isto é, no sentido da linguagem interior. A diferença radical entre a linguagem interior e a exterior é a ausência de vocalização.

A linguagem interior é uma linguagem muda, silenciosa. Esse é o seu principal traço distintivo. Mas é precisamente no sentido do aumento gradual desse traço distintivo que se dá a evolução da linguagem egocêntrica. Sua vocalização declina até chegar a zero, ela se torna uma linguagem muda. Mas assim deve ser necessariamente se a concebemos como etapas geneticamente precoces no desenvolvimento da linguagem interior. O fato de que esse traço se desenvolve gradualmente, de que a linguagem egocêntrica se isola antes em termos funcionais e estruturais que em termos de vocalização, sugere apenas o que tomamos por base da nossa hipótese sobre o desenvolvimento da linguagem interior, isto é, sugere que a linguagem interior se desenvolve através do enfraquecimento externo de seu aspecto sonoro, passando da fala para o sussurro e do sussurro para a linguagem surda e, através do isolamento funcional e estrutural, da linguagem externa para a linguagem egocêntrica e da egocêntrica para a interior.

Assim, a contradição entre a extinção das manifestações externas da linguagem egocêntrica e o aumento das suas peculiaridades internas é uma contradição aparente. Em realidade, por trás do declínio do coeficiente de linguagem egocêntrica esconde-se o desenvolvimento positivo de uma das peculiaridades centrais da linguagem interior – a abstração do aspecto sonoro da linguagem e a diferenciação definitiva de linguagem interior e linguagem exterior. Desse modo, todos os três grupos fundamentais de traços – funcionais, estruturais e genéticos –, todos os fatos que conhecemos do campo do desenvolvimento da linguagem egocêntrica (inclusive os fatos de Piaget) atestam harmoniosamente uma única coisa: a linguagem egocêntrica se desenvolve no sentido da linguagem interior, e todo o curso do seu desenvolvimento não pode ser entendido senão como o curso de aumento progressivo de todas as propriedades distintivas da linguagem interior.

Nisto vemos a confirmação irrefutável da hipótese que desenvolvemos sobre a origem e a natureza da linguagem egocêntrica e a prova igualmente incontestável em favor de que o estudo da linguagem egocêntrica é o método fundamental de conhecimento da natureza da linguagem interior. Mas para que a nossa tese hipotética possa ganhar autenticidade teórica, devemos encontrar as possibilidades para um experimento crítico capaz de resolver de modo indubitável qual das duas concepções contraditórias do processo de desenvolvimento da linguagem egocêntrica corresponde à realidade. Examinemos os dados desse experimento crítico.

Lembremos a situação teórica que o nosso experimento teve de resolver. Segundo Piaget, a linguagem egocêntrica surge da insuficiente socialização da linguagem individual primária. É nossa opinião que ela surge de uma insuficiente individualização da linguagem social primária, de seu insuficiente isolamento e sua insuficiente diferenciação, da impossibilidade de destacá-la. No primeiro caso, a linguagem egocêntrica é o ponto da curva descendente, cuja culminação está para trás. A linguagem egocêntrica se extingue. Nisto consiste o seu desenvolvimento. Ela tem apenas passado. No segundo caso, a linguagem egocêntrica é o ponto da curva ascendente, cuja culminação está no futuro. Ela evolui para a linguagem interior, é nesta que existe futuro. No primeiro caso, a linguagem para si, isto é, a linguagem interior, é levada para fora com a socialização, uma vez que a água branca desloca a vermelha pelo princípio já referido. No segundo caso, a linguagem para si surge da linguagem egocêntrica, isto é, desenvolve-se de dentro para fora.

Para resolver em definitivo qual das duas opiniões é justa, é necessário elucidar experimentalmente em que sentido irão influenciar a linguagem egocêntrica da criança as mudanças de situação de dupla espécie: no sentido do enfraquecimento dos momentos sociais da situação que asseguram o surgimento da linguagem social, e no sentido da intensificação de tais momentos. Todas as provas que até agora arrolamos a favor da nossa concepção de linguagem egocêntrica e contra Piaget, por maior que seja a sua importância aos nossos olhos, têm, entretanto, importância indireta e dependem de uma interpretação geral. Esse mesmo experimento poderia dar uma resposta direta à questão de nosso interesse. É por isso que o consideramos *experimentum crucis*.

De fato, se a linguagem egocêntrica da criança deriva do egocentrismo do seu pensamento e da insuficiência de sua socialização, qualquer debilitamento dos momentos sociais na situação, qualquer garantia do isolamento da criança e de sua libertação em face do grupo coletivo, qualquer contribuição para o seu isolamento psicológico e para a perda do contato psicológico com outras pessoas, qualquer liberação da necessidade de adaptar-se aos pensamentos dos outros e, conseqüentemente, de aproveitar-se da linguagem socializada, em suma, tudo isso deve levar necessariamente a um acentuado aumento do coeficiente de linguagem egocêntrica à custa da linguagem socializada, porque tudo isso deve criar condições extremamente favoráveis à livre e plena revelação da insuficiência da socialização do pensamento e da linguagem da criança. Se, porém, a linguagem egocêntrica deriva da insuficiência de diferenciação da linguagem para si e da linguagem para os outros, da insuficiente individualização da linguagem primariamente social, do não-isolamento e da não-separação da linguagem para si em relação à linguagem para os outros, então todas essas mudanças de situação devem manifestar-se no acentuado declínio da linguagem egocêntrica.

Essa era a questão que se colocava diante do nosso experimento. Para a sua construção, tomamos como pontos de partida os momentos observados pelo próprio Piaget na linguagem egocêntrica e que, conseqüentemente, não apresentam nenhuma dúvida quanto a pertencerem de fato ao círculo de fenômenos por nós estudados.

Embora Piaget não dê a esses momentos nenhuma atenção teórica, descrevendo-os antes como traços externos da linguagem egocêntrica, ainda assim não podemos deixar de nos impressionar desde o início com três peculiaridades dessa linguagem: 1) o fato de ela representar um monólogo coletivo, isto é, não se manifestar a não ser no grupo de crianças e na presença de outras crianças igualmente ocupadas na mesma atividade e não quando a criança está sozinha; 2) o fato de esse monólogo coletivo ser acompanhado, como observou Piaget, da ilusão de compreensão; os circundantes entendem aquilo em que a criança crê e que supõe serem os seus enunciados egocêntricos dirigidos a alguém; 3) por último, o fato de que essa linguagem para si tem caráter de linguagem externa, sem lembrar a linguagem socializada, e não se pronuncia por sussurros, de forma desarticulada, para si mesma. Essas três peculiaridades essenciais não podem ser fortuitas. A linguagem egocêntrica, do ponto de vista da criança, ainda não está subjetivamente separada da social (ilusão de compreensão), é objetiva por situação (monólogo coletivo) e por forma (vocalização), não está separada nem isolada da linguagem social. Só isso já inclina o nosso pensamento num sentido diferente da teoria da insuficiência de socialização como fonte de linguagem egocêntrica. Essas peculiaridades testemunham antes a favor de uma socialização grande demais e de um insuficiente isolamento da linguagem para si em relação à linguagem para os outros. Porque elas sugerem que a linguagem egocêntrica, a linguagem para si transcorre nas condições subjetivas e objetivas próprias da linguagem para os outros.

A nossa avaliação dos três momentos não é conseqüência de uma opinião preconcebida; Grunbaum, em quem não podemos deixar de nos apoiar, chega à mesma apreciação sem nenhuma experimentação, baseando-se apenas na interpretação dos dados do próprio Piaget. Ele afirma haver casos em que a observação superficial nos leva a pensar que a criança está inteiramente ensimesmada. Essa falsa impressão surge do fato de esperarmos de uma criança de três anos uma relação lógica com o ambiente. Uma vez que essa espécie de relações com a realidade não é própria da criança, admitimos facilmente que ela vive mergulhada em seus próprios pensamentos e fantasias e que não lhe é própria uma diretriz egocêntrica. Quando brincam, as crianças dos três aos cinco anos estão freqüentemente ocupadas apenas de si mesmas, falam freqüentemente apenas para si mesmas. Se de longe isto causa a impressão de conversa, num exame mais próximo verifica-se que se trata de um monólogo coletivo cujos participantes não prestam atenção uns aos outros nem respondem. Mas, no fim das contas, até esse exemplo, que pareceria claríssimo, de diretriz egocêntrica da criança é, de fato, antes uma prova do acanhamento social do psiquismo infantil. No monólogo coletivo não ocorre o isolamento intencional em relação ao grupo, ou o autismo no sentido da psicologia moderna; ocorre aquilo que, pela estrutura psíquica, é diametralmente oposto a isso. Piaget, que enfatiza muito o egocentrismo da criança e faz dele a pedra de toque de toda a sua explicação das peculiaridades psíquicas da criança, ainda assim teve de reconhecer que, no monólogo coletivo, as crianças acreditam que falam umas com as outras e que as outras as escutam. É verdade que elas se comportam como se prestassem atenção às outras, mas só porque supõem que cada um de seus pensamentos, mesmo não tendo sido expresso ou o tendo sido insuficientemente, ainda assim é um patrimônio comum. É isto que Grunbaum considera prova do insuficiente isolamento do psiquismo individual da criança em relação ao todo.

  Reiteremos, porém, que a solução definitiva do problema não está nessa ou naquela interpretação mas no experimento crítico. Nesse experimento tentamos dinamizar as três peculiaridades da linguagem egocêntrica acima referidas (vocalização, monólogo coletivo e ilusão de compreensão) no sentido de sua intensificação e de seu enfraquecimento para obtermos a resposta sobre a natureza e a origem da linguagem egocêntrica.

Na primeira série dos nossos experimentos, tentamos destruir a ilusão de compreensão por outras pessoas que surgiu na linguagem egocêntrica da criança. Para tanto, colocamos uma criança – cujo coeficiente de linguagem egocêntrica havíamos medido anteriormente em uma situação absolutamente idêntica à das experiências de Piaget – em outra situação: ou organizamos a sua atividade em um grupo de crianças surdas-mudas, ou a colocamos em um grupo de crianças que falavam uma língua estrangeira. Em todo o restante a situação continuou a mesma pela estrutura e pelos detalhes. A grandeza variável do nosso experimento foi apenas a ilusão de compreensão, que surge naturalmente na primeira situação e é antecipadamente excluída na segunda. Como se comportou a linguagem egocêntrica quando excluída a ilusão de compreensão? As experiências mostraram que o seu coeficiente, na experiência crítica sem ilusão de compreensão, declinou vertiginosamente e chegou a zero na maioria dos casos, mas em todos os restantes sofreu uma redução média de oito vezes.

Essas experiências não deixam dúvida de que a ilusão de compreensão não é casual, não é um apêndice ou produto insignificante, um epifenômeno em relação à linguagem egocêntrica mas algo funcionalmente inseparável dela. Do ponto de vista da teoria de Piaget, os resultados por nós obtidos não podem deixar de parecer paradoxais. Quanto menos expresso é o contato psicológico da criança com as outras que a rodeiam, quanto mais fraca é a sua ligação com o grupo, quanto menos a situação exige da linguagem socializada e da adaptação das suas idéias aos pensamentos das outras, tanto mais livremente deve manifestar-se o egocentrismo no pensamento e, conseqüentemente, na linguagem da criança. A esta conclusão nós teríamos de chegar necessariamente se a linguagem egocêntrica da criança efetivamente decorresse da socialização insuficiente do seu pensamento e da sua linguagem. Neste caso, a exclusão da ilusão de compreensão deveria aumentar o coeficiente de linguagem egocêntrica e não reduzi-lo, como de fato acontece. Do ponto de vista da hipótese que defendemos, achamos que esses dados experimentais não podem ser considerados senão como prova direta de que a insuficiência de individualização da linguagem para si e a sua inseparabilidade da linguagem para os outros são a verdadeira fonte da linguagem infantil, que não pode ter vida autônoma nem funcionar fora da linguagem social. Basta excluir a ilusão de compreensão, momento psicológico fundamental de qualquer linguagem social, para que desmorone a linguagem egocêntrica.

Na segunda série de experimentos, introduzimos o monólogo coletivo da criança como grandeza variável no processo de transição da experiência básica para a experiência crítica. Tornamos a medir inicialmente o coeficiente de linguagem egocêntrica na situação básica em que esse fenômeno se manifestou na forma de monólogo coletivo. Depois transferimos a atividade da criança para outra situação em que a possibilidade de monólogo coletivo estava excluída por uma das circunstâncias abaixo: a criança foi colocada no meio de crianças desconhecidas, com as quais ela não conversou nem antes, nem durante, nem depois da experiência; ela foi isolada das outras, colocada a uma mesa no canto da sala; trabalhou sozinha, fora do grupo; o experimentador saiu da sala no meio da experiência, deixando-a sozinha mas mantendo a possibilidade de vê-la e ouvi-la. Os resultados gerais destas experiências combinam-se perfeitamente com aqueles obtidos na primeira série de experimentos. A destruição do monólogo coletivo em uma situação que se mantém inalterada em todos os demais quesitos costuma redundar em um vertiginoso declínio do coeficiente de linguagem egocêntrica, embora, no caso dado, esse declínio tenha se manifestado em formas um pouco menos relevantes que no primeiro caso. Raramente o coeficiente chegou a zero, apresentando uma proporção média de 6:1 na primeira e na segunda situações. Vários exemplos de exclusão do monólogo coletivo da situação revelaram uma nítida gradação no declínio da linguagem egocêntrica. Ainda assim, revelou-se notoriamente a tendência básica para o declínio na mesma situação. Por isso, poderíamos repetir neste caso apenas as reflexões que desenvolvemos sobre a primeira série. Tudo indica que o monólogo coletivo não é um fenômeno casual e secundário, não é um epifenômeno em relação à linguagem egocêntrica mas é funcionalmente inseparável dela. Novamente estamos diante de um paradoxo do ponto de vista da hipótese que contestamos. A exclusão do grupo deveria dar livre curso e liberdade para revelar a linguagem egocêntrica e redundar num rápido crescimento do seu coeficiente, se essa linguagem para si efetivamente decorresse da insuficiente socialização do pensamento e da linguagem infantis. Mas esses dados não são apenas paradoxais como voltam a ser uma conclusão logicamente necessária da hipótese que defendemos: se a linguagem egocêntrica se baseia em uma diferenciação insuficiente, numa insuficiente desarticulação da linguagem para si e da linguagem para os outros, cabe supor antecipadamente que a exclusão do monólogo coletivo deve acarretar necessariamente o declínio do coeficiente de linguagem egocêntrica da criança. Os fatos confirmam inteiramente essa hipótese.

Na terceira hipótese das nossas experiências, tomamos a vocalização da linguagem egocêntrica como grandeza variável na transição da experiência básica para a experiência crítica. Depois de medido o coeficiente de linguagem egocêntrica na situação básica, a criança foi transferida para outra situação em que a possibilidade de vocalização estava dificultada ou excluída. Colocamos a criança a uma determinada distância das outras, também distribuídas entre grandes intervalos em uma sala grande; por trás das paredes do laboratório em que se desenvolvia a experiência tocava uma orquestra ou se produzia um ruído que abafava inteiramente não só a voz dos outros como a própria:

por último, deu-se instrução especial à criança, proibindo-a de falar alto e sugerindo que não conversasse senão por sussurros abafados. Em todas essas experiências críticas, tornamos a observar com uma regularidade impressionante o mesmo que observáramos nos dois outros casos: um declínio vertiginoso da curva do coeficiente de linguagem egocêntrica. É verdade que, aí, o declínio do coeficiente se expressou de modo ainda mais complexo que na segunda situação (a relação do coeficiente na experiência básica e crítica foi de 5,4:1); a gradação nos vários modos de exclusão ou dificuldade de vocalização foi ainda mais vertiginosa do que na segunda série. Contudo, a lei básica que se traduz no declínio do coeficiente de linguagem egocêntrica com a exclusão da vocalização nessas experiências se delineia com uma segurança absolutamente notória. Mais uma vez não podemos considerar esses dados senão como um paradoxo do ponto de vista da hipótese do egocentrismo, como a essência da linguagem para si na criança dessa idade e, noutros termos, como confirmação direta da hipótese da linguagem interior como essência da linguagem para si nas crianças que ainda não dominam a linguagem interior no sentido próprio desta palavra.

O objetivo de todas as três séries foi um só: tomamos por base da investigação os mesmos três fenômenos que surgem em quase toda linguagem egocêntrica da criança – a ilusão de compreensão, o monólogo coletivo e a vocalização. Esses três fenômenos são comuns à linguagem egocêntrica e à social. Comparamos experimentalmente as situações em que tais fenômenos estavam presentes e ausentes e notamos que a exclusão desses momentos que aproximam a linguagem para si da linguagem para os outros redunda na extinção da linguagem egocêntrica. Isto nos autoriza a concluir que a linguagem egocêntrica da criança é uma forma específica de linguagem que já se distingue em termos funcionais e estruturais e, não obstante, por sua manifestação ainda não se destacou definitivamente da linguagem social em cujo seio esteve sempre se desenvolvendo e amadurecendo.

Para esclarecer o sentido da hipótese que desenvolvemos, vejamos um exemplo imaginável: estou sentado a uma mesa e converso com uma pessoa que está atrás de mim, naturalmente fora da minha visão pela situação em que me encontro; sem que eu perceba, meu interlocutor sai da sala; continuo a conversar, alimentando a ilusão de que estou sendo ouvido e entendido. Neste caso, minha fala lembra pela aparência a linguagem egocêntrica, uma linguagem a sós consigo mesma, uma linguagem para si. Mas em termos psicológicos e por sua natureza ela é evidentemente uma linguagem social. Comparemos a esse exemplo a linguagem egocêntrica da criança. Do ponto de vista de Piaget, a situação aqui se inverte se a comparamos ao nosso exemplo: em termos psicológicos, subjetivos, do ponto de vista da própria criança a sua linguagem é uma linguagem egocêntrica para si, uma linguagem a sós consigo mesma e só na aparência é uma linguagem social. Seu caráter social é a mesma ilusão do caráter egocêntrico da minha fala no exemplo imaginado. Segundo a hipótese que desenvolvemos, aqui a situação é bem mais complexa: psicologicamente, a linguagem da criança é uma linguagem egocêntrica em termos funcionais e estruturais, isto é, uma forma específica e autônoma de linguagem, mas isto não acontece até o fim, uma vez que ela é subjetiva quanto à sua natureza psicológica, ainda não é conscientizada como a linguagem interior e a criança ainda não a destaca da linguagem para os outros; também em termos objetivos, essa linguagem é uma função diferenciada da linguagem social, mas não o é até o fim, uma vez que pode funcionar apenas em situação que torne possível a linguagem social. Assim, nos aspectos subjetivo e objetivo essa linguagem é uma forma mista e transitória entre a linguagem para os outros e a linguagem para si – nisto reside a lei básica do desenvolvimento da linguagem interior. A linguagem para si, linguagem interior, torna-se interior mais por sua função e por sua estrutura, isto é, mais por sua natureza psicológica que pelas formas externas de sua manifestação.

Desse modo, chegamos à confirmação da nossa hipótese, segundo a qual o estudo da linguagem egocêntrica e das tendências dinâmicas nela manifestas para o crescimento de umas peculiaridades e o enfraquecimento de outras, que caracterizam a sua natureza funcional e estrutural, é a chave para o estudo da natureza psicológica da linguagem interior. Agora podemos passar a expor os resultados básicos das nossas investigações e apresentar uma breve caracterização do terceiro plano que descobrimos no movimento do pensamento à palavra: o plano da linguagem interior.

O estudo da natureza psicológica da linguagem interior, com a aplicação do método que tentamos fundamentar experimentalmente, nos convenceu de que a linguagem interior não deve ser vista como fala menos som mas como uma função discursiva absolutamente específica e original por sua estrutura e seu funcionamento, que, em razão de ser organizada em um plano inteiramente diverso do plano da linguagem exterior, mantém com esta uma indissolúvel unidade dinâmica de transições de um plano a outro. A peculiaridade primeira e fundamental da linguagem interior é a sua sintaxe absolutamente específica. Ao estudarmos a sintaxe da linguagem interior na linguagem egocêntrica da criança, notamos uma peculiaridade essencial que revela uma indiscutível tendência dinâmica para o crescimento na medida em que se desenvolve a linguagem egocêntrica. Essa peculiaridade é a aparente fragmentação e o abreviamento da linguagem interior em comparação com a exterior.

No fundo, essa observação não é nova. Todos os que estudaram a linguagem interior até mesmo do ponto de vista behaviorista, como Watson, abordaram essa peculiaridade como seu traço central e característico. Só os autores que reduzem tal linguagem à reprodução da memória da linguagem exterior em imagens vêem a linguagem interior como um reflexo especular da exterior. Mas, pelo que sabemos, ninguém foi além de um estudo descritivo e constatatório dessa peculiaridade. E mais: ninguém empreendeu sequer uma análise descritiva desse fenômeno fundamental da linguagem interior, de sorte que toda uma variedade de fenômenos passíveis de fragmentação interna acabou amontoada em um novelo confuso, graças ao que, por sua manifestação externa, todos esses diferentes fenômenos se expressam na fragmentariedade da linguagem interior. Seguindo a via genética, procuramos: primeiro, desarticular o confuso novelo de fenômenos particulares característicos da natureza da linguagem interior; segundo, apresentar as suas causas e explicá-los. Com base nos fenômenos do curto-circuito, observado no processo de aquisição de habilidades, Watson supõe que o mesmo ocorre indiscutivelmente no curso da fala ou do pensamento surdos. Mesmo se tivéssemos conseguido desenvolver todos esses processos latentes e gravá-los em um disco sensível ou no cilindro de um fonógrafo, ainda assim haveria neles tantos abreviamentos, tantos curtos-circuitos e tanta economia que eles seriam irreconhecíveis caso não se observasse a sua formação do ponto inicial em que estão prontos e são sociais por natureza até o estágio final em que servem a adaptações individuais mas não sociais. Assim, a linguagem interior, mesmo gravada em um fonógrafo, seria abreviada, fragmentária, desconexa, irreconhecível e incompreensível em comparação com a linguagem exterior.

Fenômeno absolutamente análogo observa-se na linguagem egocêntrica da criança, com a única diferença de que ela cresce aos nossos olhos ao passar de uma idade a outra e, assim, na medida em que a linguagem egocêntrica se aproxima da linguagem interior no limiar da idade escolar, ela atinge o seu ponto máximo. O estudo da dinâmica do seu crescimento não deixa nenhuma dúvida de que, a continuarmos essa linha, no limite ela deverá nos levar a uma linguagem interior totalmente incompreensível, fragmentária e abreviada. Mas toda a vantagem do estudo da linguagem egocêntrica é nos permitir observar passo a passo como surgem essas peculiaridades da linguagem interior entre a primeira e a última fase. Como observou Piaget, a linguagem egocêntrica também seria incompreensível se ignorássemos a situação em que ela surge, seria fragmentária e abreviada em comparação com a linguagem exterior.

A observação gradual do aumento dessas peculiaridades da linguagem egocêntrica permite decompor e explicar as suas propriedades enigmáticas. O estudo genético mostra, de modo direto e imediato, como e de que surge essa fragmentariedade que examinamos como fenômeno primeiro e autônomo. Em termos de lei geral, poderemos afirmar que a linguagem egocêntrica, na medida em que se desenvolve, revela não uma simples tendência para a abreviação e a omissão de palavras, não uma simples transmissão para o estilo telegráfico, mas uma tendência totalmente original para a abreviação da frase e da oração no sentido da manutenção do predicado e dos termos integrantes da oração a ele vinculados à custa da omissão do sujeito e das palavras a ele vinculadas. Essa tendência para uma sintaxe predicativa da linguagem interior aparece em todas as nossas experiências com uma regularidade e uma justeza quase sem exceção; por isto, aplicando no limite o método da interpolação, devemos pressupor a predicatividade pura e absoluta como forma sintática basilar da linguagem interior.

Para explicarmos essa peculiaridade primeira entre todas, é necessário que a comparemos ao quadro análogo que surge em situações limite na linguagem interior. As nossas observações mostram que a predicatividade pura surge na linguagem interior em dois casos básicos: ou numa situação de resposta ou numa situação em que o sujeito do juízo a ser enunciado é de conhecimento antecipado dos interlocutores. Perguntado se quer uma xícara de chá, ninguém vai responder com a frase desenvolvida: "Não, eu não quero uma xícara de chá." A resposta será puramente predicativa: "Não." Ela trará apenas o predicado. É evidente que essa oração puramente predicativa só é possível porque o seu sujeito – aquilo de que se fala na oração – é subentendido pelos interlocutores. Do mesmo modo, à pergunta "Seu irmão leu esse livro?", a resposta nunca será: "Sim, meu irmão leu este livro", mas uma simples resposta predicativa: "Sim" ou "Leu".

Uma situação análoga se cria no segundo caso, na situação em que os interlocutores conhecem de antemão o sujeito do juízo a ser emitido. Imaginemos que algumas pessoas aguardem no ponto o bonde "B", para irem a algum lugar. Ao notar a aproximação do bonde, nenhuma dessas pessoas jamais irá dizer numa frase desenvolvida "O bonde 'B', que aguardamos para ir a algum lugar, vem vindo", pois a enunciação irá reduzir-se sempre a um predicado: "Vem vindo." Neste caso, a oração puramente predicativa surgiu no discurso vivo só porque o sujeito e as palavras a ele relacionadas eram conhecidos pela situação em que se encontravam os interlocutores. Freqüentemente, semelhantes juízos predicativos dão motivo a mal-entendidos cômicos e toda sorte de qüiproquós, levando o ouvinte a relacionar o enunciado não com o sujeito que o falante tinha em vista mas com outro que estava contido na sua idéia. Em ambos os casos, a predicatividade pura surge quando o sujeito da enunciação está contido nos pensamentos do interlocutor. Se as suas idéias coincidem, ambos têm em vista a mesma coisa e então a compreensão se concretiza integralmente apenas através de dois predicados. Se em suas idéias o predicado se refere a vários sujeitos, surge uma inevitável incompreensão.

Nos romances de Tolstói – que muitas vezes abordou o tema da psicologia da compreensão – é possível encontrar exemplos muito bons da condensação da linguagem exterior e da sua redução a predicados: "Ninguém ouviu o que ele (o moribundo Nicolai Liévin) disse, só Kiti entendeu. Ela compreendeu porque não parava de acompanhar com o pensamento aquilo de que ele precisava." Poderíamos dizer que, no pensamento dela, que acompanhava o pensamento do moribundo, havia aquele sujeito ao qual se referia uma palavra que ninguém entendia. Entretanto, o exemplo mais notável talvez seja a declaração de amor entre Kiti e Liévin por meio de iniciais:

– Há muito tempo eu queria lhe perguntar uma coisa.
– Pois não, pergunte.

Pensamento e palavra

– Veja – disse Liévin, e escreveu a giz as seguintes iniciais: *QVMRINPSIQDNOE*. Essas iniciais significavam: "Quando você me respondeu isto não pode ser, isto quis dizer nunca ou então?"
Não havia nenhuma probabilidade de Kiti decifrar essa frase complicada.
– Eu entendi – disse ela, ruborizada.
– Que palavra é esta? – perguntou ele, apontando para a letra *N*, que significava nunca.
– Quer dizer "nunca" – disse ela – mas isto não é verdade.
Ele apagou rapidamente o que havia escrito, entregou o giz a ela e levantou-se. Ela escreveu: *EENPRD*.
De repente ele corou: tinha entendido. Significava: "Então eu não podia responder diferente."
Kiti escreveu as iniciais: *PQVPEEPOQA*. Queria dizer: "Para que você pudesse esquecer e perdoar o que acontecera."
Liévin pegou o giz com os dedos tensos e trêmulos, partiu ao meio e escreveu as iniciais da seguinte frase: "Não tenho o que esquecer e perdoar. Eu nunca deixei de amá-la."
– Eu entendi – sussurrou ela.
Liévin sentou-se e escreveu uma frase longa. Ela compreendeu tudo e, sem lhe perguntar se era aquilo mesmo, pegou o giz e respondeu imediatamente. Durante muito tempo ele não conseguiu entender o que ela havia escrito e freqüentemente a olhava nos olhos. A felicidade o fez ter uma ausência. Ele não encontrava meio de atinar nas palavras que ela subentendia; mas nos olhos belos e radiantes de felicidade dela, ele entendeu tudo o que precisava saber. E escreveu três letras. Mas ele ainda não havia terminado de escrever e ela já lia pela mão dele e terminava de escrever a resposta: "sim". Na conversa entre eles tudo foi dito; foi dito que ela o amava e contaria ao pai e à mãe, que no dia seguinte ele viria pela manhã à casa dele (*Anna Kariênina*, p. 4, c. XII).

Esse episódio tem uma importância psicológica excepcional porque Tolstói foi buscar todo o episódio da declaração de amor de Liévin e Kiti em sua própria biografia. Foi exatamente assim que Tolstói declarou a Sófia Andrêievna, sua futura esposa, que a amava. Como o exemplo anterior, este tem a relação mais direta com o fenômeno de nosso interesse e é central para toda a linguagem interior: o problema da abreviação. Por outro lado, a compreensão acontece sem nenhum engano. Em outra obra, Tolstói chama a atenção para o fato de que, entre as pessoas que vivem em um grande contato psicológico, a compreensão baseada apenas em uma linguagem abreviada, a meias palavras, é mais uma regra que uma exceção.

"Liévin já se habituara a exprimir ousadamente o seu pensamento, sem se dar ao trabalho de plasmá-lo em palavras precisas: sabia que, em momentos de amor como aqueles, a esposa entenderia o que ele queria dizer por insinuação, e ela o compreendia."

O estudo desse tipo de abreviações no discurso dialógico levou Yakubinski a concluir que a compreensão por suposição e o enunciado por insinuação a ela correspondente, sob a condição de que se conheça o assunto, e certa generalidade de massas aperceptivas nos interlocutores desempenham um imenso papel no intercâmbio verbal. Polivánov afirma a este respeito:

> Em essência, tudo o que falamos necessita de ouvinte que entenda de que se trata. Se tudo o que desejamos enunciar terminasse nos significados formais das palavras empregadas, para enunciar cada pensamento particular necessitaríamos empregar bem mais palavras do que o fazemos em realidade. Nós falamos apenas por intermédio das insinuações necessárias.

Yakubinski tem toda razão, porque nos casos dessas abreviações trata-se de uma original estrutura sintática do discurso, de sua simplicidade objetiva em comparação com um falar mais discursivo. A simplicidade da sintaxe, o mínimo de desarticulação sintática, o enunciado do pensamento em forma condensada e o número consideravelmente menor de palavras, tudo isso são traços que caracterizam a tendência para a predicatividade, como esta se manifesta na linguagem interior em determinadas situações. O oposto total desse tipo de compreensão com sintaxe simplificada são os casos cômicos de incompreensão que mencionamos e serviram como imagem para uma famosa paródia de conversas entre dois surdos, totalmente desarticuladas entre si pelo sentido:

> Dois surdos foram convocados ao tribunal por um juiz surdo.
> O surdo gritou: "Ele roubou minha vaca."
> "Tenha dó", berrou o outro surdo em resposta:
> "Essa terra já era do meu falecido avô."
> O juiz resolveu: "não briguem irmão contra irmão.
> Os dois são inocentes, a mulher é que é culpada."

Se compararmos esses dois casos extremos – a declaração entre Kiti e Liévin e o julgamento dos surdos – encontraremos os dois pólos entre os quais gira o fenômeno da abreviação da linguagem exterior. Havendo um sujeito comum nos pensamentos dos interlocutores, a compreensão se realiza plenamente com o auxílio do máximo de discurso abreviado e uma extrema simplificação da sintaxe; em caso contrário, a compreensão não se obtém de maneira nenhuma nem mesmo com discurso desenvolvido. Às vezes não só dois surdos não conseguem se entender mas até mesmo duas pessoas que atribuem conteúdo diferente à mesma palavra ou interlocutores que mantêm pontos de vista opostos. Como notou Tolstói, quem está acostumado ao pensamento solitário e independente não apreende com facilidade os pensamentos alheios e é muito parcial quanto aos seus próprios. Ao contrário, as pessoas que estão em contato talvez compreendam a meias palavras aquilo que Tolstói chama de comunicação lacônica e clara, quase sem palavras, das mais complexas idéias.

Depois de ter estudado nesses exemplos o fenômeno da abreviação da linguagem exterior, podemos voltar enriquecidos ao fenômeno da linguagem interior que nos interessa. Como já afirmamos, aqui esse fenômeno se manifesta não só em situações exclusivas mas sempre que ocorre o funcionamento da linguagem interior. A importância desse fenômeno ficará definitivamente clara se compararmos a linguagem exterior com a linguagem escrita, por um lado, e com a linguagem interior, por outro. Polivánov afirma que, se tudo o que desejamos exprimir consistisse nos significados formais das palavras que empregamos, necessitaríamos empregar bem mais palavras do que se costuma fazer para exprimir cada pensamento isolado. Mas é precisamente este caso que se verifica na escrita. Ali, em proporções bem maiores que na linguagem falada, o pensamento emitido se expressa nos significados formais das palavras que empregamos. O discurso escrito é um discurso feito na ausência de interlocutor. Por isso é um discurso desenvolvido ao máximo, nele a decomposição sintática atinge o apogeu. Ali, graças à divisão dos interlocutores, raramente são possíveis a compreensão a meias palavras e os juízos predicativos. Na linguagem escrita, os interlocutores estão em diferentes situações, o que exclui a possibilidade de existência de um sujeito comum em seus pensamentos. Por isso, comparado ao discurso falado, o escrito é, neste sentido, maximamente desenvolvido e uma forma de discurso sintaticamente complexa na qual, para enunciar cada pensamento isolado, precisamos empregar muito mais palavras do que se faz com a linguagem falada. Como diz Thompson, na exposição escrita é costume empregar palavras, expressões e construções que pareceriam contranaturais na linguagem falada. A expressão de Griboiêdov "arde como escreve" tem em vista aquela comicidade da transferência de uma linguagem prolixa, sintaticamente complexa e desarticulada, da forma escrita para a falada.

Ultimamente a lingüística vem colocando em um dos primeiros lugares o problema da diversidade funcional da linguagem. Mesmo do ponto de vista lingüístico, a linguagem não é uma forma de atividade discursiva mas um conjunto de funções discursivas diversas. O enfoque funcional da língua, do ponto de vista das condições e do objetivo da enunciação verbal, passou a ocupar o centro da atenção dos estudiosos. Humboldt já percebia claramente a diversidade funcional do discurso quando aplicada à linguagem da poesia e da prosa, que se distinguem entre si por seus meios e suas tendências e nunca podem fundir-se propriamente porque a poesia é inseparável da música enquanto a prosa está exclusivamente a cargo da linguagem. Segundo Humboldt, a prosa se distingue pelo fato de que a linguagem aproveita as suas próprias prerrogativas mas as subordina ao objetivo que aí domina legitimamente; por meio da subordinação e da combinação de orações na prosa, desenvolve-se originalmente uma euritmia lógica correspondente ao desenvolvimento do pensamento, na qual o discurso da prosa se ajusta ao seu próprio objetivo. Em ambas as modalidades de discurso a linguagem tem as suas peculiaridades na escolha das expressões, no emprego das formas gramaticais e dos modos sintáticos de fusão das palavras no discurso. Deste modo, pensa Humboldt que as formas de discurso funcionalmente diferentes têm, cada uma, o seu léxico específico, a sua gramática e a sua sintaxe. Este é um pensamento da maior importância. Embora nem o próprio Humboldt nem Potiebnyá, que o imitou e desenvolveu seu pensamento, apreciassem essa tese em toda a sua importância fundamental, e não fossem além de distinguir poesia e prosa e, em prosa, não fossem além de distinguir uma conversa ilustrada e abundante de pensamentos de uma tagarelice cotidiana ou convencional, que serve apenas para comunicar assuntos sem despertar idéias nem sensações; ainda assim, o pensamento desses teóricos, inteiramente esquecido pelos lingüistas e ressuscitado só recentemente, é da mais alta importância não só para a lingüística mas também para a psicologia da linguagem. Como afirma Yakubinski, o próprio enfoque dessas questões nesse plano é estranho à lingüística e foi esquecido nas obras sobre lingüística em geral. Como a lingüística, a psicologia da linguagem, ao desenvolver-se por sua via autônoma, nos coloca perante a mesma tarefa de distinguir a diversidade funcional da linguagem. Entre outras coisas, tanto para a psicologia da linguagem como para a lingüística, ganha importância de primeiro grau a distinção fundamental entre as formas dialógica e monológica de discurso. A linguagem escrita e interior, com as quais comparamos, neste caso, a linguagem falada, são formas monológicas de linguagem. Já a linguagem falada é dialógica na maioria dos casos.

O diálogo sempre pressupõe que os interlocutores conheçam o assunto que, como vimos, permite uma série de abreviações na linguagem falada e, em determinadas situações, cria juízos puramente predicativos. O diálogo sempre pressupõe a percepção visual do interlocutor, de sua mímica e seus gestos, bem como a percepção acústica de todo o aspecto entonacional da fala. Em conjunto, ambos admitem aquela compreensão a meias palavras, aquela comunicação através de insinuações cujos exemplos citamos anteriormente. Só na linguagem falada é possível um diálogo que, segundo expressão de Gabriel Tarde, é apenas o complemento de olhares que um interlocutor lança a outro. Como já dissemos em referência à tendência da linguagem falada para a abreviação, examinamos apenas o aspecto acústico do discurso e citamos um exemplo clássico tirado dos diários de Dostoiévski, que mostra o quanto a entonação facilita uma compreensão sutilmente diferenciada do significado das palavras.

Dostoiévski fala da linguagem dos bêbados, constituída simplesmente de um substantivo que não está no léxico.

> Uma vez, em um domingo já quase noite, tive a oportunidade de passar uns quinze passos ao lado de uma turba de operários bêbados, e de repente me convenci de que era possível expressar os mesmos pensamentos, sensações e até reflexões profundas apenas pelo nome desse substantivo que, ainda por cima, tem poucas sílabas. Eis que um rapaz pronuncia de modo brusco e enérgico esse substantivo, sua mais desdenhosa negação disso e daquilo de que antes todos estavam falando. Outro lhe responde repetindo o mesmo substantivo, mas já em um tom e em um sentido bem diferente, ou seja, no sentido de dúvida total

em relação à justeza da negação do primeiro rapaz. De repente o terceiro fica indignado com o primeiro, intromete-se brusca e arrebatadamente na conversa e lhe grita o mesmo substantivo, só que num sentido já de xingamento e impropério. Nisso, o segundo torna a intrometer-se indignado com o terceiro, com o ofensor, e o detém neste sentido: "Por que você se meteu? A gente estava conversando calmamente e não se sabe de onde você se meteu e xingou Filka." E ele externou todo esse pensamento com a mesma palavra, a mesma palavra secreta, o mesmo nome monossilábico de um objeto, apenas levantando o braço e pondo-o no ombro do terceiro. Subitamente um quarto rapaz, o mais jovem do grupo, que até então ficara calado e que talvez tivesse encontrado uma inesperada solução para a dificuldade inicial que originara a discussão, levantou alegremente o braço e gritou... Heureca, o que vocês acham, descobri, descobri? Não, não é nenhuma heureca e eu não descobri; ele apenas repete o mesmo substantivo não lexicografado, apenas uma palavra, só uma palavra.

É possível, como diz Dostoiévski, exprimir todos os pensamentos, sensações e até reflexões profundas com uma palavra. Isto é possível quando a entonação transmite o contexto psicológico interior do falante, o único no qual é possível que a palavra conscientizada seja entendida. Na conversa, ouvida por Dostoiévski, esse contexto consiste uma vez na negação mais desdenhosa, outra vez na dúvida, uma terceira na indignação, etc. Pelo visto, só então o conteúdo interno do discurso pode ser transmitido na entonação, o discurso pode revelar a mais acentuada tendência para a abreviação, e toda uma conversa pode desenvolver-se por meio de uma única palavra.

É perfeitamente compreensível que esses dois momentos, que facilitam a abreviação da linguagem falada – o conhecimento do sujeito e a transmissão imediata do pensamento através da entonação –, sejam totalmente excluídos pela linguagem escrita. É precisamente por isso que aqui somos forçados a empregar bem mais palavras que na linguagem oral para exprimir um mesmo pensamento. Por isso a linguagem escrita é a forma de linguagem mais prolixa, exata e desenvolvida. Nela temos de transmitir por palavras o que na linguagem falada se transmite por entonação e pela percepção imediata da situação. Scherba observa que, para a linguagem falada, o diálogo é a forma mais natural. Ele admite que o monólogo é uma forma de linguagem até certo ponto artificial e que a língua descobre o seu verdadeiro ser apenas no diálogo. De fato, no aspecto psicológico, o discurso dialógico é a forma primária de discurso. Exprimindo a mesma idéia, Yakubinski afirma que o diálogo, sendo indubitavelmente um fenômeno da cultura, é, simultaneamente, muito mais um fenômeno da natureza que o monólogo. Para a investigação psicológica, é indubitável o fato de que o monólogo representa a forma superior e mais complexa de discurso, que historicamente se desenvolveu mais tarde que o diálogo. Mas no momento nos interessa comparar essas duas formas apenas em um sentido: no da tendência para a abreviação do discurso e sua redução a juízos puramente predicativos.

A velocidade do ritmo da linguagem oral não é o momento que propicia o fluxo da atividade discursiva na ordem da ação volitiva complexa, isto é, com reflexão, com luta de motivos, escolha, etc.; ao contrário, a velocidade do ritmo da fala pressupõe antes o seu fluxo na ordem da ação volitiva simples e ainda por cima com os elementos habituais. Esta se constata para o diálogo por uma observação simples; de fato, diferentemente do monólogo (especialmente do escrito), a comunicação dialógica pressupõe um enunciado emitido de imediato. O diálogo é um discurso constituído de réplicas, é uma cadeia de reações. O discurso falado, como vimos anteriormente, desde o início está ligado à consciência e à intencionalidade. Por isso, o diálogo quase sempre conclui em si a possibilidade da não-conclusão do enunciado, da enunciação incompleta, da inutilidade de mobilizar todas as palavras que devem ser mobilizadas para revelar o mesmo complexo concebível nas condições do discurso monológico. Em oposição à simplicidade composicional do diálogo, o monólogo é uma complexidade composicional, que introduz os fatos verbais no campo iluminado da consciência, e a atenção se concentra bem mais facilmente. Aqui as relações discursivas se tornam determinantes e fontes de vivenciamentos que se manifestam na consciência por motivo dessas mesmas relações discursivas.

É perfeitamente compreensível que, neste caso, a linguagem escrita seja diametralmente oposta à falada. Na linguagem escrita, faltam antecipadamente a situação clara para ambos os interlocutores e qualquer possibilidade de entonação expressiva, mímica e gesto. Logo, aqui está excluída de antemão a possibilidade de todas as abreviações de que falamos a respeito da linguagem falada. Aqui a compreensão é produzida à custa de palavras e combinações. A linguagem escrita contribui para o fluxo do discurso na ordem da atividade complexa. Aqui a atividade discursiva se define como complexa. É nisto que se baseia o emprego de rascunhos. O caminho entre o esboço e o ato de passar a limpo é uma via de atividade complexa, mas até mesmo quando não há cópia fatual o momento da reflexão no discurso escrito é muito forte; muito amiúde falamos primeiro para nós mesmos e depois escrevemos: aqui estamos diante de um rascunho mental. Esse rascunho mental da escrita é a linguagem interior, como procuramos mostrar no capítulo anterior. Por isso agora vamos comparar as linguagens falada e escrita com a linguagem interior em face da tendência à abreviação, que é do nosso interesse.

Vimos que na linguagem falada a tendência para a abreviação e para a predicatividade pura dos juízos surge em dois casos: quando a situação de que se fala é clara para ambos os interlocutores e quando o falante traduz na entonação o contexto psicológico do enunciado. Por isso, o discurso escrito não revela tendência para a predicatividade e é a forma mais desenvolvida de discurso. Entretanto, como acontece com a linguagem interior neste caso? Nós nos detivemos tão minuciosamente nessa tendência para a predicatividade na linguagem falada porque a análise desses fenômenos permite exprimir com toda clareza uma das teses mais obscuras, confusas e complexas a que chegamos como resultado das nossas investigações da linguagem interior: a tese da linguagem interior, tese que tem importância central para todas as questões vinculadas a esse tema. Se na linguagem falada a tendência para a predicatividade surge às vezes (em certos casos, de modo bastante freqüente e regular), se nunca surge na linguagem escrita, surge sempre na linguagem interior. A predicatividade é a forma fundamental e única de linguagem interior e, em termos psicológicos, é formada apenas por predicados, não se verificando uma manutenção relativa do predicado à custa da abreviação do sujeito: verifica-se uma predicatividade absoluta. Ser constituído de sujeitos e predicados desdobrados é uma lei da linguagem escrita; omitir sempre o sujeito e constituir-se apenas de predicados é lei da linguagem interior.

Em que se funda essa predicatividade completa e absoluta da linguagem interior, que se observa constantemente como regra? Como simples fato, conseguimos estabelecê-la pela primeira vez em experimento. Entretanto, tínhamos a tarefa de generalizar, conscientizar e explicar esse fato. Só conseguimos fazê-lo observando a dinâmica da intensificação dessa predicatividade pura entre as suas formas iniciais e as formas finais e comparando, na análise teórica, essa dinâmica da tendência para a abreviação nas linguagens escrita e falada com a mesma tendência que se observa na linguagem interior.

Comecemos por essa segunda via, ou seja, pela comparação da linguagem interior com a linguagem escrita e a linguagem falada, ainda mais porque esta via nós já percorremos do fim para o começo e já preparamos tudo para a elucidação definitiva do pensamento. Toda a questão consiste em que aquelas mesmas circunstâncias que, às vezes, criam na linguagem falada a possibilidade de juízos puramente predicativos e estão totalmente ausentes na linguagem escrita são constantes, imutáveis e inseparáveis da linguagem interior. Por isso, a mesma tendência para a predicatividade deve surgir inevitavelmente – e a experiência o comprova na linguagem interior – como fenômeno constante e, além disso, em sua forma mais pura e absoluta. Por essa razão, se a linguagem escrita é diametralmente oposta à falada em termos de desdobramento máximo e ausência total daquelas circunstâncias que suscitam o declínio do sujeito nesta, a linguagem interior também é diametralmente oposta à falada só que em um sentido inverso, uma vez que nela domina a predicatividade absoluta e constante. A linguagem falada ocupa, assim, uma posição intermediária entre a linguagem escrita e a linguagem interior.

Examinemos mais de perto essas circunstâncias capazes de suscitar abreviação no que se refere à linguagem interior. Lembremos mais uma vez que, na linguagem falada, surgem elisões e abreviações quando o sujeito da enunciação é antecipadamente conhecido pelos interlocutores. Mas esse estado de coisas é lei absoluta e constante da linguagem interior. Sempre sabemos do que se trata em nossa linguagem interior. Estamos sempre a par da nossa situação interior. O tema do nosso diálogo interior é sempre do nosso conhecimento. Sabemos o que pensamos. O sujeito do nosso juízo interior sempre está presente nos nossos pensamentos. Está sempre subentendido. Piaget observa, de certa forma, que nós sempre acreditamos fácil e literalmente em nós mesmos e por isso a necessidade de demonstrar e a habilidade de fundamentar o nosso próprio pensamento só surgem quando as nossas idéias se chocam com idéias alheias. Teríamos o mesmo direito de afirmar que compreendemos especialmente a nós mesmos a meias palavras, por insinuação. Quando falamos a sós, estamos sempre naquela situação que surge de quando em quando no diálogo, mais como exceção do que como regra, e cujos exemplos já citamos. Voltando a esses exemplos, podemos dizer que a linguagem interior sempre transcorre, precisamente como regra, nessa situação em que o falante emite juízos inteiros em um ponto de bonde apenas com o predicado lacônico "B". Porque sempre estamos a par das nossas expectativas e intenções. A sós conosco nunca experimentamos a necessidade de recorrer a formulações desenvolvidas como "o bonde 'B', que esperamos para ir a algum lugar, vem vindo". Aqui sempre se revela necessário e suficiente apenas um predicado. O sujeito sempre está na mente, assim como o aluno escolar mantém na mente os restos que passam de uma dezena em uma soma.

Além do mais, em nossa linguagem interior, como Liévin na conversa com a esposa, nós sempre externamos corajosamente a nossa idéia sem nos darmos ao trabalho de revesti-la de palavras exatas. A proximidade psicológica dos interlocutores cria entre os falantes uma identidade de apercepção, o que, por sua vez, é momento determinante para se compreender por insinuação, para a abreviação da linguagem. Mas essa identidade de apercepção na comunicação de si para si é plena, integral e absoluta na linguagem interior, por isso é lei desta linguagem a comunicação lacônica e clara, quase sem palavras, dos pensamentos mais complexos de que fala Tolstói como rara exceção na linguagem falada, só possível quando existe uma íntima proximidade entre os falantes. Na linguagem interior nunca precisamos nomear aquilo de que se fala, isto é, o sujeito. Sempre nos limitamos ao que se diz desse sujeito, isto é, ao predicado. Mas é isto que leva ao domínio da predicatividade pura da linguagem interior.

A análise de uma tendência análoga na linguagem falada nos levou a duas conclusões básicas. Primeira: mostrou que a tendência à predicatividade surge na linguagem falada quando o sujeito da enunciação é antecipadamente conhecido dos interlocutores e quando se está diante de alguma identidade de apercepção entre os falantes. Mas ambas as coisas, levadas ao limite na forma plena e absoluta, sempre se verificam na linguagem interior. Só isto já nos permite entender por que nesta linguagem deve-se observar o domínio absoluto da predicatividade pura. Como já vimos, na linguagem falada essas circunstâncias acarretam a simplificação da sintaxe, o mínimo de decomposição sintática e uma original construção sintática. Mas aquilo que, nesses casos, se verifica na linguagem falada como uma tendência mais ou menos vaga manifesta-se na linguagem interior em sua forma absoluta, levada ao limite como simplificação sintática extrema, como condensação absoluta do pensamento, como uma estrutura sintática absolutamente nova que, em termos rigorosos, não é outra coisa senão a plena erradicação da sintaxe da linguagem falada e a construção puramente predicativa das orações. Segunda: a análise mostra que a mudança funcional do discurso leva necessariamente à mudança de sua estrutura. Mais uma vez, aquilo que se observa na linguagem falada apenas como uma tendência, mais ou menos fraca, para mudanças estruturais sob a influência das peculiaridades funcionais do discurso, na linguagem interior se observa na forma absoluta e levada ao extremo. Como conseguimos estabelecer nas investigações genética e funcional, a função da linguagem interior leva invariável e sistematicamente a que a linguagem egocêntrica, que no início só se distingue da linguagem social em termos funcionais, vá se modificando gradualmente em sua estrutura, na proporção em que cresce essa diferenciação funcional, até chegar ao limite da plena erradicação da sintaxe da linguagem falada.

Se passarmos dessa comparação da linguagem interior com a linguagem falada para o estudo direto das peculiaridades estruturais da linguagem interior, conseguiremos observar passo a passo a ascensão da predicatividade. De fato, a linguagem egocêntrica ainda se funde inteiramente com a linguagem social em termos estruturais. Mas, na medida em que se desenvolve e se destaca funcionalmente como forma autônoma e independente de discurso, ela revela cada vez mais a tendência para a abreviação, para o enfraquecimento da decomposição sintática, para a condensação. No momento de sua extinção e de sua transformação em linguagem interior, ela já produz a impressão de linguagem fragmentária, uma vez que já está quase inteiramente subordinada à sintaxe puramente predicativa. A observação desenvolvida durante os experimentos mostra sempre de que maneira e de onde surge essa nova sintaxe da linguagem interior. A criança fala a respeito daquilo em que está ocupada em dado momento, daquilo que está fazendo neste momento, daquilo que tem perante si. Por isso omite cada vez mais, reduz e condensa o sujeito e as palavras a este vinculadas. E reduz cada vez mais o seu discurso a um predicado. Como resultado desses experimentos, conseguimos estabelecer uma lei notável: quanto mais a linguagem egocêntrica se expressa como tal em seu sentido funcional, tanto mais claramente se manifestam as peculiaridades da sua sintaxe em termos da sua simplificação e da perceptividade. Se compararmos em nossas experiências a linguagem egocêntrica da criança naqueles casos em que ela se manifestou no papel específico de linguagem interior como meio de apreensão, na presença de obstáculos provocados experimentalmente, com aqueles casos em que ela se manifestou fora dessa função, poderemos estabelecer sem dúvida o seguinte: quanto mais intensamente se expressa a função intelectual específica da linguagem interior como tal, tanto mais nitidamente se manifestam as peculiaridades da sua estrutura sintática.

Entretanto, essa predicatividade da linguagem interior ainda não esgota todo o conjunto de fenômenos que encontra sua sumária expressão externa na abreviação da linguagem interior se comparado ao discurso falado. Quando tentamos analisar esse fenômeno complexo, tomamos conhecimento de que, por trás dele, esconde-se toda uma série de peculiaridades estruturais da linguagem interior, dentre as quais só examinamos as mais importantes. Em primeiro lugar, deve-se mencionar aqui a redução dos momentos fonéticos do discurso que já verificamos também em alguns casos de abreviação da linguagem falada. A declaração de amor de Kiti e Liévin, uma longa conversa desenvolvida por meio de iniciais de palavras e decifração de frases inteiras, já nos permitiu concluir que, quando a consciência tem um único sentido, o papel das estimulações verbais se reduz ao mínimo (a iniciais de palavras) e a compreensão transcorre sem erro. Mas essa redução ao mínimo do papel das estimulações verbais mais uma vez é levada ao limite e se observa quase em forma absoluta na linguagem interior, pois a mesma orientação da consciência atinge aqui a sua plenitude. No fundo, na linguagem interior sempre ocorre aquela situação que é uma exceção rara e surpreendente na linguagem falada. Na linguagem interior sempre nos encontramos na situação do diálogo de Kiti e Liévin. Por isso, nesse discurso sempre brincamos de secretária, como um velho príncipe denominou esse diálogo, todo construído na base de adivinhações de frases complexas construídas apenas com iniciais. Encontramos uma surpreendente analogia com esse diálogo nos estudos da linguagem interior desenvolvidos por Lemaitre. Um dos adolescentes estudados por ele, de doze anos, pensa a frase: *Les montagnes di la Suisse sont belles* na forma de uma série de letras: *LmdlSsb*, atrás das quais aparece um vago desenho da linha de uma montanha (41, p. 5). Aqui verificamos no início da formação da linguagem interior um modo absolutamente análogo de abreviação do discurso, de redução do aspecto fonético da palavra às suas iniciais, como se observou no diálogo entre Kiti e Liévin. Na linguagem interior nunca precisamos pronunciar a palavra até o fim. Pela própria intenção já compreendemos que palavras devemos pronunciar. Ao compararmos esses dois exemplos não queremos afirmar que na linguagem interior as palavras sempre sejam substituídas por suas iniciais e o discurso se desenvolva por intermédio de um mecanismo que acabou sendo idêntico em ambos os casos. Temos em vista algo bem mais genérico. Queremos dizer apenas que, assim como na linguagem falada o papel das estimulações verbais se reduz ao mínimo quando a orientação da consciência é a mesma, como se verificou no diálogo entre Kiti e Liévin, da mesma forma na linguagem interior a redução do aspecto fonético, como regra geral, ocorre sempre. A linguagem interior é, no sentido exato, um discurso quase sem palavras. É precisamente em razão disso que nos parece profundamente notável a coincidência entre os nossos exemplos; o fato de que, em casos raros, tanto a linguagem verbal quanto a linguagem interior reduzem as palavras às suas iniciais, de que tanto lá quanto aqui, às vezes, é possível um mecanismo absolutamente idêntico, nos convence ainda mais da semelhança interna entre os fenômenos da linguagem falada e da linguagem interior por nós comparados.

Por trás da redução sumária da linguagem interior, comparado à linguagem falada, ainda se esconde um fenômeno de importância igualmente central para a compreensão da natureza psicológica desse fenômeno em seu conjunto. Até agora mencionamos a predicatividade e a redução do aspecto fásico da linguagem como duas fontes de onde decorre a abreviação da linguagem interior. Mas esses dois fenômenos já sugerem que existe nessa linguagem uma relação entre os aspectos fásicos do discurso diferente daquela verificada na linguagem falada. O aspecto fásico, a sintaxe e a fonética são reduzidos ao mínimo, simplificados e condensados ao máximo. No primeiro plano manifesta-se o significado das palavras. A linguagem interior opera preferencialmente com a semântica e não com a fonética da fala. Essa relativa independência do significado da palavra em face do aspecto fonético ocorre na linguagem interior com um excepcional relevo. Entretanto, para elucidar esta questão, devemos examinar mais de perto a terceira fonte da abreviação que nos interessa e que, como já afirmamos, é a expressão sumária de muitos fenômenos que são interligados mas independentes e não se fundem diretamente. Encontramos essa terceira fonte na estrutura totalmente original da linguagem interior. A investigação mostra que a sintaxe dos significados e toda a estrutura do aspecto semântico do discurso não são menos originais que a sintaxe das palavras e a sua estrutura sonora. Em que consistem as peculiaridades básicas da semântica da linguagem interior?

Nas nossas pesquisas conseguimos estabelecer três dessas peculiaridades, que são interiormente interligadas e constroem a originalidade do aspecto semântico da linguagem interior. A primeira, que é fundamental, é o predomínio do sentido da palavra sobre o seu significado na linguagem interior. Paulham prestou um grande serviço à análise psicológica da linguagem ao introduzir a diferença entre o sentido e o significado da palavra. Mostrou que o sentido de uma palavra é a soma de todos os fatos psicológicos que ela desperta em nossa consciência. Assim, o sentido é sempre uma formação dinâmica, fluida, complexa, que tem várias zonas de estabilidade variada. O significado é apenas uma dessas zonas do sentido que a palavra adquire no contexto de algum discurso e, ademais, uma zona mais estável, uniforme e exata. Como se sabe, em contextos diferentes a palavra muda facilmente de sentido. O significado, ao contrário, é um ponto imóvel e imutável que permanece estável em todas as mudanças de sentido da palavra em diferentes contextos. Foi essa mudança de sentido que conseguimos estabelecer como fato fundamental na análise semântica da linguagem. O sentido real de uma palavra é inconstante. Em uma operação ela aparece com um sentido, em outra, adquire outro. Esse dinamismo do sentido é o que nos leva ao problema de Paulham, ao problema da correlação entre significado e sentido. Tomada isoladamente no léxico, a palavra tem apenas um significado. Mas este não é mais que uma potência que se realiza no discurso vivo, no qual o significado é apenas uma pedra no edifício do sentido.

Esclarecemos essa diferença entre significado e sentido da palavra tomando por base a palavra final da fábula de Krilov *A libélula e a formiga*. A palavra *dance*, com que termina essa fábula, tem um sentido permanente absolutamente definido, único para qualquer contexto em que venha a ser encontrado. Contudo, no contexto da fábula adquire um sentido intelectual e afetivo bem mais amplo: aí ele já significa simultaneamente "divirta-se e morra". Esse enriquecimento das palavras que o sentido lhes confere a partir do contexto é a lei fundamental da dinâmica do significado das palavras. A palavra incorpora, absorve de todo o contexto com que está entrelaçada os conteúdos intelectuais e afetivos e começa a significar mais e menos do que contém o seu significado quando a tomamos isoladamente e fora do contexto: mais, porque o círculo dos seus significados se amplia, adquirindo adicionalmente toda uma variedade de zonas preenchidas por um novo conteúdo; menos, porque o significado abstrato da palavra se limita e se restringe àquilo que ela significa apenas em um determinado contexto. O sentido da palavra, diz Paulham, é um fenômeno complexo, móvel, que muda constantemente até certo ponto em conformidade com as consciências isoladas, para uma mesma consciência e segundo as circunstâncias. Nestes termos, o sentido da palavra é inesgotável. A palavra só adquire sentido na frase, e a própria frase só adquire sentido no contexto do parágrafo, o parágrafo no contexto do livro, o livro no contexto de toda a obra de um autor. O sentido real de cada palavra é determinado, no fim das contas, por toda a riqueza dos momentos existentes na consciência e relacionados àquilo que está expresso por uma determinada palavra. Diz Paulham:

> O sentido de Terra é o sistema solar que completa a noção de Terra; o sentido de sistema solar é a Via Láctea, o sentido de Via Láctea... Isto quer dizer que nunca sabemos o sentido completo seja lá do que for e, conseqüentemente, o sentido pleno de nenhuma palavra. A palavra é a fonte inesgotável de novos problemas. O sentido de uma palavra nunca é completo. Baseia-se, em suma, na compreensão do mundo e no conjunto da estrutura interior do indivíduo.

O mérito principal de Paulham foi ter analisado a relação do sentido com a palavra e conseguido mostrar que entre ambos existem muito mais relações independentes que entre o significado e a palavra. As palavras podem destoar do sentido nelas expresso. Há muito se sabe que as palavras podem mudar de sentido. Há relativamente pouco tempo foi observado que também se deve estudar como os sentidos mudam as palavras, ou melhor, que se deve estudar como os conceitos mudam de nome. Paulham apresenta muitos exemplos de como as palavras permanecem enquanto o sentido evapora. Ele analisa frases estereotipadas do cotidiano, por exemplo: "Como você está?", a mentira e outras manifestações de independência das palavras em face do sentido. O sentido também pode ser separado da palavra que o expressa, assim como pode ser facilmente fixado em outra palavra. Da mesma forma que o sentido de uma palavra está relacionado com toda a palavra e não com sons isolados, o sentido de uma frase está relacionado com toda a frase e não com palavras isoladas. Portanto, uma palavra pode às vezes ser substituída por outra sem que haja nenhuma alteração de sentido. O sentido se separa da palavra e assim se preserva. Mas, se as palavras podem existir sem sentido, de igual maneira o sentido pode existir sem palavras.

Mais uma vez nos valemos da análise de Paulham para descobrir na linguagem falada um fenômeno semelhante ao que conseguimos estabelecer experimentalmente na linguagem interior. Em regra, na linguagem falada caminhamos do elemento mais estável e constante do sentido, de sua zona mais constante, isto é, da zona do significado da palavra, para as suas zonas mais fluidas, para o seu sentido conjunto. Na linguagem interior, ao contrário, o predomínio do sentido sobre o significado – que observamos na linguagem falada em casos isolados como uma tendência mais ou menos fracamente expressa – é levado ao seu limite matemático e representado em forma absoluta. Aqui o predomínio do sentido sobre o significado, da frase sobre a palavra, de todo o contexto sobre a frase não é exceção mas regra constante.

Isto nos leva a outras peculiaridades semânticas da linguagem interior. Ambas dizem respeito ao processo de unificação das palavras e sua combinação e fusão. Uma delas é muito semelhante à aglutinação, uma maneira de combinar as palavras bastante comum em algumas línguas e relativamente rara em outras. Na língua alemã, por exemplo, ocorre freqüentemente a formação de um único significado a partir de uma frase inteira ou de algumas palavras isoladas, que aí integram o significado funcional de uma única palavra. Em outras línguas essa aglutinação de palavras é observada como um mecanismo em permanente atividade. Essas palavras compostas, como diz Wundt, não são agregados fortuitos de palavras mas se formam segundo uma determinada lei. Todas essas línguas aglutinam um grande número de palavras que significam conceitos simples, em suma, que não só traduzem conceitos bastante complexos como ainda designam todas as noções particulares contidas no conceito. Nessa relação mecânica ou aglutinação de elementos da língua, o maior acento sempre recai sobre o radical central ou o conceito principal, donde a causa principal da fácil conceituação em uma língua. Por exemplo, na língua dos *delavaros* existe um vocábulo aglutinado, formado pelas palavras *levar até um lugar*, *barco* e o pronome pessoal do caso reto *nós* e seu derivado oblíquo *nos*, que significa literalmente: *levar-nos de barco, chegar até nós de barco*. Essa palavra, que costuma ser empregada como um desafio ao inimigo para que ele atravesse o rio, é conjugada em todos os inúmeros modos e tempos das línguas *delavaras*. Neste caso, dois momentos são notáveis: primeiro, as palavras isoladas que integram a composição da palavra aglutinada sofrem constantes abreviações na parte sonora, de sorte que delas só entra uma parte na palavra aglutinada; segundo, a palavra aglutinada que assim se forma e exprime um conceito bastante complexo, em termos funcionais e estruturais, atua como uma palavra indivisa e não como combinação de palavras independentes. Wundt afirma que nas línguas americanas a palavra aglutinada é vista exatamente como a palavra simples, e da mesma forma é declinada e conjugada.

Algo semelhante observamos na linguagem egocêntrica da criança. Na medida em que essa forma de linguagem se aproxima da linguagem interior, a aglutinação, como modo de formação de palavras aglutinadas indivisas para exprimir conceitos complexos, aparece com freqüência cada vez maior, com nitidez cada vez maior. Em suas enunciações egocêntricas, a criança revela cada vez mais essa tendência para a aglutinação a-sintática de palavras, que se manifesta paralelamente ao declínio da linguagem egocêntrica.

A terceira e última peculiaridade da semântica da linguagem interior mais uma vez pode ser melhor esclarecida por comparação com um fenômeno análogo na linguagem falada. Sua essência consiste em que o sentido das palavras, mais dinâmicas e amplas que os seus significados, revela leis de sua unificação e sua fusão diferentes daquelas observadas na unificação e fusão dos seus significados. Denominamos *influência do sentido* o modo original de unificação das palavras que observamos na linguagem egocêntrica, entendendo esse termo ao mesmo tempo em seu significado literal inicial (influência) e em seu significado figurado, que já ganhou aceitação geral. Os sentidos como que deságuam uns nos outros e como que influenciam uns aos outros, de sorte que os anteriores como que estão contidos nos posteriores ou os modificam. Quanto à linguagem exterior, observamos fenômenos análogos freqüentes sobretudo no discurso literário. A palavra, depois de passar através de uma obra literária, incorpora toda a diversidade de unidades semânticas nela contidas e, pelo seu sentido, passa a ser como que equivalente a toda a obra em seu conjunto. Isto se pode explicar com especial facilidade tomando como exemplo os títulos das obras de arte. Numa obra de arte literária, o título tem uma relação com ela diferente, por exemplo, do que se verifica na pintura ou na música. Ele exprime e coroa todo o conteúdo semântico da obra numa proporção bem maior do que ocorre, por exemplo, com o nome de um quadro. Palavras como Dom Quixote, Hamlet e Ievguiêni Oniéguin e Anna Kariênina traduzem da forma mais genuína essa lei da influência do sentido. Neste caso, uma palavra contém de fato o conteúdo semântico de toda uma obra. Um exemplo especialmente claro de lei da influência dos sentidos é o título da obra de Gógol *Almas mortas*. Originalmente, o título se referia a camponeses servos mortos, cujos nomes ainda constavam dos registros oficiais e que podiam ser comprados e vendidos como se ainda estivessem vivos. É nesse sentido que as palavras são usadas em todo o livro, que gira em torno desse tráfico com os mortos. Entretanto, sendo o motivo central de todo o livro, essas duas palavras reúnem em si um sentido absolutamente novo e infinitamente mais rico, absorvendo, como uma esponja à umidade, as mais profundas generalizações semânticas de capítulos isolados e imagens, só ficando plenamente saturadas de sentido no final da obra. Agora aquelas palavras já significam uma coisa inteiramente diversa se comparadas ao seu significado inicial; almas mortas não significam os servos mortos e tidos como vivos mas todas as personagens da obra que vivem mas estão espiritualmente mortas.

Algo análogo observamos na linguagem interior, em seu aspecto mais uma vez levado ao extremo. Aqui a palavra parece reunir o sentido das palavras antecedentes e conseqüentes, ampliando quase ao infinito o âmbito do seu significado. Na linguagem interior a palavra é bem mais carregada de sentido que na exterior. Como o título da obra de Gógol, ela é uma espécie de coágulo concentrado de sentido. Para traduzir esse significado para a linguagem do discurso exterior, seria necessário desdobrar em todo um panorama de palavras os sentidos fundidos numa única palavra. De igual maneira, para revelar plenamente o sentido do título da obra de Gógol, seria necessário desdobrá-lo para que atingisse a plenitude do texto de *Almas mortas*. Contudo, uma vez que todo o sentido multiforme dessa obra pode ser contido no âmbito estreito de duas palavras, o imenso conteúdo semântico pode igualmente desaguar no vaso de uma palavra única na linguagem interior.

Todas essas peculiaridades do aspecto semântico da linguagem interior levam ao que todos os observadores qualificaram como ininteligibilidade da linguagem egocêntrica ou da linguagem interior. É impossível entender a enunciação egocêntrica da criança ignorando a que se refere o seu predicado, sem perceber o que faz a criança e o que ela tem diante de si. Watson afirma que a linguagem interior continuaria incompreensível para nós, mesmo se fosse gravada no disco de um fonógrafo. Essa ininteligibilidade, assim como a abreviação, é um fato observado por todos os pesquisadores mas nunca analisado. Entretanto, a análise mostra que a ininteligibilidade da linguagem interior e sua redutibilidade são derivadas de uma infinidade de fatos e uma expressão sumária dos mais diversos fenômenos. Tudo o que já foi observado até agora, como a sintaxe original da linguagem interior, a redução de seu aspecto fonético e a sua estrutura semântica específica, explica suficientemente e revela a natureza psicológica dessa ininteligibilidade. Entretanto, gostaríamos de abordar mais dois momentos, que condicionam de forma mais ou menos direta essa ininteligibilidade e se escondem por trás dela. O primeiro é uma espécie de efeito integral de todos os momentos acima enumerados e decorre imediatamente da originalidade funcional da linguagem interior. Por sua própria função, essa linguagem não se destina à comunicação, é uma linguagem para si, uma linguagem que transcorre em condições internas inteiramente diversas daquelas verificadas na linguagem exterior e que desempenha funções inteiramente distintas. Por isto, o que deveria surpreender não é que essa linguagem seja ininteligível mas que se possa esperar inteligibilidade da linguagem interior. O segundo momento que determina a inteligibilidade da linguagem interior está vinculado à originalidade da sua estrutura semântica. Para elucidar a nossa idéia, voltamos a comparar o fenômeno da linguagem interior que descobrimos com um fenômeno semelhante na linguagem exterior. Em *Infância, adolescência e juventude*, e em outras passagens de suas obras, Tolstói conta como entre pessoas que levam a mesma vida surgem facilmente significados convencionais de palavras, um dialeto específico, um jargão só entendido por aqueles que participaram do seu nascimento. Esse tipo de dialeto existe entre as crianças de rua. Em determinadas condições, as palavras mudam o seu sentido habitual e o seu significado e adquirem um significado específico decorrente das condições de seu surgimento. Entretanto, é perfeitamente compreensível que, nas condições da linguagem interior, também deve surgir necessariamente esse dialeto interior. Em seu emprego interior, cada palavra vai adquirindo gradualmente outros matizes, outras nuances semânticas, que se transformam em novo significado da palavra na medida em que se vão constituindo e se condensando. As experiências mostram que, na linguagem interior, os significados das palavras sempre são idiomatismos intraduzíveis para a linguagem do discurso exterior. São sempre significados individuais, compreensíveis apenas no plano da linguagem interior, que também é cheia de idiomatismos, como também de elisões e omissões. Em essência, a influência do multiforme conteúdo semântico sobre uma palavra indivisa sempre representa a formação de um significado individual e intraduzível, isto é, de um idiotismo. Aqui ocorre o que foi representado no exemplo clássico tirado de Dostoiévski, que citamos anteriormente. O que aconteceu na conversa dos seis operários bêbados e é exceção para a linguagem exterior é regra para a linguagem interior. Nesta, sempre podemos exprimir todos os pensamentos, todas as sensações e inclusive reflexões profundas inteiras com apenas um nome. E, naturalmente, neste caso o significado desse nome único para pensamentos complexos, sensações e reflexões acaba sendo intraduzível para a linguagem do discurso exterior, acaba sendo incomensurável com o significado habitual da mesma palavra. Graças a esse caráter idiomático de toda a semântica da linguagem interior, esta naturalmente acaba sendo incompreensível e de difícil tradução para a nossa linguagem comum.

Neste ponto, podemos concluir o resumo das peculiaridades da linguagem interior que observamos em nossos experimentos. Devemos afirmar apenas que todas essas peculiaridades puderam ser constatadas inicialmente no estudo experimental da linguagem egocêntrica, mas para interpretar esses fatos tivemos de compará-los a fatos análogos e semelhantes no campo da linguagem exterior. Isto nos foi importante não só como via de generalização dos fatos descobertos e, conseqüentemente, de sua correta interpretação, não só como meio para elucidar, com exemplos da linguagem falada, as peculiaridades complexas e delicadas da linguagem interior, mas principalmente porque essa comparação mostrou que na linguagem exterior já existem possibilidades de formação dessas peculiaridades e, assim, confirmou a nossa hipótese sobre a gênese dessa linguagem nas linguagens egocêntrica e exterior. O importante é que, em certas circunstâncias, todas essas peculiaridades podem surgir na linguagem exterior; é importante que isso seja geralmente possível, que as tendências para a predicatividade, para a redução do aspecto fásico da linguagem, para a prevalência do sentido sobre o significado da palavra, para a aglutinação das unidades semânticas, para a influência dos sentidos, para o idiotismo do discurso possam ser observadas também na linguagem exterior, o que, conseqüentemente, a natureza e as leis da palavra admitem e tornam possível. E isto, reiteremos, é para nós a melhor confirmação da nossa hipótese de que a linguagem interior surgiu por intermédio da diferenciação das linguagens egocêntrica e social da criança.

Todas as peculiaridades da linguagem interior aqui observadas dificilmente podem deixar dúvida quanto à justeza da nossa tese básica, segundo a qual a linguagem interior é uma função absolutamente específica, independente, autônoma e original da linguagem. Estamos efetivamente perante uma linguagem que se distingue totalmente da linguagem exterior. Por isto estamos autorizados a considerá-la um plano interior específico de pensamento verbal, que medeia a relação dinâmica entre pensamento e palavra. Depois de tudo o que foi dito sobre a natureza da linguagem interior, sobre a sua estrutura e função, não resta nenhuma dúvida de que a passagem da linguagem interior para a exterior não é uma tradução direta de uma linguagem para outra, não é uma simples incorporação do aspecto sonoro ao aspecto silencioso da fala, não é uma simples vocalização da linguagem interior mas a reestruturação da linguagem, a transformação de uma sintaxe absolutamente original, da estrutura semântica e sonora da linguagem interior em outras formas estruturais inerentes à linguagem exterior. Como a linguagem interior não é uma fala menos som, a linguagem exterior não é linguagem interior mais som. A passagem da linguagem interior para a exterior é uma complexa transformação dinâmica – uma transformação da linguagem predicativa e idiomática em uma linguagem sintaticamente decomposta e compreensível para todos.

Agora podemos retomar a definição de linguagem interior e sua contraposição à linguagem exterior que serviram de preâmbulo a toda a nossa análise. Afirmamos no início que a linguagem interior é uma função totalmente específica, que, em certo sentido, ela se contrapõe à linguagem exterior. Não concordamos com aqueles que consideram a linguagem interior como algo que precede a exterior, como o seu aspecto interior. Se a linguagem exterior é um processo de transformação do pensamento em palavras, a materialização e a objetivação do pensamento, então aqui observamos um processo de sentido inverso, que parece caminhar de fora para dentro, um processo de evaporação da linguagem no pensamento. Mas o discurso não desaparece de maneira nenhuma em sua forma interior. A consciência não evapora nem se dilui no espírito puro. A despeito de tudo, a linguagem interior é uma linguagem, isto é, um pensamento vinculado à palavra. Mas se o pensamento se materializa em palavra na linguagem exterior, a palavra morre na linguagem interior, gerando o pensamento. A linguagem interior é, até certo ponto, um pensamento por significados puros, mas, como diz um poeta, "no céu logo estaremos cansados". A linguagem interior é o momento dinâmico, instável, fluido, que se insinua entre os pólos extremos melhor enformados e estáveis do nosso estudo do pensamento verbal: entre a palavra e o pensamento. Por isso o seu verdadeiro significado e o seu lugar só podem ser elucidados quando dermos mais um passo para dentro na nossa análise e conseguirmos ter ao menos a noção mais geral do plano seguinte e firme do pensamento discursivo.

Esse novo plano do pensamento discursivo é a própria idéia. A primeira importância da nossa análise foi destacar esse plano, separá-lo da unidade em que sempre o encontramos. Já afirmamos que todo pensamento procura combinar uma coisa com outra, tem o movimento, um corte, um desdobramento, estabelece uma relação entre uma coisa e outra, em suma, desempenha alguma função, algum trabalho, resolve algum problema. Esse fluxo e esse movimento do pensamento não coincidem direta e imediatamente com o desdobramento do discurso. As unidades de discurso e as unidades de pensamento não coincidem. Ambos os processos revelam unidade mas não identidade. Estão ligados por complexas transições, por complexas transformações, mas não se sobrepõem como duas retas sobrepostas. O que melhor nos convence disto são aqueles casos em que o trabalho do pensamento termina em fracasso, em que se verifica que o pensamento não se converteu em palavras, como disse Dostoiévski. Para efeito de clareza, voltamos a empregar um exemplo tomado à literatura, uma cena das observações de uma personagem de Glieb Uspienski. A cena em que um infeliz andarilho, não encontrando palavras para exprimir um pensamento enorme que o domina, tortura-se de impotência e sai para orar aos santos e pedir a Deus que lhe dê entendimento; pois bem, essa cena deixa uma inexprimível sensação de angústia. Na essência, porém, o que sofre essa pobre mente abatida em nada difere da mesma angústia da palavra no poeta ou no pensador. Ele fala quase pelas mesmas palavras:

> Eu, meu amigo, poderia te dizer veja o quê; por mais que tenha escondido – é – faltam palavras a esse teu irmão... Veja o que eu vou dizer, parece que é assim que está no pensamento, mas a língua não desenrola. Isso é que é a nossa desgraça idiota.

De quando em quando a escuridão é substituída por fugazes intervalos de luz; o pensamento se aclara para o infeliz e ele, como um poeta, parece que está quase "captando o mistério do rosto conhecido". Ele passa a explicar-se:

– Se eu, por exemplo, vou para a terra, porque da terra saí, da terra. Se eu for para a terra, por exemplo, de volta, qual é, então, a família que vai me cobrar o resgate da terra.

– Ah-Ah – pronunciamos alegremente.

– Espere, aqui ainda faz falta uma palavra... Vejam, senhores, como é preciso...

O andarilho levantou-se e ficou no meio da sala, preparando-se para virar mais um dedo na mão.

– Aqui ainda não foi dito nada sobre a verdade verdadeira. Vejam só isso: porque, por exemplo... – Mas ele parou e pronunciou vivamente: – A alma, quem te deu?

– Deus.

– É verdade, muito bem, agora olhem para cá...

Nós íamos nos preparar para olhar mas o andarilho tornou a titubear, perdendo a energia, e, batendo com as mãos na cintura, exclamou quase em desespero:

– Não. Você não vai fazer nada. Nada disso é difícil... Ah, meu Deus! Agora eu vou te dizer uma coisinha. Mas veja de que é preciso falar. Aqui é falar da alma, e quanto. Não, não.

Neste exemplo, vê-se nitidamente o limite que separa um pensamento da palavra, o Rubicão intransponível para o falante que separa o pensamento da linguagem. Se o pensamento coincidisse imediatamente em sua estrutura e em seu fluxo com a estrutura do fluxo da linguagem, este caso descrito por Uspienski seria impossível. Mas, em realidade, o pensamento tem a sua estrutura específica e o seu fluxo, e a passagem deste para a estrutura e para o fluxo da linguagem representa grandes dificuldades não só para a personagem da cena acima descrita. É provável que, antes dos psicólogos, os cenógrafos tenham esbarrado no problema do pensamento que se esconde por trás da palavra. Entre outras coisas, no sistema de Stanislavski encontramos essa tentativa de recriar o subtexto de cada réplica do drama, isto é, revelar cada pensamento e cada desejo que estão por trás da enunciação. Vejamos mais um exemplo. Tchatski diz, na conversa com Sofia:

– Louvado seja aquele que crê, o mundo lhe será caloroso.

Stanislavski revela o subtexto dessa frase como esse pensamento: "Parem com essa conversa." Da mesma forma poderíamos considerar a mesma frase como expressão de outro pensamento: "Não acredito em suas palavras. O senhor diz palavras confortantes para me tranqüilizar", ou outra frase: "Por acaso não vê o quanto me atormenta? Eu gostaria de acreditar no senhor. Isto seria para mim a glória." Toda frase viva, dita por um homem vivo, sempre tem o seu subtexto, um pensamento por trás.

Nos exemplos anteriores de ausência de concordância entre sujeito gramatical e psicológico e o predicado, interrompemos a nossa análise e não a levamos até o fim. Assim como uma frase pode expressar vários pensamentos, um pensamento pode ser expresso por meio de várias frases. A própria discrepância entre as estruturas psicológica e gramatical da oração é determinada, em primeiro lugar, pelo tipo de pensamento que se expressa nesta oração. Por exemplo, a frase "O relógio caiu", em resposta à pergunta "Por que o relógio parou?", poderia significar "Não é culpa minha se o relógio não está funcionando, ele caiu". Mas o mesmo pensamento poderia ser expresso por outras frases: "Não tenho o hábito de mexer em coisas dos outros, estava apenas tirando o pó." Se o pensamento é uma justificativa, pode encontrar sua expressão em qualquer uma dessas frases. Neste caso, as frases mais diferentes por significado irão exprimir o mesmo pensamento.

Assim, chegamos à conclusão de que o pensamento não coincide diretamente com a sua expressão verbalizada. O pensamento não consiste em unidades isoladas como a linguagem. Se desejo comunicar o pensamento de que hoje vi um menino descalço, de camisa azul, correndo rua abaixo, não vejo cada aspecto isoladamente: o menino, a camisa, a cor azul, a sua corrida, a ausência de calçados. Vejo tudo isso em um só ato de pensamento, mas o exprimo em palavras separadas. O pensamento sempre é algo integral, consideravelmente maior por sua extensão e o seu volume que uma palavra isolada. Freqüentemente, em alguns minutos um orador desenvolve um mesmo pensamento. Esse pensamento está na sua mente como um todo, mas nunca surge gradualmente, por unidades isoladas, como se desenvolve a sua linguagem. Aquilo que no pensamento existe em simultaneidade, na linguagem se desenvolve sucessivamente. Um pensamento pode ser comparado a uma nuvem parada, que descarrega uma chuva de palavras. É por isso que o processo de transição do pensamento para a linguagem é um processo sumamente complexo de decomposição do pensamento e sua recriação em palavras. Exatamente porque um pensamento não coincide não só com a palavra mas também com os significados das palavras é que a transição do pensamento para a palavra passa pelo significado. No nosso pensamento, sempre existe uma segunda intenção, um subtexto oculto. Como a passagem direta do pensamento para a palavra é impossível e sempre requer a abertura de um complexo caminho, surgem queixas contra a imperfeição da palavra e lamentos pela inexpressibilidade do pensamento, como nestes versos de Tiúttchev:

> Como exprimir-se um coração,
> Como outro irá te entender...

ou:

> Ah, se a alma pudesse expressar-se sem palavras!

É para superar essas queixas que surgem as tentativas de fundir palavras, criando novas vias do pensamento para a palavra por intermédio de novos significados. Khliébnikov comparou esse trabalho à abertura de um caminho entre dois vales, falava de um caminho direto entre Moscou e Kiev e se autodenominava desbravador de caminhos da linguagem.

As experiências mostram que o pensamento não se exprime em palavra mas nela se realiza. Às vezes o pensamento não se realiza na palavra como acontece com a personagem de Uspienski. Sabia ele o que queria pensar? Ele sabia, como se sabe, o que se deseja memorizar, só que a memorização não acontecia. Teria começado a pensar? Começara, como se começa a memorizar. Mas terá atingido o pensamento como processo? A resposta só pode ser negativa. O pensamento não é só externamente mediado por signos como internamente mediado por significados. Acontece que a comunicação imediata entre consciências não é impossível só fisicamente mas também psicologicamente. Isto só pode ser atingido por via indireta, por via mediata. Essa via é uma mediação interna do pensamento, primeiro pelos significados e depois pelas palavras. Por isso o pensamento nunca é igual ao significado direto das palavras. O significado medeia o pensamento em sua caminhada rumo à expressão verbal, isto é, o caminho entre o pensamento e a palavra é um caminho indireto, internamente mediatizado.

Resta-nos, por último, dar o último passo conclusivo na nossa análise dos planos interiores do pensamento verbal. O pensamento ainda não é a última instância em todo esse processo. O próprio pensamento não nasce de outro pensamento mas do campo da nossa consciência que o motiva, que abrange os nossos pendores e necessidades, os nossos interesses e motivações, os nossos afetos e emoções. Por trás do pensamento existe uma tendência afetiva e volitiva. Só ela pode dar a resposta ao último *porquê* na análise do pensamento. Se antes comparamos o pensamento a uma nuvem pairada que derrama uma chuva de palavras, a continuar essa comparação figurada teríamos de assemelhar a motivação do pensamento ao vento que movimenta as nuvens. A compreensão efetiva e plena do pensamento alheio só se torna possível quando descobrimos a sua eficaz causa profunda afetivo-volitiva. Essa descoberta dos motivos, que fazem o pensamento nascer e orientam o seu fluxo, pode ser ilustrada no exemplo que já utilizamos da descoberta do subtexto durante a interpretação cênica de algum papel no palco. Como ensina Stanislavski, por trás de cada réplica da personagem existe o desejo de executar determinadas tarefas volitivas. Aquilo que, neste caso, cabe recriar pelo método da interpretação cênica, no discurso vivo sempre é o momento inicial de qualquer ato de pensamento verbalizado. Por trás de cada enunciação existe uma tarefa volitiva. Por isso, paralelamente ao texto da peça, Stanislavski delineava o desejo correspondente a cada réplica, que movimenta o pensamento e o discurso do herói do drama. Citemos, como exemplo, o texto e o subtexto para algumas réplicas do papel de Tchatski na interpretação de Stanislavski:

Texto da peça – réplicas	Desejos paralelamente delineados
Sofia	
Ah, Tchatski, estou muito alegre por você.	Tenta esconder a perturbação.
Tchatski	
Em boa hora estás alegre.	
Porém, quem se alegra com tanta sinceridade?	Quer levá-la à razão com zombaria. Que vergonha da vossa parte!
Acho que, para rematar,	
Ao deixar as pessoas e cavalos com calafrio	Tenta forçá-la a ser franca.
Eu apenas me diverti.	
Lisa	
Oh, senhor, se o senhor estivesse atrás da porta,	Querendo tranqüilizar
garanto que não faz cinco minutos que estávamos falando do senhor.	
Dizei, senhorinha!	Querendo ajudar Sofia na difícil situação.

Sofia
Não só agora mas sempre.
O senhor não pode me censurar.

Querendo acalmar Tchatski. Não tenho culpa de nada!

Tchatski
Admitamos que seja assim.
Feliz de quem acredita.
O mundo lhe será caloroso.

Vamos acabar com essa conversa!, etc

    Para entender o discurso do outro, nunca é necessário entender apenas umas palavras; precisamos entender o seu pensamento. Mas é incompleta a compreensão do pensamento do interlocutor sem a compreensão do motivo que o levou a emiti-lo. De igual maneira, na análise psicológica de qualquer enunciado só chegamos ao fim quando descobrimos esse plano interior último e mais encoberto do pensamento verbal: a sua motivação.

    Aqui termina a nossa análise. Tentemos abranger com um único olhar a que resultados ela nos levou. O pensamento verbal se nos apresentou como um todo complexo e dinâmico, no qual a relação entre pensamento e palavras se revelou como um movimento que passa por uma série de planos internos, como uma transição de um plano a outro. No drama vivo do pensamento verbal, o movimento faz um caminho inverso: do motivo, que gera algum pensamento, para a enformação do próprio pensamento, para a sua mediação na palavra interior, depois nos significados externos das palavras e, por último, nas palavras. Entretanto, seria incorreto imaginar que essa única via do pensamento para a palavra sempre se realiza de fato. Ao contrário, dado o estado atual dos nossos conhecimentos nessa questão, são possíveis movimentos diretos e inversos os mais diversos e dificilmente enumeráveis, são possíveis transições diretas e inversas de uns planos a outros. Mas já agora sabemos, nas linhas mais gerais, que é possível um movimento que se interrompe em qualquer ponto desse complexo caminho, nesse ou naquele sentido: do motivo para a linguagem interior passando pelo pensamento; da linguagem interior para o pensamento; da linguagem interior para a exterior, etc. Não nos propomos estudar todos esses movimentos multiformes que efetivamente ocorrem na estrada real entre o pensamento e a palavra. Só nos interessou uma questão fundamental: descobrir a relação entre o pensamento e a palavra como processo dinâmico, como via do pensamento à palavra, como realização e materialização do pensamento na palavra.

*
* *

Toda a nossa pesquisa seguiu um caminho um tanto inusitado. Procuramos estudar o aspecto interior do pensamento e da linguagem, oculto à observação imediata. Procuramos analisar o significado da palavra, que, para a psicologia, sempre foi a outra face da Lua não estudada e desconhecida. Para ela, até recentemente eram terra desconhecida e insondada o aspecto semântico e todo o aspecto interior da linguagem, pelo qual esta se volta não para fora mas para dentro, para o indivíduo. Estudava-se predominantemente o aspecto fásico da linguagem, aquele em que ela se volta para nós. Por isso, as relações entre o pensamento e a palavra eram entendidas nas mais variadas interpretações como relações constantes, sólidas e consolidadas de uma vez por todas entre os objetos e não como uma relação interior, dinâmica e móvel entre processos. Por isso, poderíamos resumir o resultado básico de toda a nossa pesquisa numa tese: os processos que se consideravam tolhidos de modo uniforme e imóvel são, de fato, interligados pela mobilidade. O que antes se considerava uma construção simples, a pesquisa mostrou que é complexa. No nosso empenho de delimitar os aspectos externo e semântico da linguagem, a palavra e o pensamento, não existe nada a não ser a aspiração de colocar em um aspecto mais complexo e em um vínculo mais sutil a unidade que, em realidade, é o pensamento discursivo. A complexa estrutura dessa unidade, os complexos vínculos móveis e as transições entre planos isolados do pensamento verbal só surgem no desenvolvimento. Isto a pesquisa mostrou. A separação entre significado e som, entre palavra e objeto e entre pensamento e palavra são estágios indispensáveis na história do desenvolvimento dos conceitos.

Não tivemos nenhuma intenção de esgotar toda a complexidade da estrutura e da dinâmica do pensamento verbal. Quisemos apenas apresentar uma concepção inicial da grandiosa complexidade dessa estrutura dinâmica, e uma concepção baseada nos fatos experimentalmente conseguidos e elaborados, na sua análise teórica e nas generalizações. Cabe-nos apenas resumir em algumas poucas palavras a concepção geral das relações entre pensamento e palavra que nos surge como resultado de toda a nossa investigação.

A psicologia associacionista concebia a relação entre o pensamento e a palavra como uma relação externa, formada pelo vínculo de dois fenômenos em princípio inteiramente análogo ao vínculo entre duas sílabas sem sentido, que surge no processo de memorização geminada. A psicologia estrutural substituiu essa concepção pela concepção de vínculo estrutural entre pensamento e palavra, mas deixou inalterado o postulado sobre a não-especificidade desse vínculo, colocando-o na mesma série com qualquer outro vínculo estrutural que surge entre dois objetos, por exemplo, entre a vara e o fruto nos experimentos com o chimpanzé. As teorias, que tentaram resolver de modo diferente essa questão, polarizam-se em torno de duas teorias opostas. Um pólo forma a concepção behaviorista do pensamento e da linguagem, que se manifestou na fórmula: pensamento é linguagem menos som. Outro pólo representa a teoria idealista, desenvolvida pelos representantes da Escola de Würzburg e por Bergson, e que postula a total independência entre pensamento e palavra, a deformação que a palavra insere no pensamento. "O pensamento articulado é uma mentira." Esse verso de Tiúttchev pode servir de fórmula que traduz a própria essência dessas teorias. Daí surge o empenho dos psicólogos no sentido de separar a consciência da realidade e, segundo palavras de Bergson, rasgar a moldura da linguagem, abranger os nossos conceitos em seu estado natural, na forma em que são percebidos pela consciência, isto é, livres do poder do espaço. Tomadas em conjunto, todas essas teorias revelam um ponto em comum, inerente a quase todas as teorias do pensamento e da linguagem: um anti-historicismo sumamente profundo e de princípio. Todas elas oscilam entre os pólos do naturalismo puro e do espiritualismo puro. Todas elas abordam igualmente o pensamento e a linguagem fora da sua história.

Por outro lado, só a psicologia histórica, só a teoria histórica da linguagem interior é capaz de nos levar a uma compreensão correta dessa questão grandiosa e sumamente complexa. Procuramos seguir exatamente esse caminho em nossa investigação. Os resultados que obtivemos podem ser traduzidos em algumas poucas palavras. Percebemos que a relação entre pensamento e palavra é um processo vivo de nascimento do pensamento na palavra. Palavra desprovida de pensamento é, antes de mais nada, palavra morta. Como diz o poeta:

> Como abelhas em uma colméia vazia,
> as palavras mortas cheiram mal.

Mas o pensamento que não se materializa na palavra continua como uma sombra do Estige, "uma neblina, um tinido, um hiato", como diz outro poeta. Hegel via a palavra como um ser revivificado pelo pensamento. Esse ser é absolutamente indispensável aos nossos pensamentos.

Mas o vínculo entre o pensamento e a palavra não é um vínculo primário, dado de uma vez por todas. Surge no desenvolvimento e ele mesmo se desenvolve. "No princípio era o verbo." A essas palavras do Evangelho Goethe respondeu pelos lábios de Fausto: "No princípio era a ação", procurando com isso desvalorizar a palavra. Mas, observa Humboldt, mesmo se com Goethe não colocarmos demasiado alto a palavra como tal, isto é, a palavra sonora, e com ele traduzirmos o verso bíblico "No princípio era o verbo", poderemos lê-lo com outro acento se o abordarmos do ponto de vista da história do desenvolvimento. *No princípio* era a ação. Com isto ele quer dizer que a palavra lhe parece o estágio supremo do desenvolvimento do homem comparada à mais suprema expressão da ação. É claro que ele tem razão. A palavra não esteve no princípio. No princípio esteve a ação. A palavra constitui antes o fim que o princípio do desenvolvimento. A palavra é o fim que coroa a ação.

*
* *

Para concluir a nossa investigação, não podemos deixar de dizer algumas palavras sobre as perspectivas que se abrem além do seu limiar. Nossa investigação nos leva inteiramente ao limiar de outro problema mais vasto, mais profundo, mais grandioso que o problema do pensamento – a questão da consciência. Tivemos sempre em vista o aspecto da palavra que, como a outra face da lua, continuou ignorada pela Terra e pela psicologia experimental. Procuramos estudar a relação da palavra com o objeto, com a realidade. Fizemos empenho de estudar experimentalmente a transição dialética da sensação para o pensamento e mostrar que, neste, a realidade está refletida de modo diferente do que o está na sensação, que o traço distintivo fundamental da palavra é o reflexo generalizado da realidade. Com isto abordamos um aspecto na natureza da palavra, cujo significado ultrapassa os limites do pensamento como tal e em toda a sua plenitude só pode ser estudado em composição com uma questão mais genérica: a da palavra e da consciência. Se a consciência, que sente e pensa, dispõe de diferentes modos de representação da realidade, estes representam igualmente diferentes tipos de consciência. Por isso o pensamento e a linguagem são a chave para a compreensão da natureza da consciência humana. Se "a linguagem é tão antiga quanto a consciência", se "a linguagem é uma consciência prática que existe para outras pessoas e, conseqüentemente, para mim", se a "maldição da matéria, a maldição das camadas móveis do espírito paira sobre a consciência pura", então é evidente que não é um simples pensamento mas toda a consciência em seu conjunto que está vinculada em seu desenvolvimento ao desenvolvimento da palavra. Pesquisas eficazes mostram, a cada passo, que a palavra desempenha o papel central na consciência e não funções isoladas. Na consciência a palavra é precisamente aquilo que, segundo expressão de Feuerbach, é absolutamente impossível para um homem e possível para dois. Ela é a expressão mais direta da natureza histórica da consciência humana.

A consciência se reflete na palavra como o sol em uma gota de água. A palavra está para a consciência como o pequeno mundo está para o grande mundo, como a célula viva está para o organismo, como o átomo para o cosmo. Ela é o pequeno mundo da consciência. A palavra consciente é o microcosmo da consciência humana.

*Bibliografia**

1. Piaget, J. *A linguagem e o pensamento da criança* (Riétch i michliêniya rebiónka). Ed. em russo, Ed. Gosizdat, 1932.
1-a. Piaget, J. *A linguagem e o pensamento da criança.*Tradução de Manuel Campos, São Paulo, Martins Fontes, 1993.
2. Bleuler, E. *O pensamento autístico* (Autistítcheskoie michliênie). Odessa, 1927.
3. Piaget, J. *La représentation du monde chez l'enfant*. Librairie Félix Alcan, 1926.
4. Piaget, J. *La causalité chez l'enfant*. Librairie Félix Alcan, 1927.
5. Lênin, V. I. "Konspekt knigui Gégelya 'Naúka lóguiki'" (Resumo de *A ciência da lógica* de Hegel). *Filosófskie tietrádi* (*Cadernos de filosofia*), Ed. do CC do Komsomol, 1934.
6. Stern, C. W. *Die Kindersprache*, 4. Auflage, Verlag, von J. A. Barth, 1928.
7. Volkelt, H. *A psicologia experimental do aluno escolar* (Eksperimentálnaya psikhológuiya chkólnika). Ed. Gosizdat, 1930.
8. Meumann, E. "Die Entsteung der ousten Wortbedeutung", bein Kiade. *Philosophische Studien*, B. XX.

....

* Transcrevemos a bibliografia segundo a ordem numérica crescente das citações de Vigotski, fora da ordem alfabética, mais comum entre nós. Para facilitar o trabalho do leitor de língua portuguesa, colocamos os títulos das publicações em russo primeiro traduzidos para o português e depois no original entre parênteses. (N. do T.)

9. Stern, W. *Person und Sache*, 1. Band, Verlag, von J. A. Barth, Leipzig, 1905.
10. Köhler, W. *Intelligenzprüfungen an Menschenaffen*, 2. Auflage, Berlin, 1921.
11. Yerkes, R. M. e Learned, E. W. *Chimpansee Intelligence and its Vocal Expression.* Baltmore, 1925.
12. Borovski, V. N. *Introdução à psicologia comparada* (Vvediénie v sravnítelnuyu psikhológuiyu), 1927.
13. Bühler, K. *O desenvolvimento intelectual da criança* (Dukhóvnoie razvítie rebiónka), 1924.
14. Köhler, W. "Aus Psuchologie des Schimpanzen". *Psychologische Forschung*, I, 1921.
15. Delacroix, K. *Le langage et la pensée*, 1924.
16. Yerkes, R. M. "The mental life of the monkeys and apes". *Behaviour Monographs*, III, 1916.
17. Levy-Bruhl. *Les fonctions mentales dans les sociétés primitives*, 1922.
18. Kafka, G. *Handbuch der vergleichenden Psychologie.* B, I, Abt. I, 1922.
19. Frisch, K. v. *Die Sprache der Bienen*, 1928.
20. Bühler, Ch. *Soziologische und psychologische Studien über das erste Lebensjahr*, 1927.
21. Stern, W. *Psicologia da tenra infância* (Psikhológuiya ránnevo diétstva), 1922.
22. Bühler, K. *Abriss der geistigen Entwicklung Kindes*, 1923.
23. Koffka, K. *Grundiagen der psuchischen Entwicklung*, 2. Auflage, 1925.
24. Watson, J. *A psicologia como ciência do comportamento* (Psikhológuiya kak naúka o povedénie), 1926.
25. Thorndike. *The mental life of monkeys*, 1901.
26. Marx, K. *O capital* (Kapital), t. 1. Moscou, 1920.
27. Pliekhánov. *Esboço de história do materialismo* (Ótcherk o istórii materializma). 3ª edição, 1922.
28. Engels. *Dialética da natureza* (Dialéktika priródi). Arquivos de Marx e Engels, II, 1925.
29. Rimat, F. *Intelligenzuntersuchungen anschliessend and die Achische Suchmethode*, 1925.

30. Gesell. *Pedologia da tenra idade* (Pedológuiya ránnevo vózrasta),1932.
31. Levy-Bruhl. *O pensamento primitivo* (Piervobítnoie michlíenie), 1930.
32. Groos, M. *A vida espiritual da criança* (Duchévnaya jiz rebiónka), 1916.
33. Kretschmer, E. *Psicologia da medicina* (Meditsínskaya psikhológuiya), 1927.
34. Chif, J. I. *Desenvolvimento dos conceitos espontâneos e científicos* (Razvítie jitêiskikh i naútchnikh ponyátii), dissertação.
35. Tolstói, L. N. "Artigos sobre pedagogia" (Pedagoguítcheskie stát'i), Ed. Kuchnereva i K°, 1903.
36. Piaget, J. "Psychologie de l'enfant et l'enseignment de l'histoire". *Bulletin trimestriel de la Conferénce Internationale pour l'enseignement de l'histoire*, 2, Paris, 1933.
37. Trabalhos finais dos estudantes Arsiéneva, Zabolótnova, Kanúchina, Tchantúria, Efes, Neifets e outros do Instituto de Pedagogia Herzen de Leningrado.
38. Külpe, O. "A moderna psicologia do pensamento" (Sovreménnaya psikhológuiya michliéniya). *Nóvie idéi v filosófii* (Novas idéias em filosofia), 16, 1914.
39. Vigotski, L. S. *A pedologia do adolescente* (Pedológuiya podróstka). Utcguiz, 1931.
40. Lemaitre, A. "Observations sur le langage intérieur des enfants". *Archives de Psychologie*, 4, 1905.

Relação das obras do professor L. S. Vigotski*

LIVROS

Psicologia

1. *Psicologia da arte* (manuscrito de 1925). Tradução de Paulo Bezerra, São Paulo, Martins Fontes, 1999.
2. *Psicologia pedagógica* (1926), ed. Rabótnik Prosvechéniya. (No prelo, Ed. Martins Fontes).
3. *Estudos sobre história do comportamento* (em colaboração com A. R. Luriá).
4. *Ferramenta e signo* (em colaboração com A. R. Luriá), 1930.
5. *Estudo das funções psicológicas superiores* (manuscrito).
6. *Imaginação e criação na idade escolar*. Ed. Academia im. Kruoskaya, 1930.
7. *O sentido da crise em psicologia*, 1926.
8. *A teoria de Espinosa sobre as paixões à luz da neuropsicologia moderna*, 1933.
9. *Pensamento e linguagem*. Sotsekguiz, 1934.
10. *Conferências sobre psicologia*, 1934.

....
* Esta relação apresenta, às vezes, algumas irregularidades, como ausência da editora, do jornal ou revista em caso de artigo, além de freqüentemente omitir o ano de publicação. O local da publicação raramente aparece. (N. do T.)

Pedologia

1. *Pedologia da idade escolar*. Ed. BZO, 1929.
2. *Pedologia do adolescente*. Ed. BZO, 1929.
3. *Pedologia da idade juvenil*. Ed.TsIPKNO, 1929.
4. *Infância difícil*. Ed. TsIPKNO, 1929.
5. *Esboço de pedologia e pedagogia da criança anormal*, 1930.
6. *História do desenvolvimento cultural das crianças normal e anormal*, 1929.
7. *Ensino e desenvolvimento na idade escolar*. Loutchgiz, 1934.
8. *Conferências sobre pedologia*, 1934.

ARTIGOS

Psicologia

1. "A consciência como problema da psicologia do comportamento". *Psicologia e geral e experimental*, 1925.
2. "O problema das reações dominantes". Coletâneas *Os problemas da psicologia moderna*, sob redação do prof. Kornílov, 1926.
3. "A influência do ritmo da fala sobre a respiração". *Os problemas da psicologia moderna*, 1926.
4. "Metodologia da investigação psicológica e pedológica". *Os problemas da psicologia moderna*, 1926.
5. Prefácio e redação do livro de E. E. Chultze *Prática de psicologia experimental, pedagogia e psicotécnica*, 1926.
6. "Prefácio ao livro de E. Toridaik *Princípios do ensino baseados em psicologia*, 1926.
7. "Trabalhos práticos de psicologia experimental", em co-autoria com Artiémov, Dobrínin, Berstein e Luriá, 1926.
8. "Prefácio à tradução do livro de Freud *Além do princípio de prazer*", 1926.
9. "A ciência psicológica na URSS". Col. *As ciências sociais na URSS, 1917-1927*, 1928.
10. "A psicologia e a arte na atualidade". Revista *Soviétskoie iskússtvo*, 1928.
11. *As raízes genéticas do pensamento e da linguagem*. Revista *Estestvoznánie i marksizm*, 1, 1929.

12. "A questão do intelecto dos antropóides em face dos trabalhos de W. Köhler", *Estestvoznánie i marksizm*, 2, 1929.
13. "A questão do plurilingüismo na infância" (manuscrito), 1929.
14. "As funções intelectuais superiores no sistema de investigação psicológica". Revista *Psikhotékhnika i psikhofiziológuiya trudá*, 1930.
15. Prefácio e redação do livro de K. Köhler *Estudo do intelecto dos antropóides*, 1930.
16. "A reconstrução social do homem". Revista *Varnitso*, 3, 1930.
17. *Dicionário de psicologia*, em co-autoria com V. E. Varchova, Utchpedgiz, 1931.
18. "A questão da psicologia e da pedologia". Revista *Psikhológuiya*, v. IX, 1931.
19. "O problema do pensamento e da linguagem na teoria de J. Piaget". Artigo crítico para a tradução de *A linguagem e o pensamento da criança*, Utchpedgiz, 1932.
20. "A psicologia estrutural". Col. *As principais correntes da psicologia moderna*, Ed. Giz, 1930.
21. "Heudética". Col. *As principais correntes da psicologia moderna*, Ed. Giz, 1930.
22. "O problema do desenvolvimento na psicologia estrutural". Artigo crítico ao livro de Koffka *Fundamentos do desenvolvimento psicológico*, Ed. Sotsekgiz, 1934.
23. "Resenha do livro de Stern", *Estestvoznánie marksizm*, 1929.

Psicopatologia e defectologia

1. "Deficiência e ultracompensação". Col. *Retardamento mental, cegueira e surdo-mudez*, 1928.
2. "Problemas básicos da defectologia atual". *Trabalhos da Universidade de Moscou 2*, 1929.
3. "O grupo como fator de desenvolvimento da criança anormal". Revista *Questões de defeitologia*, 121, 1931.
4. "A questão da psicologia da esquizofrenia". Revista *Soviétskaya nevropatológuiya*, VIII, 1932.
5. "O diagnóstico do desenvolvimento e a clínica pedológica da infância difícil" (manuscrito), 1932.

6. "A psicologia da esquizofrenia". Col. *Problemas atuais da esquizofrenia*, Ed., Medgiz, 1933.
7. "A questão da demência no mal de Peeck", em co-autoria com N. V. Samúkhii, G. V. Biribau. *Neuropatologia soviética, psiquiatria, psico-higiene*, 6, 1914.
8. "Teoria do retardamento mental". Col. *A criança mentalmente retardada*, 1934.
9. "Fascismo e psiconeurologia". Ed. Medgiz.

Artigos de divulgação científica e bibliográficos

1. "O método do questionário na investigação psicológica dos alunos". Revista *A caminho de uma nova escola*, 6-7, 1924.
2. "Os princípios da educação de crianças com deficiência física". Rev. *Naródnoie prosveshcénie* (A educação popular), 1, 1925.
3. "A propósito do livro do prof. Graborov *A escola auxiliar*". *Naródnoie prosveschénie*, 1925.
4. "A criança e o orfanato". Artigos programas-mínimos para a elevação da qualificação dos colaboradores do Sotsvos, 1927.
5. "Resumos do congresso". *Naródnoie prosveschénie*, 1928.
6. "Artigo bibliográfico do prof. Bássov. Metodologia das observações psicológicas com crianças". *Naródnii utchítiel* (O mestre do povo), 1, 1927.
7. "Pedologia da idade do pioneiro" (manuscrito), 1929.
8. "O comportamento dos animais e do homem" (manuscrito), 1930.
9. "O novo no campo das investigações pedológicas". Rev. *Diétski dom* (O orfanato), 7, 1930.
10. "O fundamento biológico do afeto". Rev. *Khotchú vsiô znat'* (Quero saber tudo), 15-16.
11. "Uma lembrança célebre". *Khotchú vsiô znat*, 1930.

Pedologia

1. "O problema do desenvolvimento cultural da criança". Rev. *Pedagóguika* (Pedagogia), 1, 1928.

2. "A dinâmica do caráter da criança". Col. *Pedologia e educação*, 1928.
3. "Fundamentos psicológicos da educação sensomotora da criança cega". *Programas e notas metodológicas na escola para cegos*, Ed. Gosizdar, 1928.
4. "Nos cruzamentos da pedagogia soviética e estrangeira". Rev. *Voprósi defektológuii* (Questões de defectologia), 1, 1928.
5. "Sugestões metódicas para a educação senso-motora da criança em idade escolar". *Voprósi defektológuii*, 1, 1928.
6. "Desenvolvimento da atenção ativa na idade escolar". *Voprósi marksístskoi pedagóguiki* (Questões de pedagogia marxista), 1929.
7. "A estrutura dos interesses na puberdade e o interesse do adolescente operário". Col. *Questões de pedologia do adolescente operário*, 1929.
8. "O plano de trabalho científico-investigatório na pedologia das minorias nacionais". *Pedagóguika*, 3, 1929.
9. "Teses básicas do plano de trabalho de pesquisa em pedologia da infância difícil". *Pedagóguika*, 19.
10. "A relação entre a atividade trabalho e o desenvolvimento intelectual da criança". *Pedagóguika*, 5, 1930.
11. Prefácio e redação do livro de K. Bühler *Esboços de desenvolvimento intelectual da criança*. Rev. *Rabótnik prosveschéniya* (Trabalhador em educação), 1930.
12. Prefácio e redação do livro de Bekinheimer *Estudo do processo pedagógico para os professores*. Rev. *Rabótnik prosveschéniya*, 1930.
13. "A questão da pedologia e das ciências contíguas". Rev. *Pedológuiya*, 7, 8, 1931.
14. "Psicotécnica e pedologia". Rev. *Psikhotékhnika i psikhofiziológuii trudá* (Psicotécnica e psicofisiologia do trabalho), 2-3, 1931 (relatório).
15. Prefácio à tradução do livro de Ch. Bühler *Manifestações sociais das crianças em idades tenras*.
16. Prefácio ao livro de Krassusski *Os tipos constitucionais de Kretschmer e dos alunos escolares*.
17. Prefácio ao livro de Zveizfel *Esboços da peculiaridade do comportamento e da educação da criança surda-muda*. Ed. Utchpedgiz, 1931.

18. "Problemas do desenvolvimento da criança nos estudos de Arnold Gezell". Ensaio crítico do livro de Gezell *Pedologia da tenra idade*. Utchpedgiz, 1932.
19. Prefácio ao livro de Gratchevaya *A educação e o ensino da criança surda retardada*. Utchpedgiz, 1932.
20. "O problema da idade" (manuscrito), 1934.
21. "A infância" (manuscrito), 1934.
22. "The principles of social education of deaf and dumb children in Russia". *International Conference on the Education of Deaf*, Londres, 1925.
23. "The problem of the cultural development of the child". *Journal of the Genetic Psychology*, 3, pp. 415-39, set. 1929.
24. "Die genetischen Wurzeln des Denkens und der Sprache". *Unter dein Banner des Marxismus*, 1, 1929.
25. "Les fonctions psychologiques supérieures".
26. "The Functions and the Fate on the egocentric speach". *Proceed of the IX International Conference of Psychology*, New Haven, Conn., 1929.
27. "L. S. Vigotsky and A. R. Luria. Tool and Symbol in the development of the child" (enviado a *Handbook of Child-Psychology*, 1930).
28. "Thought in Schizophrenia". *Archiv of Neurology and Psychiatry*, v. 31, pp. 1063-77.

Este livro foi composto na fonte Times New Roman e impresso pela gráfica PRINTI, em papel Lux Cream 60 g/m², para a Editora WMF Martins Fontes, em outubro de 2024.